대한민국 국무회의록 1959~60

대한민국 국무회의록 1959~60

최연식, 이희영, 김호직, 김정민, 이형준 편주

국학자료원

발 간 사

    제헌헌법 제정 이래 발췌개헌(1952. 7. 7)과 4사5입개헌(1954. 11. 29)을 포함한 제1공화국 헌법은 국무원을 설치하고 대통령이 국무회의 의장을 맡도록 규정했다. 제헌헌법과 1952년 헌법 제68조에 따르면 국무원은 '대통령과 국무총리 기타의 국무위원으로 조직되는 합의체로서 대통령의 권한에 속한 중요 국책을 의결'하는 헌법기관이었다. 다만 국무총리제를 폐지했던 1954년 헌법은 국무원을 '대통령과 국무위원으로 조직되는 합의체로서 대통령의 권한에 속한 중요 국책을 의결'하는 기관으로 규정했다. 의원내각제 정부형태를 취했던 제2공화국에서는 국무총리가 국무회의를 소집해 의장을 맡았고, 대통령이 의장을 맡아 국무회의를 주재하는 조항은 제3공화국 때 부활했다.

    제1공화국 시기의 국무회의록은 국가기록원을 통해 ≪신두영 비망록: 제1공화국 국무회의≫라는 제하(題下)에 5개의 문서로 분철(分綴)되어 공개되고 있다. 회의록 작성자는 제7대 국무원 사무국장(國務院事務局長, 1957. 6. 28~1960. 6. 30)을 지낸 신두영(申斗泳, 1918. 8. 21~1990. 3. 4)이다. 신두영이 남긴 국무회의 기록은 1958년 1월 2일부터 1960년 4월 15일까지 총 281회분이다.

    신두영은 국무회의에 참석하여 회의 내용을 대학노트에 꼼꼼히 기록했다. 그리고 회의 후 다시 미농(美濃) 괘지(罫紙)에 초고를 정서할 때 묵지(墨紙)를 대고 사본을 만들어 한 부는 경무대에 보내고 나머지 한 부는 국무원 사무국에 보관해 두었다. 그러나 4·19 이후 정치적 혼란의 와중에 경무대로 보내진 한 부는 분실되었고, 다행히 나머지 한 부는 국무원 사무국장 비서관이던 김기억(金基億)이 보관하고 있었다(『경향신문』, 1990년 4월 19일, 3면).

    신두영은 자신의 기록이 훗날 사초(史草)로 활용되기를 바랐다. 그래서 그는 공직 퇴임 후 공주 중학 후배인 박재규(朴在奎) 공주사대 학장이 건네는 자료의 도움을 받아 사실을 확인하며 국무회의록을 정리했다("나의 청와대 특보 시절," 『정경문화』, 1985. 9). 1990년 신두영이 작고한 후에는 박재규의 아들 박석홍 경향신문 편집위원과 이달순 수원대 교수가 국무회의록을 1990년 4월부터 1991년 3월까지 『경향신문』에 연재하여 일반에 공개했다(이달순, 『이승만 정치 연구』, 296쪽). 1990년 8월에는 신두영이 박정희 정부의 대통령 사정 담당 특별보좌관과 감사원장을 지낼 때 그와 함께 근무했던 이희영(李羲榮) 전 천안 시장이 신두영 유족으로부터 국무회의록을 입수해 정부기록보존소에 기증했다(『대한민국 국무회의록 1958』, 3쪽).

　　그 후 2006년에 이희영은 신두영이 국한문 종서(縱書)로 기록한 국무회의록을 순 한글로 바꾸어 『제1공화국 국무회의록』(시대공론사)을 출간했다. 한자에 익숙하지 않은 한글세대가 우리나라 현대사를 이해하고 연구하는 데 귀중하게 활용되기를 바라는 마음의 발로였다. 이희영은 이 책을 출간하며 국무회의록이 전승된 또 다른 경위를 밝히기도 했다. 이희영의 증언에 따르면, 신두영은 국무회의록 세 부를 친필로 작성하여 한 부는 다음날 대통령에게 보고하고 한 부는 정부에 보관했으나, 4·19 이후 이 두 부는 분실되었고, 신두영이 비망록 초안과 함께 보관하고 있던 한 부가 남아 전해지게 되었다고 한다(『제1공화국 국무회의록』, 5쪽).

　　이희영이 발간한 『제1공화국 국무회의록』은 비매품으로 소량만 출판되었기 때문에 일반인이 쉽게 구해볼 수 없었다. 또한 한글로 전환하는 과정에서 오기(誤記)를 포함한 다수의 오류가 발생하기도 했다. 이에 연세대학교 이승만연구원은 이희영의 한글본을 참고하여 1958년에 개최된 120회분의 회의록을 『대한민국 국무회의록 1958』이라는 이름으로 2018년에 출간했다. 이번에는 그 후속작으로 1959년 1월 6일부터 1960년 4월 15일까지 개최된 161회분의 회의록을 출간한다.

　　『대한민국 국무회의록 1959~60』은 이승만 정권 최후 2년의 기록이라는 점에서 매우 중요한 사료의 보고다. 특히 이 시기의 기록에는 국민과 민주주의에 대한 이승만의 상반된 인식이 고스란히 드러났다는 점에서 매우 흥미롭다. 예컨대 1959년 1월 13일 열린 제4회 국무회의에서 이승만은 정계 수습 방안을 논의하면서 "수가재주(水可載舟)요 수가복주(水可覆舟)"라고 훈시했다. 물은 배를 띄울 수도 있고 뒤집을 수도 있다는 뜻이다. 『순자(荀子)』 왕제(王制) 편에는 임금을 배에, 백성을 물에 비유한 표현이 덧붙여 있다(君者舟也 庶人者水也 水則載舟 水則覆舟). 이처럼 이승만은 정치지도자라면 마땅히 민심의 향배에 항상 귀를 기울여야 한다는 동양의 격언을 가슴에 새기고 있었다. 그래서 그는 1959년 12월 8일 열린 제117회 국무회의에서 "공맹지도(孔孟之道)는 서양의 철학보다도 위대한 정치철학이라는 것을 명심하라"는 분부(分付)를 내리기도 했다.

반면에 3·15부정선거 직후인 1960년 3월 17일 열린 제27회 국무회의에서는 "마산사건 등의 책임을 자유당에 밀고 있는 등은 하우불이(下愚不移)"라고 혹평했다. '하우불이'라는 말은 『논어(論語)』 양화(陽貨) 편에 나오는 말로, 어리석은 자들은 억지로 어질게 변화시킬 수 없다는 뜻이다. 우리 국민을 민주적 소양이 없는 우민(愚民)으로 간주하는 인식은 "우리 국민은 아직 민주주의를 하여 나가기까지 한참 더 있어야 할 것이며 정당을 하여 갈 자격이 없다"고 했던 1960년 4월 12일 제36회 국무회의 발언에서도 확인된다. 그러나 결국 이날 이승만은 "대통령을 내놓고 다시 자리를 마련하는 이외는 도리가 없다"며 하야 의사를 밝혔다.

국무회의록은 이승만 정권에게는 양날의 칼이 될 수 있다. 이승만 개인의 모순된 생각과 정부의 공과(功過)가 가감 없이 날것 그대로 기록되어 있기 때문이다. 그러나 이승만은 자신에게 불리한 기록에 대해서도 삭제를 지시하지 않았다. 이 점에서 우리는 역사 앞에 자신을 고스란히 드러낼 용기를 가진 담대한 정치가의 풍모를 읽을 수 있다.

이 책을 발간하는 과정에 많은 이들의 도움이 있었다. 우선 재정적 지원을 아끼지 않은 우남소사이어티의 김영수 회장과 김효선 사무총장께 감사드린다. 『제1공화국 국무회의록』의 편찬자인 선친(先親) 이희영을 공동 편주자(編註者)로 모실 수 있도록 흔쾌히 허락해 준 이주현 성균관대학교 교수에게도 감사드린다. 새로운 편주 작업에는 김호직 박사, 김정민 박사, 그리고 이형준 박사과정생이 참여했고, 유지윤 박사, 김주희 박사과정생과 한서영 박사과정생은 교열과 편집을 도왔다. 까다롭지만 표도 나지 않는 어려운 작업에 기꺼이 참여해준 이들 신진 연구자들의 노고에 감사드린다. 그리고 영리에 연연하지 않고 후속작의 출판을 흔쾌히 다시 맡아준 국학자료원 관계자들께도 감사드린다.

2023년 1월
연세대학교 이승만연구원
원장 최연식

참고자료

김명섭 외 편. 『대한민국 국무회의록 1958』. 파주: 국학자료원, 2018.
李達淳. 『李承晚 政治 硏究』. 華城郡: 水原大學校 出版部, 2000.
이희영 편. 『제1공화국 국무회의록』. 서울: 시대공론사, 2006.

李哲昊. "나의 靑瓦台 特補시절(申斗泳 전監査院長 인터뷰)." 『政經文化』, 1985. 9.
"韓國현대사 규명할 1급史料." 『京鄕新聞』, 1990년 4월 19일, 3면.

일러두기

1. 이 책은 이희영 편, 『제1공화국 국무회의록』을 참고하여 ≪신두영 비망록: 제1공화국 국무회의≫를 새롭게 편집하고 주석을 달았다.

2. 본문 중 신두영이 개인적으로 정리한 내용은 괄호로 묶어 회의의 내용과 구분했다.

3. ≪신두영 비망록: 제1공화국 국무회의≫에 단기(檀紀)로 표기된 회의 일시는 모두 서기(西紀)로 고쳤다.

4. 국무회의의 회차, 일시, 의제 번호 등에 대한 누락과 오기는 바로잡았다.

5. 외국어와 구어체 어투는 한글 맞춤법에 따라 수정했으며, 외국어는 괄호 안에 원어를 병기했다.

6. 한자로 표기된 외국 국가명은 한글로 바꾸어 표기했다.

7. 한글 맞춤법 상의 오류는 별도의 표기 없이 바로잡았다.

8. 판독 불능한 글자의 경우 □로 표시했다.

9. 편주자가 판독하지 못한 글자는 『제1공화국 국무회의록』(이희영 편)의 판독을 따랐다.

목 차

원문 목차

1959년

1960년

대한민국 국무회의록 1959

本爲民

제1회 국무회의

일시 : 1959년 1월 6일(화)
장소 : 경무대(전반), 중앙청(후반)

1. 조선시설에 관하여

이승만 대통령 "휴전 후 미국해군이 우리 근해에서 물러가고 나니 말로는 반도라고 하나 섬과 다름없는 우리나라로서는 후방이 허술하다. 상선단이라도 만들어서 유사시에 대비하여야 할 것인데 진해에서 건설 중인 조선소는 예산관계로 지지부진한 상태에 있으니 해군에 외국인과 잘 접촉할 수 있는 사람을 몇몇 채용하여 미국에 가서 렘니처[1] 씨 등과 연결하여 미 국회를 움직여서 예산을 좀 얻도록 시켜야 하겠다"고 분부하시며 손원일[2]이 있었으면 좀 도움을 얻었을 것이라고 첨가하여 말씀하심.

2. 미국유학생 귀환 후 채용에 관하여

이승만 대통령 "미국 유학 중에 있는 '이재현'[3]이라는 학생이 한국에 돌아오면 미국대사관에

---

1) 렘니처(Lyman L. Lemnitzer, 1899~1988)는 제2차 세계대전 중 아이젠하워 연합군사령관 아래 참모차장보였으며 6·25전쟁 시에는 주한 제7보병사단장이었다. 1959년 당시 미 육군참모총장직을 수행하고 있었다.
2) 손원일(孫元一, 1909~1980)은 1924년 중국 남경 중앙대학 농학원 항해과를 졸업하였다. 1927년 독일에서 유학하였다가 1930년에 귀국하였는데 상해독립단체와 관련하여 일본 경찰에 붙잡혀 옥고를 치르다가 1931년에 출감하였다. 해방 후 해안경비를 담당하는 해방병단을 창설하고 초대 단장을 지냈다. 1948년 정부 수립 후에는 초대 해군참모총장에 임명되었으며 1953년 국방부 장관에 취임하였다. 1957년에는 주서독 공사로 임명되었다.
3) 이재현(李在鉉, 1926~2005)은 광복 이후 미군정청에서, 6·25전쟁 당시에는 미25사단 본부에서 근무하였으며, 전쟁 후 이승만 대통령의 영어 성명서를 작성하는 대리집필자로 일하였다. 허정 내각 당시에는 청와

서 채용한다고 들었는데 잘 알아보아서 정부에서 채용하는 것이 좋겠다"는 분부.

최인규4) **교통** "전에 공보실에 있던 사람이라고 생각한다"고 보고.

오재경5) **공보** "그 이재현이면 지금 USIS6)에 있고 공보실에 오기를 희망하고 있는데 동일한 사람인가를 알아보도록 하겠다"고 보고.

3. 국제적 쟁의에 대한 우리의 태도

이승만 대통령 "아ー비트레ー슌"7)이나 UN에 제소한다는 등의 국제간의 쟁의에 대하여 우리 는 다음과 같은 태도를 취하여야 할 것이라"는 분부.

「과거 40년간을 우리가 호소·주장하는 것을 들어주지 않았으며 헤이그8)회의에서도 우리에게 말을 못하게 하여 이준9) 열사의 순사(殉死)까지 야기하였다는 사실을 알고 있는 우리로서는 공정한 판단을 하는 국제법의 조정이 아닌 한 우리는 그에 응할 수 없다고.」

대 대변인을 수행하였다. 1973년 주미 한국대사관 초대 공보관장으로 임명된 그는 유신체제를 비난하며 같은 해 6월 미국에 망명하였다. 이후 미국 일리노이 주립대 언론학 교수로서 활동하였다.

4) 최인규(崔仁圭, 1919~1961)는 1949년 뉴욕대학교 상과대학을 졸업하여 귀국하였고, 1950년 동남아시아 무역사절단 대표, 대한교역공사 이사장, 국제연합한국재건단(UNKRA) 주미한국대표를 역임했다. 1951년 한국무역진행주식회사 상무이사, 1955년 국제연합한국부흥위원회 뉴욕주재 한국대표, 1956년 외자청장 등을 지냈으며 1958년 민의원 선거에 당선되었다. 같은 해 제7대 교통부 장관에 발탁되었으며, 1959년에 는 제18대 내무부 장관을 지냈다. 4·19혁명 이후 부정선거 개입으로 구속되었고 1961년 12월 서울교도소 에서 사형이 집행되었다.

5) 오재경(吳在璟, 1919~2012)은 1941년 일본 릿쿄대학(立敎大學) 경제학과를 졸업하였고, 1956년 공보실 장, 1961년 제12대 공보부 장관을 지냈다. 1970년 기독교방송 운영위원장, 1983년 동아일보 사장을 역임 했다.

6) USIS는 미국공보원(United States Information Service)을 의미한다. 1953년 미국 해외공보처인 USIA(United States Information Agency)가 창설된 이후 각 국가에 미국공보원이 설치되었다. 미국 외교정책의 대외 홍보 및 미국 문화의 소개, 그리고 세계 각국과의 문화교류협력 증진 등을 목적으로 하고 있다.

7) 문맥상 국제상설중재재판소(Permanent Court of Arbitration, PCA)를 의미하는 것으로 보인다. 국제상설중 재재판소는 국제 사법 기관으로서 1899년 '제1회 헤이그 평화 회의'에서 체결된 '국제 분쟁의 특정한 처리 방법을 위한 조약'에 의거하여 설립되었다. 네덜란드 헤이그의 평화궁(Peace Palace)에 위치해 있다.

8) 원문에서는 "해아(海牙)"로 쓰여 있는데, 이는 헤이그(Hague)의 음역어이다.

9) 이준(李儁, 1859~1907)은 1896년 한성재판소 검사보에 임명되었으며 1897년 와세다대학(早稻田大學) 법 과에 입학, 이듬해에 졸업한 후 귀국하여 독립협회 일을 보다가 체포되었고 수개월 후 석방되었다. 러일전 쟁 이후 일진회에 대항하여 공진회(共進會)를 조직하고 회장에 추대되었으며 헌정연구회를 조직하여 대한 자강회로 발전시켰다. 1907년 6월 고종의 명을 받고 이상설(李相卨)·이위종(李瑋鍾)과 함께 헤이그에서 열 린 제2회 만국평화회의에 파견되었으나 일본의 방해로 참석하지 못하고 순국하였다.

4. 치외법권 철폐에 관하여

이승만 대통령 "외국에 대하여는 전부 철저한 치외법권이 우리에게 대하여서만 애매하게 되어 있으니 이를 해결하도록 문제를 만들어 보도록 하라"는 분부.

5. 사무계 직업 숭앙의 폐습을 시정하는데 관하여

이승만 대통령 "근자 학교 졸업생들이 white collar job만을 숭앙하는 폐단이 있다니 계몽하여 시정하도록 하라"고 분부.

6. 학비과중의 폐단 시정에 관하여

이승만 대통령 "대학 연 25만 환. 중고교도 도서구입(교과서 외 도서의 발매)비로 다액이 들어가며 국민학교도 월 2,000~5,000환이 요한다 하니 조사하여 시정하도록 하라"는 분부.

7. 정부관리기업체운영 지도감독에 관하여

이승만 대통령 "마산발전소를 보고 자책을 금하지 못하였다. 각부에서는 기술자를 포함한 조사관을 두고 엄중한 감독을 하도록 시급히 조치하라"는 분부.

8. 남산 보호에 관하여

이승만 대통령 "실정이 말이 아니다 시급히 대책을 보완하여야 할 것이라"는 분부.
김일환[10] **내무** "서울시장이 주가 되어 내무, 농림, 국방이 협력하여 식목, 고목제거, 사방(砂

---

10) 김일환(金一煥, 1914~2001)은 1937년 만주 육군경리학교와 만주국군관학교를 졸업하고, 만주국 육군 경리장교로 임관하여 1941년 군수 중위가 되었다. 1947년에는 국방경비대 총사령부 재무처장, 1948년 국방부 제3국장, 1950년 육군 준장, 전쟁 중이었던 1951년에는 육군 소장을 거쳐, 1951년 제3대 국방부 차관직을 역임했다. 1955년에는 제9대 상공부 장관을 역임했으며 1956년에는 경제조정관 서리를 겸임하였다. 1958년에는 제17대 내무부 장관, 1959년 3월부터 1960년 4월까지는 제8대 교통부 장관을 지냈다.

防)[11], 통로정비를 곧 하도록 하고 남산 전역을 공원지대로 책정하여 앞으로 이러한 폐단이 없게 하겠다"고 보고.

이승만 대통령 "미군에서 책임지는 구역과 우리가 책임질 구역에 대하여 데커[12] 대장과 협의하여 보도록 하라"는 분부.

정재설[13] 농림 "작년 11월 조사에 의하면 입목총수 25~30만 중 2,500~3,000본이 고목이었으며 만일 그것을 제거하기 시작하면 일반민의 도벌이 있을까 우려되어 아직 방치하고 있다"고 보고.

이승만 대통령 "이스트우드[14] 장관을 불렀다. 그는 그런 것을 잘 도와줄 사람이라고 생각한다. 남산 남편에 있는 사격장을 타처로 옮기도록 데커 장군에게 말하였더니 한다고 하였다. 잘 계획하여 좋은 공원으로 만들도록 하라"고 분부.

9. 반도호텔 운영에 관하여

이승만 대통령 "각부에서 지고 있는 외상대[15]를 곧 갚아주어야 운영에 지장이 없을 것이라"고 분부.

10. 선전강화에 관하여

이승만 대통령 "공산당을 잡아도 발표가 없고 선전이 부족하다. 공보실에서 좀 잘 하도록 하

---

11) 황폐지를 복구하거나 산, 강가, 바닷가 등 토사가 비바람에 유실되거나 붕괴되는 것을 예방하기 위해 공작물을 설치하거나 식물을 심고 경관을 조성하는 것을 의미한다.

12) 데커(George H. Decker, 1902~1980)는 미 육군 장성으로서 1957년에 미8군 사령관으로 부임했으며 2년 후인 1959년 7월 1일 미 육군 참모차장으로, 1960년 10월 1일 미 육군 참모총장으로 승진하였다. 대단한 골프 애호가였던 것으로 알려져 있으며 미8군 사령관으로 부임한 후 이승만 대통령에게 당시 미군 남산 사격장 부지와의 교환을 제의하여 1958년 해당 용산 부지에 미8군 골프장을 건설하였다.

13) 정재설(鄭在卨, 1922~1988)은 도쿄제국대학(東京帝國大學) 임학과 졸업 후 귀국하여 1931년부터 조선총독부에서 근무했다. 해방 이후 경상남도 삼림과장, 1947년 마산시장, 경남목림주식회사 사장을 지냈다. 1952년 제7대 농림부 차관, 1957년 제14대 농림부 장관에 임명되었으며 농업협동조합 중앙회를 창립하였다.

14) 이스트우드(Harold E. Eastwood, 1892~1973)는 당시 국제연합한국재건단(United Nations Korean Reconstruction Agency, UNKRA)의 대표였다.

15) 1960년 5월 28일자 『경향신문』의 「半島호텔 億臺의 外上」 기사에 의하면, 당시 반도호텔의 외상 액수는 19만 불이었으며, 그중 정부가 지고 있던 외상값이 8만 불이었다고 한다.

라"는 분부.

11. 국가보안법 통과 시 국회 내의 실상에 대한 사회의 오해에 관하여

곽의영[16] 체신부 장관이 당시 국회 내의 실상을 보고하려고 할 때

이승만 대통령 "그것을 문서로 작성하여 공포하도록 하여야 한다. 다만 외국인들이 잘못 알았다는 것을 사과하고 있으니 이런 시기에는 잠자코 있는 것이 좋을 듯하다"고 주의의 말씀.

12. 추곡수납성적에 관하여

정재설 농림 "목표량 140만 석에 대하여 65%까지 갔으며 앞으로 2개월간에 90% 이상에 달할 것이다"는 보고.

13. 주택자금에 관하여

이승만 대통령 "주택자금의 방출상황 여하"의 하문에

손창환[17] 보사 "37억이 방출되고 세입 관계로 23억이 남았다"고 보고.

김현철[18] 재무 "귀재매각대(歸財賣却代) 수입이 잘 안되어서 일부 남았는데 근일중 약 10억환을 방출할 수 있겠다"고 보고.

이승만 대통령 "그 간 건축한 것은 다 잘되었다고 본다. 재무부에서 자금을 낼 수 있도록 각 장

---

16) 곽의영(郭義榮, 1912~1992)은 1936년 경성법률전문학교 졸업 후 광공국(鑛工局) 상무과장 등을 지냈다. 1950년부터 1958년까지 제2~4대 민의원 선거에서 당선되었다. 1958년 제8대 체신부 장관에 임명되었으며 이후 대한민국 헌정회 부회장 및 회장을 역임했다.

17) 손창환(孫昌煥, 1909~1966)은 1940년 일본 게이오대학(慶應義塾大學) 의학부를 졸업했으며 1949년 이화여대 의학과 과장 겸 부속병원 원장이 되었다. 1955년 서울대학교에서 의학박사 학위를 받았고, 1957년 제3대 보건사회부 장관에 임명되었다.

18) 김현철(金顯哲, 1901~1989)은 1926년 린치버그대학 경제학과 졸업, 1932년 컬럼비아 대학원을 졸업하였다. 1933년 대한민국임시정부 구미위원을 지냈고, 1941년 미국 해외경제처, 1945년 작전부에서 근무했다. 해방 후 미국에 남아 미국 정부의 극동경제개발처(FEA)에 근무하였으며 정전협정 직후 귀국, 1953년 기획처 차장으로 부임하였다. 1955년 제6대 재무부 장관, 1956년 제2대 부흥부 장관, 1957년 제8대 재무부 장관을 역임했으며 1962년 제3대 경제기획원 장관을 지냈다.

관이 협력하여야 한다"고 분부.

14. 충주발전소 건설자금에 관하여

송인상[19] 부흥 충주발전소 건설자금 차입에 대하여는 "로버트슨[20] 국무차관보가 힘을 써서 5,500만 불 범위 내에서 대여를 받기로 된 바 정부로서는 하등의 책임이 없고 전기회사 대 은행의 관계로 되는 것이며 DLF[21] 조건 중에 effective rate이라는 것에 대하여는 교섭한 결과 한국에 있어서는 '공정환율'을 말하는 것이라는 점에 쌍방협의가 성립되었으며 충주발전소 관계는 늦어도 9월까지는 차관을 완료하겠다"고 보고하고 "종래 전임장관이 시작하여 놓은 사업의 완성기에 수확만을 하여온 본청으로서는 이 거대한 일을 추진하여 후임자에게 수확케 하려고 한다"고 소신을 피력한바 별말씀이 없으심.

15. 원자력원 인사에 관하여[22]

조정환[23] 외무 "원장을 임명하여 주셔야겠다"고 보고.

---

19) 송인상(宋仁相, 1914~2015)은 경성고등상업학교를 졸업하고 조선식산은행에서 근무하였다. 1949년 재무부 이재국장을 지냈으며 1957년 제3대 부흥부 장관 겸 경제조정관이 되었다. 이후 부흥부 장관직을 신현확에게 승계하고, 1959년부터 제9대 재무부 장관을 지냈다.

20) 로버트슨(Walter S. Robertson, 1893~1970)은 1953년 4월 8일부터 1959년 6월 30일까지 미 국무부 극동담당 차관보를 역임했다. 전쟁 중이었던 1953년 6월 25일 아이젠하워 대통령은 로버트슨 차관보를 특사로 파견하여 한미상호방위조약에 대하여 이승만 대통령과 구체적으로 협의하도록 하였다. 한국과 미국은 1953년 7월 27일 정전협정이 체결된 후 8월 8일 조약에 가조인하였으며, 이후 1954년 11월 18일 정식으로 한미상호방위조약이 발효되었다.

21) 빈곤국가를 지원하기 위해 1957년에 설립된 미국의 개발차관기금(Development Loan Fund, DLF)을 의미한다.

22) 1956년 한국과 미국은 원자력의 비군사적 이용에 관한 협력을 체결하였으며 정부는 원자력 정책을 수립하고 추진할 수 있는 조직(문교부 원자력과)을 창설하였다. 1958년에는 원자력법을 공포하였고, 1959년에는 원자력원을 건립하였다. 제3대 문교부 장관을 역임했던 김법린(金法麟)이 초대 원자력원 원장으로 임명되었다.

23) 조정환(曺正煥, 1892~1967)은 미국 켄터키대학 역사학과를 졸업하고, 미시간대학 외교학과 석사 졸업 후 이화여전 교수가 되었다. 해방 후 미군정청 기획처 고문을 거쳐 1949년 제2대 외무부 차관이 되었다. 1955년에는 외무부 장관서리, 1956년에는 제4대 외무부 장관, 1959년에는 유엔총회 한국대표 등을 역임했다.

이승만 대통령 "위원을 내서 적당한 후보자를 추천케 하는 것이 좋을 것이라"고 분부.

최재유[24] 문교 "기위[25] 외무, 문교, 재무, 내무(전 상공), 부흥이 위원으로 되어 있다"고 보고.

이승만 대통령 "그 몇 사람이 의논하여 적당한 사람을 추천하도록 하라"고 분부.

※ 중앙청회의

1. 1958년 미곡연도 정부관리양곡 판매가격 중(소맥분) 가격개정에 관한 건(농림)

원안대로 통과함

2. 1958년산 추곡 정부수납분 매입가격 및 1959미곡연도 정부관리양곡 판매가격 결정에 관한 건(농림)

원안대로 통과함

3. 1959년 미곡연도 정부관리양곡 수급계획에 관한 건(농림)

원안대로 통과함

4. 1959년도 경제부흥정책의 대강에 관하여

별지 소위원회(재무, 부흥, 농림)의 초안을 각부에서 각각 그 소관사항별 검토를 가하여 차회회의에 제출하기로 함.

---

24) 최재유(崔在裕, 1906~1993)는 1929년 세브란스의학전문학교를 졸업하고, 1937년 일본 교토대학(京都大學)에서 의학박사학위를 받았다. 1933년에는 모교 교수가 되었다. 1952년부터 1955년까지 제3대 보건부 장관, 1955년부터 1956년까지 초대 보건사회부 장관, 1957년 대한문교서적주식회사사장, 1957년부터 1960년까지 제6대 문교부 장관을 지냈다.

25) '이미'라는 뜻이다.

제2회 국무회의

일시 : 1959년 1월 8일(목)
장소 : 중앙청 회의실

1. 1959년도 세입세출예산집행원칙결정에 관한 건(재무)

원안대로 통과함.

2. 잉여농산물의 품목별도입수량책정의 건(부흥)

송인상 부흥 "PL480[26]에 의한 잉여농산물 도입에 있어서는 품목별 배정을 소맥 2,450불, 원
면 1,865만 불, 기타 685만 불로 한다"는 것을 제의한다.
정재설 농림 "당초 반대는 하였으나 부득이 한 것이라고 생각한다"고 동의.
이상 논의 후 부흥부의 제안대로 하기로 의결함.

3. 기업체 운영에 대한 감독에 관하여

구용서[27] 상공 "감독관을 편성하여 명일부터 활동을 개시하기로 하였다"는 보고.

---

26) 미국의 '1954년 농업무역발전 및 원조법'에 따라 미국이 제공한 농산물(식량) 원조를 지칭하는 용어이다.
27) 구용서(具鎔書, 1899~1984)는 1925년 일본 도쿄대학 상학부를 졸업하였으며 조선은행 도쿄지점에서 근
무하였다. 1950년 6월 12일 한국은행 초대 총재에 임명되었고 1953년 대한석탄공사 총재, 1954년 산업은
행 총재, 그리고 1958~1960년에는 제10대 상공부 장관을 역임했다.

제3회 국무회의

일시 : 1959년 1월 9일(금)
장소 : 중앙청 회의실

1. 아국(我國)이 가입한 국제기구 부담금 지불 사무 간소화에 관한 건(외무)

원안대로 통과함.

2. 지방자치법 시행령 중 개정의 건(법제)

원안대로 통과함.

3. 지방공무원령 중 개정의 건(법제)

별지와 같이 수정 통과함.

4. 소년원 설치에 관한 건(법제)

원안대로 통과함.

5. 가축보호법 시행령 중 개정의 건(법제)

원안대로 통과함.

6. 수리조합장 임면제 변경의 건(법제)

원안을 폐기하고 다음과 같이 의결함.

「1952년 10월 25일 농지 제1,040호 '수리조합 기관의 운영에 관한 건'과 1953년 9월 18일 농지 제 / 호 '수리조합이사 임면에 관한 건'의 양 국무총리 통첩(通牒)은 이를 폐지한다.」

제4회 국무회의

일시 : 1959년 1월 13일(화)
장소 : 경무대(전반), 중앙청(후반)

1. 국제회의 유치에 관하여

이승만 대통령 "필리핀에서 국제회의를 빈번히 개최하고 있는데 그 이면에 무엇이 있는가를
알아보고 그러한 회의는 국제적 위신을 올리고 외화 획득하는 데도 도움이 되는 것이
니 외무와 공보에서 그 유치를 적극 추진하도록 하라"는 분부.

2. 화재방지에 대한 국민 계몽에 관하여

이승만 대통령 "공보실에서 영화를 만들어서 보여주는 것이 효과적일 것이라"는 분부.

3. 양곡교환에 관하여

이승만 대통령 "미곡과 맥류를 교환하는 것은 영양가치로 보나 경제적으로 보나 대단히 좋은
일이라고 생각한다"고 격려의 말씀.
하오 중앙청회의에서 농림부 제출의 부의안을 원안대로 통과함.

4. 스키장 설치에 관하여

이승만 대통령 "대관령에 스키장을 만들도록 연구하라"는 분부.

5. 배급양곡의 가격문제

이승만 대통령 "군인가족에 대하여 배급하고 있는 양곡의 가격이 시가보다 비싸다는데 여하?"
의 하문.

정재설 농림 "시가보다 저렴할 때만 배급을 하고 그 후 주지 않고 있다"고 보고.

김일환 내무 "시가보다 저렴하면 배급을 타게 하고 시가가 더 헐하면 시중에서 구입하게 시키
면 문제가 없을 것이다"는 의견.

이승만 대통령 "정부 산하에 있는 자는 반드시 충성심을 가지고 있는 것도 아니니 십분 유의하
여 잘 하여야 할 것이라"는 분부.

6. 비료조작비에 관하여

이승만 대통령 "비료조작비 관계로 민폐가 없도록 하라"는 분부.

정재설 농림 "시가가 근일 이후로 400~500환 앙등하여 값을 떨어뜨리는 방법을 부흥과 의논
중이라"고 보고.

7. 관광사업추진에 관하여

이승만 대통령 "타국이 관광사업으로 돈을 벌고 있으니 우리도 돈을 좀 벌어야 할 것인데 돈을
벌려면 돈을 써야 한다. 원각사는 조그마한 것인데 크게 이름이 났다. 오 실장이 이런
일을 잘 착안하여 많은 일을 하여오고 있으나 그 대신 근래 선전이 잘 안 된다고 한다.
오 실장의 후임을 추천하도록 하라. 국회의원은 안 되겠지? 내놓고 하라고 하지…"하
시는 분부.

8. 원자력원장 임명에 관하여

이승만 대통령 "최규남[28] 씨가 적당하다고 생각하니 국무위원들이 만나서 나와서 일을 하도록 권하여 보라"는 분부.

최재유 문교 "권하였으나 아직 확답은 없다"고 보고.

김일환 내무 "자유당 출신 의원이 1인 줄어든다"고 보고.

조정환 외무 "국무위원 말보다 대통령 각하께서 말씀하시는 것이 속(速)하리라"고 의견.

이승만 대통령 "대통령이라는 직에서 권하기 곤란하니 국무위원들이 유비와 같이 삼고의 예를 갖추어서 데려 내오도록 하라"고 분부.

9. ICA[29] 지방책임자 회의에 관하여

송인상 부흥 "9개국의 지방책임자와 그 부인들 5명이 참석케 될 것이며 미 국무성에서도 파견관이 올 것으로 예상되는 바 이 회의를 한국에 초청하는 데는 원[30] 조정관의 노력이 컸었다"고 보고.

10. 충주발전소 설계에 관하여

송인상 부흥 "설계비용으로 이미 150만 불의 배정을 받았으며 DLF에서 추천한 업자 3개 회사 (①타무스 ②핼스 ③하이드로 · 에렉트릭)와 백텔을 합하여 4개 회사 중에서 한국 정부가 선정하게 될 것이라"고 보고.

---

28) 최규남(崔奎南, 1898~1992)은 연희전문학교 수학물리학과, 미국 오하이오 웨슬리언 대학교 물리학과, 미시건 주립대학교 대학원 물리학과 석사 및 박사 과정을 졸업하였다. 1950년에서 1951년까지 제3대 문교부 차관을, 1956년부터 1957년까지 제5대 문교부 장관을 지냈다.

29) 국제협조처(International Cooperation Administration, ICA)는 1955년 6월 30일에 설립되어 군사원조 이외 모든 대외 원조를 조정 및 담당한 미국 국무부의 한 기관이다. 1961년 9월 4일에 폐지되어 국제개발처 (United States Agency for International Development, AID)로 기능이 이관되었다.

30) 원(William E. Warne, 1905~1996)은 뉴딜 정책이 시행될 당시 행정을 담당했던 인물이었으며 1956년부터 1959년까지 제2대 주한미국경제조정관(Economic Coordinator for Korea)을 역임했다. 참고로 제1대 주한미국경제조정관은 우드(Tyler C. Wood)였으며 제3대 주한미국경제조정관은 모이어(Raymond T. Moyer)였다.

11. 잉여농산물 도입 계획과 곡가와의 관계

송인상 부흥 "50,000,000불을 다음과 같이 배정한바 곡가 저락으로 일부에서는 말썽이 있다"고 보고.

소맥 2,450만 불

원면 1,865만 불

기타 685만 불

정재설 농림 "곡가가 이 이상 더 떨어지면 농민의 생산의욕에 영향을 주리라고 하는 말을 하고 있다"고 보고.

이승만 대통령 "곡가의 하락을 염려하지 말고 타 물가가 곡가에 따라서 떨어지게 하여야 하며 국내소비를 절약하여 해외수출을 하도록 하여야 한다"고 분부.

12. 시설관리보호에 관하여

이승만 대통령 "시설만 할 것이 아니라 관리를 잘하여 가야 한다. 일전에 당인리발전소에 갔더니 온다는 말을 들었는지 잘 관리하고 있더라"고 말씀.

김일환 내무 "작일 이스트우드 씨를 만났는데 하명하신 것은 잘 연구하는 중이라고 하더라"고 보고.

송인상 부흥 공장관리는 그 후 분부에 따라 상공부에서 입안 실시 중에 있다고 보고.

13. 농어촌고리채 정리에 관하여

김현철 재무 "농은(農銀)이 금융채권을 발행하여 고리채를 대체(代替)하도록 자유당에서 요구하고 있다"고 보고.

이승만 대통령 "경제는 balance of power가 필요하다. 해줄 수 있는 것이면 잘 하여 보아라"는 말씀.

14. 정계수습에 관하여

김현철 재무 "불온 삐라가 살포되고 정계가 소란하여 민심에 영향이 많으니 여야(무소속 포함) 간부를 부르셔서 말씀하여 주시는 것이 좋겠다"고 의견을 구신(具申)[31].

이승만 대통령 "내가 글을 만들어서 내면 민주당을 공산당으로 만들지도 모른다. 전진한[32]은 공산당 출신이다. 일인과 공산당과 중국이 외부에서 공격하고 북한이 북에서 침입하고 민주당이 내부를 교란하면 나라가 망할 터인데 그때 가서 민주당이 어디 있겠는가? 이런 말을 좀 하려고 하였더니 당분간 기다리라고 하기에 그대로 있다. 그런 일은 정부에서 순리로 막아가지 않으면 나중에는 수습을 못하게 될 수가 있다. 우리 민족의 특성을 잘 알고 대처하여 가야 할 것이다. 수가재주(水可載舟)요 수가복주(水可覆舟)[33]라고 한다"는 훈시.

15. 국제회의 장소에 관하여

조정환 외무 "명년에 ECAFE[34] 회의를 유치하려고 하는바 회의에는 운남회관으로 충당하여도 숙사가 문제라"고 보고.

이승만 대통령 "재무는 데커 장군에 말하여 조선호텔을 찾도록 하고 건축할 자금을 마련하라"고 분부하시고 "그 근방에 있는 건물은 어찌 되고 있는가" 하시는 하문에

김현철 재무 "하나는 상공회의소로 또 하나는 특무대에서 쓰고 있다"고 보고.

16. 감찰원법안에 관하여

사정위원회보다 합법적인 기관을 설치하려 하는 것이며 내용은 사정위원회와 같고 분부대

---

31) "구신(具申)"은 상관에게 사물의 사정과 형편 따위를 자세히 보고한다는 뜻이다.

32) 전진한(錢鎭漢, 1901~1972)은 1948년 이승만 대통령에 의해 초대 사회부 장관으로 임명되었다. 제1, 2, 3, 5, 6대 국회의원을 지냈다.

33) "수가재주 수가복주(水可載舟 水可覆舟)"는 '물은 배를 띄울 수도, 뒤집을 수도 있다'는 뜻이다. 민의가 중요하다는 의미이다.

34) 아시아극동경제위원회(Economic Commission for Asia and the Far East, ECAFE)는 1947년 3월 유엔경제사회이사회(Economic and Social Council, ECOSOC) 결의 제37호에 의거하여 중국 상해에 설립되었으며 1949년에 방콕으로 이전하였다. 아시아 및 극동지역에서 제2차 세계대전 피해복구를 위한 사업을 전개하였다.

로 장차관도 조사 대상에 넣은 것이라는 법제, 법무, 재무의 설명에 대하여

이승만 대통령 "장관·차관이 잘하고 있는 것을 너무 함부로 하면 장관들의 위신이 없어지니 고려할 문제(전에는 필요한 시대가 있었다)라고 생각하며 폐단이 없는 것은 그대로 두는 것이 좋다. 전에는 여러 가지 문제가 있다고 하여 두었으나 지금은 우리에게는 없고 있으면 민주당에서 있을 것이라"고 분부.

17. 문화단체에 대한 보조금 교부규정

대한체육회, 소년단, YMCA[35], 기타 문화단체에 대하여 지급하는 보조금의 법적 근거를 마련하는 것으로 정부의 부담을 가중하는 것이 아니며 금년에는 약 1억 환을 지급할 것이나 그중 5,000만 환은 금년에 한한 종합경기장 설치관계 경비이므로 연 소요액은 약 5,000만 환 내외라는 문교부 장관의 설명에 대하여

이승만 대통령 "운동경기는 국제적으로 중요한 의의가 있는 것이니 주도록 해야겠으며 이 규정도 그대로 하도록 하라"고 윤허하심.

18. 수렵규정개정

미군과 한인과의 차별을 없애며 '노루'와 '꿩'을 잡을 수 있게 하되 금렵구별과 수량제한강화로 나가겠다는 농림의 보고와 법제의 설명에

이승만 대통령 "명태에 알이 든 것을 잡아도 아직 씨가 지지 않는다. 그러나 일정한 시기와 일정한 장소에 있어서의 포획을 금하고 그대로 하도록 하라"고 윤허.

19. 전역전상장교 특별급여지급에 관한 건

현재 월급을 주고 있는 현역 입원장교 687명의 봉급 1년분을 일시에 내주고 내보내어 생

---

35) YMCA(Young Men's Christian Association, 기독교청년회)는 1844년 영국에서 발족한 기독교 평신도 운동 단체이다. 1855년 파리에서 세계YMCA연맹이 결성되면서 국제적 조직으로 확대되었고 세계선교와 사회 운동을 주도했다. 한국에서는 1903년 황성기독교청년회가 창설되고 1941년 조선기독교청년회연합회가 결성된 이후 물산장려운동, 계몽운동 등 사회운동을 활발하게 전개했다.

계의 기반으로 삼게 하려는 것이며 소요자금은 약 3억 환이 필요하다는 법제, 국방(차), 재무의 설명에 대하여

이승만 대통령 "주도록 하라"고 윤허하심.

20. 법원조직법 중 개정법률안 공포의 건

원안(공포)하기로 함.

21. 검찰청법 중 개정법률안 공포의 건

거부하기로 함(원안 폐기).

22. 경제부흥정책의 대강에 관하여

별지안(부흥부 종합작성)을 수정(주서36))통과하여 공보실로 하여금 발표케 하고 1월 14일 이강(以降)37) 각부별로 매일 일개 부씩 구체적 내용을 신문에 발표케 하기로 함.

23. 지방공무원령 중 개정의 건 의결을 수정

1959년 1월 9일 제3회 국무회의 의결을 별지와 같이 일부 수정하기로 함.

24. 예비비 지출

사정위원회 경비(6개월분) 43,378,500환 일반회계 예비비서 지출.

---

36) '붉은 글씨'를 뜻한다.
37) '이후'라는 뜻이다.

제5회 국무회의

일시 : 1959년 1월 14일(수)
장소 : 중앙청 회의실

1. 1959년도 외무부 주요시책

별지안을 다음과 같이 수정 통과하여 명 15일 공보실을 통하여 발표하기로 함.

(1) (1)항으로 "국토통일을 위한 외교 강화"의 방침을 넣는다.

(2) (4)항 중 "즉 문화, 경제, 보건, 해상, 마약, 체신, 항공 등에 관한 다자협정"을 삭제한다.

(3) (5)의 (1) 중의 '강화'를 삭제한다.

(4) (5)의 (3)의 제목을 삭제한다.

(5) (6)의 (4)항을 전문 삭제한다.

(6) (7)을 전문 삭제한다.

(7) 기타 문구를 정리한다.

제6회 국무회의(임시)

일시 : 1959년 1월 15일(목)
장소 : 중앙청 회의실

1. 1959년도 농림부 주요시책에 관하여

별지 농림부 원안을 수정(주서와 같음) 통과함.

2. 예비비 지출

다음 예비비를 지출하기로 함.

선전사업비(공보실 소관) 40,000,000환 일반회계 예비비에서 지출.

김포공항청사 신축비의 일부(교통부 소관) 300,000,000환 경제부흥 특별회계 예비비에서 지출.

제7회 국무회의

일시 : 1959년 1월 16일(금)
장소 : 중앙청 회의실

1. 1959년도 내무부의 주요시책

내무부로 하여금 필요한 수정(내용순위 중복된 부분의 정리를 포함)을 가하여 명 17일에 공보실을 통하여 신문에 발표하기로 함.

2. 부산 및 사상유류시설 경비에 관한 건(상공)

제출부의 요청에 의하여 환송하기로 함.

현재까지 국방부서 하고 있으나 2월 1일에는 국방부가 손을 떼게 되어서 그 후의 대책을 관계부 간에 협의하였으나 결국은 해결을 못 짓고 국무회의에 조정을 제의한 것인바 금반[38] 내무부와 상공부 간에 합의가 성립되어 철회케 된 것임.

3. 귀속재산 국유 · 공유화에 관하여

인천 해병대 보급소기지 국방부 소관 국유화
구로국민학교 기지 내무부 소관 공유화(서울시유(市有))

---

38) "금반(今般)"은 '이번'을 뜻한다.

위 2건 원안대로 하기로 함.

4. 교과용 도서 검인정규정 중 개정의 건(법제)

다음과 같이 수정 통과함.

「제6조 제3항 중 『해당액은』을 『해당액 이내에서』로, 『사열(査閱)수당으로서』를 『사열 수당을』로 고친다.」

5. 도서번역심의위원회 규정(법제)

다음과 같이 수정 통과함.

「제1조 제1항 중 『국내도서의 외국문 번역, 외국도서의 국문번역과』를 『국어도서의 외국어번역, 외국어도서의 국어번역, 한문고전의 국어번역과』로 고치고 제1조 제2항을 삭제한다.」

6. 외원의 전망에 관하여

송인상 부흥 "민주당이 득세한 미 국회는 외원을 극도로 제한할 기세(① Point Four Program (소규모의 기술 원조를 내용으로 하는 것) ② 5개년 간 연 10억 불의 DLF ③ 잉여농산물계획에 의한 것에 국한)를 보이고 있을 뿐 아니라 타국은 미국 원조획득에 적극적(인도 재무상은 8개월 워싱턴에 거류하면서 7억 불을 얻어갔다)으로 나오고 있는 차제이니 우리도 상당 고위의 책임자를 파견하여 이를 전담케 할 것을 연구하여야 할 것이라"고 보고.

제8회 국무회의

일시 : 1959년 1월 17일(토)
장소 : 중앙청 회의실

1. 1959년도 상공부 주요시책과 해무청 주요시책

상공부 주요시책은 상공부 원안을 별지와 같이 수정(주서 정정과 같음)통과함.
해무청 주요시책은 상공부로 하여 원안을 재정리하여 간략하게 만들어서 발표하기로 함.
상기 양 시책의 발표는 공보실을 통하여 명 1월 18일에 신문 발표하기로 되었음.

2. 1959년도 문교부 주요시책

일부 자구 수정을 국무원 사무국에 일임하고 원안대로 통과함.
본 시책은 내 1월 19일에 공보실을 통하여 신문에 발표하기로 함.

제9회 국무회의(임시)

일시 : 1959년 1월 19일(월)

장소 : 중앙청 회의실

1. 1959년도 교통부 주요시책

다음과 같이 수정 통과함.

「3의 2항(10항) 중 '강제화차로 개조하여' 다음에 '주로'를 삽입한다.」

2. 1959년도 보건사회부 주요시책

다음과 같이 수정 통과함.

(수정내용은 별지 주서로 정정한 것과 같음.)

3. 미 군사 원조계획에 대한 조사단 내한에 관하여

송인상 부흥 "한국을 조사한 닷지[39] 씨 일행이 근일 중으로 오리라고 예상되는바 다음과 같은 것에 대한 사전준비를 하여야 한다"고 보고 겸 제의.

---

[39] 닷지(Joseph M. Dodge, 1890~1964)는 전 디트로이트 은행의 은행장이었으며 2차 대전 이후에는 맥아더 장군의 재정고문으로서 일본 경제재건책인 '닷지 라인(Dodge Line)'을 제시하기도 하였다. 닷지는 아이젠 하워 대통령의 당선 이후인 1953년 미국 예산국장에 임명되어 1954년까지 국장직을 수행했다. 1959년 당시에는 미국군사 경제원조계획의 검토를 목적으로 설치한 드레이퍼 위원회(Draper Committee)의 분과 위원을 역임하고 있었다.

(1) 미국의 원조가 한국의 경제, 나가서는 국민생활 수준의 향상에 얼마만 한 성과를 거두었나를 알릴 것.

(2) 미국 군사원조가 대공방위력 강화에 얼마만 한 성과를 거두었다는 것을 알게 할 것.

(3) 앞으로 한국으로서 요구하는 것과 그 이유를 설명할 것(마이어협정[40] 개정을 포함).

김현철 재무부 장관도 준비의 필요성을 역설하였으나 본 사절단 응접(應接)의 주무가 부흥부라는 것을 재확인하고 다음과 같이 결의함.

「부흥부와 재무부가 중심이 되어 각부 국장급의 실무자회의를 개최하여 성안 제출케 한다.」

4. 감찰원안 부서(副署)에 관하여

감찰원이 재가된바 원안대로 국회에서 통과되어야 할 것이라고 생각하고 계신 것으로 추측된다는 유[41] 비서관의 발언에 의하여 의제로 되었던바 전원부서론, 수석국무위원 부서론, 수석국무위원과 법무부 장관 부서론 등 구구한 의견이 있었으나 결국 다음과 같이 의결함.

「감찰원법안의 부서 국무위원은 법제실장이 정하게 한다.」

---

40) 마이어(Meyer)협정은 1952년 5월 24일 한국 정부 대표인 백두진 재무부 장관과 미국 정부 대표 특사인 마이어(Clarence E. Meyer) 간 조인된 한미경제조정협정을 의미한다.

41) 유창준(兪昶濬) 경무대 비서관을 지칭하는 것으로 판단된다.

제10회 국무회의

일시 : 1959년 1월 20일(화)
장소 : 경무대(전반), 중앙청(후반)

1. 손도심[42] 대 조병옥[43] 간의 쟁의에 관하여

곽의영 체신 "손도심 의원이 조병옥 의원을 명예훼손으로 고소한다는 것이 항간의 화제가 되어 있다"[44]고 보고.

2. 부내 관기숙정(官紀肅正)[45]에 관하여

곽의영 체신 "장관의 경질이 빈번하든 체신부 기술자 간에 비행이 간교하던 것을 시정하던 중이며 특히 금반 발동기 구입사건과 관련된 자 7명의 응급 인사 조치를 하고 사직에 조사케 하였더니 모략중상이 나타나고 있다"고 보고.

---

42) 손도심(孫道心, 1920~1979)은 1953년 서울대학교 정치학과를 졸업하였으며 1955년 제3대 민의원, 1958년 제4대 민의원에 당선되었다.
43) 조병옥(趙炳玉, 1894~1960)은 1914년에 연희전문학교를 졸업하였으며 1925년 미국 컬럼비아 대학교에서 경제학 박사학위를 받았다. 해방 후에는 한국민주당 창당에 참가하였고 1948년까지 미군정청 경무부장에 재직하였다. 1954년 제3대 국회의원에 당선되었고 민주당 결성 후인 1956년 대표 최고위원으로 추대되었다. 1959년 민주당 대통령 후보로 선출되었으나 선거를 한 달여 앞두고 1960년 2월 심장마비로 사망하였다.
44) 이는 당시 민주당 대표 최고위원이었던 조병옥 의원이 손도심 의원을 '민주주의의 대표적인 반역자'라고 언급하고 '자유당이 손도심을 공보실장에 취임시켜 언론의 자유를 말살시키려고 한다'고 주장한 것에 의한 것이다.
45) "숙정(肅正)"은 엄격히 바로잡는다는 뜻이다.

김일환 내무 "작일 검찰총장의 담화도 나오고 경찰에 지시하여 철저히 단속하도록 지시하였다"고 보고.

이승만 대통령 "처우개선을 하였음에 불구하고 여전히 그런 사고가 발생하고 있으면 이를 엄중 단속하여야 한다"고 분부.

3. 재난방지에 관하여

구용서 상공 "근일 해상기후 불순으로 선박의 사고가 빈번하여 해무청으로 하여금 대비책을 연구토록 지시하였다"고 보고.

이승만 대통령 "근일 버스 사고, 선박 피해, 화재 등 각종 재난이 발생하고 있으니 그 대책이 필요할 것이다. 특히 경찰은 가가호호를 방문하여 화인이 될 것을 제거하고 초가 건축금지 등 방화(防火)에 필요한 법을 정하여 시행하라"는 분부.

4. 국회에서 폐기된 법안 재제출에 관하여

강명옥[46] 법제 "일괄 재제출하겠다"고 보고.

5. 미 군원(軍援) 조사단 내한에 관하여

송인상 부흥 "미 대통령 사절이 경제원조와 군사원조의 실태를 조사하러 오는바 '닷지 씨'를 수반으로 하고 '헐[47] 장군'이 같이 온다고 연락을 받고 있으며 미국의 군사 원조면이 감축되어 가고 있는 차제에 대단 중요한 의의를 가지는 것이므로 관계 각부가 연락하여 필요한 준비를 하고 있는 길이라"고 보고.

이승만 대통령 "대단히 좋은 사람들이다. 헐 장군은 내가 미국에 가는 도중에서 만난 이래 잘 아는 사람이다. 미국이 한없이 우리를 원조하여 줄 수는 없으니 우리는 우리 자신이

---

46) 강명옥(康明玉, 1910~1965)은 동경제국대학을 졸업하고 고등문관시험 합격 후 총독부 관리로 일했다. 미군정기 중앙경제위원회 기획관을 지냈으며 대한민국 수립 이후에는 법제국장, 법제처 차장을 지냈고, 1956년부터 1960년까지 법제실장을 지냈다.

47) 헐(John E. Hull, 1895~1975)은 1953년에서 1955년까지 극동사령부(Far East Command) 사령관과 유엔군 총사령관을 역임했다.

방위책을 해야겠다. 상선단을 만들어서 유사시에 대비하려고 하며 조선 사업을 하여 보려고 하여도 재력관계로 안 된다는 것을 잘 설명하여야 하며 '원 조정관', '이스트우드 장군'과도 의논하여 순서를 정하고 협력을 얻도록 하라"는 분부.

6. 조선공사에 관하여

구용서 상공 "원 조정관과 장기계획을 협의 중에 있다"고 보고.

7. 해운공사 불하(拂下)에 관하여

이승만 대통령 "남궁[48]이 못사는 이유가 상환 기간이 너무 짧은 관계라고 하므로 다시 계획을 내어 보라고 하였다"는 말씀.

김현철 재무 "남궁이 사기 어렵다는 이유는 ① 선임을 인하하여 수지가 안 맞는다. ② 단기간에 상환이 곤란하다. ③미국 선(船) 처리가 곤란한 것 등이라고 하며 미국 선은 한국 정부가 매수하는 것이 좋겠다는 의견을 표명하였다"고 보고.

이승만 대통령 "염가로 하여 환화로 사도록 하여 보라"고 분부.

8. 불($)화 사정과 여행자 특별환율에 관하여

김현철 재무 "현재 미화보유량은 130,000,000불인 바 그중에서 나주비료공장, 유학생 환금, 재외공관 경비 등에 소요될 것을 제외하면 약 100,000,000불이 남으며 작년도 UN군 교환은 30,000,000불이고 일전에 미국대사가 제의한 여행자에 대한 특별환율 문제가 해결되면 국내에 떨어지는 외화는 일층 증가될 것이다"고 보고.

이승만 대통령 "잘 의논하여서 하도록 하라. 일전에 *Korean Republic*[49]에 좋은 기사가 난 것을 보았는데 공보실장이 중심이 되어서 잘 하여 보도록 하라"는 분부.

오재경 공보 "금반 태평양 지역 관광회의에 참석할 예정이며 또 내월에는 동 회의 의장이 내

---

48) 이는 경제인이자 1954년부터 1959년까지 대한해운공사 사장을 지낸 남궁련(南宮錬, 1916~2006)을 지칭하는 것으로 보인다.
49) 1953년에 창간된 한국의 영자신문으로서 *The Korea Herald*의 전신이다.

한하므로 그와 충분 협의도 하여 좋은 방안을 제출하도록 노력하겠다"고 보고.

9. 정부불에 의한 비료 수입에 관하여

정재설 농림 "근자 중간상인들의 작란(作亂)으로 비료값이 올라가고 있는데 이를 시정하려면 비료를 더 수입하여 오는 것이 상책이라"고 보고.

김현철 재무 "정부 보유불 불하 종목에 비료를 제외하였더니 넣어달라고 말썽이라"고 보고.

이승만 대통령 "남북통일이라는 중대 과제가 남아 있는 우리에게는 외화의 보유가 필요하며 원자력에 의하여 생산이 증강하면 그것으로 무기도 만들어야 한다. 오늘 살다 내일 그만두는 것이 아니라는 것을 알아야 한다"고 훈시.

송인상 부흥 "금년도 비료 도입량을 급감한 것에 무리가 있었으리라고 생각하며 ICA 자금으로 비료를 도입할 여지가 있을 것으로 생각하므로 원 조정관과 협의하도록 하겠다"고 보고.

10. 과실 병해 방제에 관하여

이승만 대통령 "배(梨) 속에 병이 드는 것을 방제하도록 하라"는 분부.

11. 세금체납 일소(一掃)에 관하여

이승만 대통령 "체납을 일소하도록 하라"는 분부.

12. 군용육류저장 방법 연구에 관하여

이승만 대통령 "관(罐)[50]을 사용하려면 고가로 되니 그것을 안 쓰고 하는 방법을 연구하여 보도록 하라"고 하시며 '장조림', '소금에 절이는 것' 등의 구래의 방법을 지시하심.

---

50) '통조림(can)'을 의미한다.

13. 제주도 개발에 관하여

이승만 대통령 "제주도지사가 일을 잘 한다고 칭찬을 하고 중앙에 다녀온다고들 하더란 말을
한 일이 있는데 그는 이를 기다리며 열심으로 일하고 있으며 근일 상경하였기로 그
의견을 들으니 다음과 같은 사업이 좋겠다고 하니 연구하여 보라"는 분부.

(1) 헨프(麻)[51]의 재배

(2) 홉(맥주가미료)

(3) 파나마모자 원료 재배

(4) 다시마 증식

(5) 사탕(砂湯) 원료 재배

정재설 농림 "sugar beet[52]를 제주도와 대관령에 시험하여 좋은 성과를 거두었으므로 재배 단
계에 들어가려는 중이라"고 보고.

14. 대관령 스키장 개선에 관하여

이승만 대통령 "수목을 다소 베야 한다고 한다. 잘 만들어 보는 것이 좋겠다"고 분부.

최재유 문교 "지방유지의 협력을 얻어서 적극 추진하고 있다"고 보고하고 "소요경비 1,000만
환 중 지방유지로부터 수합된 금액이 약 800~900만 환"이라고 첨가.

※ 중앙청회의

1. 국회에서 폐기 통고된 법률안 45건 처리에 관한 건(법제)

원안대로 통과함.

2. 한우 수출에 관한 건(농림)

제출심의 요청에 의하여 반환하기로 함(취하).

---

51) '삼(hemp)'을 의미한다.
52) 사탕무를 의미한다.

3. 지방재정조정교부금법 시행령

원안대로 통과함.

4. 탄가앙등방지에 관하여

그 간 혹한으로 수송(산지에서)에 다소 지장이 있어서 그 가격이 등세를 보이고 있으므로 앞으로 순조로이 입하될 것이라는 것을 시민에 알려서 연료에 대한 불안을 일소하기 위하여 공보실을 통하여 담화를 발표한다.

5. 비료수입에 관한 무역업자 공동 성명에 대한 담화발표에 관하여

정재설 농림 "전연(全然)[53] 근거 없는 허위의 조작이므로 이에 농민이 현혹되는 일이 없도록 담화를 발표하겠다"고 보고.

송인상 부흥 "좋은 일이라고 생각하며 필요하면 ICA 자금으로 비료를 도입하여 가격의 변동을 방지하겠다고 부흥부로서도 발표하겠다"고 의견.

(상공은 무역업자를 불러서 협의 선처할 것을 주장하였으나 농림의 태도가 강경불변으로 그대로 그침)

6. 금가 앙등에 관하여

송인상 부흥 "근일 금가앙등은 밀수로 나가는 외에 요인으로 생각할 수 있는 것이 없으니 내무부에서 단속을 하는 것이 필요하다고 생각한다"는 보고.

7. 시내 연통 정리에 관하여

신두영[54] 국사 "옥외에 있는 연통은 가급적 옥내로 하고 그것이 불가능하면 후면에 안 보이는 곳으로 뽑도록 관청이 솔선수범하고 시내 상가에 대하여도 철저한 지도를 하도록 하라는 분부의 전달을 받았으므로 알려드린다"는 보고.

---

53) '도무지' 또는 '전혀'의 뜻이다.
54) 신두영(申斗泳, 1918~1990)은 1957년 국무원 사무국장, 1960년 국무원 사무처 차장이 되었다. 1963년 총무처 소청심사위원회 위원장, 1967년 총무처 차관으로 임명되었다. 1971년에는 감사원 사무총장, 1974년에는 대통령사정담당특별보좌관을 지냈으며 1976년부터 1980년까지 감사원장을 역임했다.

제11회 국무회의

일시 : 1959년 1월 22일(목)
장소 : 중앙청 회의실

1. 헌법위원회[55] 위원 임명에 관하여

홍진기[56] **법무** "헌법 부칙에 의하면 참의원이 구성될 때까지 헌법위원회는 성립되지 않은 것
이며 따라서 의원을 임명할 필요가 당장은 없다는 이론이 성립되나, 종래 전 기 부칙
에 불구하고 위원회를 성립시켜서 수 건을 취급 결정한 일이 있는 이상 지금 와서 성
립이 안 된다고 말할 수 없게 되었으니, 내신된 것을 임명 않고 말 수는 없으며 또 내
신된 자의 적부에 관하여도 고려할 점이 있기는 하나 다음과 같은 이유로 내신된 대
로 임명하는 것이 가하다고 생각한다.

(1) 기위 내신된 것을 변경하면 관계 대법관의 감정의 변화로 타에 영향이 갈 것을 우려.

(2) 김갑수[57] 대법관을 포함한 대법관들의 국가보안법을 포함하여 수 개 법안을 통과

---

55) 헌법위원회는 위헌법률심사, 위헌정당해산심판, 탄핵심판 등 헌법 관련 분쟁을 담당하는 헌법기관으로서
헌법재판소의 전신이라고 할 수 있다. 1948년 제헌헌법 제81조에 따라 설립되었으며 1960년에 폐지되었
다가 1972년에 다시 설치되었다. 이후 1988년 제9차 개정헌법에 의해 헌법재판소가 설치되고 헌법위원
회는 폐지되었다.

56) 홍진기(洪璡基 1917~1986)는 경성제1고등보통학교를 거쳐 경성제국대학 법문학부 법과를 졸업했다.
1943년부터 전주지방법원 판사로 재직하다가 해방이 되자 미군정청 법제부 법제관으로 활동했다. 1954
년 법무부 차관, 1955년 제2대 해무청장직을 거쳐 1958년 제9대 법무부 장관에 취임했다. 1960년 3월 제
21대 내무부 장관을 맡았으나 한 달여 만에 4 · 19를 맞았다. 이듬해 혁명재판소 상소심에서 홍진기는 무
기징역을 선고 받았으나 1963년 석방되었다. 이후 중앙라디오방송주식회사, 중앙일보 사장으로 취임하
여 타계하기까지 언론인으로 활동했다.

57) 김갑수(金甲洙, 1912~1995)는 1935년 경성제국대학 법문학부 법과를 졸업했으며 같은 해 11월 일본 고
등문관시험 사법과에 합격하였다. 1945년 미군정청 사법부 조사국장에 임명되었으며 1948년 11월 법무

시킨 객년(昨年) 12월 24일 국회의 의결에 대한 견해가 우리 측과 같다는 것(법원 조직법 개정의 결과로서 설치된 대법원 판사 임용절차를 밟고 있음).

(3) 김갑수 대법관에 대하여는 정부로서 그간 1, 2차 특별한 대우(취급)를 하여 왔을 뿐 아니라 본인으로서도 동 대법관을 설득시킬 자신이 있다는 것.

(4) 위원장을 포함하여 전원 9명 중 위헌결정의 정족수 6명(2/3)의 야계 단합은 어려우리라는 것. 단 현재로서는 제기된 문제가 있는 것도 아니므로 이를 시급 임명하여야 한다는 이유는 없으니 헌법위원회 위원장의 임명 최촉(催促)[58]은 문제 삼지 않아도 좋을 줄 안다"는 법적 견해와 의견.

2. 체신부 주요시책

별지와 같이 수정(주서정정과 같음)통과함.
내 24일(토) 신문에 공보실을 통하여 발표하기로 함.

3. 재무부 주요시책

별지와 같이 수정(주서정정과 같음)통과함.
명 23일(금) 신문에 공보실을 통하여 발표하기로 함.

4. 공보실 주요시책

사업내용이 공용할 필요가 없는 것이므로 보고로서 접수하기로 하고 신문에 발표하지는 않기로 함.
본 주요시책의 설명에서 공보실장은 특히 다음과 같은 점을 부언하였음.

(1) 본 시책 중에 있는 사업계획에는 예산에 안 들어 있는 부분이 있으며 예산이 부족한 것도 있으니 이것은 무슨 방법으로든지 보전책을 하여야 할 것이다.

부 법무국장, 1949년 제3대 법무부 차관 및 1950년 제4대 내무부 차관 등을 역임했다. 1953년부터 1960년까지 대법원 대법관 및 헌법위원회 위원을 지냈다.
58) 어서 빨리할 것을 요구하는 뜻이다.

(2) 공보실장 경질에 불구하고 이러한 방향으로 나가야 한다는 것은 예산을 편성하고 지금까지 사업을 추진하여온 입장에서 꼭 말하여 둘 책임을 느낀다.

(3) 서울신문 육성에는 각 기관의 협력이 필요하다.

제12회 국무회의

일시 : 1959년 1월 23일(금)
장소 : 중앙청 회의실

1. 공무원임용령 제14조 및 공무원전형령 제6조의 단서운용에 관한 건(국사)

원안대로 통과함.

2. 법무부 주요시책에 관하여

별지 법무부 제출 원안을 수정(주서정정과 같음)통과함.
본 건은 내 1월 25일(일)에 공보실을 통하여 발표하기로 함.

제13회 국무회의(임시)

일시 : 1959년 1월 24일(토)
장소 : 중앙청 회의실

1. 국방부 주요시책

내용은 대체적으로 무방하나 이를 보다 효과 있게 하기 위하여 국방부로 하여금 다음과 같은 점을 유의하여 원안을 수정(개편)한 후 공보실을 통하여 내 27일(화)에 신문에 발표하기로 함.

　(1) 제(題)를 다음과 같이 하여 내용을 개편할 것.
　　① 장비의 근대화와 전력증강
　　② 정병(精兵)[59]주의
　　③ 병무행정 쇄신
　　④ 군기확립
　　⑤ 군수품 조달의 합리화
　(2) 내용 중 너무 상세한 숫자의 게기(揭記)를 피할 것.

2. 부흥부 주요시책

부흥본부 소관은 원안대로. 외자청[60] 소관분은 「6」항을 삭제하고 내용은 재정리하여 내

---

59) '우수하고 강한 군사'를 뜻한다.
60) 외자청(外資廳)은 당시 부흥부 장관 소속하에 있던 중앙행정기관으로 정부의 외자도입과 도입된 외자의 관리에 관한 사무를 관장했다. 1955년 2월 설치된 이후, 1961년 10월 정부조직법 개정으로 폐지되었다.

26일(월) 공보실을 통하여 신문에 발표하기로 한다.

3. 외원의 전망에 관하여

송인상 부흥 "미국의 전통으로 보아 국회에서 민주당이 득세하여 공화당 정부의 예산 요구를 무시하고 나가는 수는 없다고 하니 우리나라에 오는 원조에도 5백만 불의 변동이 있을망정 큰 변동은 없으리라고 본다"는 보고.

제14회 국무회의

일시 : 1959년 1월 27일(화)
장소 : 경무대(전반), 중앙청(후반)

1. 부내 기관장회 개최에 관하여

곽의영 체신 "내 28일 기관장회의를 개최하고 다음 각 항을 지시하겠다"는 보고.

      (1) 공무원 부정행위의 엄중한 단속

      (2) 민성함[61] 설치

      (3) 전신전화시설 확장

      (4) 보안법의 숙독(熟讀) 연구

      (5) 화재방지(부내 제 시설에 대한)

이승만 대통령 "공무원 부정은 시정되어야 한다. 민성함은 잘못하면 웃음거리가 되니 주의하라. 화재방지는 경찰이 가가호호를 방문하여 인화질물 등 화재의 위험성이 있는 것을 제거하도록 하고 영화를 통하여 방화의식을 고취하여야 한다"는 분부.

김일환 내무 "기위 관하에 지시하였다"고 보고.

2. 관내순시결과 보고

최인규 교통 "그간 지방을 순시한바 별 이상이 없고 해운대, 불국사호텔 건설은 잘 진행되고 있다"고 보고.

---

61) 정부에 대한 건의사항이나 억울하고 불편한 일 등 각종의 사회여론을 듣기 위한 함(函)이다.

이승만 대통령 "변소 취기방지에 유의하여야 한다. 경찰이 나서서 지도하되 수세식이 못되면 주수로 취기를 방지하도록 지도하여야 한다. 관광사업을 위하여 호텔(주 건물과 별관이 있는 것)을 많이 만들고 그 주변을 청결히 하도록 하여야 한다"고 분부.

3. 김포국제공항 개수에 관하여

최인규 교통 "5공군의 협력으로 신호등, 조명장치, 활주로 등을 수리하였으나 터미널 빌딩의 건축을 위하여 대충자금[62] 예비비 지출이 필요하다"고 보고.

김현철 재무, 송인상 부흥 "연도 도중에 한미 양측 간에 합의를 본 것이므로 부득이 예비비에서 지출하게 되었다"고 설명.

이승만 대통령 "대충자금은 경제부흥에 쓰는 것이니 비행장 건설은 데커 장군과 의논하여 보라"고 분부.

김일환 내무 "예비비로 지출되는 것은 대충자금의 일부 극소 부분이고 대부분은 의도하시는 바와 같은 목적을 위하여 정규예산에 계상되어 있다"고 보충설명.

이승만 대통령 "내가 좌지우지하려는 것이 아니고 일을 하는 데 도움이 되도록 하기 위하여 말하는 것이니 잘 의논하여서 하도록 하라"는 분부.

4. 제주도 개발사업에 관하여

송인상 부흥 "제주도지사와 관계 장관이 참석한 회의에서 다음과 같은 사업을 추진하기로 결정을 보았다"고 보고.

(1) 관광단 유치를 위한 비행장, 호텔, 한라산 등산도로 등의 시설을 한다.

(2) 다음 작물의 재배를 적극 추진한다.

마닐라로프 재료, 소채(蔬菜), 감귤류, 홉(맥주가미료).

---

62) 대충자금(對充資金)은 미국 원조자금에 대한 원조물자를 피지원국의 정부가 국내에서 매각하여 적립한 자금을 의미한다. 미국은 1948년 마셜 플랜에 의거하여 대외원조법(Foreign Assistance Act of 1948)을 통과시켰다. 그에 따라서 미국의 원조를 받은 국가는 증여물자에 상당하는 해당 국가의 통화액을 중앙은행에 예치하되, 그 예치금의 환출은 미국이 승인하는 경우에 한하여 자국의 통화안정·생산증강 등에 충당할 수 있었다. 이 예치금이 대충자금이다.

5. 비료공장 건설의 진행사항에 관하여

구용서 상공 "충주비료공장은 6월 초까지 기계설비를 완료하고 66명의 외국인 기술자를 고용하여 2년 반 후에는 우리 기술자 손으로 운영할 수 있게 할 예정이며 나주비료공장은 기초공사를 완료하고 23명의 기술자를 서독에 파견하여 훈련하기로 되었다(경비는 회사측 부담)"는 보고.

6. 부산 어시장 정비에 관하여

구용서 상공 "냄새가 나고 험한 시장이므로 이를 일개소로 몰기로 하고 외원 25만 불로 건설 계획 중인 바 후보지로 제일부두를 택하여 대통령 각하께 상신 중이라"고 보고.

7. 화학비료 도입에 관하여

이승만 대통령 "더 사들여야 한다는 말이 있는데 이유 여하"의 하문.

정재설 농림 "관수는 이미 입하 완료하였는데 민수(30%)의 입하가 늦어져서 비료의 가격이 올라가고 있다"고 보고.

송인상 부흥 "금년도용은 충분히 준비되었으므로 명년도용을 준비하려는 것이며 선거도 있는 해이니 만치 곤란한 문제가 발생치 않게 하기 위하여서도 필요하다고 생각한다"는 보고와 의견.

이승만 대통령 "비료값이 올라가고 있는 이유는 무엇인가? 지금 말한 대로라면 값이 올라갈 리가 없을 것인데…" 하시는 하문.

송인상 부흥 "올라간 것은 정부가 원하지 않은 유안[63]값이며 이 문제는 관계 장관 간에 의논 선처할 것이니 과히 염려하지 마시기 바란다"는 진언.

이승만 대통령 "비료대는 올라가고 농민은 해태(懈怠)하여 가면 2중으로 손해일 것이며 비료 값이 올라가니 더 사들여야 한다는 것은 모리배의 작란(作亂)일 것이다. 금년 쓸 것은 정부가 충분히 준비하여 가지고 있으며 함부로 쓰라는 이를 제외하고 전부 주도록 하겠고 앞으로는 안 들여온다고 하면 잘 조치가 될 것이라"고 분부.

---

63) "유안(硫安)"은 황산과 암모니아를 반응시켜 만든 결정으로 물에 잘 희석되며 질소비료로 쓰인다.

김현철 재무 "정부 보유불에 의하여 도입하게 하여 달라는 농림부의 요구에 응하지 않았더니 부흥부와 합의하여 400만 불분을 더 사기로 하고도 유위부족(猶爲不足)[64]하다는 것이며 명년도 ICA불로 더 사들일 필요가 있을 것이라"고 보고.

송인상 부흥 "금년은 가능하나 명년에 쓸 것이 없으며 농림부에 의하면 20만 톤의 비료가 필요하다고 하는바 서독으로부터 비료를 구입하여 오려면 6개월을 요한다"고 보고.

이승만 대통령 "내 주장은 내버려 두고 잘 아는 이들(재무, 농림, 부흥을 가리키심)이 의논하여 잘하도록 하여 보라"는 분부.

8. 고려치[65]와 외국조류와의 교환에 관하여

정재설 농림 "미국서 70수 요구가 있어서 창경원으로 하여금 교환케 하였다"고 보고.

9. 농업협동조합 운영에 관하여

이승만 대통령 "농업협동조합은 발족한 후 별로 하는 일이 없으니 이유 여하" 하시는 하문.

정재설 농림 "지방조직이 최근에서야 된 것과 일시에 확대치 않고 하나하나 착실히 하여 가려고 하여서 그렇게 눈에 보이지 않으나 수원(화성), 동래 등에서는 성과를 거두고 있으며 충북 제천에서는 시장이 없어지게까지 되었으나 군 협동조합은 경비관계로 곤란하며 중앙협동조합은 아직 미비한 상태에 있다"고 보고.

이승만 대통령 "당초 안 된다고 하니까 하겠다고 하기로 하여 보라고 한 것인데, 이제는 돈이 없어서 못하여 간다고 한다. 조합원 자신이 대표를 내서 무보수로 하는 것은 몰라도 직원을 두고 사무실을 차려 놓으면 될 도리가 없을 것이라"고 훈시의 말씀.

10. 경제사절 외국파견에 관하여

이승만 대통령 "외국어를 못하는 사람을 보내서는 안 된다"는 훈시.

조정환 외무 "외국어를 못하는 전문가는 외국어를 잘하는 사람과 같이 가도록 해야 할 것이라

---

64) '오히려 모자람'을 의미한다.
65) "고려치(高麗雉)"는 고려꿩을 의미한다.

고 생각한다"고 의견.

구용서 상공 "경제사절은 이름뿐이고 관광이 위주로 되어 있는 실정이며 여러 가지 난문제를 제거하므로 차라리 그런 각료를 보내지 말고 세일즈맨을 보내는 것이 효과적이라고 생각한다"고 의견.

이승만 대통령 "강습소나 학교에서 세일즈맨을 양성하도록 하고 시험을 보아서 이를 채용하여 파견하도록 하는 것이 좋을 줄 안다"는 분부.

※ 중앙청회의

1. 1959년도 행정사무 개선안

별지와 같이 통과함.

2. 예비비지출

국사상의 제 문제집 편찬비(문교부소관) 19,119,400환 일반회계 예비비지출.
원안대로 지출하기로 함.

3. 법령안 심의

(1) 다음 법령안을 원안대로 통과함.
　① 소득세법시행령 중 개정의 건
　② 법인세법시행령 중 개정의 건
　③ 영업세법시행령 중 개정의 건
　④ 등록세법시행령 중 개정의 건
　⑤ 임시토지수득세법시행령 중 개정의 건
　⑥ 지방세무행정기관의 명칭위치 및 관할구역에 관한 건 중 개정의 건
　⑦ 재외공관주재 무관 보수에 관한 특례 중 개정의 건
　⑧ 입장세법시행령 중 개정의 건
　⑨ 중앙생약시험장 직제 중 개정의 건

(2) 다음 법령안을 수정 통과함.

⑩ 자동차세법시행령

(수정)제1조를 다음과 같이 수정한다.

제1조 주한외교기관, 국제연합기관과 민간원조기관을 포함하는 주한 외국원조기관이 사
용하는 자동차는 자동차세법(이하 법이라 한다) 제3조 제3호에 의하여 자동차세를
부과하지 아니한다.

제15회 국무회의

일시 : 1959년 1월 30일(금)

장소 : 중앙청 회의실

1. 국방부 장관의 방토(訪土) 귀환보고

김정렬[66] **국방** "예식이 대단히 엄한 나라인데 불구하고 파격의 환영을 받았다. ① 대통령과 상당한 시간이 초과되도록 만날 수 있던 것. ② 국방부 장관이 시종 같이 다닌 것. ③ 대통령 관저에서 사진을 찍은 것(종래에는 없던 일). ④ 통행인이 경례(敬禮)를 하고 가는 것 등 종래에 드문 예라고 하는 바 한국에 대하여 특히 친밀감을 갖고 있는 발로로 본다.

군비는 육해공을 막론하고 우리보다 우위에 있다.

정계는 야당 영수의 인기가 높으며 도시는 야당이 우세하며 국가보안법은 5년 전에 개정하였다고 한다. 토이기[67] 국방장관이 3월 하순 내방할 것으로 예상하는바 그를 그만치 환대할 일이 걱정이라"고 보고.

---

66) 김정렬(金貞烈, 1917~1992)은 1941년 일본 육군사관학교 항공과를 졸업하였으며 해방 이후 1949년 육군 항공사관학교 교장으로 임명되어 공군창설을 주장했다. 같은 해 초대 공군참모총장, 1954년 제3대 공군참모총장, 1957년 제7대 국방부 장관에 임명되었으며 1963년 민주공화당 초대의장, 1963년 주미대사를 지냈다. 1987년에는 제19대 국무총리에 임명되었다.

67) "토이기(土耳其)"는 현재 튀르키예로 국명을 변경한 터키(Turkey)의 음역어이다.

2. 정계의 동향과 국회 내 야계 공세에 대한 정부로서의 대책에 관하여

김현철 재무 "내무, 법무, 재무, 문교의 4인의 회합에서 내무, 법무로부터 국회가 개회되어 국회에 불려 나가면 처지가 대단 곤란하므로 그런 일이 없도록 당과 의논하여 볼 것을 요청하기에 문교와 같이 의장님을 면의하여 그 실정을 말씀드렸으며, 자유당 간부와 의논하겠다는 말씀을 드리고 왔으며 솔직히 보아 사실로 자유당 의원이 야당의 출석동의를 막아줄 것인가가 의문이니 전 국무위원이 협력하여 이런 일이 없도록 방비하여야 할 것이라고 생각한다"고 의견.

최인규 교통 "사실 상부의 지시가 있어도 의원들이 모이면 의견이 백출하니 염려가 없지 않다"는 의견.

송인상 부흥 "국회가 시작되면 경제대책이라고 하여 미가(米價) 안정 문제로 농림과 부흥이 견디지 못할 것이라"고 의견.

홍진기 법무 "경제문제는 몇 개월 후에 나올 것이라고 본다"고 의견이 상이.

정재설 농림 "곡가는 80%을 시현(示顯)하고 있는데 기타 물가는 140%로 되어 평균이 120%가 되어 있으니 곡가를 중심으로 한 경제문제가 말썽이 안 될 수 없을 것이라"고 주장.

김현철 재무 "곡가의 저락을 방지하기 위하여 예산 일부를 매상(買上)[68]자금에 일시 전용하자는 농림의 의견대로 하다가 타 물가가 앙등하여 환율에 영향이 온다는 것과 농촌의 양곡 보유자는 중농 이상이지 세농은 지금부터 식량을 구입할 시기인데 곡가의 인상이 과연 농촌을 위한 시책이겠는가 하는 것을 생각할 필요가 있다고 본다"고 농림의 의견에 반대.

정재설 농림 "세농이 매량하는 것은 좀 더 있다가의 문제이고 또 농촌의 흥망을 좌우하는 것은 중농 이상의 계급이라 생각한다"고 정치성을 강조.

송인상 부흥 "현재 물가 지수를 보고 곡가가 너무 헐하다고 단정할 수 없는 것이며 전기(前記)와 같은 융자가 특수층에 이용된다면 곤란한 문제가 될 것이라"고 의견.

이상 논의 끝에 다음과 같이 하기로 결론을 지음.

「수석 국무위원이 원내총무를 만나서 국무위원 출석동의를 막도록 부탁하고 각 국무위원도 자유당과 긴밀한 연락을 취하여 그 방비에 합력하도록 한다.」

---

68) 정부나 관공서가 민간으로부터 물건을 사들이는 것을 말한다.

3. 국무위원 유세 자료 제작에 관하여

조정환 외무 "지방유세에 있어서 말로만 하여서는 안 되므로 환등을 사용하여 도표를 제시하도록 하려고 원안을 만들었으니 보고 평을 하여 주기 바란다"고 예히 준비한 괘도를 설명.

송인상 부흥 "환등을 사용하면 주간에 할 수가 없고 내용에도 더 보충할 것이 있으니 다시 부흥부에서 제출하는 자료를 첨가하여 인쇄물로 하여 청중에 배부하여 주도록 하는 것이 좋겠으며 동시에 영화를 제작하여 활용하도록 하는 것이 좋겠다"는 개의[69].

이상 논의 끝에 부흥부 장관의 개의대로 하기로 하였음.

4. 인천 도자기공장 징발에 관하여

김정렬 국방 "인천 8군 유류배급소의 중앙에 있는 사유재산인 바 전기(前記) 유류에 인화될 우려가 있어서 즉시 조업을 중지하고 타처로 이전하여야 할 실정인바 재정 형편상 이를 매수할 수가 없으니 징발 조치하고자 국무회의에 부의한다"고 제안 설명.

대국적 견지에서 즉각 화재의 우려 없이 조치함을 요한다는 것에는 이론이 없으나 사유재산의 보상 문제가 있으니 동시에 고려하지 않을 수 없다는 견지에서 다음과 같이 의결함.

「내무, 국방, 상공이 3부가 협의하여 무슨 방법으로든지 화재를 방지함에 필요한 조치를 시급히 취하도록 한다.」

---

69) "개의(改議)"란 '고쳐 의논함'을 말한다.

제16회 국무회의

일시 : 1959년 2월 3일(화)
장소 : 경무대(전반), 중앙청(후반)

1. 준설 기술자 양성에 관하여

이승만 대통령 "운크라[70] 자금 잔액의 일부로 준설선을 사오기로 한바 기술자의 양성이 시급
하니 그 대책을 연구하도록 하라"는 분부.

2. 관광시설에 관하여

이승만 대통령 "일인들과 필리핀인들이 회의 등을 유치하여 관광사업에 주력하고 있다.―조
선호텔―우리가 그들이 우리나라로 오도록 권유한 것이므로 당장에 무조건 하고 나
가라고 하기는 곤란하나 비어 주도록 교섭을 하여 보도록 하고 확실한 계획을 세워서
나가야 할 것이라"는 분부.

최인규 교통 "관광위원회에서 토의된 것을 근일 중 국무회의에 상정할 예정이며 호텔을 건축
하겠다는 희망자가 많으나 아직은 시내에 외국인을 수용할 만한 적당한 시설이 없으
므로 조선호텔을 곧 내노라고 하기는 유난(有難)하다"고 보고.

---

70) 한국 원조를 위해 1950년에 설립된 국제연합 산하 기구인 국제연합한국재건단(United Nations Korean
Reconstruction Agency, UNKRA)의 약어를 뜻한다.

3. 재외공관 지도에 관하여

이승만 대통령 "재외공관은 본국 정부의 지도 없이 움직일 수는 없는 것이므로 항상 국내 실정을 잘 알리고 지도를 하여 가는 동시에 필요하면 공개적으로 기관장 회의 등을 하는 수도 있어야 할 것이며 류큐(琉球)[71] 문제를 항상 염두에 두고 나가도록 해야 할 것"이라는 분부.

4. 도심지의 공장 설치에 관하여

이승만 대통령 "도심지에는 공장을 못 세우도록 하고 기설 공장에 대하여는 일정한 높이 이상의 연돌(煙突)을 필히 건조하도록 조례를 만들어서 시행하도록 하라"는 분부.

김일환 내무 "도시 미화를 위하여 위원회를 조직하는 길에 있다"고 보고.

5. 급유소 위치에 관하여

이승만 대통령 "자동차 급유소는 시내에 시설치 말도록 해야 할 것이라"는 분부.

6. 화재방지에 관하여

이승만 대통령 "빈발하는 화재에 대책이 없다고 외국인들까지 이상히 생각하는 듯하다. 문교부에서도 학교에 지시하여 방화(防火)의 철저를 기하고 장관들이 앞에 나가서 방화선전에 힘을 써 보도록 하라"는 분부.

김일환 내무 "2월 1일부터 방화주간을 실시하고 있다"고 보고.

---

71) 류큐는 1945년 6월부터 미군정의 통치를 받았다. 미군은 1945년부터 1950년까지는 류큐열도미국군정부(USMGR)를 수립하여 통치했으며, 이후 후신인 류큐열도미국민정부(USCAR)를 설립하여 통치를 이어가다가 1972년 5월 일본에 반환되었다.

7. 선전 강화에 관하여

이승만 대통령 "방방곡곡까지 선전을 강화하도록 하라. 난신적자(亂臣賊子)는 어느 시대고 있는 법, 신임 공보실장을 잘 도와서 하여 나가기 바란다"는 분부.

곽의영 체신 "국내 야계 신문이 이북괴뢰의 선전자료로 되어 16개국에 나가고 있어서 발송우편물 강화를 하고 있는 중이라"고 보고.

8. 원양어업 진흥책에 관하여

이승만 대통령 "원양어업 특히 삼치잡이 등 유망한데 불구하고 선박이 부족하니 조선에 주력하여야 할 것인 바 일본이 태평양은 물론 우리 근해의 어장까지도 독점하려고 미국에 대하여 한국의 조선을 원조하지 않도록 공작하고 있으니 이를 극복하고 협력을 얻도록 노력해야 할 것이라"는 분부.

9. 비료 도입에 관하여

이승만 대통령 "금비를 더 도입하여야 한다는 이유는 무엇인가?" 하시는 하문.

정재설 농림 "근자 비료 가격의 등귀(騰貴)는 작년보다 도입량이 감소하였다는 것을 기화(奇貨)[72]로 중간상인들이 농락하고 있는 소치이므로 이를 방지하려면 더 많은 비료를 도입하는 수밖에 없어서 재무, 부흥과 합의하여 ICA불 650만 불분의 비료를 도입키로 책정한바 이는 금년 추맥과 명춘에 쓸 비료이며 관수 70 대 민수 30이 될 것이라"고 보고.

이승만 대통령 "금비 운용으로 지력을 소모하고 있으며 도입은 관수만으로 하여 가격을 지정치 않으면 시가의 앙등을 막기가 어려우리라"고 분부.

정재설 농림 "현행 70 대 30에 관하여는 복잡한 사정이 있으니 관계 장관 간에 협의 선처하겠다"고 보고.

송인상 부흥 "비료의 종류와 성질이 토지를 손모(損耗)치 않는 것(요소, 배합비료 등)이며 민수로 하면 현금이 들어오며 일편 세금이 많이 들어오므로 국가로서 유리한 반면에 관수

---

72) '못되게 이용하는 기회'를 뜻한다.

로 하면 외상대금이 회수 안 되는 애로가 있으며 금반 추가 650만 불은 명년도용 비료를 앞당겨서 도입하는 것인바 이는 선거를 앞둔 비료정책의 만전을 기하고자 함이라"고 보고, 70 대 30의 비율의 조치를 간청.

이승만 대통령 "각부 장관이 하고 있는 일에 일조가 될까 하여 더 잘 하자고 하는 말이지 내가 권위자는 아니니 잘 의논하여 선처하도록 하라"고 분부.

10. 미가 저락 방지 문제에 관하여

곽의영 체신 "대통령 각하의 지시에 따라 이[73] 의장의 강력한 추진으로 개회하기로 된 국회에서는 야당의 24결의[74] 무효, 의장단·법사위장·사무총장 책임 추궁 등의 공세에 대비하여 여당은 일본의 한인 북한 송환 문제와 미가 안정책을 가지고 대항하기로 하고 있다"고 보고.

정재설 농림 "미가는 작년의 풍작과 외곡 도입, 수출 부진으로 거듭 하락하여 작하(昨夏)에 비하여 5,000환 이상이 저렴함을 시현하고 있으며 이를 그대로 방치하면 구정을 전후한 농림의 낭비로 춘계 미가의 앙등을 촉진할 우려가 있으므로 40억 환의 융자로 매상(買上)을 실시하여야 한다"고 의견을 구신.

김현철 재무 "미가의 하락은 사실이나 풍년엔 농민의 불평이 별로 없는 법이며 지금 세농은 이미 방출할 쌀이 없을 것이니 결국에 부농이나 중간상인을 이(利)하는 것뿐이므로 선거에 도움이 될 듯싶지는 않은데 자유당에서는 이것을 간판으로 내걸고 있으며 비료도 자유당에서 명년용을 도입하여야 한다고 하여서 추가 도입하기로 한바 작년도 분은 작년 ICA 자금으로 사려면 12월에나 발주하게 될 것이므로 이것은 적의(適宜)의 책이라고 볼 수 있으며 도입방법은 민수로 하는 것이 자유경쟁으로 도리어 염가로 되고 현금거래이므로 농민 중 돈이 없는 사람은 자급비료 증산에 주력하게 되는 외에

---

73) 이기붕(李起鵬, 1897~1960)은 1923년 아이오와주 데이버 대학 문과를 졸업하였으며 이승만을 도와 뉴욕에서 『삼일신보(三一申報)』 발간에 참여하였다. 광복 이후에는 군정재판장의 통역을 담당하였고 이승만의 비서로 활동하였다. 1949년 서울특별시장, 1951년 제3대 국방부 장관에 임명되었으며, 12월에는 이승만의 지시로 자유당을 창당하였다. 1954년 5월 제3대 민의원에 당선, 9월 제3대 민의원 의장이 되었으며 1956년에는 부통령에 입후보했으나 낙선하였다. 1958년에는 제4대 민의원에 당선, 제4대 민의원 의장이 되었다.

74) 1958년 12월 24일 자유당이 경위들을 동원하여 야당 의원들을 국회에서 몰아내고 국가보안법 개정안 등 각종 법안들을 통과시켰던 사건을 의미한다. 본문에서 "24결의", "24사태", "24클럽", "24파동" 등은 모두 이날 있었던 사건에서 파생된 단어이다.

국가 세수입이 증가되는 이점이 있다"고 보고.

송인상 부흥 "국방재원이 되는 잉여농산물 도입계획에 1,000만 불의 차(差)가 생하여 곤란한 실정이라"고 보고.

이승만 대통령 "풍년이라도 얻을 수 있는 것은 많이 얻어서 비축하도록 하는 것이 좋다. 왕석 (往昔)[75]에는 신미(新米)를 구경하기 어렵던 시대도 있었다"고 비축의 필요를 강조함.

11. 대충자금 사용에 관하여

송인상 부흥 "1954년도에는 50% 이상이 산업 이외(주로 철도 복구)에 사용하여온 것이 현재 는 70% 이상이 산업부면에 사용되고 있으니 차차 각하의 의도하시는 방향으로 나가 고 있으며 산업시설을 하는 데는 경영과 기술의 부족과 농촌 구매력의 저조(고무신 등이 그 예)로 애로가 많다"고 보고하고 "앞으로 3년 후면 회전 자금이 약 2,000억 환 에 달할 것이라"고 첨가.

이승만 대통령 "가급적 타에 쓰지 말고 산업부흥에 쓰자는 것이니 잘들 하여 가도록 하라"는 분부.

12. 외국유학생 귀국 후의 직업보도(補導)[76]에 관하여

조정환 외무 "미국대사관, OEC[77], Asia Foundation 등의 기관에서 약 20만 불을 써서 정부 내 의 직무실태를 조사하여 해외유학생 직업보도를 돕겠다는 제의가 있는바 받아들여도 가할 것인지 하교를 소청한다"는 품신.

이승만 대통령 "주는 것이면 받도록 하라"는 윤허하시려 하심에

김현철 재무 "20만 불을 갖고 하는 조사는 상당한 상세한 것일 듯하므로 그것을 승낙함에는 신중을 기해야 한다. 보류하는 것이 가하다는 진언으로 미결.

---

75) '지난 지 오래된 때'를 말한다.
76) "보도(補導/輔導)"란 잘 도와서 좋은 데로 인도하는 것을 의미한다.
77) 미국 경제조정관실(Office of Economic Coordinator)을 의미한다.

※ 중앙청회의

1. 서울특별시 동폐합 방(坊)설치에 관하여

서울시 부시장으로 하여금 설명케 한바 별지 인쇄물과 같음.

2. 57, 58 양개년도 ICA 계획 진행 상황에 관하여

송인상 부흥부 장관으로부터 별지와 같은 보고가 있었으며 동시에 조속히 추진하여 갈 것을 합의함.

3. 미가 저락 방지책(농림)

별지 농림부안에 대하여 재무, 부흥의 반대로 심의를 보류하고 명일 재의하기로 함.

제17회 국무회의

일시 : 1959년 2월 4일(수)
장소 : 중앙청 회의실

1. 비료 도입에 관하여

정재설 농림 "관수는 현재 1,886환에 외환세를 가하여도 2,000환 내외인데 민수는 3,300환으로서 격단(隔段)의 차가 있으니 가격을 지정하도록 하는 일방 더 많은 비료가 들어오도록 해야 한다"고 제의.

김현철 재무 "충분한 양의 비료를 보유하고 있으면서도 또 비료를 들여와야 한다는 농림부의 계획은 대통령 각하의 방침에 역행하는 것으로서 이해키 곤란하다"고 반박.

최인규 교통 "일시 7,000환대에 육박한 일이 있는데 현재 3,300환이 과연 농생산을 위협하는 가격인가 하는 것을 검토하여 볼 필요가 있다"고 비료 가격이 다소 앙등하였다고 문제 삼을 필요는 없다는 것을 시사하고 "정부가 비료를 충분한 양을 도입하여 적기에 배급하기는 사실 곤란하니 지금의 이원제를 폐하고 업자로 하여 전부를 도입케 하는 것이 좋겠다"고 전원 민수를 지지.

홍진기 법무 "비료 가격 문제는 그리 시급할 것이 없다고 생각한다"고 심의중지를 제의하자 마침.

상공, 부흥의 이석(CEB[78] 참석)으로 논의를 중단함.

---

[78] 1952년 5월 한국과 미국 사이에 체결된 한미경제조정협정에 의해 설립된 한미합동경제위원회(Combined Economic Board)를 의미한다.

2. 선전 대책에 관하여

금주 내로 계획을 수립하여 내주에는 활동을 개시해야겠다는 공보실장의 제의에 대하여 다음과 같이 합의함.

「각부는 선전 대책에 관한 의견을 내 2월 6일(금)까지 공보실에 보내도록 한다.」

(참석) 각부 장관의 의견

김일환 내무 각부 관하 공무원의 협력.

홍진기 법무 도시 중심에서 지방 치중으로. 공보실은 '선전수단'에서 '선전 주체'로 전환.

곽의영 체신 선전 전문가의 고빙.

조정환 외무 기구와 조직의 정비, 자료의 충실.

전성천[79] 공보 공보기구의 일원적 활동(횡적 연락 견지).

3. 중앙의료원 간호학교 직제(법제)

수정 통과함(수정내용 별지).

부기 : '학교'라는 명칭 사용에 문교부 장관으로부터 교육법에 저촉된다는 주장이 있었으
나 법제실장의 해석에 의하여 그대로 두기로 함.

---

79) 전성천(全聖天, 1913~2007)은 일본 아오야마대학(青山大學) 신학부를 졸업하고 미국 프린스턴 신학대학
에서 석사, 예일 대학에서 석사 및 박사학위를 받았다. 1956년에 공보처가 공보실로 개편된 후 제3대 공
보실장으로 취임했다. 1952년 서울신문사 정관 개정에 따라 당시 정부 공보 담당 기관장은 서울신문사 회
장직을 겸임했다.

제18회 국무회의

일시 : 1959년 2월 6일(금)
장소 : 중앙청 회의실

1. 야당의 동향에 관하여

홍진기 법무 "소위 24클럽 온건파(24클럽 82명 중 49명이 온건파라 함)가 합의 결정하였다는
여야 협상의 최종 양보선은 다음과 같다고 한다"고 보고.
(1) 한[80] 부의장의 사임
(2) 보안법 일부 개정
(3) 지방의원 선거 연기는 찬동하나 자치단체의 장은 간선제로 할 것.

2. 자유중국 고전무용가 이숙분 일행의 초청 내한 입국허가에 관하여

최재유 문교 "문총(文總)[81]이 초청한다는 점에서 문교부가 보고하는 것인 바 관계기관의 말에
의하면 본인의 성분이 반공적이며 중국 고전문화의 권위자라고 듣고 있다"고 보고.
조정환 외무 "우리만 보내고 받지 않겠다는 말을 할 수 없으니 인원은 재검토하여 승낙하는
것이 좋겠다"고 의견.

---

80) 한희석(韓熙錫, 1903~1983)은 공주사범학교를 졸업하고 1937년 일본 고등문관시험 행정과에 합격하였
다. 광복 이후 내무부 지방국장, 상공부 공업국장, 내무부 차관을 지냈으며 1954년부터 1957년까지 제3,
4대 국회의원에 당선되었다. 1958년부터 1959년까지 제4대 전반기 국회부의장을 수행하였으나 1959년
9월 신국가보안법 파동으로 부의장직을 사임하였다.
81) 1947년에 결성된 전국문화단체총연합회의 약칭이다. 공산진영을 지지하는 좌익계의 조선문화건설중앙
협의회와 조선문화단체총연맹에 대립하는 민족진영 문화인이 중심이 되어 만들어졌다.

3. 미가 저락 방지에 관하여

농림부안(1959. 2. 3. 안번 42)을 보고사항으로 접수하기로 함. 결국은 "우선 미가 저락 방지책으로 20억을 방출하기로 하고 만일 그래도 미가가 저락되면 다시 20억을 방출하여 미담 융자를 하기로 한다"는 것.

4. 수출불에 의한 금비 도입에 관하여

정재설 농림 "상공, 재무와 합의하여 만일 비료 가격이 앙등될 경우에는 수출불에 의한 비료 도입을 대통령 각하께 보고하고서 허용하기로 하였다"는 보고.

5. 인천 도자기공장 이전 문제

"상공부가 중심이 되어 내무, 국방과 협의하여 해결하기로 한다"는 것에 합의함.

6. 드레이퍼 사절단[82] 내한에 관하여

송인상 부흥 "이 사절단의 견해 여하로 삭감은 될망정 증액될 수는 없는 것인즉 좋은 인상을 가지고 가도록 하여야 할 것이므로 여당지는 물론 야당지까지라도 이 관계의 기사 취급에는 정부 방침에 적극 협력하도록 되어야 할 것이라"고 보고하고 각부의 협력을 요청.

7. 연례적인 정부 주최 식전 거행 폐지에 관하여

신두영 국사 "국경일, 6·25사변 기념일 등에 경축식, 기념식 등을 정부 주최로 거행하여 오던

---

82) 드레이퍼(William Henry Draper Jr., 1894~1974)를 위원장으로 한 드레이퍼 위원회는 미국의 대외 군사 원조 계획과 자유진영 국가와의 협정을 연구하기 위해 1958년에 설치한 특별위원회이다. 이 위원회에서는 동 계획의 개선을 위한 조언을 담은 보고서를 작성하기 위해, 미국의 군사원조를 받는 나라들을 방문하여 현지조사를 진행했다. 이 위원회의 위원장인 드레이퍼와 그 일행은 1959년 2월 6일 내한했다.

것을 금년부터 폐지하기로 하는 것인바 식전 이외의 행사까지 폐하는 것은 아니며 또 단체나 지방적으로 하는 것과도 관계없는 것이고 정부수립 10주년이나 대통령 취임 시의 특수한 경우의 식전은 예외로 하는 것이라"는 설명.

김일환 내무 "국민 사기에 영향이 있는 것이므로 존속시키는 것이 좋겠다"는 의견.

조정환 외무 "광복절 식전만은 남기는 것이 좋겠다"는 의견.

결론을 못 지우고 명일 임시 국무회의에서 재의하기로 함.

제19회 국무회의

일시 : 1959년 2월 10일(화)
장소 : 경무대(전반), 중앙청(후반)

1. 드레이퍼 사절단 동태에 관하여

조정환 외무 "드레이퍼 씨로부터 자기들에 대한 친절한 대우에 감사하며 위대한 영도자인 대통령 각하의 남북통일을 위한 노력에 대하여는 세계가 기원하고 있다는 말씀을 올려 달라는 말이 있었다"고 보고.

김정렬 국방 "설명 20분과 토론 20분에서 그의 질문은 사병의 사기가 어떠한가? 하는 것뿐이었고 제6군단을 시찰하고 위원은 손을 나눠 진해, 수원비행장을 시찰할 것인바 지금까지는 순조로이 진행되고 있다"고 보고.

이승만 대통령 "충분히 설명된 모양이라" 칭찬.

2. 정계동향에 관하여

이승만 대통령 "야당은 기위 통과된 법안을 다시 하자고 고집하고 있는가?" 하시는 하문에

김일환 내무 "민주당이 요구한 국회는 명일로 폐회하고 자유당이 소집을 요구한 국회가 내 18일부터 개회 될 것인 바 야당은 여러 가지 요구를 하고 있으며 대통령 각하를 뵙겠다고 말하고 있다"고 보고.

이승만 대통령 "나를 만나려면 밖에 나갔을 때 보라고 하라. 나라를 잘못 만들려는 사람을 만나 보아도 좋은 말이 나올 리가 없다." 면회하지 않으실 의도.

곽의영 체신 "자유당이 국회에서 양보하여 가고 있는 것은 외인들에 대한 체면을 보기 위하여 서이며 윤제술[83] 의원의 공격에 대항하기 위하여 장경근[84] 의원이 규칙발언으로 적극 추진하고 있는바 야당이 이를 방해하여도 그대로 인내하고 있으며 야당은 이[85] 부의장의 방어를 받으려고 하다가 한 부의장 사회 문제가 나와 자가모순으로 일시 곤란을 본 일이 있었다"고 보고.

이승만 대통령 "그렇게 하여 감으로써 차차 외국에서도 이해를 하여 가고 있으니 잘 하는 일이다"고 칭찬의 말씀.

3. 우체국 업무 취급시간 연장에 관하여

곽의영 체신 "외국에서는 24시간 업무를 취급하고 있으므로 우리도 통금시간까지라도 개방하여 주민의 편의를 도모하고자 한다"고 보고.

이승만 대통령 "외국은 일이 그만치 있으니까 그리 하지만 우리 우체국에 그만한 일이 있을지 모르겠다"고 실정을 따라 하라고 하시는 말씀.

4. 1958년도 예산 집행상황 보고

김현철 재무 "세입 97%에 세출도 97%이며 금년으로 약 60억을 이월할 예정이나 명년에는 이월하지 않을 방침으로 나가고자 한다"고 보고.

이승만 대통령 "내가 듣기로는 이 장부에 적느냐 저 장부에 적느냐의 문제인가 한다. 잘 알아서 하도록 하라"는 분부.

---

83) 윤제술(尹濟述, 1904~1986)은 일본 도쿄고등사범학교(東京高等師範學校) 영문과에서 수학하고 돌아와 1929년부터 중동중학교·보성중학교·성남중학교에서 교편생활을 하였다. 광복 이후 1954년 제3대부터 1971년 제8대까지 국회의원에 당선되어 6선 의원을 지냈다. 1967년에는 제7대 전반기 국회부의장을 역임했다.

84) 장경근(張暻根, 1911~1978)은 1935년 일본 고등문관시험 사법과에 합격하였으며 1936년 도쿄제국대학 (東京帝國大學) 법학부를 졸업하였다. 광복 이후 1948년 서울지방법원장, 1949년 제3대 내무부 차관, 1950년 제2대 국방부 차관을 역임하였으며 1954년 제3대 민의원, 1958년 제4대 민의원에 당선되었다. 1957년에는 제14대 내무부 장관을 지냈다.

85) 이재학(李在鶴, 1904~1973)은 1929년 경성제국대학 법문학부를 졸업했으며, 1948년부터 1960년까지 제1~4대 국회의원에 당선되었다. 1956년부터 1958년까지 제3대 후반기 국회부의장을, 1958년부터 1960년까지 제4대 전반기 국회부의장을 지냈다.

5. 은행관리에 관하여

김현철 재무 "원 조정관의 의견이 한은 재할인을 폐지하는 대신 시중은행의 자가예금에 의한 대출에 대한 제한을 해제하는 것이 선책이라는 것이어서 목하 연구 중인 바 이 조치에 의하여 약화되는 한은의 감독권은 감독부의 강화로 조정할 수 있을 것이라"고 보고.

6. 교통부 철도 수입에 관하여

최인규 교통 "최성기의 일액 1억 2천만 환까지 달하였으며 별 사고 없이 운영하고 있다"고 보고하고 "미국에서는 성탄절, 추수감사절 등에 1일 4, 5백 명의 교통사고 희생자를 내고 있다"고 첨가.

7. 농가 표창에 관하여

정재설 농림 "작년에 독농가(篤農家)[86]를 표창하여 대단히 효과가 있었으므로 금년에도 이를 실시하고자 계획 중이라"는 보고.
이승만 대통령 "모두 일을 잘 하여 가고 있다. 장관들 간에 경쟁을 하도록 시켜볼까 보다" 하시는 칭찬.

8. 화재 방지에 관하여

이승만 대통령 "아직도 화재가 안 없어지니 대책이 없는가" 하시는 하문.
김일환 내무 "각 도 시장 군수 회의에 장관이 나가서 독려하려고 한다"고 보고.

9. 공보 활동에 관하여

전성천 공보 "드레이퍼 씨 내한에 임하여 OEC 활동의 사진 전시와 사진반을 동원하여 항시

---

86) '농사를 독실하게 짓는 사람'을 일컫는다.

촬영을 하고 신문사에도 말하여 잘 보도하여 주도록 하였다"고 보고.

※ 중앙청회의

1. 한국산업은행 1959년도 업무 계획에 관한 건(재무)

원안 통과함.

2. 자동차 취급규칙 중 개정의 건(법제)

원안 통과함.

3. 도량형령 시행규칙 중 개정의 건(법제)

원안 통과함.

4. 국무회의록 배부에 관한 건(국사)

원안 통과함.

5. 귀속재산 국유화에 관한 건(국사)

원안 통과함(전 박문사지로서 영빈관 건축기지로 사용하기 위한 것임).

6. 1959년도 보건사회부 소관 세출예산 지방정양원 원사 신축경비를 일반회계 예비비에서 지
   출의 건(재무)

원안 통과함(전액 8,148,000환).

7. 도시 소음 방지에 대한 특별 조치의 건(내무)

제출처의 요청에 의하여 환송하기로 함.

제20회 국무회의

일시 : 1959년 2월 11일(수)
장소 : 중앙청 회의실

1. 국회에서 폐기 통고된 법률안 45건 처리에 관한 건 (법제)

원안대로 하기로 함.

2. 강기숙정[87]과 공무원의 자질 향상에 관하여

송인상 부흥 "부흥 사업을 위시하여 제반사가 잘 되어 가고 있음에 불구하고 공무원의 비행과
사무처리 부진이 외국인들의 주의를 끌고 있는 것은 유감이니 시급 대책을 강구할 것
을 제안한다"는 제의에 대하여 다음과 같이 하기로 합의함.
「차관회의로 하여금 다음 각 항을 성안 제출케 한다.
(1) 사무 처리의 부진을 시정하고 동시에 공무원의 비행을 사전에 방지할 수 있는 방안
(2) 우수한 공무원을 채용할 수 있는 신규 고용의 방안
상기 방안은 내 3월 1일부터 실시할 수 있도록 추진한다.」

---

87) 법강(法綱)과 풍기(風氣)를 엄숙(嚴肅)하고 바르게 하는 것을 의미한다.

제21회 국무회의(임시)

일시 : 1959년 2월 12일(목)

장소 : 중앙청 회의실

1. 일본의 재일교포 북한 송환에 관하여

조정환 외무 "재일교포 북한 송환 문제[88]에 관하여 정부로서의 대책을 논의하여 주기 바란다"고 제의하여 다음과 같은 설명을 첨가함.

(1) 일본은 명일 최종 결정을 내린다고 한다.

(2) 일본 외상은 북한 송환을 주장하고 있으며 국론도 외상의 태도를 지지하고 있다.

(3) 미국은 한일 양국의 주장을 말하고 있을 뿐이다.

(4) 일본은 경계선의 경비선을 줄이고 한국에 내왕하는 상선을 제한한다고 하는 정보가 있다.

(5) 국제적십자사에 교섭은 하지만 그들의 방침으로 보아서 좋은 결과는 기대할 수 없을 듯 하다.

송인상 부흥 "각서 운운의 말이 있는데 그 내용이 무엇인가?" 하는 질문에

조정환 외무 "구두와 서면으로 된 것인바 재일교포에 대하여는 법적 문제가 합의될 때까지 손을 대지 않는다는 것이 들어 있으니 일본의 금반 처사는 약속 위반이라고 본다"고 설명.

---

88) 1954년 8월 당시 북한 외상이었던 남일(南日, 1914~1976)은 6·25전쟁 이후 노동력 부족 현상 해소를 위해 재일동포에 대한 지도권이 북한에 있다고 주장하였고, 1955년 5월에는 재일본조선인총연합회(在日本朝鮮人總聯合會, 조총련)가 발족되었다. 1958년 9월 8일 김일성은 '재일교포의 귀국을 환영한다'는 성명을 발표하였으며, 일본은 1959년 2월 '재일조선인 중 북조선 귀환희망자의 취급에 관한 건'을 의결했다.

최인규 교통 "다음 각 항의 설명을 요구한다"고 질문.

    (1) 일본의 진의가 무엇이라고 보는가?

    (2) 가능한 방지책은 무엇인가?

    (3) 일본이 강송할 때 대책이 무엇인가?

조정환 외무 "일본의 의도는 다음과 같이 추측된다.

    (1) 후지야마[89] 외상의 체면유지

    (2) 자민당의 인기만회책

    (3) 일어선 나포(拿捕)에 대한 국민의 비난 방비

    (4) 범법행위를 하고 있는 공산계 한인의 수가 감소한다는 이점

    대책으로는 일본이 단행치 못하도록 사전 방비하여야지 사후대책은 곤란하다"는 견해.

강명옥 법제 "기시[90] 수상의 세도의 저하가 주인(主因)이나 중공무역업계의 책동이 전보다 강하여졌다는 것도 그 원인의 하나일 것이며 후지야마 외상이 일단 언명한 이상 이것을 변경치 못할 것이므로 원칙은 송환하기로 결정지어 놓고 선박 사정 등으로 곧 실행치 못한다고 하는데 귀착치 않는가 한다"고 견해를 발표.

최인규 교통 "북한서는 그들을 받을 것인가? 또 우리 측으로 보내온다면 우리도 받아야 할 것인가?"의 질문.

홍진기 법무 "국가라는 것을 강력히 표시하기 위하여 북한에서는 무리하면서도 이를 받을 것이다"라고.

조정환 외무 "우리는 준비는 없으나 안 받을 수는 없을 것이라"고 견해를 표명하고 방지책으로는 ① 기시 수상에게 본인(외무부 장관)의 친서를 보내고 ② 반대국민운동으로 국제여론에 호소하게 하고 ③ 한국 정부로서 중대한 결의가 있다는 것을 표시하기 위하여 성명을 발표하는 것이 좋겠다"고 제의.

신두영 국사 "기술적으로 성명은 이상하니 「금일 긴급 각의를 열고 그 문제를 토의하여 중대한 결정을 보았다고 한다」는 것을 기사로(적당히 리크[91] 시켜서) 내보내고 외부부 장

---

89) 후지야마 아이이치로(藤山愛一郎, 1897~1985)는 제당업계 재벌인 후지야마 라이타(藤山雷太)의 장남으로 게이오의숙(慶應義塾) 정치학과를 중퇴한 이후 대일본제당 사장, 상공회의소 회장 등을 거쳐 1957년부터 1960년까지 기시 노부스케 내각에서 외무대신을 역임했다.

90) 기시 노부스케(岸信介, 1896~1987)는 동경제국대학 법학부 법률학과를 졸업하였으며 농상무성에 들어가 상공관료로 활동하였다. 1941년 상공대신에 임명되었으며 태평양 전쟁 후 극동국제군사재판에서 A급 전범으로 구속 수사를 받았다. 1952년 공직추방조치가 풀리고 정계로 복귀하였으며 1957년부터 1960년까지 제56, 57대 내각총리대신을 지냈다.

91) 이는 'leak', 즉 정보유출을 의미하는 것으로 보인다.

관으로서 기자 질문에 그러한 말을 하는 것이 사태발전 여하에 불구하고 안전한 방법이라"고 참고 건의.

전원 이의 없이 외무부 장관 발표문 작성에 들어가서 법무의 제안에 수정을 가하여 다음 1장을 채결(採決)하여 대통령 각하께 품신하기로 하였음.

「일본에 있는 한국 교포 문제는 현재 진행 중에 있는 한일회담의 가장 중요한 의제의 하나임에 불구하고 동 회담과 관계없이 이들을 일방적으로 북한에 보낸다는 것은 국제 관례상 전무한 일이며 소위 자유송환이라는 미명하에 자유 시민을 공산독재지역에 보낸다는 것은 한국 국민은 물론 전 자유국가 국민이 이를 용납할 수 없는 것이다. 한국 정부는 이를 강력히 반대하며 일본의 이 그릇된 기도를 중지시키기 위하여 필요한 모든 대책을 취할 것이다.」

제22회 국무회의(임시)

일시 : 1959년 2월 13일(금)

장소 : 중앙청 회의실

1. 일본의 재일한교 북송 기도에 관하여

조정환 외무 "작일 의결한 외무부 장관 담화안을 대통령 각하께 말씀드렸더니 너무 미온적이
라고 대책을 하시더라"고 보고.

김일환 내무 "국민들이 들고 일어서려면 옥외집회를 허가하여야 할 것인데 종래의 방침을 변
경하고 이를 허가하여야 할 것인가를 논의하도록 하자"는 제의.

홍진기 법무 "옥내 집회만 허가하기로 하고 그 외의 것은 무엇이고(방송, 신문, 벽보, 성토대회
등) 극한까지 총동원하는 것이 여하" 하는 의견.

송인상 부흥 "옥외 집회도 조만간 허가하여야 할 것인 만치 이런 문제를 계기로 수그러지려
하여도 체면 때문에 못하고 있는 야당에게 기회를 주는 의미로서 해제하는 반면 그들
로 하여금 이 반대 운동에 합류케 하는 것이 좋겠다"고 의견.

이상 논의 끝에 옥외집회 허가 제한을 해제하기로 합의함.

정회(외무, 법무, 부흥 등이 양92) 대사 출영93)차 김포로 향발).

일본 내각이 한교 북송을 승인하였다는 입전이 보고됨.

---

92) 양유찬(梁裕燦, 1897~1975)은 보스턴대학교 의학부를 졸업하였으며 호놀룰루 YMCA 이사, 호놀룰루 한
인기독교재단 이사장 등을 지냈다. 1951년 4월부터 1960년 4월까지 주미 한국 대사를 역임했다.

93) '마중 나감'을 의미한다.

2. 일본 정부의 한교 북송 결정에 관하여

각부 장관(주로 외무)에 의하여 보고된 대책은 다음과 같음.

(1) 외무부 장관의 성명서 발표(외무)

(2) 대한적십자사로 하여금 국제적십자사에 항의(외무)

(3) 김용식94) 공사를 제네바에 파견(외무)

(4) 아주 각국 주재 공관장을 통하여 관할각국의 협조 요청(외무)

(5) 그간 한일회담의 경과와 일본의 불신을 천하에 공표(외무)

(6) 반공연맹95)으로 하여금 가맹각국에 호소(외무)

(7) 시민 데모의 허가(내무)

(8) 신문 및 문총의 협조 의뢰(공보)

(9) 방송 강화(공보)

(10) 해양경비의 강화(상공)

(11) 이 이상의 대책에 관하여는 자유당과 연석회의를 열고 협의한다(수석).

---

94) 김용식(金溶植, 1913~1995)은 1934년 도쿄의 주오대학(中央大學) 전문부 법학과를 졸업하였으며 같은
해 동 대학 법학부에 다시 입학하여 1937년에 졸업하였다. 1940년 일본 고등문관시험 사법과에 합격하였
으며 1943년부터 광복까지 청진지방법원 예비판사 및 판사로 근무했다. 1948년 대한적십자사 법률고문
및 법전편찬위원회 위원을 지냈으며 1949년부터는 주홍콩 총영사로 외교관 생활을 시작하여 주호놀룰루
총영사, 주일본 공사, 주프랑스 공사, 주제네바 공사, 주영국 대사, 주필리핀 대사를 지냈다. 1963년 제10
대 외무부 장관, 1964년 주유엔 대사, 1970년 청와대 대통령비서실 외교담당 특별보좌관, 1971년 제15대
외무부 장관, 1973년 제3대 국토통일원 장관을 역임했다.

95) 1953년 11월 이승만과 장개석의 합의 이후 1954년 6월 15일 경남 진해에서 아시아민족반공연맹(Asian
Peoples' Anti-Communist League)이 결성되었다. 아시아민족반공연맹 한국지부는 1964년 한국반공연맹
으로 개편되었으며 1989년에는 한국자유총연맹으로 명칭이 변경되었다.

제23회 국무회의(임시)

일시 : 1959년 2월 14일(토)

장소 : 중앙청 회의실

1. 선전의 요점에 관하여

김일환 내무 "재일한교 북송에 반대하는 선전의 중점을 종래에 하였던 것에다가 다음 몇 가지를 첨가하는 것이 좋겠다"고 제의.

(1) 일본의 과거의 잘못을 폭로할 것.

(2) 소위 송환 대상자들은 일제 시 노동력의 충당을 위하여 징용 또는 병원보충을 위하여 강제로 끌어갔던 200만 한인 중에서 남은 자들이므로 일본은 그들에게 보상을 하여 주어야 한다는 것을 강조할 것.

(3) 북한 괴뢰들은 일본과 밀통하여 97만 불(일화 3억 엔 상당)의 공작비로서 교포들을 현혹케 하여 날인을 받아놓고 소위「자유송환」이라고 부르고 있다는 것을 지적 규탄할 것.

(4) UN과 국제적십자에서 일의 만행을 방치하는 것에 항의를 할 것.

일동 이의 없이 상기 제안대로 하기로 함.

2. 일 선박 단속에 관하여

김일환 내무 "일본 선박으로 현재 우리나라에 와 있는 것은 하역을 마치고 귀국케 하고 손을 대지 않는다는 것을 관하에 시달하고자 하는바 여하" 하는 제의에 별 이의 없이 '통상적'으로 하기로 하고 내무(경찰), 재무(세관), 상공(해경)에서 각각 관할기관에 하달하기로 함.

3. 대일관계 악화에 관련되는 경제문제

송인상 부흥 "수출불 약 240만 불이 구채(舊債) 정리로 들어가 버리는 외에 ICA 자금에 의한 물자도입이 곤란에 봉착하는 중 비료가 시기를 잃게 되고 통신 자재와 콜타르 피치96), 염소(鹽素), 수산자재 등이 못 들어오게 됨으로써 타처서 구입함에 시일을 요할 것이며 이러한 사태는 결국에 화폐발행고가 위험선까지 가 있으면서도 물가안정을 유지하여 가고 있는 우리 경제에 상당한 영향을 줄 것이므로 차제에 국민의 애국심에 호소하여 부덕상인의 발호를 방지하도록 운동을 전개함을 요할 것이나 그보다도 우선 당면한 문제로서 L/C97)개설에 관한 방침을 다음과 같이 하는 것을 합의하여 주기 바란다"고 제의.

「대일통상 관계에 대하여는 다음 조치가 취하여질 때까지 다음과 같은 방침으로 나간다.

(1) L/C가 개설된 분에 대하여는 가급적 속히 물자를 도입하도록 한다.

(2) L/C 개설 안 된 분에 대하여는

　① 수출불에 의한 것은 본인의 희망에 의하여 L/C 개설에 응하고 조속히 물자가 도입되도록 장려한다.

　② ICA 관계 SA 미발급액 740만 불을 포함한 L/C 미개설분에 대하여는 L/C를 열어서 가능한 한 조속한 시일 내에 해당 물자가 도입되도록 한다.

상기 제의에 대하여 중대한 국제관계에 다소의 손득에 구애할 수 없지 않느냐는 의견도 있었으나 그러한 조치를 취하기에는 시기상조라 하여 전기 제의와 같이 하는 것으로 양해하기로 합의함.

---

96) "콜타르 피치(coal tar pitch)"는 석탄이나 원유를 증류 또는 건류 방식으로 가공, 정제하는 과정에서 흑색이나 갈색 또는 흑갈색의 무결정형 잔류물을 일컫는다. 연료로 사용되며, 처리 후 여러 화합물 제조의 원료로도 쓴다.

97) 'Letter of Credit'의 약어로서 은행이 거래처의 요청으로 신용을 보증하기 위해 발행하는 증서를 의미한다.

4. 국민의 각성을 촉구하는 담화 발표에 관하여

각부 장관 연명[98]으로 발표하는 것은 차제 필요한 시기가 오면 하기로 하고 우선 공보실장의 담화로 발표하기로 함.

5. 대일관계를 협의할 실무자회의 설치에 관하여

다음과 같이 실무자회의를 설치하기로 함.
구성 : 외무부 정무국장(주무), 내무부 치안국장, 법무부 법무국장, 부흥부 기획국장, 국방부 특별보좌관, 공보실 선전국장.
설치장소 : 외무부 (정무국장실)

6. 재일한교 북송반대운동 단체 원조에 관하여

김일환 내무 "재일거류민단[99], 금반 조직된 전국위원회의 재정의 뒷받침이 필요하니 대책을 연구하도록 하자"는 제의에, 외무부에서 가능한 한 선처키로 함.

---

98) "연명(連名)"은 두 사람 이상의 이름을 한 곳에 연이어 쓰는 것을 말한다.
99) 1946년 10월 3일 일본 히비야(日比谷) 공회당에서 박열(朴烈, 1902~1974)을 단장으로 하여 재일본조선인거류민단(在日本朝鮮人居留民團)이 창립되었다. 대한민국 정부가 수립된 이후인 1949년 1월 주일한국대표부가 설치되었으며 이에 따라 재일본대한민국거류민단(在日本大韓民國居留民團)이 되었다. 1994년에는 재일본대한민국민단(在日本大韓民國民團)으로 명칭이 변경되었다.

제24회 국무회의

일시 : 1959년 2월 17일(화)
장소 : 경무대(전반), 중앙청(후반)

1. 주미대사의 귀환보고

양 : (요지 다음과 같음)

(1) 미 국회의원들은 대한 원조를 삭감할 의도는 없다고 하고 있다.

(2) 보안법 관계로 구구한 말이 전하여지고 있으나 상원이고 하원이고 간에 하등 문제는 안 될 것이다.

(3) 현재 이 대통령 같은 확고한 신념을 가진 후계자가 안 나온다면 미국의 투자는 소용이 없이 될 것을 염려하고 있다.

(4) 이 대통령의 하시는 일을 계승할 자가 있는가? 하는 질문에는 "하나님은 지금까지 우리를 돕고 있으며 또 앞으로도 우리를 도울 것이라"고 하는 대통령께서 하신 말씀을 인용하면 그들이 잘 이해한다.

(5) 태평한 생활에 어리석어진 미국 국민은 일인들이 굽석거리는데[100] 잘 속아 넘어가고 있으니 시시로 자극을 줄 필요가 있다.

(6) 군정 시 방미한 일부 한인 중에 정부 비난을 일삼고 다니는 자가 있어서 주의를 환기하고 civilian defense를 통하여 정보를 수집하고 있다.

(7) 우리 부흥은 잘 되어 가고 있으며 장기개발계획에도 미국이 협조적으로 나오고 있다.

---

100) "굽석거리다"는 '남의 비위에 맞추어 비굴하게 행동하는 것'을 이른다.

이승만 대통령 "내 칭찬을 부탁한 것이 아니다. 양 대사가 한국에 와서 우리와 같이 있으면 좀 더 실정을 잘 알 것으로 생각한다. 종래는 문책 경질이 빈번할 수가 있었으니 지금 각 료는 전과 판이하여 일을 잘 하고 있다. 내 후임자 걱정을 하는 이가 있으면 이 대통령의 몇 배 되는 사람을 양성하고 있다고 일러주라. 그리고 우리들도 그러한 자신을 가져야 한다"고 주의의 분부하시고 이어서 "반대하는 사람은 어느 때이고 있는 법이니 그에 구애치 말고 일치단결하여 나가야 한다. 금반 대일관계가 일어나자 여야가 합동 반대하고 나온 것을 보고 외인들이 각성하고 있다. 그리고 미국인들에게 내정간섭을 하지 말라고 가르쳐 주어야 한다. 그들은 부산 때[101]와 금반의 2회의 내정간섭을 하고 있다. 타국의 정책 싸움에 관여하였다가 장차 국민이 깨닫게 되면 즉시에 '양키 고 홈'이 나오게 될 것이라는 것도 주의를 주도록 해야 한다. 그들이 종래보다 조심성 있는 외교관을 우리나라에 보내오는 것도 그만치 우리를 높이 평가하는 소치라고 본다. 일인 특히 후지야마 외상은 우리에게 천재일우의 호기를 마련하여 준 셈이다. 우리도 좀 선전을 하여야 할 것이다"하시는 훈시의 말씀.

2. 재일한인 북송반대운동과 국회의원의 동향

곽의영 체신 "작일 장택상[102] 의원은 국민대회에서 『여야가 이같이 합하여 대일 투쟁을 하게 된 '오늘'은 곧 「국치일」이라고 하겠다』고 말하였으며 국회에서는 19일 북송 반대의 결의를 하게 될 것이라"고 보고.

3. 한인 북송 반대와 국제적십자위원회의 관계

손창환 보사 "일본의 요청을 받아들이지 않도록 주의를 환기하는 전보를 치고 김용식 공사에게도 그것을 알려주었다"고 보고.

---

101) 1952년 5월 25일 계엄령 선포부터 7월 7일 제1차 개정헌법 공포까지의 이른바 '부산정치파동 사건'을 의미하는 것으로 보인다.
102) 장택상(張澤相, 1893~1969)은 미군정기 수도경찰청장을 역임하였고 대한민국 정부가 수립된 1948년에는 초대 외무부 장관에 임명되었다. 1950년에는 제2대 전반기 국회부의장, 1952년에는 제3대 국무총리를 지냈다.

4. 대일통상에 관하여

송인상 부흥 "일본 유조선이 오지 않을 것으로 사세보(佐世保)－인천 간의 유류수송이 안되어서 기관차용이 10일분, 발전용이 16일분을 남기고 보급(補給)이 안 되는 난경(難境)에 처하였으므로 그 책임을 부하(負荷)하고 있는 UNC[103])에서 선처를 하여주도록 요청하였으며 ICA 규정은 비공산지역에서만 적용되는 것이므로 친공의 방향으로 나가고 있는 일본을 제외하도록 하는 것이 타당하다는 것을 미 경제조정관에게 제의하고 서면 조복(照覆)을 하려고 하였으나 원 씨가 최선을 다할 것이라고 하며 서면제의를 만류하므로 보류 중인 바 원 씨는 ICA/W에 전보로 조회를 발하였다고 듣고 있으며 250만 불의 돈이 open account(4,600만 불)에 들어가 버리도록 되었으며 비료는 타 지역에서 도입하려면 5,000톤밖에 못살 뿐 아니라(재고가 없음) 5월 말까지 도입이 불가능하므로 기위 사 놓은 것과 앞으로 살 것을 합하여 우리 선박을 동원하여서라도 5월 말까지 들여와야 한다고 생각한다"고 보고.

이승만 대통령 "송 부흥은 우리나라의 제일가는 경제가라"고 양 대사에 소개.

구용서 상공 "영월 발전기 1대가 고장으로 일본에 수리하려 보내려던 것을 못 보내고 있는바 UNC 급전(給電)관계도 있어서 협의 중이며 선어 문제는 신중을 기하고 있고 평화선[104]) 수호에는 일본경비선의 무장이 전하여지고 있는 차제 미비하여 해군으로부터 금월 말까지 1척, 6월 말까지 1척의 고선을 양수하기로 되어 있으나 문제가 안 된다"고 보고.

김현철 재무 "무역업자들이 떠 있으며 한국 경제가 곤란에 처할 것을 예기(豫期)하고 하는 작란(作亂)이니 일인들은 이 문제를 길게 끌고 나갈 것인바 광석, 해태[105])가 일본에 못 가면 어민이나 광부가 살 수 없이 되므로 은행에서 자금을 대여하여 주어야겠다는 것이 작일 은행장회의에서의 의견이며 물가의 앙등은 정부 보유불로라도 조절하도록 해야겠다"고 보고 겸 의견.

이승만 대통령 "일본과 통상이 안 되면 곤란한 것이 많다는 것을 잘 알고 있다. 전에는 일 제품이 시장에 범람하고 있던 것이 이제는 없어져 가고 있으니 우리가 조금 더 잘하여 일

---

103) 유엔군사령부(United Nations Command)를 의미한다.
104) 1952년 1월 18일 이승만 대통령이 발표한 '대한민국 인접해양의 주권에 대한 대통령의 선언'에 의해 설정되었으며, 해안에서 평균 60마일에 해당하는 한반도 주변 수역의 해역선(海域線)을 뜻한다. 1965년 6월 한일어업협정에 의해 철폐되었다.
105) "해태(海苔)"는 김을 의미한다.

인이 하는 것은 우리도 하도록 해야 할 것이며 특히 비료는 배고픈 것을 일시 참고 주는 것으로 생산 시설을 해야지 언제까지나 외국산에 의존하여서는 안 될 것이다" 유시의 말씀.

5. 원양어업의 진흥과 조선 사업에 관하여

이승만 대통령 "업자가 자발적으로 한 것이 상당한 성과를 거두고 있는데 선박의 부족으로 일본을 당할 수 없다고 하니 무슨 방법이 있을지 내무, 재무, 부흥, 상공이 모여서 몇십 척의 배를 마련할 것을 연구하여 보고하도록 하라"는 분부.

송인상 부흥 "사모아 섬 근해를 상대로 하는 미국 어상이 일본 독점사업으로 '삼치'를 잡으므로 가격이 일방적 지배를 받게 된다는 점에서 현재 우리가 DLF에 요구(원양어선 11~12척 준비가능)할 것을 운동하여 주고 있다"고 보고.

김현철 재무 "작년에 자금으로 대여하였던 것을 잘 갚았으므로 다시 대여(정부불)하려고 한다"고 보고.

이승만 대통령 "대여하도록 하라. 그리고 조선공사는 여하히 하고 있는가?" 하시는 하문에

구용서 상공 "인사 경질 이후 잘 되어 가고 있으며 전에 돈을 잘못 쓴 것이 있어서 목하 조사 중이라"고 보고.

김현철 재무 "전에 조선공사에서 만든 18척의 선박은 위험하여 쓸 수 없는 실정이라고 하니 무엇보다도 기술자의 양성, 우선은 외국 기술자의 초빙이 필요하다고 본다"는 의견.

이승만 대통령 "상선단을 만들어서 유사시에 대비해야 할 것인데 조선시설이 불충분하니 말로만 하지 말고 실현에 노력하여야 한다"고 분부.

6. 물가대책에 관하여

이승만 대통령 "소비물가가 앙등하고 있다고 하니 관계 장관이 협의하여 대책을 연구하라. 미가 저락 운운은 상인들의 불평이지 미가는 저락하여야 한다"는 분부.

7. 공무원 자숙에 관하여

전성천 공보 "3월 1일을 기하여 일층 자숙하기로 하고 서울신문을 전부 구독하기로 하였다"
고 보고.

이승만 대통령 "국무위원이 잘 의논하여서 하라"는 주의의 말씀.

8. 정계동향에 관하여

전성천 공보 "정부 공무원도 야당인들에게 악수하고 친절히는 하고 있으나 대일관계로 합작
된 이 공기(空氣)가 얼마나 갈지 의문이며 작일 국민대회가 있을 때 시내에 남아 있던
시민 중에는 내년에 어디로 갈지 모르는 이도 많으니 경계를 요한다"고 보고.

9. 공보실장 성명에 관하여

전성천 공보 "국무회의에서 합의된 바에 의하여 발표한 바 효과가 있었다고 생각된다"고 보고.[106]
이승만 대통령 "무슨 성명이었나?"
전성천 공보 (발표문의 내용을 보고)

10. 병역법시행령 개정의 건

법제, 국방, 내무가 각각 개정이유와 필요성을 설명한 데 대하여
이승만 대통령 "강제로 끌어가는 폐단을 없애야 한다"는 분부.

11. 양유찬 대사에 대한 명예법학박사 학위수여에 관하여

최재유 문교 "부산대학교에서 수여하기로 되었다"고 보고.

---

106) 1959년 2월 15일 공보실장 겸 정부 대변인이었던 전성천은 재일교포 북송과 관련하여 공산주의 침략과
일본 제국주의 타도에 국민의 총궐기를 촉구한다는 요지의 담화를 발표하였다.

※ 중앙청회의

1. 교육법 중 개정 법률

제출부의 요청으로 환송하기로 함.

2. 전화규칙 중 개정의 건

원안대로 통과함.

3. 전보규칙 중 개정의 건

원안대로 통과함.

4. 밴 플리트[107], 콜터[108] 장군 동상건립비 모집에 대한 공무원 협조의 건

전 공무원이 이에 협조하도록 권장하기로 합의함.

---

107) 밴 플리트(James Alward Van Fleet, 1892~1992)는 1915년 미 육군사관학교를 졸업하였으며 제2차 세계
대전 당시 노르망디상륙작전에서 무공을 세웠고 벌지전투(Battle of the Bulge)를 지휘하였다. 6·25전쟁
이 한창이던 1951년에는 리지웨이(Matthew Ridgway) 장군 후임으로 미8군 사령관에 임명되었다. 전후
에는 한미재단 총재를 지내면서 한국 재건에 기여하였다.
108) 콜터(John B. Coulter, 1891~1983)는 1911년 서부 텍사스 군사학교를 졸업하였고 1948년 한국에 주둔
하고 있었던 미 제7보병사단의 사단장을 지냈다. 1950년 미국으로 돌아갔던 그는 6·25전쟁이 발발하자
제1군단의 지휘를 맡아 미8군 하에서 활동하였다.

제25회 국무회의

일시 : 1959년 2월 20일(금)
장소 : 중앙청 회의실

1. 『늘어가는 우리 살림』 발간 계획에 관하여

송인상 부흥 "우리의 발전상을 국민에게 알리기 위하여 별표 각항을 내용으로 하는 책자를 도
표로 알기 쉽게 편집하여 발간할 예정이라"는 보고.

2. 이북화폐개혁에 관한 신문 보도에 관하여

송인상 부흥 "이북에서 적당히 설명을 하려고 하고 있으나 결국은 그들의 경제 파탄을 호도하
려는 술책으로 보인다"고 보고.
유 비서관 "신문 보도에는 무제한 태환이라고 하는데 내무, 공보에 들어온 정보에 의하면 등
록제이고 한계가 있는 것이라 하니 신문 보도는 잘못된 것이라 생각된다"고 의견.
송인상 부흥 "그의 진상에 대한 해설이나 논평을 한번 내는 것이 좋겠다고 생각한다"는 의견.
유 비서관 "화폐개혁 문제는 너무 요란히 하면 우리 국민에게 주는 영향이 좋지 않으며 또 그
들이 한다는 것이 과거에 우리가 한 것과 근사한 것이 있으니 우리로서 말하기 어려
운 점이 있을 듯하다"는 반대의견.
결국에는 그대로 두기로 함.

3. 대일관계에 관하여

조정환 외무 (그간 대일관계의 개황을 설명한 바 요지는 다음과 같음.)

   (1) 일본 외상의 독단으로 대외적으로 선포한 것이 이런 결과를 가져왔다는 것이 확실하다.

   (2) 기시 일 수상은 본시 원하지 않은 일이 발생한 것이라고 하며 자기 힘이 미치는 데까지 선처하겠다는 것을 비공식으로 약속하였다고 한다.

   (3) 우리의 거족적인 반대는 대단히 효과적이었으며 일본을 꼼짝 못 하는 궁지에 몰아넣었다.

   (4) 세계 여론도 차차 우리가 하는 것을 지지하여 주게 되어 가고 있다.

   (5) 일본국민 중에도 일 정부의 처사가 잘못이라고 하여 재고를 요청하는 자가 생겨나고 있다.

손창환 보사 "국제적십자위원회에서는 우리의 전보를 잘 받았다는 것과 일본 것도 이제 왔으므로 검토에 착수하겠다는 통보를 받은바 전보 내용이 대단히 부드러운 것(우리에게 유리할 것 같은)이었다"고 보고.

조정환 외무 "제네바에 간 김 공사는 위원장을 만나고 충분히 설명을 하고 요청도 한 바 잘 알았다고 하는 대답만 듣고 왔다고 보고하여 왔다"고 첨보.

송인상 부흥 "탱커[109] 문제는 국방부를 통하여 UNC에 해결책의 연구를 요구하였던바 미국 대사가 한국 정부와 의논할 것이라고 하더니 대사관 직원이 외무부에 일선을 나포치 않는다는 보증을 요청하여 왔다고 하며 유류는 필리핀의 탱커 2척이 와서 보급하여 향후 1개월분은 확보되었다고 하며, ICA 규정 제1호를 일본지역에 적용치 않도록 하여 달라는 요구에 대한 ICA/W의 회답(원 조정관의 전보에 대하여 그에게 보낸 회답)은 잘못하면 「빈대를 잡으려다 집을 태우는 결과를 가져올 우려가 있다」는 요지라고 하는바 이것은 현재 미 국회에서 경원(經援)[110] 물자구매는 미국산 물자로 하라는 의견이 대두되고 있는 차제 불난 데 부채질하는 격이 된다는 것이라고 해석되며 무역협회 지도자들에 대하여 물가를 안 올린다는 것과 일산품을 안 쓴다는 것을 선전 주지케 하지 않으면 악한 모리배의 비난을 면치 못하리라는 경고를 하였더니 그런 운동을 전개할 태세로 있다"고 보고.

---

109) "탱커(tanker)"란 석유나 가스를 싣고 다니는 대형 선박을 뜻한다.
110) '경제원조'를 줄여 이르는 말이다.

정재설 농림 "금일 다시 비료 가격이 개당 150환이 올랐다"고 보고.

4. 중공 UN 가입에 관한 미 국민의 태도에 관하여

전성천 공보 "YMCA 총무부에 의하면 미국 전 교회에서 조사한 바 80% 이상이 반대였다고
한다"고 보고.

5.

정긍모111)

김일병112)

백선엽113)

유재흥114)

송요찬115)

이준환116)

---

111) 정긍모(鄭兢謨, 1914~1980)는 1934년 일본 오사카고등해원학교(大阪高等海員學校)를 졸업하고 광복
    후인 1945년 11월 해군에 입대하여 1946년 2월 해군 중위로 임관하였다. 1954년 제3대 해군참모총장이
    되었으며 1959년 2월 해군 중장으로 예편했다.

112) 김일병(金一秉, 1901~1986)은 1946년 제2대 해군사관학교 교장, 1955년 초대 해군참모차장을 지냈으
    며 1959년 해군 소장으로 예편했다.

113) 백선엽(白善燁, 1920~2020)은 1941년 만주국 봉천군관학교를 제9기로 졸업하였으며 광복 후 군사영어
    학교 1기생으로 입학, 1946년 임관하였다. 1949년 제5사단장이 되었으며 1952년에는 제7 육군참모총
    장 겸 계엄사령관에 임명되었다. 1957년에 다시 제10대 육군참모총장에 임명되었으며 1960년 퇴역 이
    후에는 중화민국·프랑스·캐나다 대사 등을 지냈고 1969년에는 제19대 교통부 장관을 역임했다.

114) 유재흥(劉載興, 1921~2011)은 일제강점기 일본 육군사관학교를 졸업하고 일본군 육군 대위로 근무하
    였다. 광복 이후에는 미군정기 군사영어학교를 거쳐 육군 대위로 임관하였다. 1950년 육군 제7사단장,
    1951년 육군 제3군단장, 1951년 육군참모차장을 지냈다. 1971년 제19대 국방부 장관을 역임했다.

115) 송요찬(宋堯讚, 1918~1980)은 일제강점기 일본군 육군 상사였으며 미군정기에는 군사영어학교를 졸업
    하고 육군 소위로 임관하였다. 1950년 헌병대 사령관으로 부임했으며 1959년 8월에는 제11대 육군참모
    총장에 임명되었다. 1961년 6월부터 7월까지 제13대 국방부 장관, 7월부터 10월까지 제8대 외무부 장
    관, 1962년 제2대 경제기획원장을 지냈다.

116) 이준환(李駿煥, ?~1959)은 제5군단 정보참모(대령)였다. 1959년 2월 18일 전방 고지 순찰 중 차가 전복
    되어 순직하였으며 건군준장(建軍准將)에 추서되었다.

제26회 국무회의

일시 : 1959년 2월 24일(화)

장소 : 경무대(전반), 중앙청(후반)

1. 한 주미공사의 귀환보고

한[117] **공사** "보안법은 필요하다는 것을 인정하게 되어 가므로 현재는 미 정계에 이에 대한 말이 거의 없는 형편에 있다고 보며 재일한인 북송문제는 우리 주장이 옳다는 것을 지방까지도 잘 인식되고 있으며 덜레스[118] 씨 후임에는 허터[119] 씨나 딜런[120] 씨 중에서 누구인가가 되는 것이라는 관측이 유력하나 예측을 불허하며 아이젠하워[121] 대통

---

117) 한표욱(韓豹頊, 1916~2003)은 1938년 연희전문학교를 졸업하고 미국으로 건너가 하버드대학교 대학원에서 외교학을 전공하였다. 1948년 주미 한국대사관 창설요원으로 발탁되어 1951년 초대 참사관을 역임하였으며 1951년 2월부터 4월까지 임시 주미 대한민국 대사를 지냈다. 1952년에는 국제연합 총회에 한국대표단으로 참여하였고 1954년에는 주미 전권공사가 되었다. 이후 주제네바 대사, 유엔 대사와 주영 대한민국 대사 등을 지냈다.

118) 덜레스(John F. Dulles, 1888~1959)는 조지워싱턴대학교 로스쿨을 졸업한 미국의 정치가이다. 1948년 12월 12일 대한민국을 승인했던 제3차 유엔총회 표결 당시 사회를 맡았다. 아이젠하워 정부에서 제52대 국무장관(1953~1959)을 역임했다.

119) 허터(Christian Herter, 1895~1966)는 1951년 하버드대학교를 졸업하고 컬럼비아 건축대학원에 진학했으며 1959년부터 1961년까지 아이젠하워 정부에서 제53대 미 국무장관을 역임했다.

120) 딜런(Clarence Douglas Dillon, 1909~2003)은 1959년 6월부터 1961년 1월까지 미 국무부 차관보를 지냈다.

121) 아이젠하워(Dwight D. Eisenhower, 1890~1969)는 1953년부터 1961년까지 미국 제34대 대통령을 역임했다. 1952년 아이젠하워가 미 대통령 당선자 자격으로 방한하자, 북한 평양방송은 전쟁 확대에 도움이 될 뿐이라며 비난하기도 했다. 1953년에 한국군의 급속증강과 타이완의 중립화 해제를 발표하고, 2억 달러 한국 긴급 경제원조계획을 발표하는 등 반공외교정책에 일관적 태도를 보였다. 1958년 1월, 대한국민항공(KNA) 비행기의 미국내 각 도시 전세운항 허가신청을 승인했으며, 1959년 5월에는 한국 군사원조를 계속할 것을 언명했다. 1960년 6월에 한국을 방문했다.

령의 균형재정원칙에 걸려서 예산이 삭감될 우려가 없는 것은 아니나 큰 변동은 없을 것으로 생각한다"고 보고.

2. 정계동향에 관하여

곽의영 체신 "국회는 2개월 만에 정상화 되었으며 근자 대일문제를 들고 나오는 바람에 야당은 패배하였다고 자인하고 있는 실정일 뿐만 아니라 신파는 구파(총무 유진산[122])가 자유당에 농락당하고 또는 매수되어서 이런 사태를 야기하였다고 주장함으로써 내분이 야기되어서 구파에서는 전기 주장자인 김선태[123] 의원의 제명을 강경히 요구하고 있다"고 보고.

이승만 대통령 "정당에 경험이 적은 우리 정계에서 조리 없는 싸움을 하게 되어 대외체면이 창피하였으나 금반 한 일로 나라를 먼저 생각하는 국민이라는 것을 타국민들에게 알리게 된 것이 다행한 일이며 복 받을 일이라고 생각한다. 이러한 것을 좀 잘 알려 주도록 하여야 할 것이라"는 분부.

3. 불온문서 도착에 관하여

곽의영 체신 "간첩 남파 대신 서신 작성으로 전환된 감이 있으며 작년은 그 전년의 배, 금년은 작년의 배(1월중 1,700통)로 증가되고 있다"고 보고하고 "그 대책으로 과학적인 단속을 하도록 연구 중이라"고 보고를 첨가.

---

122) 유진산(柳珍山, 1905~1974)은 와세다대학 정경학부를 중퇴하고, 1942년 만주로 망명, 충칭(重慶)에서 독립운동에 참여했고, 해방 때까지 농민운동을 했다. 1954년부터 1973년까지 국회의원에 7번 연속 당선되었고, 1970년에는 신민당 총재가 되었다.

123) 김선태(金善太, 1911~1978)는 1939년 니혼대학(日本大學) 전문부 법과를 졸업하였으며 같은 해 고등문관시험 사법과에 합격하였다. 1954년 제3대 민의원 선거에 당선되었으며 1956년 이승만 정권에 반대하는 집회에 참여하여 구속되기도 하였다. 1960년 8월에서 9월까지 제7·8대 무임소장관을 역임했다. 무임소장관은 특정 부처를 관장하지 않는 장관을 의미한다.

4. 3·1절 기념우표 발행에 관하여

곽의영 체신 "금년은 제40회 3·1절 기념일이므로 기념우표를 발행(1,000,000매)하기로 하였다"는 보고.

5. 체신사업 수지에 관하여

곽의영 체신 "작년도에 지출에 있어서는 10억 환을 덜 쓰고 수입에 있어서는 14억을 더 벌었다"고 보고.

6. 북송반대운동 상황

김일환 내무 "반대운동에 참가한 연인원은 4,147,000명이며 작일만이 27만 명이나 되었다"고 보고.

7. 물가동향에 관하여

송인상 부흥 "총 물가지수는 118.9로 전과 같으나 비료, 조달회(曹達灰)[124], 가성조달(苛性曹達)[125] 등이 20~30% 앙등하였으므로 일본서 도입하는 것에 대하여 L/C를 열고 비료는 타지역 구매로 일부를 전환케 하였으며 3월 후에 민수용이 들어오면 맥비[126]에 사용할 수 있을 것이라고 생각하며 금가가 앙등한 바 이는 미화가 '온스'당 35불의 선을 유지하기 곤란하게 되고 미국의 금이 구주로 흘러가고 있음에 연유한 것이지 투기나 밀수출에 인한 것이 아니며 이러한 정세는 소강상태에 있는 우리 금광업을 재기케 함에 좋은 기회라고 생각한다"고 보고.

이승만 대통령 "금은 어떻게 하든지 우리가 가지고 있도록 하여야 한다"는 분부.

김일환 내무 "불하에 연고권을 인정하지 않으시므로 운영하는 이들이 성의를 내지 않는 것이

---

124) 탄산나트륨을 의미한다. 유리, 종이, 비누 등의 생산시 사용된다.
125) 수산화나트륨을 의미한다. 비누 등을 만들 때 사용된다.
126) "맥비(麥肥)"는 보리밭에 주는 거름을 뜻한다.

문제로 남아 있다"고 보고.

구용서 상공 "장항제련소를 잘 운영하는 것도 고려하여야 한다"고 보고.

8. 중석[127] 수출에 관하여

송인상 부흥 "미국 광석회사에서 우리 중석 550톤을 구입하여 구주에서 조제 중석을 만들어
　　　서 미국에 들여가고 그 대신 미국의 잉여농산물을 구주에 주도록 하겠으니 팔아 달라
　　　는 교섭이 왔는데 이러한 조작이 우리 측에 간접적인 영향은 있을 것이나 수출하는
　　　것이 좋다고 생각한다"는 의견의 구신.

9. 독농가(篤農家) 표창에 관하여

정재설 농림 "작일 농사원이 약 70명의 독농가를 모아 간담회를 개최하고 그중 1, 2, 3등자를
　　　표창하였다"고 보고.

10. 마약밀매자 단속에 관하여[128]

손창환 보사 "작년에 비행기로 밀경자를 조사하여 처분하였으나 아직도 남아 있는바 근자 대
　　　덕군(충남) 거주 여자 상인으로부터 3,610병을 압수하였으며 범인은 검찰에 넘기기
　　　로 하고 있다"고 보고.

이승만 대통령 "엄단하는 법이 있는가?" 하시는 하문.

홍진기 법무 "있습니다" 하는 보고.

---

127) "중석(重石)"은 텅스텐(tungsten)을 뜻한다.
128) 이 안건은 국가기록원 소장 ≪신두영 비망록: 제1공화국 국무회의≫에는 빠져 있고, 이희영이 『제1공화
　　국 국무회의록』을 발간할 때 보충한 것이다.

11. 경제담당 검사회합에 관하여[129]

홍진기 법무 "금명간 회의하여 밀수, 탈세(극장 포함) 등을 철저히 색출하려고 한다"고 보고.

이승만 대통령 "세를 물리면 더 들어 온다고 하는 이가 있으니 항상 그렇다고 생각하지 않는데 여하?"하시는 하문에

홍진기 법무 "우리 세율은 너무 높은 편이어서 다 받지 못하는 실정이라"고 보고.

김현철 재무 "밀수의 근거지가 부산에서 마산으로, 마산에서 여수로 이동하였으므로 금반은 여수를 단속할 예정이며 세제는 대부분 일정시의 것으로 개선을 요하기로 금번 미국인 기술자(전문가) 5명(GW 대학의 유명한 교수로 아이젠하워 대통령 경제고문격의 인물도 포함)을 초청하기로 하였다"고 보고.

이승만 대통령 "몰수 방법은 어떻게 하고 있나?"의 하문에

김일환 내무 (부과, 몰수, 독촉, 차압의 과정을 설명.)

12. 공무원 비행 단속에 관하여

김일환 내무 "3월부터 엄중히 하도록 하겠으나 너무 과히 하면 일부에서 역효과가 난다고 반대를 한다"고 보고.

이승만 대통령 "좀 씨를 남기란 말인가?" 하시며 적절한 조치하고 엄중 단속하라는 의도의 말씀으로 추측됨.

13. 국보전시에 관하여

이승만 대통령 "구주 각국에서 요청을 하더니 근일 장소예약이 있어 곤란하다고 한다고 들었다. 자기들의 요청에 의하여 하는 것으로만 된다면 비용은 우리가 부담하여도 좋겠으니 잘 교섭하여 보라"는 분부.

---

129) 위와 동일.

14. 대학교육에 관하여

이승만 대통령 "대학으로서 시설이 불비한 것을 정리한다고 들었는데 최근 신규 인가를 하고 있다고 하니 여하한 것인가?" 하시는 하문.

최재유 문교 "단과대학을 종합대학으로 하는 것과 신학대학 2개소(감리교신학대학과 성결교 신학대학)와 대내에 남장로교계인 공과대학을 인가한 것인바 이는 특수사정을 고려하여 한 것이다"고 보고.

이승만 대통령 "기술을 배워서 일을 하려고 하지 않고 사무계통의 직업만을 숭상하는 일이 없도록 하라"는 주의의 분부.

15. 무연탄 낭비와 연탄재 처리에 관하여

이승만 대통령 "연탄재를 시가에 함부로 버리고 석탄을 많이 생산하였다고 함부로 버리는 일이 있어서는 아니될 것"이라는 분부.

(하오 중앙청회의에서 내무부가 주관하여 각 기관차를 동원하여 일시에 제거하기로 합의함.)

16. 외국제 시계 수입에 관하여

이승만 대통령 "연 100만 불 이상의 수입을 하고 있다는데 타에 할 일이 허다한 이 마당에 부당한 일이 아닌가?" 하시는 하문.

구용서 상공 "금년은 50만 불 내외로 제한을 할 예정이나 입학하는 학생의 선물 등으로 금수는 곤란하다"고 보고.

이승만 대통령 "국내에서 생산하도록 하라"고 분부.

17. 국산 영화제작 장려에 관하여

이승만 대통령 "대단히 좋은 것을 만들고 있으니 아세아에 진출할 수 있도록 좋은 영화를 제작하도록 장려하여야 할 것이라"는 분부.

전성천 공보 "영화 제작 기계는 공보실에만 있으나 부분품 등이 없어서 곤란한 실정에 있다"
고 보고.

※ 중앙청회의

1. 3·1절 행사 계획에 관하여(국사)

서울시에서 계획 중에 있는 것을 설명.

2. 법령안 심의

다음 법령안을 심의하여 원안대로 통과함.
(1) 지방세무 관서 직제 중 정정의 건(법제)
(2) 토지과세기준조사와 자산재평가사무관장에 관한 건 중 정정의 건(법제)
(3) 해병상륙사단령(법제)
(4) 해군교재폐령(법제)
(5) 도시계획위원회 규정 중 개정의 건(법제)
(6) 제령 제7호 폐지에 관한 법(법제)
(7) 제령 제42호 폐지에 관한 법(법제)
(8) 한국식산은행의 청산에 관한 건 중 정정의 건(법제)

3. 중요정책위원회(소위) 개편에 관하여

중요정책을 심의하기 위하여 과거에부터 설치되어 온 소위원회를 당면문제회의에 적합하
도록 하기 위하여 다음과 같이 개편한다.
(1) 외무 (2) 내무 (3) 재무 (4) 법무 (5) 교통 (6) 체신

제27회 국무회의

일시 : 1959년 2월 27일(금)
장소 : 중앙청 회의실

1. 서울특별시 관내 귀속임야처리에 관한 건(재무)

원안대로 통과함.

2. 자산재평가적립금 자본전입처리신청승인의 건(재무)

원안대로 통과함.

3. 공무원 보수규정 중 개정의 건(법제)

원안대로 통과함.

4. 전시수당 규정 중 개정의 건

원안대로 통과함.

5. 이 대통령 각하 탄신 행사에 관하여

전성천 공보 "시읍면 대표를 행사에 초청하는 것을 자유당 간부와 협의한바 사진을 반포하는 것이 좋겠다고 하는 의견이므로 그대로 계획을 세워본 바 소요경비는 6,000만 환(80세 이상 노인 60,000명 1인당 1,000환)이라"고 보고.

최인규 교통 "사진을 노인에게만 보내어도 별 효과를 기대치 못할 것이니 지방대표를 초청하는 것이 가하다"는 의견에 전원이 찬동하므로 다음과 같이 하기로 합의를 보았음.

「탄신 경축식은 애국단체연합회 주최로 하고 지방대표(시읍면별로 각 2명씩 계 3,050명)를 초청하고 정부에서는 그들을 축하연(종래 축하연과는 별도)에 초청하도록 한다.

전기(前記) 지방 대표 초청은 내무, 법무, 체신, 교통, 공보의 5인이 자유당과 의논하고 관저의 윤허를 받도록 한다.」

6. 재일한인 북송반대 전국위원회 대표 해외 파견에 관하여

김일환 내무 "유진오[130] 씨, 장택상 씨, 최규남 씨를 제네바에 파견하기로 결정하였다는 정보가 있다"고 보고.

조정환 외무 "아직 발표할 단계가 아닌 것이 말이 난 것인바 민주당은 국내문제가 해결될 때까지 대표를 못 보내겠다고 하고 대통령 각하의 재가도 아직 안 난 것"이라고 보고.

7. 물가동향에 관하여

송인상 부흥 "비료 사정이 일시 곤란하게 되어 대일 L/C를 열었으며 현상으로 보아서는 3월에 들어가면 하역될 것으로 예상되며(현재 부산시가 3,500환대), 조달회(曹達灰), 가성조달(苛性曹達)은 철폐되어 원상복구가 되었고 일본의 유조선이 UN군 보호 하에 다녀갔다는데 자세한 것은 조사하여 보아야 알겠다"고 보고.

---

130) 유진오(兪鎭午, 1906~1987)는 1929년 경성제국대학 법문학부를 졸업하였으며 같은 대학 예과 강사를 고쳐 보성전문학교 법학교수가 되었다. 1948년 정부 수립을 위한 제헌헌법을 기초하고 초대 법제처장을 역임했다. 1967년 정계로 들어가 신민당 총재가 되었으며 제7대 국회의원에 당선되었다.

8. 베인[131] 씨의 한국에 대한 인상에 관하여

송인상 부흥 "베인 씨와 면담하여 그로부터 들은 바는 다음과 같다"고 보고하고 동시 그가 떠나기 전에 "일전에 동아일보 사설에 난 것을 한번 읽고 가라고 권하려 한다"고 첨가.

(1) 한국의 부흥상은 실로 감명 깊은 바가 있다.

(2) 한국 공무원의 향상과 공무원 훈련을 위시한 인사제도의 발전은 특히 눈에 뜨인다.

(3) 자유당이 받을 수 없는 조건을 민주당이 내고 있다는 것도 알 수가 있다.

(4) 정쟁을 국회 내에서만 하도록 시키는데 정부가 힘써야 할 줄 안다.

(전기 베인 씨의 말에 대하여 존스[132] 씨는 아무 말도 않고 있었음.)

---

131) 1959년 2월 20일 방한한 베인(David M. Bane, 1915~2004) 미국 국무부 동북아 부국장을 지칭하는 것으로 추정된다.

132) 당시 주한 미국대사관 정치담당 1등서기관 존스(William G. Jones)를 지칭하는 것으로 추정된다.

제28회 국무회의

일시 : 1959년 3월 3일(화)
장소 : 중앙청 회의실

1. 재향군인회 법안(법제)

법의 명칭은 법제실과 문교부에서 다른 적당한 명칭이 있는가 연구하여 적합한 것이 있으면 고치도록 하는 조건부로 다음과 같이 수정 통과함.

「원안 중 다음과 같이 수정한다.

(1) 제7조 중 '제일'을 삭제한다.

(2) 제20조 제3항 중 '회장의 제청으로 총재가 임명한다'를 '국방부 장관의 승인을 얻어 회장이 임명한다'로 고친다.」

2. 계리사법 중 개정법률(법제)

원안대로 통과함.

3. 만국우편협약 및 관계약정 비준에 관한 건(외무)

원안대로 통과함.

4. 학생문제 상담소 설치에 관하여

김일환 내무 "경찰병원 건물 내에 설치하고 여경계장을 책임자로 지명하였다"는 보고.

5. 서울특별시의 시가지 계획에 관하여

내무부 장관이 서울특별시 건설국장으로 하여금 설명케 한 바 내용은 별지와 같음.

6. 이 대통령 각하 제84회 탄신 경축행사에 관하여

국무원 사무국장으로부터 각부에서 제출된 행사계획을 그대로 보고하고 내용을 좀 더 상세히 하고 시간과 장소를 결정하여서 재보고하여 주기를 요망함.

7. 경향신문 여적 기사 사건에 관한 행정처분 문제[133]

전성천 공보 "경향신문은 천주교에서 경영하는 신문으로 발행인은 한창우[134]로 되어 있으나 원래 실권은 이사 5인과 천주교 한국책임자인 노[135] 주교에게 있어야 할 것인데 근래에 와서는 한창우가 노 주교의 말도 잘 듣지 않게 되어 있던 끝에 이 같은 사건을 야기한 것이라고 하며 천주교 측에서는 이를 계기로 발행인과 편집진용을 갈아 치우고 방향을 고치도록 하겠다고 나오고 있으나 이에 대하여는 아무런 대답도 하지 않았으며 폐간 여부는 법적 조치의 움직임을 보아서 할 것이로되 만일 잘 고쳐 간다고 하면 더 보아서 하여도 좋다고 생각한다. 다만 민주국가에서 법원의 판결이 나기 전에 행정처분을 하는 것은 절차상 건너뛰는 감이 있어서 고충이 없는 것은 아니지만 필요하다면

---

133) 정부는 1959년 4월 30일 허위보도를 했다는 명목으로 당시 야당지 역할을 했던 경향신문에 대하여 군정 법령 88호를 적용해 폐간명령을 내리게 된다.

134) 한창우(韓昌愚, 1910~1978)는 1933년 수원고등농림학교를 졸업하였으며 1949년 9월부터 1961년 6월까지 경향신문사 제2대 사장을 지냈다.

135) 노기남(盧基南, 1902~1984)은 최초의 한국인 가톨릭 주교이다. 1917년 용산예수성심신학교에 입학하고 대신학교 신학부를 졸업, 1930년 10월 사제서품을 받았다. 1942년 서울교구장으로 임명되었으며 1962년 한국 가톨릭에 교계제도(敎階制度)가 설정되면서 대주교로 승품되었다.

단행할 각오만은 가지고 있다"고 보고.

홍진기 법무 "행정조치에는 기소(起訴)된 것을 짐작하여 처분관청이 위법이라는 것을 인정하면 족한 것이므로 법원의 판결을 기다리지 않고 할 수는 있는 일이다. 당에서도 폐간하기로 하고 그 시기는 언제가 적당한가를 잘 연구하여 처리하라는 것을 정부에 일임하였다고 하나 아직 결정된 것은 아니다. 대통령 각하께서도 잘 의논하여서 하라고만 말씀하셨다. 이 의장님도, 국무위원들의 의견을 잘 알아보라고 전화로 말씀하셨다. 이 문제에 대하여 생각할 수 있는 것은 다음과 같은 것이다.

(1) 외인들이 비상한 관심을 갖고 있다.

(2) 폐간에 대하여 찬부 양론이 있다.

폐간론: 앞으로 태도를 고치지 않아도 앞으로는 처분할 기회가 없을 것을 우려.

신중론: 국가보안법 이후 안정되어 가고 있는 외국여론을 신중 고려하여야 할 것이며 법원의 거취에 확신 없이 처분을 하였다가 실수하면 체면이 곤란하다.

(3) 이 문제에 관한 법적 관계는

가. 발행인 한(韓)이 대장(大張)을 보았다는 것과 종래 동 신문에는 발행인이 기사에 다분히 관여하여왔다는 것(증인은 있으나 입증이 강력치 않음)으로 발행인에게 책임을 물을 수 있을 것이라고 보는 것이나 검사의 의견도 일정하지 않아서 6(책임있다) 대 4(책임없다)인 것으로 미루어 법원의 견해는 5 대 5로서 절대적인 자신은 없다.

나. 폐간하면 행정소송과 가처분 신청을 동시에 할 것인바 법원에 가처분을 하게 되면 신문은 당분간 다시 나오게 되는데 정부로서는 방법이 없다."

이상 설명에 이어 각자의 의견을 들은바 다음과 같음.

김현철 재무 "미 대사 말에 경향신문에 관하여 법무에 말하였으나 거절하였으니 폐간 문제만은 신중 고려하여 달라고 부탁이 있었으며 미국 상원에서 '그린[136] 의원'이 발언한 일도 있으니 경우에 따라서는 현재 미 국회에서 논의 중인 외원에 영향을 줄 우려가 있다고 본다. 근자 보안법 등 문제에 미국이 간섭하는 경향이 있으니 이런 것이 선거에 영향되는가가 염려된다. 특히 종교단체의 구호물자에 영향이 크니 그것을 우리게 맡기도록 협정을 개정하거나 중지시키는 것이 좋을 듯하다"고 의견.

---

136) 그린(Theodore F. Green, 1867~1966)은 브라운대학교, 하버드대학교 로스쿨을 졸업하였으며, 1933년부터 1937년까지 로드아일랜드 주지사, 1937년부터 1961년까지 미 상원의원을 지냈다. 1957년부터 1959년까지는 미 상원 외교위원장을 수행하였다.

곽의영 체신 "법적으로 가처분을 막을 자신이 없으면 신문사 측에서 제의하는 것을 기간부로 실천시키는 것이 좋겠다"고 의견.

최인규 교통 "주요한[137]의 구속문제 같은 실수를 하면 곤란하니 1심 판결을 기다려서 처분을 결정하는 것은 여하?" 하는 의견.

김일환 내무 "금반 결정은 장래에 예가 되는 것이므로 신중을 기하여야 할 것이나 가부간 조속한 처결이 필요하다고 본다"는 의견.

강명옥 법제 "정치적으로 고려하다 보니 그렇지 법적으로는 조치가 가능하다"는 견해.

구용서 상공 "주요한 그 개인 문제가 선결이라고 생각한다"는 의견.

("당으로서는 정부에 일임하였다"는 공보의 추가 설명에 대하여 "무조건 일임이 아니고 폐간을 전제로 하고 시기가 언제가 적당한가 하는 것을 잘 연구하여서 하도록 일임된 것이라" 고 법무가 시정.)

정재설 농림 "앞으로 잘못한다 하더라도 기회를 얻기는 용이치 않을 듯하며 사정에 따라 즉시 처분은 못한다 하더라도 공보실장으로서는 존폐에 대하여 언질을 주어서는 안 될 것이라"고 의견.

최재유 문교 "신중을 기하여야 한다. 동아일보를 노총이 처부쉈을 때에는 노총을 제어할만한 사회여론이 없었다. 보안법 문제가 겨우 가라앉으려는 차제에 외국여론 수렴도 고려해야 할 것이다"는 신중론.

송인상 부흥 "지참(遲參)[138]하여 내용은 잘 모르나 처분하였다가 실수가 되는 일이 없도록 해야 할 줄 안다"는 의견.

김정렬 국방 "법원의 결정 여부가 문제이며 − (가처분을 염려하는 것으로 봄) − 시기적으로 대외 반향을 고려하여서 해야 할 줄로 생각한다. 법원의 결정을 법무 보고 보증하라는 것은 과중한 부담을 시키는 것 같다"는 의견.

---

137) 주요한(朱耀翰, 1900~1979)은 일본 메이지학원 중등부, 도쿄 제1고등학교에서 수학하고 상하이 후장대학(滬江大學)을 졸업했다. 해방 이후 흥사단 국내위원회를 조직하여 기관지 『새벽』을 창간했고 경향신문의 논설위원으로 활동했다. 1959년 2월 주요한이 작성한 논설 「여적」으로 인해 이른바 '여적필화사건'이 발생하여 내란죄로 입건되었으며 이 사건은 경향신문 폐간의 도화선이 되었다. 4·19 이후 주요한은 장면 정권에서 부흥부 장관과 상공부 장관을 역임했다.

138) '정한 시각에 늦게 참석함'을 이른다.

제29회 국무회의

일시 : 1959년 3월 6일(금)
장소 : 중앙청 회의실

1. 원 경제조정관 사임에 관하여

송인상 부흥 "드레이퍼 조사단과의 관련된 것이 아닌가 하는 항간의 억측은 전연 무근한 것이며 차기 민주당의 승리를 믿고 있는 그는 차제에 관계에서 정계로 전환할 심산으로 출신주인 캘리포니아 주지사 브라운[139] 씨 밑에 들어갈 것을 수락함으로써 현직을 떠나게 된 것인 바 후임에 어떠한 인물이 올지 모르나 명년 선거를 앞둔 우리에게는 플러스가 되는 것은 아니다. 후임에는 전에 중국 선교사로 있은 일이 있는 '모이어[140] 씨'(현 ICA 극동지역국장)가 유력시되며 정식 후임이 결정되어 취임할 때까지 '초너[141] 박사'가 부조정관 서리로 일을 볼 것으로 관측하고 있다"고 보고.

조정환 외무 "좋은 사람을 보내도록(모이어 씨가 적당하며 본인도 희망한다고 듣고 있다) 운동을 하여보는 것은 여하"하는 제의에

김현철 재무 "잘못하면 역효과를 낼 우려가 있다"고 의견을 말하고 "이는 공로가 많은 사람이

---

139) 브라운(Edmund Gerald Brown, 1905~1996)은 1943년부터 1950년까지 샌프란시스코 지방 검사, 1951년부터 1958년까지 캘리포니아주 검찰총장을 역임했으며, 1959년부터 1967년까지 캘리포니아 주지사를 지냈다.

140) 모이어(Raymond Tyson Moyer, 1899~1993)는 당시 ICA 극동지역 국장이었으며 1959년 6월부터 1961년까지 주한경제원조단장(Director of the U.S. Economic Aid Mission)을 지냈다.

141) 초너(Lowell J. Chawner, 1896~1979)는 2차 대전 후 아이젠하워 초기 행정부의 경제자문위원을 역임했으며 이후 국무부에서 일했다. 1950년대 후반 한미합동경제위원회의 논의를 거쳐 1958년 4월 산업개발위원회가 발족하자 미국 정부는 주한 유엔군사령부 경제조정관 대리 초너를 산업개발위원회의 자문역으로 파견했다. 초너는 1960년까지 한국의 경제자문 및 USOM의 처장대리직을 수행했다.

지만 훈장은 못 받을 것이니 명예박사학위를 줄 수 있으면 고려하여 보는 것이 좋겠다"고 제의.

재임 시보다 이임 시에 잘 하여 주어야 한다는 의견의 일치로 다음과 같이 하기로 함.

(1) 서울대학교의 명예박사학위 증여를 문교부에서 연구하여 본다.

(2) 기타 환송 절차는 경제4부에서 연구하기로 한다.

2. ICA 지역대표자 회의에 관하여

송인상 부흥 "사이공 회의에서 비료대금 미수 문제에 다소 말은 있었으나 대충자금적립이 40% 내분에 불과한 월남에 비하여 우리의 경원 관리는 잘 되어 가고 있다는 것으로 알려졌다"는 보고.

3. 닛폰 타이무스지[142]의 허위보도에 관하여

송인상 부흥 "3월 1일 자 표제(標題) 일본영자신문에 우리 경제 산업발전 상황이 왜곡 보도된 바 도저히 묵과할 수 없으니 대책을 강구하여야 할 것이라"고 보고.

김현철 재무 "이것은 재일한인 북송계획과 관련 있는 일본 정부의 작란(作亂)이라고 본다"는 견해.

이상 논의의 끝에 다음과 같은 외무부 장관의 제의를 채택하기로 합의함.

(1) 주일대표부에 지시하여 강력한 조치를 취하게 한다(외무부 담당).

(2) 국내의 신문기자 중 이름 있는 자로 하여금 편지를 보내게 한다(공보실 담당).

(3) *Korean Republic*으로 하여금 반박케 한다(공보실 담당).

4. 『늘어가는 우리 살림』(도설책자) 발간에 관하여

송인상 부흥 "각부의 자료가 수집을 료(了)하였으므로 근일 중으로 30,000부를 발간하도록 한다"고 보고.

---

142) 현재 일본의 영자신문인 *The Japan Times*를 말한다.

5. 탄신행사 주최에 관하여

"서울운동장 경축식은 서울시 주최로 한다"는 것으로 합의를 봄.

6. 한일관계에 관하여

김현철 재무 "재일한인 북송을 위하여 일본에서는 사무실을 개설하였다는 신문 보도가 있는
바 진상 여하" 하는 질문에 대하여

조정환 외무 "낭설이라고 생각한다. 후지야마의 서한도 받았는데 그중에 한 말이 있다"고 요
령부득의 대답.

홍진기 법무 "4월에 있을 예정인 자민당의 대회에서 후지야마가 당의 간사장으로 취임한다면
이 문제의 해결은 희망적이라고 본다"는 관측.

김현철 재무 "이대로 가면 우리 경제에 곤란을 초래할 것이므로 조속한 해결이 필요하다"고
의견.

송인상 부흥 "greenback[143]이 1,160대를 견지(堅持)하고 있는데 대일수출을 제한하고 있는 관
계로 용역불까지도 1,000대를 돌파하여 곤란한 문제가 이미 발생하고 있다"고 보고.

전성천 공보 "제네바에 기자를 파견(서울신문은 현지에 있는 한인에게 위탁. 세계통신, 한국
일보 각 1명씩 파견)하기로 하였으며 북송 기도에 대해 반대하는 국민의 실상을 알리
기 위하여 영화와 앨범을 만들어서 대표들에게 주어 선전자료로 공(供)하게 하였으며
일본에 사진전시회를 열 것을 연구 중(평화신문 지국의 협조를 얻어서)이며 '송환을
지원하였다'는 것은 허위조작이며 사실은 강제당한 것이라고 폭로하는 자를 많이 나
오게 하는 공작도 연구 중이나 구체적으로는 진행 못 하고 있다"고 보고.

김정렬 국방 "일본의 공산당의 조직은 의외로 강경(强勁)한 것이므로 전시계획에는 그다지 큰
기대는 가지지 말기 바란다"고 보고.

홍진기 법무 "법상의 국회 보고에 연간 공산지역으로부터 들어오는 정치자금 12억 환 중 4억7
천만 환이 북한괴집[144]에서 오는 것이라 하였으니 우리의 대일 정책도 기본적으로
연구되어야 할 줄로 안다"고 참고 보고.

---

143) 미국 달러 지폐를 의미한다. 지폐의 뒷면이 녹색이어서 붙은 별명이다.
144) 북한 괴뢰집단을 뜻한다.

7. 법안심의

(1) 다음 법안들을 원안대로 통과함.

　① 철도국의 명칭 위치 및 관할구역에 관한 건 중 개정의 건(법제)

　② 포장령 중 개정의 건(법제)

　③ 소성훈장령 중 개정의 건(법제)

　④ 관공서 공휴일 지정에 관한 건 중 개정의 건(법제)

　⑤ 관공서의 임시공휴일 지정에 관한 건(법제)

(2) 다음 법령안을 수정 통과함.

　① 청원경찰법(수정내용은 별지원안 중 주서정정과 같음)

제30회 국무회의

일시 : 1959년 3월 10일(화)
장소 : 중앙청 회의실

1. 재향군인회의 명칭 변경에 관하여

강명옥 법제 "과반(過般)[145] 국무회의에서 의결되어 공포 절차를 밟고 있는 재향군인회법을 예비군인회법으로 개칭하기로 할 것을 제안한다"는 제의에, 제안한 대로 의결하기로.

2. 군사원조물자검수단령(법제)

원안대로 통과함.

3. 축전지 군납 원자재 도입용으로 배정된 외환에 대한 임시 외환특별세 면세에 관한 건(국방)

제출처의 요청에 의하여 환송하기로 함.

---

145) 말하는 때 이전의 지나간 차례나 때를 뜻한다.

4. 해외유학생 직업보도(輔導)에 대한 외국기관의 협조에 관하여

신두영 국사 "해외유학생 직업보도를 위하여 아세아재단에서 20만 불의 경비를 지출하여 협조기구를 설치 운영하도록 한다는 마이네케[146] 여사의 제의를 동 위원회로 하여금 검토케 한바 거부하는 것이 좋겠다는 결론으로 보고되어 왔으므로 보고한다"는 보고로서 정부로서의 태도를 결정하기 위한 논의에 들어간바 장시간 검토 후 다음과 같이 의결함.

「거부하기로 하고 그 적당한 이유를 해외유학생 직업지도위원회로 하여금 연구하도록 시키는 한편 정부로서의 대책을 차관회의로 하여금 성안케 한다.」

참고

본건 논의 시 발언 내용을 요약하면 각 다음과 같음.

김현철 재무 아세아재단의 본 성격이 무엇인지 모르겠다. 유학생의 대부분은 희망이 높고 타 직원들에게 잘 포섭 안 된다.

홍진기 법무 CIA와의 관련이 있다는 말도 있다. 해외유학생이라고 국내 대학생 이상 대우할 이유는 없다.

김일환 내무 해외에 나간 학생들의 동기에는 불순한 것도 있다. 변절된 자가 많으며 소망이 현실과 거리가 멀다.

구용서 상공 질이 좋지 않아서 미국에서도 문제로 삼고 있는 것이 아닌가 한다.

전성천 공보 반드시 그런 것도 아니다. 한국 학생은 타국인들보다 성적이 우수하다는 것이 정평이다.

최인규 교통 한양회원 200여 명 중 대부분이 직을 가지고 있다. 현 유학생 대부분은 불우하다기보다는 특권층이라고 본다.

송인상[147] 부흥 한국 학생이 미국인에게 취직알선을 부탁하는 풍습은 좋지 못하다. 귀국 후 자주 만나는 사람들이 미 대사관원이나 아세아재단 관계자 등이다. 취직알선의 주도권을 외국인에게 줄 수 없다. MA 소지자는 서기관을 원하나 사무관으로서 채용하는 방도가 강구되어야 할 것이다. 돈을 그만치 썼으니 우대하는 것이 필요하다.

국방(차관) 우대할 하등의 이유가 없다. 그리고 정부에서 그들을 채용할 기회(특히 3급 이상

---

146) 문교부에서 발행한 *Education in Korea*(1958)의 저자인 마이네케(Charlotte Drummond Meinecke)로 추정되나 확실하지 않다.

147) 시대공론사본『제1공화국 국무회의록』에는 "신현확"으로 되어 있으나, 당시 부흥부 장관은 송인상이므로 바로잡는다.

직에)가 적은 것을 그들에게 경비만 쓰게 하는 것이 좋지 못하다.

최재유 문교 그의 제의를 받아들이는 것은 곤란한 문제가 있다. 그러나 유학생 취직알선 문제를 그대로 방치할 수도 없으니 우리로서 대책이 필요하다. 유학생 문제는 별도 연구되어야 할 것이다.

김현철 재무 정부의 job survey를 한다고 하나 목적이 그것만이 아닐 듯하다.

제31회 국무회의

일시 : 1959년 3월 13일(금)
장소 : 중앙청 회의실

1. 군산 도정(搗精)공장 관계 사건의 수사 진행에 관하여

김일환 내무 "외곡도입선박을 군산항에 입항하기 위한 운동비용에 관하여 회사 간부와 관계 산업국장을 입건수사 중이라"고 보고.

2. 간첩체포에 관하여

김일환 내무 "근일 간첩의 입국이 점증되고 있는바 작 12일 공작토대구축의 사명을 띠고 남하한 간첩 최를 검거한바 최는 6·25사변 전 국가보안법 위반으로 5년형을 받고 복역 중 6·25 시에 탈옥하여 월북하였던 자로서 금월 9일 평양을 출발하여 선편으로 인천(김포)에 상륙하여 서울에 잠입, 처 외숙 이 모(某)에게 은닉을 청하였던 것을 이 모(某)의 고발로 경찰에 검거된 것인 바 4월 12일 접선계획을 가지고 있는 관계로 당분간 공표치 않을 것이며 전 내무부 차관 우만형[148) 씨와는 인척관계가 있다"고 보고.

3. 해외유학생 직업지도에 관하여

신두영 국사 "표제사업에 대한 아세아재단의 협조제의는 과반 국무회의 결의에 따라서 정부

---

148) 우만형(禹萬亨, 1912~2007)은 1957년부터 1958년까지 제16대 내무부 차관을 역임했다.

로서는 해외유학생만을 특별대우하는 처지에 설 수 없다는 이유로서 거절한다는 것을 마이네케 여사를 통하여 알려주었다"고 보고.

조정환 외무 "학교 졸업생 취직문제를 그대로 방치할 수는 없으니 대책의 수립이 필요한바 보건사회부 주관 하에 적당한 기구를 설치하기로 하고 차관회의로 하여금 연구하여 성안 제출케 하자고 제의.

전원이 이의 없이 전기 외무부 장관의 제안대로 통과함.

4. 북한 및 일본에 관한 정보에 관하여

전성천 공보 "북한괴집은 외국어 출간물을 거년(去年)의 4배로 증가하고 있으며 근일 20만 부를 발행하고 있다고 한다. 일본에 있는 공산계 한인들은 일본적십자사가 북한괴집의 적십자사와 직접으로 한인 북송문제를 협의하라고 전국 40여 개소에서 시위를 하였다고 한다"는 보고.

5. 전신전화시설 확장을 위한 개발차관기금 차관협정체결에 관한 건(부흥·체신)

원안대로 통과함.

제32회 국무회의

일시 : 1959년 3월 17일(화)
장소 : 경무대(전반), 중앙청(후반)

1. 국회 정황에 관하여

곽의영 체신 "자유당을 무조건 모함하려는 야당 의원의 징계를 요구하는 등 적극적으로 나가는 자유당의 태도에 방청(傍聽)하던 외국인들까지도 잘 이해하여 가고 있다"고 보고.

2. 국제전신 소통에 관하여

곽의영 체신 "일본의 국제전화국의 종업원의 파업으로 간부직원이 전화에 나와서 미안하다고 사과하고 있는 형편이며 이러한 파업은 기시 정권에 대한 반감에서 나오는 것으로서 일 정부의 위기를 의미하는 것으로 본다"는 보고.

3. 재일한인 북송문제에 관하여

곽의영 체신 "재일한인이 군산에 있는 친척에게 보낸 편지에 의하면 소위 '환송희망'이라는 것은 일 정부가 금전을 써서 조작한 것이라고 써져 있었으므로 이를 선전재료로 쓰려고 한다"는 보고.

4. 장관의 지방 순회강연에 관하여

곽의영 체신 "전남 전북에 순시차 나갔다가 강연한 것이 일반 공무원이 야당과 싸워 가는 데 많은 도움이 되었다는 말을 들었으며 내무, 부흥의 충북에서 한 강연도 결과가 좋았으니 장관이 출장하여 강연을 많이 하는 것이 좋겠다"고 보고 겸 의견 구신.

이승만 대통령 "하여 보도록 하라"는 분부.

5. 말라리아 예방을 위한 조사 실시 계획에 관하여

손창환 보사 "WHO[149] 계획하에 2명의 전문가를 초청하여 6월부터 조사를 개시할 계획인 바 소요경비는 58,967불(WHO 부담)이라"는 보고.

6. 세계보건일 행사에 관하여

손창환 보사 "금년도의 목표를 '정신보건'에 두고 있으며 그러한 점을 참작하신 각하의 담화가 있으시기를 바란다"고 진언하고 "상세한 자료는 비서실에 제출되어 있다"는 첨가보고.

7. 원양어선에 관하여

구용서 상공 "현재 조업하고 있는 것이 2척에 금반 부산에 입항한 것이 2척을 합하여 4척이 되는데 계획 척수인 11척엔 아직 거리가 멀다"고 보고.

8. 중석광 운영에 관하여

구용서 상공 "돈을 더 안 들여도 월 250톤을 생산할 수 있으며 4월부터 작업을 개시할 화학처리 공장의 운용으로 월 180톤(광미(鑛尾)에서)을 생산할 예정이라"고 보고.

---

149) 1948년에 발족한 세계보건기구(World Health Organization)를 지칭한다.

9. 동남아 각국과의 친선 강화에 관하여

이승만 대통령 "아세아인끼리 합력하여 가야 하며 교역의 시초는 의합(意合)에 있는 것이니 외무, 상공이 잘 협의하여 재외영사나 상인들의 협조를 얻어서 친선을 증진하여야 할 것이라"는 분부.

10. 추곡 수납성적에 관하여

정재설 농림 "정부수납 양곡은 2월 말로 폐장한 바 115만 석(목표량 140만 석의 81%)으로서 관수에 충분하여 미곡담보는 141만 석(예상량 150만 석의 94%)으로서 하계 곡가 조절에 충분하다"고 보고.

11. 통화사정에 관하여

이승만 대통령 "화폐가 안 나와서 곤란하다는데 사실인가?"의 하문에

김현철 재무 "반대로 예상보다 많이 나가서 회수에 노력하고 있는바 현재 발행고 2,000억 중 200억은 회수하여야 할 것이며 발행고 증가의 원인의 하나로서 UN이 교환하여간 불을 보유하고 있어야 한다는 방침을 견지하고 있다는 것을 고려에 넣어야 할 것이라"고 보고.

이승만 대통령 "양편이 잘 맞아 가지 않을 때에는 나에게 말하도록 하라"고 분부하시며 "지금대로 하여 가면 어려운 일은 없는가" 하시는 하문에

김현철 재무 "없는 줄 압니다"고 보고.

12. 해운공사 부정사건에 관하여

김현철 재무 "사장 출장 중 직원이 6천여만 환을 도박에 써 버린 사건이 발생한바 그 반액 정도는 회수가 가능하나 잔 반액은 정부의 손실을 면치 못할 듯하다"고 보고.

홍진기 법무 "1명을 제외하고는 다 체포하였으며 일부는 소비되어서 일부는 찾을 수 있을 것인 바 1/3을 가진 관계자 1명은 아직 못 잡았다"고 보고.

13. 잉여농산물 도입을 재원의 대상으로 국방비 예산집행에 관하여

김현철 재무 "50,000,000불 예상의 잉여농산물이 30,000,000불로 편성됨으로 발생할 120~150억 환의 국방비재원 수입 결함(缺陷)이 예상되는바 이에 대한 조치를 강구하여야 할 것이라"고 보고.

송인상[150] **부흥** "이 곤란의 원인은 미곡 수출이 불여의하여 양곡을 도입하면 곡가유지가 곤란하여졌다는 점에 있었다고 보며 양 대사를 통하여(4부 장관 연명으로) 우리 요구액 50,000,000불을 확보하여 줄 것을 강조하고 있으나 전망이 희박한 감이 있다(희망이 보이지 않는 편이다)는 회신을 받고 있는바 금주나 내주에는 결정될 것이라는 소식을 듣고 있다"고 보고.

14. 은행대부금 회수 부진에 관한 하문에 대한 보고

김현철 재무 "산은의 기일 내 미수는 8%, 시중은행은 13%에 불과하므로 *Korean Republic*의 보도는 오보라고 지적하고 은행예금을 증가하여가고 국채가격이 앙등 안정되고 있는 것을 경제안정의 표시"라고 보고.

15. 서울시 상수도 공사에 관하여

송인상[151] **부흥** "기술적인 애로가 있어서 금년 4월 후 즉 예정이 5월 말에야 완성할 것이며 이로써 서울시는 7만 톤의 수도를 증설하는 것이라"고 보고.

16. 충주비료공장 공사 진행 상황에 관하여

송인상[152] **부흥** "3개 부문 중 발전시설은 완성되어 근일 중으로 원 조정관과 같이 화입식(火入

---

150) 시대공론사본 『제1공화국 국무회의록』에는 "신현확"으로 되어 있으나, 당시 부흥부 장관은 송인상이므로 바로잡는다.
151) 시대공론사본 『제1공화국 국무회의록』에는 "신현확"으로 되어 있으나, 당시 부흥부 장관은 송인상이므로 바로잡는다.
152) 시대공론사본 『제1공화국 국무회의록』에는 "신현확"으로 되어 있으나, 당시 부흥부 장관은 송인상이므로

式)을 하려고 하며 암모니아 생산 시설의 공사도 거의 완료하고 요소공장이 남아 있는바 현재 미국에 가져다가 다시 개조하고 있는 압축기가 입하되는 즉시로 철거공사를 하여 내 6월 4일에는 완성시키도록 하고 기술자 초빙 및 훈련계획에 의하여 30개월 후면 우리 손으로 운영할 수 있게 될 것이라"고 보고.

17. 연료대책에 관하여

송인상[153] 부흥 "작년 가을 이래 연료대책을 수행하여 월동을 무사히 마친 연료대책위원회에서는 380만 톤 생산 수송(작년은 265만 톤)을 위하여 반 항구적인 기구로 존속 활동케 될 것인바 차제에 생산 수송의 일선 노무자들을 표창하는 것이 좋겠다"고 보고 겸 의견 구신.

이승만 대통령 "석탄을 낭비하는 일이 없도록 하여야 한다"고 주의의 분부만 하시고 표창의 가부는 말씀하시지 않으심.

18. UN군에서 사용하고 있는 토지의 대차관계 처리에 관하여

이승만 대통령 "데커 장군과 만나니 현재 사용하고 있는 토지에 대하여 서로 정한 것을 문서로 남겨두자고 제의하였더니 일반 관례에 따라서 할 수 있다고 말하고 그 조항을 보내주겠다고 하였으니 그리 알고 처리하라"는 분부.

김정렬 국방 "원자탄저장소, 보급소 후방부지(왜관). 신무기기지 등 3개 항목의 요구 중 끝에 적은 1개소는 국방부 경정예산[154]으로 해결이 가능하나 전 2개소는 약 4억 환이 소요되므로 국방부 자체로서 해결할 수는 없다"고 보고.

김현철 재무 "대금을 지불하고 매수하여야 할 것도 있으며 국유재산이라 하더라도 임대료를 받아야 할 것이라"고 진언.

로 바로잡는다.

153) 시대공론사본『제1공화국 국무회의록』에는 "신현확"으로 되어 있으나, 당시 부흥부 장관은 송인상이므로 바로잡는다.

154) "경정예산(更正豫算)"은 경영 예산이 확정된 후 경비 총액을 늘리지 않는 범위에서 내용이 변경된 예산을 의미한다.

19. 서울신문 운영에 관하여

전성천 공보 "현재대로 방치하면 수일 내에 신문이 못 나오게 될 것이므로 외무, 내무, 재무, 법무, 교통, 체신, 신문사장과 의논하여 대책을 성안하였으나 비밀에 속하므로 추후 서면 보고하겠다"고 보고.

20. *Korean Republic* 배부 경비에 관하여

전성천 공보 "외무부 바우처 편을 이용하는 것이 80%인 바 경비가 2중으로 들어가므로 비행기 편으로 일반 우편물로 하려고 시도하였으나 예산이 없어서 못하고 있어서 해결책이 필요하다"고 보고.

이승만 대통령 "서면으로 보고하도록 하라. 그리고 무료로 보내면 잘 돌보는지를 모르니 항상 조사를 하여 보아야 한다."

전성천 공보 "재외공관과 의논하여 잘 읽지 않는 자는 삭제하고 있다"고 보고.

※ 중앙청회의

1. 국회대책

외무의 제의로 논의하였으나 별 명안이 없고 대표를 의장님께 파견하여 대통령 각하의 의도를 보고하기로 함.

2. 산림법안(법제)

제출처에서 재조제출하기 위하여 취하하겠다는 요청이 있어서 반송하기로 함.

3. UN기념묘지 협정 정식 서명에 관한 건(외무)

원안대로 통과함.

4. 지방 방송국의 명칭 위치 및 관할구역 중 개정의 건(법제)

원안대로 통과함.

5. 도입비료구매가격 개정에 관한 건(농림)

농림장관의 제안 설명을 듣고 결정은 차회까지 보류하기로 함.

제33회 국무회의

일시 : 1959년 3월 20일(금)
장소 : 중앙청 회의실

1. 미국 심계원(GAO)[155] 관계관 내방에 관하여

신현확[156] **부흥** "3인의 관계관이 목적을 밝히지 않고 와서 있는바 작년에 캠벨보고서[157]에 고배를 마신 것을 생각할 때 각부에서는 그들을 상대할 때 신중해야 할 것이라"고 보고 겸 의견.

2. 도로표식 규정 중 개정의 건(법제)

제출부의 요청에 의하여 환송하기로 하였음.

---

155) 미국 심계원(Government Accountability Office)은 1921년에 설립된 미국 의회 소속의 회계감사 기구이다.
156) 신현확(申鉉碻, 1920~2007)은 일제강점기 고등문관시험에 합격, 일본 상무성에서 근무하였다. 해방 이후 대구대학교 교수로 근무하였으며 1951년에는 상공부 공업국 공정과장으로 다시 관직으로 들어와 1957년에는 제3대 부흥부 차관에 임명되었다. 1959년에는 만 39세의 나이로 최연소 부흥부 장관(제4대)이 되었다. 그러나 4·19 혁명이 일어난 뒤 2년여 동안 옥살이를 하였다. 1975년에는 제16대 보건사회부 장관으로 임명되어 1976년의 의료보험법 개정과 1977년 의료보험 실시에 있어 주요한 역할을 수행했다. 1978년 제13대 부총리 겸 경제기획원 장관, 1979년 제13대 국무총리에 임명되었다.
157) 미국의 한국에 대한 경제원조는 1957년부터 점진적으로 바뀌기 시작했으며 미국 하원에서는 회계감사원을 통해 감사에 착수하게 되었다. 캠벨(Joseph Campbell)은 당시 제4대 회계감사원장이었다. 캠벨보고서에는 미국의 대한원조정책에 문제가 있고 한국 정부가 충분한 협조를 하지 않고 있다는 내용을 담고 있었다.

3. 국립과학연구소 직제 중 개정의 건(법제)

제2조 중 「또는 기정(技正)158)」을 삭제하고 기타는 원안대로 통과함.

4. 부흥부 직제 중 개정의 건(법제)

「33인」을 「32인」으로 고쳐서 통과함.

5. 일광절약시간159) 실시에 관한 건(국사)

원안대로 통과함.

6. 경찰관 직제 중 개정의 건(법제)

「히루」를 「뒤축」으로 고쳐서 통과함.

7. 1959년도 관광사업진흥책(교통, 외무, 내무, 부흥)

원안대로 통과하되 장기계획과 관광공사법을 차회 국무회의에서 제출케 한다는 조건부
로 함.

---

158) 4급 기술직 공무원을 이른다.
159) 1959년 당시 대한민국은 일광절약시간제를 도입하고 있었다.

제34회 국무회의

일시 : 1959년 3월 23일(월)
장소 : 경무대(전반), 중앙청(후반)

1. 삼척광산 사장 임명에 관하여

구용서 상공 "현 백160) 사장을 중임케 하였는바 그는 고(故) 채161) 참모총장의 빙장162)으로 그 유족을 부양하고 있다"고 보고.

2. 맥그로163) 회사 사장 내한에 관하여

구용서 상공 "동 사장은 충주비료공장 기술계획의 세목 협의차 내한 중이며 원 조정관 이한 전에 협의를 마치기로 진행 중에 있다"고 보고.

---

160) 백홍석(白洪錫, 1890~1960)은 1915년 일본 육군사관학교를 졸업하고 육군 소위로 임관하였다. 광복 이후 1946년에는 통위부 자문역을 역임했으며 1948년에는 대한민국 육군 특별부대 사령관으로 임명되었다. 1953년 육군본부 병무감, 1954년 동부지구 경비사령관, 1955년 육군 제33예비사단 사단장을 지냈다.
161) 채병덕(蔡秉德, 1915~1950)은 1935년 일본 육군사관학교를 졸업하였으며 광복 후 군사영어학교를 졸업하고 국방경비대 제1연대장·1보급부대장·병기부대 사령관·후방부대 사령관·제4여단장을 지냈다. 1949년에는 국방부 참모총장이 되었으며 1949년 육군 소장으로 승진했다. 1950년에는 제4대 육군참모총장 겸 육해공군총사령관으로 임명되었다.
162) '다른 사람의 장인(丈人)'을 말한다.
163) "맥그로"의 영문 명칭은 F. H. McGraw & Company다.

3. 미곡수출의 진행 상황과 애로에 관하여

구용서 상공 "4월분에 5,000톤을 출하하게 될 것인바 조악(粗惡)하나마 저렴한 외국산 미와 경쟁하려니 불리한 점이 많아서 수지가 곤란한 형편이니 그 수출에서 획득된 외자의 우대를 고려하여야 할까 생각된다"고 보고.

4. 외교에 특히 유의하여야 할 사항에 관하여

이승만 대통령 "국제관계를 중시하여 전원이 그에 힘쓰되

(1) 일본을 spoiled child로 만들지 않도록 우방 각국에 잘 알리도록 하여야 하고

(2) 재외공관장들은 그들의 지위를 높이도록 하여 국권을 지켜가야 하며

(3) 일본이 공산주의를 배제한다고 하는 확실한 신념으로 그 국책을 시비할 때까지는 아세아 공동방위에 그들을 들어오게 하여서는 안 되며

(4) 인도를 제외한 동남아 각국에 대하여는

　① 편지왕래를 희망하는 곳(인도네시아)에는 그 길을 열어주고

　② 군인을 보내주기를 희망하는 곳에는 되도록 보내주고

　③ 체육단을 영화 등을 가지고 순회케 하되 필요하면 해군의 선박을 이용하도록 할 것이며

(5) 서양과 동양에 심리적으로 잘 이해 안 가는 점이 많다고 하여 일본이 양자 간의 interpreter의 임무를 담당하겠다고 한다거나 또 서방 각국이 잘못 알고 일본의 그러한 제의에 넘어가서 일본에 대하여 그러한 중개적 역할을 의뢰함으로써 일본으로 하여금 과오를 재범하는 일이 없도록 단속하여야 할 것이며

(6) 우리 한국은 과거에 침략을 위하여 인국(隣國)과 전쟁을 걸어본 일이 없는 한편 침략에 대한 방어에는 여러 번의 전쟁에서 승리를 거두었다는 우리의 역사를 서양인들에게 알려야 할 것인바 우리는 언제나 한번은 일본과 닥질러야[164] 할 것이며 금반도 일본 정부가 우리를 멸시(蔑視)하여 경솔히 일을 꾸몄다가 우리의 강경한 반격에 실패에 돌아가고 미국도 일본을 두둔하려다가 이제는 말을 않게 된 차제이니 우리는 가일층[165] 외교에 주력하여 일본의 야망을 봉쇄하고 아세아 공동방

---

164) 문맥상 '다지르다' 또는 '대지르다'에 해당하는 것으로 보인다. 이는 '찌를 듯이 대들거나 맞서다'는 의미이다.

위를 우리가 지도하여 가게 하여야 할 것이니 각별 유의하도록 하라"는 분부.

전성천 공보 "한국과 중국[166]이 중심이 되어서 내 6월에 아세아반공연맹의 제5차 회의를 우리나라에서 개최하고 가맹국 대표는 물론 17개 미가맹국 대표도 초청하기로 하고 계획을 진행 중이라"고 보고.

이승만 대통령 "그러한 문제는 글렌[167] 씨와 의논하면 도움이 될 것이라"는 말씀.

전성천 공보 "동(同)인이 전기 계획을 위한 계획에 참가하고 있다"고 보고.

5. 원양어선 건조에 관하여

이승만 대통령 "원조자금으로 원양어선 최소한 50척을 만들어서 명년에는 쓸 수 있도록 하라"는 분부.

6. 충주비료공장 운영에 관하여

이승만 대통령 "충주비료공장은 불하할 때까지 상공부에서 운영을 감독하여 가도록 하라(당분 불하하지 말라는 의도의 말씀). 모든 시설은 하여서 버려두지 말고 그 착수에 유의하여야 할 것이라"고 마산발전소를 예로 들으시며 주의의 분부.

7. 단일공정환율의 유지에 관하여

이승만 대통령 "관광객을 위한 특수환율 적용을 외국인들이 요망한다고 하나 현재의 환율을 그대로 해야지 그런 것을 인정하면 곤란할 것이라"는 주의의 분부.

---

165) '한층 더'의 의미이다.
166) 여기서는 중화민국, 즉 대만을 지칭한다.
167) 영자신문인 *Korean Republic*의 고문이었던 글렌(William A. Glenn)은 이승만 대통령의 상담역이자 정보비서로서 중요한 영향력을 가지고 있었던 것으로 추정된다.

제35회 국무회의

일시 : 1959년 3월 25일(수)
장소 : 중앙청 회의실

1. 충주비료공장 역무(役務)[168] 및 기술훈련계약체결에 관한 건(상공)

구용서 상공 "계약의 내용은 별지와 같다"고 설명하고 "법무부와 외무부와도 합의를 하였다"고 첨가.

신현확 부흥 "계약 당초부터 같이 협의하여온 것이므로 내용을 잘 알고 있으며 별 이견은 없다"고 보고.

송인상 재무 "현재로서는 이 이상의 완전한 계약을 할 수는 없을 것이라"는 의견.

홍진기 법무 "이 계약의 결과가 당초 건설공사 계약에 대한 만일의 경우에 있어서는 책임을 추궁하는데 지장이 되는 수가 있을 염려는 없는가" 하는 질문에

신현확 부흥 "건설공사에 대한 책임문제는 당초 계약이 수정되지 않는 한 완전한 것은 못될 것이며 이 계약에 의하여 건설공사 청부업자의 책임회피의 구실을 만들어줄 우려는 없다"고 보고.

이상 논의 끝에 원안대로 하기로 의결함.

---

168) '노역을 하는 일'을 의미한다.

제36회 국무회의

일시 : 1959년 3월 27일(금)
장소 : 중앙청 회의실

1. 수습행정관 임용 및 실무수습계획에 관한 건(국사)

원안대로 통과함.

2. 우편규칙 중 개정의 건(법제)

원안대로 통과함.

3. 1959년도 중앙선거위원회 소관 민의원의원재선거비를 예비비에서 지출의 건(재무)

원안대로 통과함.

4. 안건취하에 관하여

다음 안건은 제출처의 요청에 의하여 환송하기로 함.
(1) 무역법 시행령 중 개정의 건(법제)

(2) 도입비료 판매가격 개정에 관한 건(농림)

(3) 평화선 경비강화에 수반(隨伴)하는 정원증가의 건(상공)

5. 충주비료공장 역무 및 기술훈련계약 체결에 관한 건의 국무회의 의결 수정에 관한 건(상공)

원안대로 통과함.

6. 공무원에 대한 양곡배급에 관하여

이근직[169] **농림** "소맥분 300만 포가 부패에 빈(頻)하고[170] 있으므로 공무원에 대한 양곡배급을 실시하는 것을 불일 중 제의할 계획으로 있다"고 보고.

7. 중요 정책위원회 개편에 관하여

"중요정책위원회 위원 6인 중 교통부 장관을 농림부 장관으로 한다"는 수석국무위원의 제의를 채택 통과함.

8. 비료대 앙등에 관하여

이근직 농림 "유안의 시가가 4,000환대를 넘었으며 관수비료에 관하여 야당은 조작비에 거액의 부정이 있다고 악선전하고 있으나 사실이 전연 없는 일이라"고 보고.

---

169) 이근직(李根直, 1903~1964)은 도쿄고료척식대학(東京紅陵拓植大學) 법학과 졸업 후 조선으로 귀향하였으며 1943년 평창군수, 1944년 원주군수, 1955년 제4대 경북도지사를 지냈다. 1957년 9월부터 1958년 6월까지 제15대 내무부 장관을, 1959년 3월부터 1960년 5월까지 제15대 농림부 장관을 역임했다.
170) 문맥상 "빈(頻)하고"는 말이 되지 않으며 '변하고'가 바람직한 것으로 보인다. '빈하다'는 '변하다'의 경상북도·제주도 방언이며 이근직은 경상북도 김천 출신이다.

제37회 국무회의

일시 : 1959년 3월 31일(화)
장소 : 경무대(전반), 중앙청(후반)

1. 상가주택 수의계약 불하에 관하여

손창환 보사 "저동171)에 공병감172)으로 하여금 건축케 한 상가주택을 협동조합이 불하받게
하는바 일반 공매와 동일한 가격으로 불하한다면 수의계약일지라도 정부에 손해는
없을 것으로 본다"는 보고 겸 품신.

이승만 대통령 "정부에 손해만 없으면 무효할 것이라"고 윤허.

2. 안약생산에 관하여

손창환 보사 "분부에 따라 미제와 꼭 같은 것을 생산할 수 있게 되었으며 시가는 도매 650환에
소매 1,000환 내외가 될 것이라"고 현품을 보어드리며 보고.

3. 개발자금차관에 관하여

곽의영 체신 "이식173)계산, 부세(負稅), 사용기한 등 우리 측이 불리한 점의 수정을 교섭한 바

---

171) 서울특별시 중구 저동(苧洞)을 말한다.
172) "공병감(工兵監)"은 육군본부의 특별참모직이며 공병 최고지휘관을 의미한다.
173) "이식(利息)"은 이자를 의미한다.

미 측이 이를 수락하였으므로 재가가 있으시는 즉시로 양 대사에게 지시하여 날인케 하려고 하는바 일자는 내 4월 6일을 예정하고 있으며 이 계획이 완성되면 현 73,000 대의 전화가 13만 대로 되며 100인당 0.35의 비율이 0.65로 되어 일본을 제외(일본은 3.5)하고 동남아에서 제1위가 된다"고 보고.

4. 해병대 창립 10주년 기념우표 매팔(賣捌)에 관하여

곽의영 체신 "해병대 창립 10주년 기념으로 인천 상륙을 도안으로 한 50만 매의 기념우표를 발매할 것을 계획 중이라"고 보고.

5. 제주도 전화 가설계획에 관하여

곽의영 체신 "제주도와 육지 간에 직접 통화할 수 있도록 전화를 가설할 것을 계획 중이라"고 보고.

6. 지역사회 개발계획에 관하여

신현확 부흥 "정부의 시책을 알려주고 조금만 도와주면 부흥될 촌락을 선정 지도할 계획을 세우고 대학 졸업자 61명을 선발하여 수원 신생활훈련소에 입소시켜서 훈련 중이라"고 보고.

7. 교통시설에 관하여

김일환 교통 "영암선[174] 일부 토붕 수복상황 시찰차 출장예정이며 김포는 예정대로 공사가 진행 중이라"고 보고.

---

174) 신두영은 "영암선(靈巖線)"으로 기록했으나, "榮巖線"의 오기다. 관련 기사는 『동아일보』 1959년 3월 31 일자 참조.

8. 맥작 상황에 관하여

이근직 농림 "평년보다 20% 풍작으로 보고 있다"고 보고.

9. 유휴지 개간사업에 관하여

이근직 농림 "농토가 협소한 세농 80만 호에 농토를 마련하여 주기 위하여 유휴지 개간사업이
시급한바 금년에도 3억 1천만 환의 예산으로 착수하려고 하고 있다"고 보고.

10. 사방사업에 관하여

이근직 농림 "있는 수목보호에 치중할 것이나 사방을 요하는 면적은 737,000정이 있다"고 보고.
이승만 대통령 "묘포(苗圃)를 중지하고 그 예산으로 책임자를 정하여 보호를 담당하도록 하되
사진을 찍어두어서 후일 성과를 대조시켜 보도록 하라"는 분부.

11. 법률연구소에 관하여

홍진기 법무 "스토리[175] 박사가 그 회견과 같이 5월 16일 내한한다고 하여 그가 오기 전에
ICA본부와 협의하여 두어야 할 일이 있으면 연락하라는 통지를 받고 그 회답문을 작
성 중에 있으므로 재가하시는 대로 발송하겠다"고 보고.
이승만 대통령 "법률에 있어서 민주주의 원칙의 발달사를 잘 연구하도록 하여야 한다"고 분부.

12. 포경선 피습 사건에 관하여

최인규 내무 "목포 근해서 우리 포경선이 일본선으로 추측되는 18척의 선박으로부터 기관포
의 사격을 받았으나 피해는 없었고 목포경비부에서 출동하였을 때에는 이미 도주하

---

175) 스토리(Robert G. Storey, 1893~1981)는 당시 텍사스 주 남감리교대학교(Southern Methodist University)
법과대학 학장이었으며 전(前) 한국법학원(韓國法學院) 고문을 지냈다.

여 목하 계속 조사 중인 바 우리 측 선원의 말에 의하면 일장기의 표식이 있었다고 한다"고 보고.

조정환 외무 "주일대표부에 지시하여 조사 중이나 회보를 못 받고 있다"고 보고.

구용서 상공 "중공이 일선을 나포한 것을 사용하는 사례가 있으므로 꼭 일선이었다고 단정키 어려우며 전법, 무장 등으로 보아 일 어선은 아닌 것 같다는 추측이 있으나 목하 조사 중이라고"고 보고.

이승만 대통령 "정확한 것을 속히 조사 보고하라"는 분부.

13. 국내 정치 동향에 관하여

최인규 내무 보고안건

    (1) 민주당 의원 82명 중 구파 46, 신파 36

    (2) 작일 민주당 간부회에서 구파의 수요회 해산과 신파의 혁신구락부 조직설[176]을 규명하기로 결정.

    (3) 국회의원 간에 대통령에 각하를 추대하고 총리에 조병옥 씨를 취임케 하는 개헌구상이 논의되고 있는바 구파는 이를 지지하고 신파는 이를 반대하고 있다는 정보

이승만 대통령 "거기에 우리가 무슨 할 일이 없는가" 하시는 하문.

최인규 내무 "분열을 조장하는 것도 일책일까 한다"고 보고.

이승만 대통령 "그대로 두도록 하라. 전체 화동(和同)[177]도 못하며 그 내부에 개입하지 않는 것이 좋을 것이다. 국회의 현 사태를 좋다고 보는가? 그르다고 보는가?" 하시는 분부와 하문.

곽의영 체신 "선거 전이므로 종식이 어려울 듯하며 명일 개회되는 국회에서는 야당은 보안법, 지방자치법 개정과 참의원 선거촉(促)을 들고 나올 것이며 자유당은 경제입법으로 이에 대항할 것이라"고 보고.

---

176) 당시 민주당은 당에 대한 지지가 늘어나고 있었으나 한편으로 당내 신·구파 간 정치적 경쟁이 치열하게 벌어지고 있었다. 양 파벌 간의 극심한 갈등은 1960년 정부통령 선거 경선에서 드러나게 된다. 우여곡절 끝에 구파의 조병옥이 대통령 후보로, 신파의 장면이 부통령 후보로 선출되었다.

177) '둘의 사이가 벌어졌다가 다시 뜻이 맞게 되는 것'을 의미한다.

14. 예산집행에 관한 애로에 대하여

송인상 재무 "작년도 수입이 여의치 못한 관계로 56억을 금년에 들여와서 집행하게 되었으며 금년에는 129억의 세입감이 예상되므로 우선 세입 증가안을 연구하고 만부득이 한 것은 세출을 억제하여야 할 것인바 목하 구체적인 검토를 하고 있으므로 추후 보고하겠다"고 보고.

이승만 대통령 "56억은 전 재무부 장관이 책임질 문제인가?"의 하문.

송인상 재무 "그런 것이 아니고 귀속재산의 매각과 대금회수가 예정한 것 같이 안 된 소치이며 그 대책으로 우선 50억의 세금을 더 받도록 지시하였다"고 보고.

이승만 대통령 "세금을 내라고 하면 국민이 할 수 없이 낸다고 무리하게 받는 것은 지혜로운 일이 아니라"는 훈시.

송인상 재무 "무리 없이 하는 것"이라고 보고.

이승만 대통령 "억울(抑鬱)하고 무리한 일이 아니라면 재무에 맡기겠다"고 분부.

15. UN군 전기료

구용서 상공 "월 26만 불의 수입이 되고 있는바 그중에서 발전시설 유지에 필요한 부분품을 수입하도록 하려고 불일 중 서면으로 상신하겠다"는 보고.

16. 선전대책에 관하여

전성천 공보 "민주당의 내분과 국회의 여야분쟁은 명년 선거 전에 끝나지 않을 것이며 실지로 민주당이 강하여졌으며 전과 같은 방법으로는 각하를 모시고도 고전을 예상하느니만치 선전 대책이 필요한바 현재는 신문의 예만 해도 야당지 60만 부 이상에 여당지는 20만 부 미만이니 이대로 방치할 수 없는 즉 각하께서 잘 보아주셔야 쓰겠으며 정부의 지시로 표면을 잘 통하나 이면으로는 민주당과 통하고 있으니 간단한 일이 아니라"고 보고.

이승만 대통령 "내가 할 수 있는 일이 있는가?"의 어이없으신 하문에

전성천 공보 "재무가 말씀드리는 자금을 잘 보아 주셔야 한다"고 보고.

홍진기 법무 "중요 정책위원회에서 서울신문 확장을 위시한 여러 가지 문제를 논의 중에 있다"고 보고.

최인규 내무 "국무위원들이 잘 하겠다"고 보고하고 청원.

17. 비료 가격 앙등 방지책

이승만 대통령 "비료대가 올라가고 있으니 민수도입을 억제하고 비료 가격 문제가 다시 나지 않도록 하라"는 분부.

이근직 농림 "관수는 올라가지 않고 있는데 민수가 올라가고 있다"고 보고.

송인상 재무 "관수로 하면 ① 외상을 주어야 하므로 대충자금사업에 지장이 있고 ② 각종 세수입이 감소되며 ③ 농림부 방침이 유안단비(硫安單肥)[178] 사용을 피하려고 요소비료를 도입한 관계로 민수 유안의 가격이 상승하고 있는 것이므로 과도적인 일시현상이며 ④ 민수비료를 사용하는 것은 관수 이외로 금비를 과용하려는 폐습에 기인하는 것이므로 다소 고가로 되는 것이 농민의 타성을 교정할 수 있을 것이며 ⑤ 충주, 나주 비료공장 산품까지 통제(統制)하여 정부가 관리한다는 방침이 아니고는 민수를 전반 막는다는 것은 곤란한 등 내용이 복잡하니 국무위원 간에서 잘 의논하여 선처할 자신이 있다"고 보고.

18. 정부비료의 적기 배급과 비료입하 상황 보고에 관하여

이승만 대통령 "정부비료를 적기에 배급하고 비료의 입하 및 배급 상황을 일보[179]로 제출토록 하라"는 분부.

신현확 부흥 "도입계획량 40만 톤 중 36만 톤이 기위 도착하였으며 그중 24만 톤은 배급하기 위하여 수송을 완료하고 잔량은 배합비료의 원료로서 현재 작업이 진행 중에 있다"고 보고.

---

178) "단비"는 단일비료를 의미한다.
179) 매일매일 하는 보고를 의미한다.

19. 정부 시책 조정책에 관하여

이승만 대통령 "정부 시책을 지방민에게 선전하는 계획을 조속히 수립 보고하고 계획에 그치지 않고 실천하도록 하라"는 분부.

전성천 공보 "신문 보도, 사진전시회, 영화제작 등을 계획하고 있다"고 보고.

최인규 내무 "<우리 대통령>을 극장에 상영하는 것을 보는 관객의 태도가 대단히 경건한 것을 보았으며 내무부 취임과 동시에 직원들에 대하여 공무원은 국가의 시책이나 모시고 있는 대통령을 자랑하고 널리 알릴 의무가 있다고 강조하였다"고 보고.

곽의영 체신 "과반 정부서 발표한 시책과 사정 실적 도표는 대단히 좋은 영향을 국민에게 주었다"고 보고.

20. UN군 사용지에 대한 협약 성문화에 관하여

이승만 대통령 "데커 장군에 말하였더니 자기들 간에 의논이 되었으니 미 대사와 협의하여 달라고 한다. 외무부에서 연락을 취하도록 하라"는 분부.

21. 남산 미화에 관하여

이승만 대통령 "정부와 서울시에서 조례를 만들어서 남산에 나무와 꽃을 심고 함부로 건축을 못 하게 하고 미화를 하여 가도록 해야 한다"는 분부.

※ 중앙청회의

1. 분부사항을 관할부에서 조속히 협의 실천하기로 한다는 것을 의결하였을 뿐 특기사항은 없음.

제38회 국무회의

일시 : 1959년 4월 3일(금)
장소 : 중앙청 회의실

1. 저작권법 시행령(법제)

원안대로 통과함.

2. 정부 재정확보를 기하기 위한 조세부과징수 강화대책에 관한 건(재무)

다음과 같이 수정 통과함.
『(1) 국방부 소관의 1 중「단부대」와 4중「군단」을 삭제한다.
　(2) 문교부 소관 가 중「세액산출 문제를」다음에「사회생활과 및」을 넣는다.』

3. 무역법 시행령 중 개정의 건(법제)

원안대로 통과함.

4. 국무회의에 제출하는 의안 작성에 관한 건(국사)

원안 중 일부를 수정하여 보고사항으로 접수함.

5. 신문광고 청탁을 통한 여당지 원조책에 관하여

전성천 공보 "정부기관의 신문광고 청탁 상황이 전보다 다소 나아졌으나 일부 기관에서는 아직도 야당지에 상당한 분량이 흘러나가고 있다"고 보고하며 각부 장관의 협력을 의뢰.

6. 아세아반공대회 경비 염출에 관하여

전성천 공보 "차관회의에서 논의를 하여 보았으나 결론을 못 얻었으니 국무회의에서 방침결정을 하여 주기 바란다"는 제의에 국무회의에서 결정하기는 곤란한 문제이므로 외무, 내무와 경제 4부 장관에게 위임하여 처리하기로 함.

7. ICA 계획의 정부청사 신축계획의 진행 상황에 관하여

신두영 국사 "작 4월 2일에 4개 미국상사의 청부 신입[180]을 개봉(開封)하였으며 신입하도록 OEC에서 추천된 자 6개사 중 2개사의 신입은 그것이 3월 26일 이전에 미국에서 발송된 것이라면 앞으로 추가 개봉하여 전기 4개사를 합하여 심사를 하도록 될 것인바 정부와 OEC는 심사결과를 종합하여 최적합이라고 보는 업자를 선정하여 그와 계약을 체결하게 될 것인 바 심사결과가 전부 부적당하다는 결론이면 전부라도 거부할 수 있는 것인바 설계자로부터 예정가격조서가 제출되지 않았으며 당초 예정과 같이 진척(進陟)이 안 되었으므로 계약체결의 최종기일인 5월 30일 이내에 계약이 체결될지는 의문이라"는 보고.

---

180) "신입(申込)"은 특정한 내용의 계약을 체결시킬 것을 목적으로 하는 의사 표시를 의미한다.

제39회 국무회의

일시 : 1959년 4월 7일(화)
장소 : 경무대(전반), 중앙청(후반)

1. 세계보건일 행사에 관하여

손창환 보사 "11시 30분 시(市) 공관에서 식을 하고 공보관에서 위생전시회를 개최하기로 하였다"는 보고.

2. 체신행정 개선에 관하여

곽의영 체신 "야간 우체국은 시민의 호평을 받고 있으므로 부산에도 이를 실시하여 볼까 하는 중이며 체신부의 종래의 비행이 가격사정을 국과장이 준행하여온 점에 있었으므로 8명의 위원으로 조직된 가격사정위원회에서 검토하도록 함으로써 정당한 가격으로 구입하도록 하였더니 업자의 불평이 많다고 듣고 있으며 시설수호를 위하여 직원의 소방훈련을 실시하여 유사시에 응급조치까지도 가능하게 하고 있다"고 보고.

3. 주택건축에 관하여

이승만 대통령 "주택자금이 안 나와서 건축이 진행이 안 된다는 바 실정은 여하한가? 예산이 있으면 지출되어야 할 것인데, 돈이 안 나온다면 곤란하다. 공병대를 국회의사당이나 도로공사에 사용하는 것은 가하나 상가, 주택건축에 쓰는 것은 미국에서 이론이 있다는 데커 장군의 말을 들었으며 한편으로는 경비가 더 든다고 하니 재고하려고 한다. 다만 이 같은 경우에 주택공단 단독으로 하게 되면 경쟁을 할 때보다 더 감독을 철저히 해야만 할 것으로 생각한다"는 분부.

손창환 보사 "30억 책정되어 있으나 아직 쓰지 못하고 있다"고 보고하고 "당장 전액이 필요한 것은 아니며 일부만이라도 되면 시작을 하도록 하여 월동공사가 안되도록 해야 한다"고 의견.

송인상 재무 "귀재수입이 잘 안 되는 소치이지 타에 유용하는 까닭이 아니며 우선적으로 취급토록 함은 물론 수입확보에 노력하겠다"고 보고.

이승만 대통령 "중도이페[181]하려면 당장에 그만두는 것이 가하나 재무장관이 잘 하여 보겠다고 하니 국무위원 전원이 잘 알아서 하여 가도록 하되 재무가 책임을 지고 실기(失期)하는 일이 없도록 하여야 할 것이며 신중을 하여서라도 하라고 하고 싶으나 나로서 말할 말이 아니라 하지 않는다"고 분부.

4. 대일관계에 관하여

구용서 상공 "최근 일본 경비선이 흑산도 근해에 침입한바 선착(船着)도 알고 있으므로 일본에 항의를 하여야 할 줄로 생각되어 외무부와 연락 중에 있다"고 보고.

이승만 대통령 "우리의 처지는 상당히 어려운 실정에 있다. 일본은 본래 세력이 있던 나라요, 우리는 아직 거기까지 달하지 못하고 있는데 영미 기타 서양 사람들은 power policy에서 벗어나지 못하고 있다. 국적(國赤)[182]은 어름어름[183]하고 있고 일본은 살살 이면(裡面) 공작을 하고 있으니 아직 안심하여서는 안 된다. 일본은 평화를 가장하고 있으며 선전하고 있으나 일본이 과거 세계평화에 기여한 것이 있는가를 살펴보라고 영국이나 미국에 말하여 주어서 과거 40년간에 한 것과 같은 일본을 도와서 한국을 침해하게 만드는 우거(愚擧)를 하여서는 안 되며 만일에 또 그런 짓을 하면 한국은 자기생존을 위하여 대책을 해야겠다는 것을 외무부에서 주장하여 잘 알려야 할 것이다. 다만 '싸운다'는 말을 하는 데는 시기가 있는 것이니 함부로 말하여 외국의 동정을 상실하지 않도록 하여야 할 것이니 선전에 게을러서는 안 된다. 한국인은 선전을 몰라서

---

181) "중도이페(中道而廢)"는 끝을 맺지 않고 중간에서 그만두는 것을 의미한다.
182) 국제적십자위원회(國際赤十字委員會)의 줄임말이다.
183) 말이나 행동을 우물쭈물하는 것을 말한다.

탈이다. 일본은 한국을 먹지 않으면 못산다고 생각하고 있으며 일인이 한국에 오면 동조자가 많으리라고 생각하고 있는 듯하며 따라서 그들은 대통령만이 반대하고 있다고 생각하고 비난을 하고 있다"는 훈시의 말씀.

5. 사고 방지에 관하여

이승만 대통령 "근일 교통사고를 위시하여 각종 사고가 빈발하고 있으며 대책이 필요하다"는 분부.

최인규 내무 "강도 미체포는 국민에게 미안하고 각하께 죄송하나 교통사고는 작년보다 감소된 편이나 다시 주의를 환기하여 지도를 가하여 방지에 힘쓰겠다"고 보고.

6. 친일 외국인에 대한 문제

이승만 대통령 "스코필드[184] 박사는 3·1운동 당시 선교사의 대표로서 행동한 자인 바 과거에 당시의 사정을 기록한 것을 발간케 할 것을 의논하여 원고를 우리에게 주었다 다시 찾아가고 일인들을 옹호하는 것 같은 언동을 하였으나 그래도 그 원고를 발간하여 보라고 다시 초청하였더니 각 학교를 위시한 강연에 초청되어 일본을 옹호하여 한국인이 일본인에 대한 악감정을 없애야 한다는 식의 언동을 하고 있다고 하니 학교에 알려서 그가 다시 오지 않게 하여야 하며 교회에서 그를 초청할지는 모르나 그가 한국에서 곤란을 보게 하여 오지 않게 하는 것이 여권 허가 등으로 못 오게 막는 것보다 현명한 방법일 것이다"고 분부.

7. 일본 어부 석방요구에 대하여

이승만 대통령 "한국인은 일본에 가서 어로를 한 일이 없는데도 더 많은 숫자의 한국인을 구금

---

184) 스코필드(Frank W. Schofield, 1889~1970)는 영국 태생 캐나다인 장로교 선교사로서 1916년 세브란스 의학전문학교에서 세균학과 위생학을 가르쳤다. 3·1운동 당시 일제의 만행을 외국에 알림으로써 '3·1 운동의 제34인'이라고 불리기도 하였다. 그러나 당시 이승만 대통령은 내한한 스코필드 박사의 행태를 그다지 우호적으로 바라보지 않았던 것으로 보인다.

하고 있지 않느냐고 반박을 하고 싸워야 한다"고 분부.

8. 국회 사태에 관하여

이승만 대통령 "국회의 수습은 여하히 진행되어 가고 있는가?" 하시는 하문.

최인규 내무 "여야 5인의 의원으로 하여금 수습책을 의논케 하고 있다"고 보고하고 "아직까지는 아무런 진전도 없으며 여기서 수습책이 안 나오면 곤란한 실정인데 야당에서는 정부나 여당이 승복할 수 없는 안건을 내걸고 나오고 있다"고 보고.

곽의영 체신 "민주당 신파는 24결의 무효를 주장하고 구파는 협상으로 정상화를 기대하고 있으며 여당은 경제입법으로 대치하고 있는바 국민도 너무나 장시일에 걸린 싸움에 멀미를 내고 있는 만치 민주당 자신도 정상복구가 시급한 실정일 뿐만 아니라 장 부통령을 차기 대통령 후보로 할 수는 없다고 생각하고 있는 구파와의 협상은 일단 기대할 수 있을 듯하다"고 보고.

이승만 대통령 "하시에 끝나는가?" 하시는 하문에

곽의영 체신 "4일간 남았다"고 보고.

이승만 대통령 "이런 무정부 상태를 이 이상 더 두고 볼 수 없으며 타국에 대하여 부끄러운 일이다. 내가 직접 해결하도록 하겠다. 민주국가에는 헌법이 있으니 법대로 시행하여 가면 할 일이 아닌가 한다"고 결의를 표명하심에

곽의영 체신 "자유당에서도 명년 선거를 위하여 충분히 연구하고 잘 하고 있으니 좀 더 여유를 주시는 것이 좋겠다"고 진언.

최인규 내무 "저의 소견도 좀 더 기다리시는 것이 좋겠다"고 진언.

이승만 대통령 "기다리라고 하기에 이제껏 기다리지 않았는가?"

곽의영 체신 "자유당에 맡겨 두시고 좀 보시는 것이…" 하자 말을 막으시며 대노하시고

이승만 대통령 "말을 말라. 이승만은 무엇이 되고 한국 정부의 대통령이라는 것은 무엇이 되란 말인가? 말 못 하고 있으면 죽은 것으로 밖에 안 보일 판이다. 창피하여 더 앉아 있을 수가 없다"고 말씀을 끊으심.

※ 중앙청회의

1. 내무부 직제 중 개정의 건(법제)

원안 통과함.

2. 상표법시행 규칙 중 개정의 건(법제)

원안 통과함.

3. 식량대책에 관하여

이근직 농림 "교환곡과 대여식량이 충분히 준비되어 있으므로 농촌의 식량난 운운은 문제가 안 된다"고 보고.

4. 비료문제에 관하여

이근직 농림 "요소비료의 준비가 충분하며 종래 농민의 몰이해도 차차 계몽되어가고 있다"고 보고.

5. 중앙청 구청사 철거문제

공보실에서 이를 지지하는 여론을 환기하기로 합의함.

6. 애국가 문제[185]

문교부에서 권위 있는 기관에 연구시키기로 함.

---

185) 1955년 미국대사는 자국에서 편찬되는 백과사전에 애국가를 수록하겠으니 작사가가 누구인지 알려달라고 한국 정부에 요청해왔다. 이와 같은 요청에 정부에서는 애국가를 작사한 인물이 정확히 누구인지에 대해 논의하기 시작하였으나 제대로 규명되지 않았던 것으로 보인다.

제40회 국무회의

일시 : 1959년 4월 11일(토)
장소 : 중앙청 회의실

1. 민간사업을 위한 DLF 차관협정에 수반한 상환환화의 재사용에 대한
   정부보증에 관한 건(부흥, 재무)

다음과 같이 수정 통과함.
「'보증'을 '동의'로 고친다.」

2. 정무수입의 확보에 관한 건(재무)

원안대로 통과함.

3. 충주수력발전소 설계를 위한 미국개발차관기금과의 차관협정체결에
   관한 건(부흥, 재무, 상공)

원안대로 통과함. 단 국회 승인을 얻어서 하기로 함.

4. 남산 국회의사당 부지 정지공사 개시에 관하여

김정렬 국방 "내 4월 17일부터 개시하기로 하여 국방부에서도 공고를 하겠으나 공보실에서도 일반에 주지시켜 주기를 바라며 그 점이 이 공사에 관계하는 것은 발파 기술련(練)을 위한 것이라고 데커 장군은 말하고 있다"고 보고.

이근직 농림 "이 공사구역 내의 입목의 수량은 6,300본인 바 그 중 이식 불가능한 것과 이식의 가치가 없는 것을 제외하고 757본을 타처로 이식하려고 계획 중이라"는 보고.

5. 렘니처 장군 내방에 관하여

김정렬 국방 "대단한 호의를 표시하고 미국이 차차 한국민의 호의를 상실하여 가고 있는 것이 유감이라고 지적하고 감군문제에 관하여는 누구나 장래를 단언할 수 없지만 현재는 아무도 그런 말을 하지 않고 있다고 말하고 중동 사태 등을 지적하고 공산주의에 대항하여 싸우고 있는 한국을 칭송하더라"는 보고.

6. 사방에 관하여

이근직 농림 "종래 석축을 하는 대규모 사방의 방법을 지양하고 잡초의 종자를 점파 또는 조파(條播)하는 저렴한 방법으로 대면적 초원과 경사지 사방을 고려하고 있으며 이러한 방법에 의하면 7년 내로 급경사지를 제외한 대부분의 산야를 녹화하여 현재 연 60만 톤의 비료 성분이 유실되고 있는 것을 방지할 수 있을 것인 바 이러한 방법으로 자급 비료의 원천이 배양될 때까지 금비의 도입을 과도히 제한하는 것은 재고되어야 할 것이며 목재의 생산 수요 추산에 정확한 통계가 없으나 매년 300만 입방 주 생장에 60만 입방 주를 벌취한다는 것으로 되어 있으니 산림은 녹화되어야 할 것인데 사실은 그와 맞지 않는 현상에 있으니 앞으로의 대책이 필요하다고 본다"고 보고.

부흥(차관)[186] "각 공장용재만 하여도 연수요 60만 톤을 산하고 있으니 사실상 벌취량은 더 많을 것이며 석탄 생산에 소요되는 갱목(坑木)[187] 수요 연 20만 톤도 계산에 넣어야 할

---

186) 당시 부흥부 차관은 정영기(鄭英基)였다.
187) 갱내나 갱도에 버티어 대는 통나무를 말한다.

것인 바 전에 조사한 개수(概數)에 의하면 7년 후에는 갱목이 없어서 석탄 채굴이 불가능하게 될 계산이며 목재 대신 철재나 시멘트를 쓰는 것은 수지가 안 맞으니 석탄 생산에 중대한 위협이 될 것이라"고 보고.

김일환 교통 "제지원료, 갱목 등이 수송 도중에 타 용도로 유실되고 마는 사례가 있으니 농림, 내무, 교통의 3부에서 그 실태를 조사하여 볼 것을 제의한다"는 제안에

전원 이의 없이 이 실시를 의결함.

7. 양곡 처분에 관하여

이근직 농림 "정부 보유 양곡 260만 석 처분이 안 되면 수입에 지장을 갖고 올 뿐만 아니라 변질이 생길 것이므로 보유량 260만 석 중 160만 석을 방출하려고 하는바 이에는 공무원에 대한 배급 실시에 각부에서 협조하여 주기 바란다"고 요청하고 미곡담보 융자한 것도 미가 관계로 수매치 못하고 보면 거액의 자금이 고정되어 곤란한 문제가 비일비재라"고 애로를 설명. 공무원 배급에 대하여 수배(受配)자의 불평을 염려하는 듯한 일반의 공기를 간취한 농림은 다시 이어서 "품질이나 가격 등에 있어서 공무원이 손을 보게 하는 일은 절대로 없을 것이라"고 보장.

8. 시내교통 안전책에 관하여

조정환 외무 "대통령 각하의 주의 말씀이 있은 당일 외무부 앞에서 또 사고가 있었다는 것은 유감이니 대책은 없는가?" 하는 외무의 제의에

내무(차관)[188] "차량의 폭주(輻輳)로 인한 전차의 효율 부진으로 적자를 내고 있으며 교통경찰을 증가하면 경찰이 과다하다는 오해가 있어서 최근 함부로 배치 못 하고 있는 실정인바 지하도 등의 설치를 연구하여 완화책을 연구하겠다"고 보고.

손창환 보사 "지금 쓰고 있는 신호 방식으로는 행인의 횡단이 곤란하니 연구하여서 고쳐야 할 것이라"는 의견.

---

188) 당시 내무부 차관은 이성우(李成雨)였다.

9. 북송반대시위중지 여부에 관하여

내무(차관) "55일간 1,080만 명이 참가하였는바 시일의 경과에 따라 만성화의 경향도 있으니 제네바에 갔던 대표단의 귀국을 계기로 하여 '보고대회' 등을 열고 끝을 맺는 것이 어떠한가"하는 의견에

조정환 외무 "일본 정부는 손을 들었으나 국민을 내세워서 체면을 유지하려고 하고 있으며 대표단을 3개 처에 보내려는 것이 일본의 입국허가가 안 나와서 아직 못 가고 있으므로 대표 파견은 아직 끝난 것은 아니나 시위는 이 정도로서 끝마치도록 하고 후일 필요시 다시 하도록 하는 것이 좋겠다"는 외무의 의견으로

보고대회는 하지 않고 데모는 일시중지하도록 하기로 합의.

10. 오열(五列)[189] 방지에 관하여

최인규 내무 "작일 김포에서 침입하려는 간첩을 사전 탐지하고 대기하였으나 경찰관의 실수로 이 편이 부상을 입고 선박과 소지품만을 압수하고 목하 탐색전을 하고 있는바 차제에 자수기간을 설정하였으면 좋겠다고 생각한다"는 보고와 의견에

이근직 농림 "자수기간 설정은 사실상 효과가 없으니 민중이 고발하는 열을 조성하기 위하여 장려금을 내는 것이 효과적일 것이라"는 의견에

내무(차관) "상금을 지불하고 있으며 포장을 준 일도 있으나 이것은 공표하면 역효과도 있을 것이므로 광고는 않고 있다"고 보고.

11. 공무원 연공포상에 관하여

신두영 국사 "각부의 조사 결과를 조회하여본바 현재 구상 중의 기준대로 하면 고위 훈장이 과다하므로 기준을 인상함을 요한다고 보며 대상은 47,863인이 될 것이라"고 보고.

이근직 농림 "애국지사 포상계획을 동시 추진하여야 말이 없을 것이라"고 의견.

---

189) 내부에 있으면서도 외부의 반대 세력에 호응하여 활동하고 있는 집단을 의미한다.

제41회 국무회의

일시 : 1959년 4월 14일(화)
장소 : 경무대(전반), 중앙청(후반)

1. 체신행정에 관하여

곽의영 체신 "통신사업자금 차관에 관한 DLF와의 교섭이 완료되어 주미 양 대사가 서명을 료(了)하였다는 보고를 받았으며 이것은 국회 승인을 밟아야 할 것이나 별문제가 없다고 생각하며 이것으로 전화시설을 확장할 것이며 VHF[190]통신으로 도서와 육지 간의 연락을 가능케 하는 무선전화시설을 위하여 남산, 인천, 목포 등의 수신시설에 요하는 40만 불도 포함되어 있으며 2,100만 환으로 용산우체국도 복구시키고 전화 1만 대를 용산국에 배정하기로 하고 있으며 부산에 설치된 민간 방송국이 명 15일에 완성되며 체신 실정조사를 위하여 경남북에 출장할 예정이라"고 보고.

2. 하천준설에 관하여

최인규 내무 "현재는 소형 준설선으로는 한강 준설은 곤란하며 작년 반년의 공사도 일회 홍수(洪水)로 허사가 되고 말았으며 상류도 수량이 많아서 곤란은 일반이라고 하므로 이것을 부산에 갖다가 소규모 준설에 사용하고자 하는 교통과 내무 양부의 의견이 있으나 허가 없이 할 수 없어서 상보 겸 품신하는 것이라"고 보고.

이승만 대통령 "실정을 잘 알고 있으며 지금 있는 것으로 하류는 무리이니 만치 상류부부터 시

---

190) 'Very High Frequency'의 약자로서 초고주파를 의미한다.

작을 하는 것이 좋으리라고 생각한다"고 분부.

3. 일본 어부 공판에 변호인을 세우게 하는 문제에 관하여

홍진기 법무 "일본변호사협회에서 한국변호사협회에게 일본 변호사가 와서 변호를 할 것을 교섭하여 왔으나 이것은 법적으로 못한다고 알렸더니 다시 한국 변호사를 붙일 수 있게 하여 달라는 요청이 온 바 허가하시면 그들의 요청을 수락하려고 한다"는 보고 겸 품의.

이승만 대통령 "법에 변호를 받도록 되어 있는 것이니 허락하여도 무방할 것이라"는 분부.

4. 통화 사정에 관하여

송인상 재무 "3월 중 국세 성적이 양호하였던 것과 예금의 증가로 2월 말 현재 2,232억에서 작 4월 13일 현재 2,105억으로 편성된 바 도시 이외의 지역의 통화 분포량의 증가와 아울러 좋은 현상으로 본다"고 보고하고 산은의 업적보고서의 인쇄를 각하께 보여 올림.

이승만 대통령 "예금이 증가하는 것은 좋은 일이며 그런 인쇄물은 지방으로 널리 반포하도록 하라"고 분부.

5. 공장관리에 관하여

신현확 부흥 "이스트우드 씨와 의논하여 25,000불로 외국 기술자를 초청하여 한국인 기술자와 반을 편성해서 각 공장을 순회 검토케 한 후 그 보고에 따라 개선책을 연구하련다"는 보고.

6. 부흥주택계획에 관하여

신현확 부흥 "395만 불과 64억 환으로 6,000호의 민간주택을 건축할 금년도 주택계획은 완성 974호, 반성 642호, 반미달 242호이며 여타도 배정을 대부분 완료할 융자절차를 밟고 있는 중이라"고 보고.

7. 렘니처 대장의 지방 시찰에 관하여

신현확 부흥 "화천발전소와 충주비료공장을 시찰하고 한국은 더 일층 부흥이 필요하다고 믿
으며 MSA계획191)을 통하여 적극 협력하겠다고 말하였다"고 보고.

8. 원양어선 출어에 관하여

신현확 부흥 "종래 2척(중 1척은 보급선)에 금반 2척을 출어케 하며 게 4척(보급선 1척, 어로선
3척)이 된다"고 보고.

이승만 대통령 "선박을 구입하느니 보다 조선을 하도록 해야 할 것이라"는 분부.

신현확 부흥 "관계부에서 협의 중"이라고 보고.

구용서 상공 "원양어선 2척을 조선공사에서 건조하기로 계획되어 있으며 필요한 자재도 확보
되었으며 금반 도입한 어선의 설계도 떠 놓았다"고 보고.

이승만 대통령 "어물어물하지 말고 곧 추진하여야 한다. 반도라는 것은 도서와 같은 것이므로
상선단과 해군이 있어야 지켜갈 수 있다"고 훈시의 말씀.

9. 관광객 내한에 관하여

김일환 교통 "관광객이 내한을 하기 시작하였으므로 교통부서는 관광열차를 편성하고 제1차
로 진해, 진주방면 일주를 마쳤으며 근일 중 온양 방면으로 내보낼 것으로 계획하고
있다"고 보고.

이승만 대통령 "몇 명이나 올 계획으로 되어 있는가?" 하시는 하문에

김일환 교통 "하와이에서 오는 80명을 포함하여 약 300명으로 추산하고 있다"고 보고.

---

191) MSA는 1951년에 공포된 Mutual Security Act(상호안전보장법)의 약자이며, 이에 따른 자유진영에 대한
미국의 군사 · 경제 · 기술 원조계획을 뜻한다.

10. 사방사업 개량에 관하여

이근직 농림 "종래의 방법을 지양하고 초본 종자의 점파와 목본 종자의 간파(間播)로서 경비의 절감과 속성조림을 기하여 목초(牧草)와 신탄(薪炭) 채취를 가능하게 하려고 계획 중이라"고 보고.

이승만 대통령 "큰일을 시작하였다. 다만 묘목을 쓰지 말고 그 예산을 깎아서 그 대신에 감시원을 두고 보호에 치중하도록 하여야 한다"고 분부하시고 "입산 금지가 필요하니 동시에 유의 실시하라"는 분부를 하시며 재강조.

11. 국가 시책과 치적 주지 철저에 관하여

이승만 대통령(이 비서관[192]) "적극적으로 선전하여 잘 알리도록 하라"는 분부.

전성천 공보 "도시 중심의 선전을 지방으로 확장하여야 하므로 인쇄물도 저렴한 것으로 부수를 만 대 이상으로 증가하고 전시회도 지방에까지 열게 하며 앰푸재(材), 이동영사기 계획도 진행 중이라"고 보고하며 산은 업적보고가 고가로서 소 부수 나온 것을 비난.

송인상 재무 "외국 상대이므로 할 수 없었다"고 변명.

이승만 대통령 "경비 사정도 있어서 어려울 것이라"고 이해의 말씀.

전성천 공보 "경비를 얼마 더 안 들이고도 할 수 있었다"고 장담.

12. 공무원 부정 단속에 관하여

이승만 대통령 "봉급 인상 후도 비행이 있으면 안 되니 철저 단속하라"는 분부.

홍진기 법무 "세리로서 국재에 큰 손해를 끼친 자들 20명을 의법 처단하도록 조치 중이라"고 보고.

최인규 내무 "전무하다고 할 수는 없으나 직무에 대한 애착심의 증가와 병행하여 차차 감소되고 있다"고 보고.

이승만 대통령 "근절되도록 하여야 한다"고 분부.

---

192) 이원희(李元熙) 경무대 비서관으로 추정된다.

13. 비료를 단일 기관에서 취급하는 문제에 관하여

이승만 대통령 "비료를 단일 기관에서 취급하면 9억 환의 경비가 절약되며 농민의 부담을 저감할 수 있다고 하니 유의하라"는 분부.

신현확 부흥 "관수는 면세로 인하여 과도하게 염가로 된 것이고 민수가 비교적 정상적인 가격인데 농민이 그것을 잘못 알고 있으며 관수는 상기와 같이 국가 재정에 불리한 것이므로 차차 감소하고 민수를 증가하고 있는 실정이라"고 보고.

이승만 대통령 "관수로 하든지 민수로 하든지 간에 일원화하는 것이 여하한가" 하시는 하문에

송인상 재무 "민수는 재정에 영향을 주고 관수는 빈농을 돕는 것이므로 양자의 조절이 정치의 요체이기도 하며 국내 수요의 1/3을 점령한 국내산 비료가 금추(今秋)에 나오게 되는 차제에 이 문제는 신중 고려를 요하니 추후 연구 보고하겠다"고 보고.

최인규 내무 "분부의 요지가 구입, 수송, 배급대금 징수사무의 일원화로 추산되는바, 이는 여러 가지 점으로 보아 현행대로 하는 것이 제일 좋은 방법일 것이라"는 보고.

이근직 농림 "당분간 그대로 하되 장차 협동조합에서 일원적으로 취급하면 경비가 절감될 것이라"고 의견.

유 비서관 "앞으로 곧 730만 불의 비료 도입계획이 있으므로 이런 일이 문제 되는 것이라"고 첨가.

이승만 대통령 "잘 의논들 하여(소위원회를 만들어서) 결과를 보고하라"는 분부.

14. 녹용 수입에 관하여

이승만 대통령 "3개월간에 35,000불을 홍콩에서 들여왔다고 하니 좀 줄이도록 하라"는 분부.

송인상 재무 "그간 너무 어려운 생활을 하여온 관계로 좀 늦춘다는 것이 한때의 방침이어서 시계 같은 것이 다량 들어올 일이 있는데 과도한 제한을 하면 밀수를 조장할 우려가 있다"고 의견.

손창환 보사 "국산 생약을 수출하여서 그 대신 들어오는 것을 막아버리면 수출 면에 반영이 올 염려가 없지 않으나 앞으로 보사부에서 상공부에 추천할 때 고려하도록 하겠다"고 보고.

※ 중앙청회의

1. 현충일 행사주관에 관하여(국사 제의)

중앙행사는 국방부 주최로 하고 지방행사는 시·도 주최로 하기로 함.

2. 국군, UN군 묘지 헌수 운동 협조에 관하여(내무 제의)

국무위원 일동으로 헌수하여 달라는 연합신문사의 요청을 논의한 결과 각 기관별로 하기로 함.

3. 금년도 예산집행 상황과 신년도 사업계획에 관하여(재무 요청)

금월 말까지 제출하기로 함.

4. 수의 계약 동의 요청에 관하여(재무 제의)

"재무부에서는 합법적이면 무조건 응할 것이므로 각부가 신중히 검토하여 주기 바란다"는 재무의 요청에 전원 이의 없이 수락함.

5. ICA 원조사업 계획 제출안에 관하여(부흥 제의)

3월 말 기간이 기위 임박하였으니 곧 제출하여 주어야겠다는 부흥의 요청을 들어서 수일 내로 제출 완료키로 합의함.

6. 공무원 양곡배급에 관한 건(농림 제의)

원안대로 하기로 하되 시가가 배급가격보다 하락할 때에는 재고하기로 함.

7. 정계동향에 관하여

개헌에 대하여는 의장님은 대통령 각하의 결정에 따르신다는 것이며 대통령 각하께서는 개헌이 불가하다는 의도이시라는 내무, 법무의 보고에 개헌을 않게 되면 당내(원내)수습이 곤란하리라는 농림의 의견.

8. 양 대사 연설 내용에 관하여[193]

학술적이고 논리적인 것으로 근본 방침에 위배되는 것은 아니라 하더라도 지혜 없는 말을 한 것으로 본다는 외무의 견해에 내용에 잘못된 것이 없으니 전문을 공표하는 것이 좋겠다는 법무의 의견이 있었으나 정치적으로 외신 보도가 오해를 야기하고 있으니 그대로 보고 있을 수는 없다는 내무·농림·부흥의 반대 의견도 있어서 다음과 같이 하기로 일단락을 지음.

「공보와 외무가 협의 검토하여 경무대에 문의한 후 견해를 발표하도록 하되 사전 당의 선전부장과 협의(연락)할 것.」 제의

---

193) 양유찬 주미대사는 1959년 4월 11일 미국정치사회학회 회의에서 1960년 봄에 있을 대한민국선거와 때를 맞추어 '유엔 감시 하 남북한 전국선거'를 실시하는 방식으로 한국을 통일하자는 제안이 담긴 연설을 한 바 있다.

제42회 국무회의

일시 : 1959년 4월 17일(금)
장소 : 중앙청 회의실

1. 교통부 복제(服制)개정의 건(법무)

원안대로 통과함.

2. 국무원 사무국 직제 중 개정의 건(법제)

다음과 같이 수정하여서 하기로 함.
「제4조의 2 이사관의 사무담당은 수석국무위원이 정한다.
이사관 1인은 총무과, 의사과, 영선과, 관리과의 관계사무를 분담하고 다른 1인은 상훈과,
인사과, 고시과의 관리사무를 담당한다.」

3. 외국우편규칙 중 개정의 건(법제)

원안대로 통과함.

4. 내무부 직제 중 개정의 건(법제)

원안대로 통과함.

5. 경찰서 직제 중 개정의 건(법제)

동대문경찰서와 청량리경찰서의 관할구역 변경에 관한 조항을 삭제하고 여타는 원안대로 통과함.

6. 서울특별시와 도에 배치할 국가공무원 정원에 관한 건 중 개정의 건 (법제)

원안대로 통과함.

7. 밀수단속에 관하여

송인상 재무 "밀수범에게는 체형을 과하도록 하여주기 바란다"는 요청에
홍진기 법무 "대법원장이 지방원장에게 그대로 지시한 바 있다"고 보고.
송인상 재무 "국무위원이 진두지휘하여 비행기부터 단속하도록 하여야겠다는 의견에 대하여 전원이 동조함으로써 관계부 실무자회의를 개최하여 대책을 협의하고 필요하면 관계 장관 회의를 열고 협의하기로 함."

8. 교통사고 방지 대책

과반 회의 시 대통령 각하께서 분부하신 것을 의논하여 다음과 같이 하기로 함.
「관계부(내무, 법무, 국사, 교통)의 실무자로 하여금 입안케 하여 내 화요일 국무회의 시에 교통부 장관이 각하께 보고한다.」

9. 양 대사 발언 문제

과반 회의 시 공보실장 담화로 해명하기로 하였으나 대통령 각하께서 신문에 발표하신 바도 있으니 그 이상 언급하지 않기로 하자는 외무의 제안에 전원이 이의 없음.

제43회 국무회의

일시 : 1959년 4월 21일(화)
장소 : 경무대(전반), 중앙청(후반)

1. 대외정세에 대하여

이승만 대통령 "우리 일은 차차 잘 되어 가고 있으나 일부 정당인들이 잘못하여 가고 있는 것이 한심하다. 'Might is right.'가 'Right is might.'가 되게 하고 평화를 주장하기 전에 정의를 행하여야 한다는 것을 신문 등을 통하여 외인들에게 알려야 한다"는 분부.

2. 교통사고 방지책에 관하여

최인규 내무 "과반 분부가 있으신 후 다시 사고가 발생한 것은 죄송하며 사고 운전원의 체형, 보행자의 지도, 노선의 정비 등 대책을 연구 중에 있다"고 보고.

3. 갱 사건 발생에 관하여

최인규 내무 "작일 동대문시장에서 금은상을 백주에 털어갔으나 아직 못 잡고 있다"는 보고.
이승만 대통령 "우리 경찰은 Scotland Yard[194]와 같다는 평을 받고 있는데 그런 것을 못 잡아서는 안 된다"는 분부.

---

194) 영국 런던 경찰국의 별칭이다. 이는 런던 경찰국이 창설 당시 옛 스코틀랜드 궁전터에 있었기 때문이다.

4. 세무행정에 관하여

송인상 재무 "세무 전문가 5명을 초청하여 현 경제정책에 안 맞는 일정(日政)[195] 시의 세제도를 2개년 계획으로 개혁하려고 하며 금년은 부과한 것을 완전히 징수하여 재정의 안정을 기하고자 하는바 1/4반기 목표액 189억에 실수(實收) 208억의 성적을 올렸다"고 보고.

5. UNC 공사비에 관하여

송인상 재무 "UNC가 한국에 온 이래 우리의 눈에 보이지 않는 수입이 많은바 작년 1,100만 불에 비하여 금년은 4,800만 불로 될 것이 예상되며 그 공사의 80%가 한국인에게 청부된다고 보며 외원의 감소를 이것으로 상당 메꾸어 갈 수 있을 것이라"는 보고.

6. 지방순시보고

곽의영 체신

"(1) 체신관계는 전반적으로 양호.

(2) 장관 출장연설은 대단히 효과적이라고 들었으며

(3) 공무원의 부정행위는 차차 감소하여 가고 있으며(예, 현찰우송에 사고가 없는 것은 공무원의 비행이 없다는 것을 말하는 것이라고 본다.)

(4) 조폐공사 인쇄시설은 개량을 요하며

(5) 진주 촉석루 수리공사 완성을 위하여는 중앙에서 대책이 필요하다"고 보고.

7. 국보발견에 관하여

최재유 문교 "경북 칠곡군 하에 있는 송림사에서 5층탑을 수리 중 순금제 화롱(花籠)을 비롯한 상당 점수의 보물을 발견하였다는 보고를 받고 경찰로 하여금 엄중 감시케 하는 동시

---

195) 일제강점기를 의미한다.

에 박물관장을 급파하였다"는 보고.

이승만 대통령 "현재 하와이에서 개최 중인 국보전시회에 보내서 새로 이런 것이 나왔다고 선전하는 것이 좋겠다"는 분부.

8. OEC 직원 경무대 관람에 관하여

신현확 부흥 "각하를 배알할 기회를 얻는 것이 대단히 행운이었다고 좋아하더라"는 보고.

이승만 대통령 "이런 말이 외부에 나가서는 못 쓰지만 서울 사람들은 그만 보고 시골인사들이 와서 볼 기회가 있으면 좋을 듯하다"는 분부.

9. UNTAB[196] 원조 획득에 관하여

신현확 부흥 "UNKRA가 한국에 와 있었던 관계로 UNTAB의 원조는 극소액이 배정되어왔으나 앞으로는 UNKRA가 없는 만치 대폭 증액할 것을 근일 내한 예정인 UNTAB 극동지역 대표에게 요청하려고 하고 있다"는 보고.

10. 정부청사 신축계획 진행에 관하여

신현확 부흥 "입찰을 검토하기 위하여 한미합동으로 평가위원회를 만들어서 검토 중인 바 아방[197]에 유리한 조건을 관철하려면 기일이 너무 임박하였으므로 자금 사용기한을 연기(현재 5월 말일)하도록 교섭 중이라"는 보고.

11. 마약 단속에 관하여

손창환 보사 "여의도공항에서 외국인에게 청탁 반입하려던 '몰핀' 시가 2,500만 환 상당량을 압수하였으며 관계자 중 2명을 체포하여 검찰에 보내었다"고 보고.

---

196) 농업·공업 발전, 국제 경제 강화, 후진국 원조를 목적으로 1946년에 설립된 국제연합기술원조처(United Nations Technical Assistance Board)의 약어이다.
197) "아방(我方)"은 우리 편 또는 우리 편 사람을 뜻한다.

이승만 대통령 "압수한 것의 처분 여하?"의 하문에

손창환 보사 "재판 후 관계관 입회하에 소각한다"고 보고.

이승만 대통령 "적발한 공무원에 상금은 주는가?" 하시는 하문에

송인상 재무 "타 물품은 처분대금의 50%를 상으로 주는데 이것은 소각하므로 줄 길이 없다"고 보고.

이승만 대통령 "소각은 사람을 많이 모아 놓고 공개로 소각하여야 할 것이라"는 분부.

12. 전쟁불구상이장교 주택부지 알선의 건

김정렬 국방 "7년간 그대로 데리고 있던 완전 불구자 128명을 내보냄에 있어서 1년분 봉급과 장교의 갹출금으로 매인당 100만 환을 만들어주는바 가장 효과적인 것은 주택을 마련하여 주는 것으로서 현재 비행장으로 쓰고 있는 경마장을 비어 내서 건축기지로 사용하려고 하고 있다"고 보고.

(본건은 하오 중앙청회의에서 이견이 있어 변경 결의되었음, 해항 참조.)

13. 수산장198)의 현황에 관하여

손창환 보사 "7억 환 기금을 시작한 중 실패한 것 약 반수를 처분하여 농우, 재봉기 등을 사주어서 생활을 돕게 하였다"고 보고.

김일환 교통 "군인 유족들의 요청으로 회장에 취임하였으므로 앞으로 시정도 하고 보호도 하여 그들을 잘 도와갈 생각이라"고 소신을 상보.

14. 하와이 관광단 내한에 대하여

김일환 교통 "하와이 교포 89명이 내 5월 3일 내한하므로 반도와 파고다 양 호텔에 수용하기로 계획 중이며 명승지를 순회할 계획으로 있다"고 보고.

이승만 대통령 "(연령을 하문하심에 60세 이상이 30명이라고 보고하자) 그들은 반드시 애국운

---

198) "수산장(授産場)"은 사회사업 시설의 하나로서 생활이 곤란한 사람들을 돕기 위해 필요한 기술을 습득시켜 취업의 편의를 돌보는 곳이라 할 수 있다.

동을 한 사람들만은 아닐지 모르나 독립운동에 공헌이 많은 사람들이라는 것을 신문에 광고하여 주는 것이 좋겠다"고 분부.

15. 대(對) 구주(歐洲) 방송에 관하여

전성천 공보 "30분간씩이라도 대구(對歐) 방송을 하려고 한다"고 보고.
이승만 대통령 "잘 하여 보아라"고 윤허.

16. 부산 상이(傷痍)군인촌 문화관에 관하여

전성천 공보 "개관 시 갔었더니 각하께 감사한다는 촌민의 편지를 주기로 박 비서관[199]에게 전달하였다"고 보고.

17. 대구방송국 20주년 기념에 관하여

전성천 공보 "기념식에 참석하고 온바 시초 50w가 10kw로 되었으니 큰 발전을 한 것이라"고 보고.

18. 주택건축에 관하여

이승만 대통령 "그간 진행 상황 여하?" 하시는 하문에
손창환 보사 "주택자금재원 수입의 지연으로 잘 진행 못 하고 있다"고 보고.
송인상 재무 "비상조치로서 2, 3일 이내 일부라도 넘기도록 계획하고 있다"고 보고.
이승만 대통령 "입주하는 것도 문제이지만 자랑하고 선전하는 것도 목적이니 차입이라도 하여 진행시키도록 하라"는 분부.

---

199) 박찬일(朴贊一) 경무대 비서관으로 추정된다.

19. 공사경쟁입찰에 관하여

이승만 대통령 "일부에 도수 않는 일이 있다고 하니 일부 시행토록 할 것이며 위반자는 처단하도록 하라"는 엄시.

최인규 내무 "무자격자가 개입하여 대공사에 지장을 초래하는 사건이 생기고 있다"고 보고.

강명옥 법제 "이를 방지하는 대통령령 개정 또는 제정을 진행 중인 바 조속한 시일 내에 완결하고자 한다"는 보고.

20. 혼혈아 취급에 관하여

이승만 대통령 "혼혈아를 차별한다고 외론이 있으니 이런 것에 대한 조리를 정하도록 국회에 요구하는 동시에 한국인은 과거나 현재나 장래를 막론하고 인종차별을 한 일도 없고 하지 않을 것이라는 것을 알리는 동시에 그런 시비만 하지 말고 돈을 마련하여 주는 것에 힘쓰라고 말하여 주는 것이 좋을 것이라"는 분부.

※ 중앙청회의

1. 지방순시보고

이근직 농림

(1) 절양농가[200]로 굶는 자가 별로 없으며 '장예쌀'[201]이 없어졌다.

(2) 요소비료의 비효를 충분히 이해하고 있다.

(3) 부채의 주인(主因)은 관혼상제이다.

(4) 농촌을 와집이나 함석집으로 해야 한다.

(5) 일선행정기관의 분산과 감원으로 말단 행정이 약화되고 있다.

(6) 수리(水利)조합 통합은 선거 전에 하여서는 안 될 줄 안다.

상기 보고에 각부 장관의 의견은 다음과 같음.

전성천 공보 "와가라고 가옥세, 기타 과세가 가중하지 않도록 하는 시책이 필요하다."

---

200) "절양(絕糧)"은 양식이 떨어졌다는 것을 의미한다.

201) '장리(長利)쌀'이라고도 하며, 봄에 곡식을 꾸었다가 그해 농사를 지어 갚는 것을 의미한다.

신현확 부흥 "함석은 그 같은 대량(220만 호 분)을 도입할 수 없을 것이다."

최인규 내무 "민수·관수 양자 간의 비료 가격에 차이가 발생하는 이유를 알기 쉽게 설명하는 인쇄물의 배부가 필요하다고 본다. 토지개혁을 또 한다는 풍설에 불안을 느끼고 있으니 해소시키는 대책이 필요하다."

강명옥 법제 "전에 농림부에서 제출한 농지법 개정안에 대하여서는 당초부터 반대하였으나 농림부가 고집하여왔던 것이 전기(前記) 풍설(風說)의 원인이다."

송인상 재무 "선거 전에 경제에 영향을 미치는 과격한 시책은 일절 삼가도록 하는 것이 좋겠다."

이상 논의 끝에 다음과 같이 하기로 함.

(1) 농지법 개정안은 제출부에서 철회하고 토지개혁은 없다는 것을 일반에 발표한다.

(2) 경제에 중대한 영향을 주는 과격한 시책 변경은 시도하지 않기로 한다.

2. ICA 계획의 구매 명세서 작성에 관하여

신현확 부흥 "취급자가 잘 알아서 필요한 것만을 도입함은 물론 상공부의 금수품으로 지정된 것 등을 계획에 편입하는 일이 없도록 각별 유의하여 주기 바란다"는 요청.

3. 양연초 끽연 금지책

송인상 재무 "불일 중 제안하려고 한다"고 제의하였으나 각부 장관이 선처하기로 하고 의제로는 취급치 않기로 함.

4. 국유재산손해방지

송인상 재무 "근일 중 구체안을 제출하고자 한다"고 보고.

5. 목포의 실정에 관하여

김일환 교통 "1일 자살이 10여 명이고 쇠퇴일로에 있는바 대일 어물 수출항 지정, 근재[202] 도서 간의 도선 허가, 시장의 출근 감독 등을 요청하고 있다"고 보고.

---

202) 문맥상 '가까이에 있는(近在)'을 뜻하는 것으로 판단된다.

6. 중앙청 구청사 철거여론 환기에 관하여

최인규 내무 "공보가 책임지고 한국일보와 조선일보에 사설로 내게 한다고 되었는데 반대 사설이 났으니 여하" 하는 질문에

전성천 공보 "내 수요[203])에 신문사 측과 협의하고자 한다"고 보고.

7. 의안심의

(1) 다음 안건을 원안대로 통과.
　　① 육군특수전부대령
　　② 전시수당 급여규정 중 개정의 건
　　③ 해외교민위원회령
　　④ 1959년의 국제소맥협정 가입의 건
　　⑤ 귀속재산 국유화에 관한 건(대법원장 공관용지로)
　　⑥ 재무부 직제 중 개정의 건

(2) 다음 안건은
　　① 미 제8군 요청 대내지구 토지매수비 및 지상물 보상금 확보의 건
　　　「미 제8군 사령부용지(대전지구)는 이를 매수하기로 하고 그 비용은 재무부 장관과 국방부 장관이 구체적 해결책을 연구한다. 국방부 장관은 사용료에 대한 조건의 협약을 책임 추진한다.」
　　② 전상불구 전역장교 주택부지 알선의 건
　　　「보고사항으로 접수하고 내무, 재무, 국방의 3부 장관이 협의하여 조정하기로 한다.」

(3) 다음 안건은 제출처의 요청으로 환송하기로 함.
　　① 공무원 일반포상 대상자 선정요강에 관한 건
　　② 미 제8군 요청 성환지구 토지매수비 확보에 관한 건
　　③ 미 제8군 요청 왜관지구 토지매수비 및 지상물 보상금 확보에 관한 건
　　④ 군원별식 삭감에 관한 대책수립에 관한 건

---

203) 수요일(水曜日)을 말한다.

제44회 국무회의

일시 : 1959년 4월 24일(금)
장소 : 중앙청 회의실

1. 민주당 대통령 후보자 선정 문제에 대한 여론에 관하여

최인규 내무 "부외 인물 중에서 선정한다는 곽상훈[204] 씨의 발언에 대한 언론기관 관계자의 언동을 경찰에서 조사한 바를 요약하면 「김병로[205] 씨를 지목하여 말한 것 같으나 그는 신체상으로도 불가하다고 하여야 할 것이며 자유당은 차제에 적극적인 노력을 해야 할 것이라」는 것이라"고 보고.

2. 잉여농산물 도입 예상에 관하여

신현확 부흥 "우리의 요구 5,000만 불 상당량에 대하여 엽연초 500만 불분을 포함하여 3,810만 불 상당량으로 미국 정부에서 책정된 바 3년 전에 도입된 엽연초를 합하여 80만kg의 엽연초의 재고를 가지고 있는 우리로서 전기 500만 불분을 다시 받아들일 수는 없

---

204) 곽상훈(郭尙勳, 1896~1980)은 1948년부터 1960년까지 제1~5대 민의원에 연이어 당선되었고 1954년 제3대 전반기 국회부의장을 지냈다. 1960년 4·19로 국회가 마비된 이후 개헌국회 의장으로 보선되었으며 6월 16일부터 22일까지 1주일 동안 법에 따라 대통령 권한대행을 수행하기도 하였다. 같은 해 8월에는 제5대 국회의장이 되었다. 1969년 통일원 고문과 육영재단 이사장에 취임하였고, 1971년 한국장학재단 이사장직을 역임했다.

205) 김병로(金炳魯, 1888~1964)는 1913년 메이지대학(明治大學) 야간부 법학과를 졸업하였으며 일본 유학 중 『학지광(學之光)』의 편집장을 지냈다. 1923년에는 의열단 사건을 변호하였고 1937년에는 안창호 사건을 변호하였다. 1948년부터 1957년까지 초대 대법원장을 지냈다.

는 것이므로 품목변경이 불여의할 경우에는 결국 3,310만 불분 밖에 못 받게 되는 것인바 이로 인한 세입감은 100억 이상이 될 것이므로 추정되며 목하

(1) 엽연초를 원면으로 변경할 것과

(2) 한국 정부와 미 정부 간의 차용 비율 현행 85 대 15를 90 대 10으로 할 것을 교섭 중인바 전망은 극히 비관적이라"고 보고.

3. 1960년도 예산요구서 제출의 건

표제예산요구서 작성요령에 대한 재무부 장관의 설명을 보고사항으로 접수하기로 함.

4. 공무원 국방연구원 입교자 선발에 관한 건

표제연구원 입교생 선발 절차와 관계기관의 협조에 대한 국방부 장관의 설명과 요청을 보고사항으로 접수함.

5. 해공항 검역소 직제 중 개정의 건

원안대로 통과함.

6. 해공항 검역법 시행령 중 개정의 건

원안대로 통과함.

7. 해양경비에 종사하는 공무원의 직종 정원 및 직무에 관한 법 중 개정의 건(법제)

상공부 장관의 제안설명이 있었으나 증원하지 않고는 하여 갈 도리가 없다는 것이 확실히

설명되기 전에는 증원을 인정할 수 없다는 것이 지배적인 의견이어서 차회 회의 시 해무청장으로 하여금 구체적인 설명을 하게 한 후 논의하기로 보류함.

8. 대한석탄공사 1959년도 사업계획 및 수지 예산 승인의 건(상공)

상공부 장관의 제안설명에 이어 자금계획에 재검토가 필요하다는 차관회의의 의견이 있으나 시급을 요하는 것이니 원안대로 통과 승인하고 상공부 장관이 책임지고 처리하도록 하자는 재무부 장관의 의견이 있었으나 국영기업의 부진은 경제 전반에 미치는 영향이 큰 것이니만치 종래와 같이 방치하지 말고 철저한 지도 감독을 가하여야 할 것으로 생각되므로 이 문제에 대하여도 좀 더 자세한 설명을 들을 필요가 있다는 내무장관의 제의에 전원이 동조하여 차회 회의에 석공 관계자로 하여금 설명을 하게 하고서 논의하기로 일단 보류함.

9. 도입비료 판매가격 개정에 관한 건(농림)

농림차관의 제안설명이 있은 후

(1) 의결주문 (2)와 (5)의 2개 항을 삭제하자는 내무의 제의에 농림이 동의.

(2) 구매수수료 289환 20에 외자청장의 가능하다는 증언.

(3) 업무비 1,292환 중 농은분 976환으로는 농은이 3억 8,000만 환 결손을 본다는 재무의 경고.

(4) 모선 작업비와 오지 작업비에 대하여는 외자청과 미창[206]은 5,771환으로 할 수 있다고 한다는 농림차관의 증언(단 외자청은 일관 작업을 전제로 한 것).

　　항운(航運)은 외자의 하역과 국내수송 전반에 긍(亘)하여[207] 85%(현재 25~30%)를 항운에서 하기로 한다는 조건 하에 6,800환으로 할 수 있다고 한다고 부흥의 증언.

(5) 미창은 소운송면허와 점포사정이 있어서 위험성 있다고 생각되며 선거를 앞두고 판매가격의 변경은 우책이라고 생각한다는 내무의 의견.

(6) 현재 인상 않는다 하더라도 금반에는 원가 앙등으로 인상이 불가피할 것인데 그때에

---

206) "미창(米倉)"은 당시 한국미곡창고주식회사를 말한다. 1962년 한국운수(韓運)와 합병되었고, 1963년 대한통운 주식회사로 상호를 변경하였다.

207) '걸쳐서'라는 뜻이다.

하거나 명춘 내 인상하면 영향이 더 클 것이라는 부흥의 의견.

(7) 기위 실시한 것을 소급 적용한다는 것은 그간 조작을 담당하여 온 자가 곤란하게 되니 그간의 문제는 따로 해결하고 앞으로 할 것만을 하는 것이 좋겠다는 체신의 의견에

(8) 농림은 찬성이나 외환특수세를 못 받게 된다고 재무가 반대.

이상 논의 끝에 결론을 못 짓고 차회 회의에서 다시 논의하기로 하고 일시 보류함.

제45회 국무회의

일시 : 1959년 4월 28일(화)
장소 : 중앙청 회의실

1. 해양경비에 종사하는 공무원의 직종, 정원 및 직무권한에 관한 건 중 개정의 건

원안대로 통과함.

2. 대한석탄공사 1959년도 사업계획 및 수지에 대한 승인의 건

원안대로 통과함.

3. 도입비료 판매가격 개정에 관한 건

다음과 같이 수정하여서 하기로 함.
「의결사항 중 (2)와 (5)의 2개 항을 삭하고 (4)에 다음의 단서를 붙인다.
단, 구매수수료는 소급 적용하지 않는다.」

4. 잠업법안

원안대로 통과함.

5. 공무원 훈련에 관하여

신두영 국사 "2급 공무원의 훈련은 예정대로 잘 진행하고 있는바 수료 전에 판문점 일괄시찰을 시키려 하며 3급 공무원 중 총무 담당 공무원의 훈련을 5월 4일부터 개시할 예정이라"는 보고.

6. □□□□ □□□□□□

최재유 문교 "교육열은 육지보다 왕성하여 국민학교 적령아동은 100%의 취학률을 보이고 있으며 재정상 곤란이 허다함에 불구하고 중고등학교도 원활히 운영되고 있으나 지방 신문이 하나 있을 뿐 본토의 신문이 지연되므로 지장이 많은즉 대책이 필요하다"는 보고.

7. 남산 녹화에 관하여

이근직 농림 "남산에 잣나무를 위시하여 65,000본의 식목을 하였다"고 보고.

8. 어린이글짓기대회 시상에 관하여

최재유 문교 "약 360만 명이 대통령 각하 탄신축하 어린이글짓기대회에 참가하였으며 당선된 중 최우수작에는 대통령 각하 상을 내리시기로 된바 각부 장관상 수여에는 그 부 차관을 참석 대리케 하여 주기 바란다"는 요청.208)

---

208) 이승만 대통령의 출생일은 1875년 3월 26일로 알려져 있으며 이는 음력 기준이다. 그러나 1950년대의 각종 행사기록을 확인해보면 탄신축하 기념행사나 공식축전 등은 양력 3월 26일을 기준으로 이뤄졌다. 참고로 음력 1875년 3월 26일은 양력 1875년 5월 1일에 해당한다.

9. 모범광부 표창에 관하여

구용서 상공 "석탄 생산에 공로가 있는 각 광산 모범광부에게 근로포장(褒章)을 수여하시기로
된바 전달 일자는 미정이라"는 보고.

제46회 국무회의

일시 : 1959년 5월 1일(금)
장소 : 중앙청 회의실

1. 1959년도 경제부흥특별회계 재무부 소관 도입물가 인수비 예비비 지출에 관한 건

원안대로 통과함.

2. 경향신문 폐간에 관하여

최인규 내무 "폐간처분에 관한 여론은 자유당 당무회의, 의원부 공히 잘한 처사라고 하고 있고 국내치안에는 하등 이상이 없고 우리의 또 하나의 관심사인 외국여론은 아직 못 듣고 있다"고 보고.

전성천 공보 (외무부와 협력 하에 집행된 본건 처분의 경과를 보고하고) "항간의 여론과 기독교 관계자들의 견해도 「신문은 좀 맞아야 한다」는 것이었다"고 보고.

홍진기 법무 "작야(昨夜) 11시에 열린 야당지 대표자회의에서 논의된 것을 들으면

(1) 경향신문이 정부로부터 책을 잡힐 일을 하였다는 것을 인정함.

(2) 폐간은 좀 과하다고 본다.

(3) 이 처분은 대통령 각하께서 자세히 아시지 못하였을 것으로 추측(진해에 계신 관계)되니 일응209) 진정을 하여 보는 것이 좋겠다" 등이었다고 하며

---

209) "일응(一應)"은 일본어 한자어로서 '일단, 우선'이라는 뜻을 갖는다.

미국대사관원이 심야까지 신문사를 왕래하였는데 그들의 의견은

"(1) 군정법령210)은 유효하다.

(2) 목하 미 국회에 제출되고 있는 외원 관계 심의 시에 말이 나지 않을까 염려된다"고 하는 것이라고 보고.

최인규 내무 "문제는 행정소송과 가처분인데 이 문제도 정부의 태도, 특히 공무원들의 태도와 인식에 좌우되는 바가 클 것이므로 부하직원 교도에 특별 유의하여 주기 바란다"는 요망.

이근직 농림 "이북에서 발간된 화보에 경향신문의 사진이 인용된 것이 있으며 한국일보, 동아일보, 경향신문이 밀봉교육211)교재로 사용되어 왔다는 것도 일반에 알려야 할 것으로 생각한다"는 의견.

홍진기 법무 "한국신문인협회의 국제신문인협회 가입을 추진하고 있는 홍종인212) 씨의 활동에 관련이 있을 것이므로 본건 처분의 상세한 것을 그에게 알려주는 것이 좋겠다"고 의견.

이상 논의 끝에 다음과 같이 하기로 합의함.

(1) 각부 장관은 본건 처분의 진의와 정당성을 소속 공무원에게 충분히 인식시킬 것.

(2) 경향신문이 이북의 화보 등을 통하여 적의 악선전에 이용된 사실을 사진과 같이 신문에 공표할 것.

(3) 홍종인 씨에게 본건 처분의 상세한 내용을 알려서 외국신문 관계자에 대한 설명 자료로 하게 할 것.

3. 논산 훈련소 개선에 관하여

이근직 농림 "과반 인사쇄신 이후 면목을 일신하고 세평이 대단히 좋으니 차제에 이를 격려 칭찬하여 주는 것이 좋겠다"고 제의.

---

210) 미군정명령 제88호인 '신문 급 기타 정기간행물 허가에 관한 건'을 의미한다.

211) "밀봉교육(密封敎育)"은 외부와의 접촉을 끊고 비밀리에 행해지는 교육을 의미하며 북한에서 대남간첩 양성에 사용되는 교육 방법이다.

212) 홍종인(洪鍾仁, 1903~1998)은 1926년 중외일보(中外日報)에서 사회부 기자로 활동하였고 1928년 문예 동인지 『백치(白雉)』를 창간하였다. 1928년에 조선일보사로 이직하여 1940년 폐간될 때까지 활동하였고 1945년 해방 이후 다시 조선일보사로 복귀하여 사회부장을 역임했다. 1957년 3월 한국신문편집인협회 창립을 주도하였고 1958년 조선일보사 회장이 되었으며 신문편집인협회 운영위원장으로 선출되었다.

손창환 보사 "일전 논산에 출장하여 들은바 소장이 영내에 기거하여 솔선수범하고 음주를 금하는 등으로 사고 방지에 주력하여 세평이 양호하더라"고 보고.

이상 논의 후 다음과 같이 하기로 합의.

(1) 내무, 상공, 농림, 공보가 대표로 시찰 위문 격려할 것(5월 2일 비행기 편으로 당일 왕복).

(2) 공보실 사진반과 신문사를 동원하여 개선의 실상을 신문에 널리 보도케 할 것.

4. 외국 전문가 초청에 관하여

신현확 부흥 "경제계획 전문가와 세제 전문가를 초청함에 앞서서 그 준비차로 먼저 온 Dr. Morris[213]와 Dr. Hall[214] 양인에 관한 협약이 필요한바 본건에 관한 국무회의 의결은 전체 계획에 대한 계약체결 시에 일괄 부의하기로 하고 우선 양해사항으로 취급하여 주기 바란다"고 보고 겸 제의에, 전원 이의 없음.

5. 민의원 의원 재선거 실시에 관한 건(1959. 5. 1 긴급 법제)

원안대로 통과함.

---

213) 모리스(Victor P. Morris, 1891~1974)는 1926년부터 1959년까지 오레곤대학교 교수였으며 한국에 파견되어 산업개발위원회 고문을 지냈다.

214) 홀(James K. Hall)은 당시 미 재무부 조세고문단 단장으로서 미국 브루킹스 연구소(Brookings Institution)에서 한국으로 파견되었다.

제47회 국무회의

일시 : 1959년 5월 6일(수) − (정례회의를 연기 개최한 것임.)
장소 : 경무대(전반), 중앙청(후반)

1. 통신시설 도난 방지에 관하여

곽의영 체신 "국민 일반의 주의를 환기하기 위하여 관계 장관의 연명 경고문을 발하겠다"고 보고.
　　(중앙청회의에서 서면 보고를 접수함.)

2. 통신시설 재구입 절차에 관한 시비에 관하여

곽의영 체신 "140만 불로 입찰한 서독 상사에게 낙찰된 바 180만 불로 입찰한 미국계 서독 상인이 각방으로 모략을 하고 있다"고 보고.
　　(전기 상인의 진정은 국회는 물론 외국공관까지 가 있으며 경무대에도 그것이 올라와 있으리라고 함.)

3. 우표 해외 수출에 관하여

곽의영 체신 "그 방면의 권위자인 황모를 체신협회 직원으로 초빙하여 그 일을 담당케 한바, 거 2개월 간에 10,000불의 매상을 하는 성적을 내고 있는바 그는 미국 구주 등에 있는 10여 개 상사와 연락을 가지고 있다"고 보고하고 "우표의 인쇄가 좋지 않고 도안이 좋지 못하며 해외 진출에 지장이 있으므로 신식 기계의 도입과 도안연구에 주력하여야 하겠다"고 첨보.

4. 체신부 심계 결과에 관하여

곽의영 체신 "본직 취임 후 것에는 사고가 없었고 전의 것에 수 건이 있었으므로 앞으로 자신을 가지게 되었다"고 보고.

5. 미 국무성 파슨스[215] 씨와 면의에 관하여

송인상 재무 "45분 간에 걸쳐 실정을 상세히 말할 수 있었으며 특히 세금 관계에 대하여 논의한바 효과적이었다"고 보고.

6. 징세 상황에 관하여

송인상 재무 "4월까지에 528억(금년분의 37.3%)을 징수한바 작년 동기(20%)에 비하여 성적이 우수한 편이라"고 보고하고, "이것은 현재 평온하여도 추기에 방출될 자금을 고려하여 강조하고 있는 것이며 이대로 가면 예상액보다 70억 내지 80억을 증수할 수 있을 것이라"고 첨보.

7. 세관 감시선 사고에 관하여

송인상 재무 "부산, 여수 간의 해양에 집결되고 있는 밀수를 취체(取締)[216]하러 간 감시선이

---

215) 파슨스(J. Graham Parsons, 1907~1991)는 1929년에 예일대학교를 졸업하였고 외교관으로서 일본, 쿠바, 중국, 캐나다 등에 주재하였다. 1956년에는 주라오스 미국대사를 역임했으며 1959년에서 1961년까지 미 국무부 동아시아태평양 담당 차관보를 지냈다. 1961년에는 주스웨텐 미국대사에 취임하였다. 1970년부터 1972년까지 전략무기제한회담(Strategic Arms Limitation Talks)의 미국 대표단 부의장을 역임했다.
216) 주의를 하여 단단히 다잡거나 다스리는 것을 뜻한다.

불행히도 복선(覆船)하여 직원과 정보원이 행선 불명되는 불상사가 있은바 그 주인은 선박의 결함에 있다고 추측되므로 앞으로 대책을 연구하여야겠다"고 보고.

8. 잉여농산물 도입계획 진행 상황에 관하여

신현확 부흥 "미국이 제시한 품목 중 엽연초 500만 불을 원면으로 변경할 것을 요구 중인바 원면은 기 책정분에 상당량이 포함되어 있어서 애로가 많으며 불여의하여 전기 500만 불을 거절한다면 PL480에 의한 도입 수량은 31,100,000불로 될 것인바 미국의 농산물 가격 저하로 실지 도입되는 물품의 수량에는 요구한 것과 별 차이가 없으리라"고 보고.

9. 미국 경제전문가 초청에 관하여

신현확 부흥 "세제와 경제계획 양 전문가단을 초청할 계획은 미국 측의 절차가 늦어져서 지연되고 있는바 우선 준비를 위하여 각 1명의 전문가만을 먼저 내한시키는 것은 서면회의(정식계약이 아님)로서 할 수 있다고 하므로 승인하신다면 그대로 하려고 하고 있다"고 보고 겸 품신.
(가부 말씀이 안 계셨으나 무방하리라는 의도로 사료.)

10. 정부청사 신축에 관하여

신현확 부흥 "입찰 결과 최저 가격의 상사는 실적이 없는 신뢰할 수 없는 회사이며 최고가격의 상사는 월등 고가로서 가사(假使) 기술이 좋고 신용이 있다 하여도 곤란하며 그 중간에 있는 '비넬'217), '맥그로'의 양사 중 전자는 충주비료공장 청부회사의 하나요, 후자는 중앙의료원사의 청부를 한 상사인 바 우리에게 만족할 수 있는 상대자가 아니므로 목하 연구 중에 있다"고 보고.

---

217) "비넬"의 영문 명칭은 Vinnell Cooperation이다.

11. 부흥상황 선전에 관하여

신현확 부흥 "그간의 부흥상을 도표와 사진으로 책자 4,000부를 만들어서 외국기관과 재외공관에 보내었다"고 보고.

12. 경향신문 폐간에 관하여

전성천 공보 "언론자유를 고려하여 신중을 기한 것이며 국내는 물론 외론도 잘 나오고 있다"고 보고.

이승만 대통령 "공정하게만 하라"고 분부.

13. 국보 조치에 관하여

최재유 문교 "송림사 국보는 서울로 이관한바 불교도들이 송환을 요구하므로 목하 설득 중에 있다"고 보고.

이승만 대통령 "그들이 희망한다면 몰라도 가져가겠다면 사리를 돌려주도록 하는 것이 좋겠다"는 분부.

14. UN군용채소 생산 납품에 관하여

이근직 농림 "한국농업주식회사에서 원주에 70만 평의 농장을 개설하고 9종의 소채를 연간 4,500만 봉도[218]를 생산하여 UN군에 납품하기로 된바 그 대금은 12만 불 가량이 될 것이라"고 보고.

15. 제주도 시찰보고

최재유 문교 "취학률은 100%에 가까우며 지역개발에 대한 도민의 열성이 대단하며 외국인이

---

218) "봉도(封度)"는 무게 단위인 파운드(pound)를 뜻한다.

잠시 다녀가도 300여만 환의 수입이 있었다고 관광사업에 대한 기대가 크다"고 보고.

16. 논산 훈련소 시찰상황 보고

이근직 농림 "시찰 겸 위문 차 상공장관과 다녀온바

　　　　지도관의 영내 기거

　　　　식사와 처우 개선

　　　　소내 음주 금지

　　　　봉급 지불 감독 철저

　　　　가정과의 서신 연락지도 등 혁신적인 개선이 엿보였다"고 보고.

　　　　하오 중앙청회의에서 "음료수 문제가 해결되어야 하겠다"고 참고 보고.

17. 하와이 교포 내한에 관하여

김일환 교통 "금일 하오 진대(進台)할 예정인바 고령은 80세로부터 30세 이하의 청년을 합하여 84명이며 각부 장관과 같이 만찬도 하고 구경도 시켜서 환대할 계획으로 있다"고 보고.

이승만 대통령 "조국 광복이 막연하였을 당시 돈 있는 자들이 흥사단219)으로 갔을 제 조반석죽을 하면서도 독립운동에 협력한 사람이 많이들 있을 것이니 해외에서 독립운동에 유공한 사람들이라는 것을 잘 국민에게 알리고 시에서 '열쇠'220)를 주도록 하는 외에 적당한 기념품을 주도록 하는 등 환대하여 주면 좋겠다"는 분부.

18. 하와이 교포 토지매수 희망에 관하여

이승만 대통령 "금반 단장으로 온 최 씨가 토지를 매수하여 화원을 경영하였으면 좋겠다는 희

---

219) 흥사단(興士團)은 1913년 5월 13일 미국 샌프란시스코에서 도산 안창호에 의해 조직된 민족운동단체이다. 민족 통일, 민주주의 발전, 시민사회 성장, 건전한 청소년 육성을 위한 사회교육과 국민훈련 등을 통한 민족부흥을 목적으로 하였다.

220) 1950년대부터 1980년대까지 서울시는 한국을 방문한 귀빈들에게 이른바 '행운의 열쇠'를 증정하였다.

망을 하고 있는바 본인은 거기서 생기는 이익은 한국에서 쓰겠다는 것이라 할지라도 미국의 시민권을 가진 사람에게 그런 일이 될 수 있는가가 문제이라"고 말씀.

김일환 교통 "알아보겠다"고 보고.

이승만 대통령 "알아볼 것은 없다"고 분부.

이근직 농림 "본인을 만나서 말을 들었는데 일정(日政) 시 법으로는 지역이 지정되었는데 제주도는 그중에 포함되어 있지도 않은 것으로 안다"고 보고.

송인상 재무 "투자의 형식이 좋은 것으로 생각하며 일본 국적을 가진 교포에 대한 것도 동시 고려하여야 할 것이라"고 보고.

19. 비료문제에 관하여

이승만 대통령 "비료를 많이 들여오지 말라고 하였는데 그래서 그런지 이런 말 저런 말이 많으니 잘 처리하여야 할 것인 바 실정은 여하한가?" 하시는 하문에

이근직 농림 "농민은 전량 정부 배급을 희망하고 있으나 반 이상의 외상배급으로 대충자금 운용에 지장이 오고 ICA 측에선 전량 민간도입을 주장하고 있으니 곤란한 점이 많다"고 보고.

신현확 부흥 "민수로 하는 것이 원칙이라고 생각되며 충주비료 생산품이 나오면 기위의 사정이 더 곤란하여질 것이므로 관수일원화는 할 수가 없다."

송인상 재무 "가격이 오른 것은 유안이며 요소가 아니고 너무 저렴한 가격은 타농(惰農)을 기를 우려가 있을 뿐만 아니라 금년도용 비료 도입은 완료되었고 선거를 앞두고 급격한…."

최인규 내무 "전부 관수는 미 측이 반대로 전부 민수는 세농에 곤란을 주므로 양자가 다 같이 곤란이 따르는 것이므로 차제에 급격한 변동은 않는 것이 좋겠다"고 의견.

이승만 대통령 "별 문제가 없다고 하니 잘 하여서 오해가 없도록 하라"는 분부.

20. 국회 사태에 관하여

이승만 대통령 "국회 실정 여하" 하시는 하문에

최인규 내무 "여야 협상은 체면 때문에 하고 있지 기대를 가질 수가 없으며 내 11일 개회되면

24사태를 제쳐놓고 경향신문 문제가 나와서 장관출석 요구를 할 것이나 법대로 처리한 것이므로 곧 끝날 것이며 불신임안은 부결시킨다는 자유당의 결정이니 염려가 없을 것이라"고 보고.

곽의영 체신 "조파(趙派)[221]에서 경향신문 문제에 협조 않는다고 장(張)[222]계의 불평이 높아가고 있으며 여당은 조계를 잡고서 장계를 누를 계획으로 진행 중이라고" 보고.

※ 중앙청회의

1. 태창방직에 관하여

송인상 재무 "정부서 대여한 550만 불을 못 막고 있는바 동(同)사의 부채는 사채를 합하여 120억여로 희망이 없으나 선거 전에 쓰러지면 정부 중상이 나올 것이므로 다음과 같은 방법으로 정리하려고 한다"고 보고.

(1) 주(株)를 정부로 넘길 것.

(2) 백 씨 일문은 손을 뗄 것.

(3) 산은으로 하여금 운영케 할 것.

(4) 재산 귀속은 추후 결정할 것.

2. 미곡 수출에 관하여

이근직 농림 "다음과 같은 방안으로 미곡을 수출하기로 대통령 각하의 재가를 받았다"고 보고.

(1) 수량 최하 10만 톤.

(2) 민간 상사로 하여금 취급시킬 것.

(3) 가격은 상사 수지만 맞으면 허용할 것.

3. 국방부 과학연구소 직제 중 개정의 건

제출처의 요청에 의하여 환송하기로 함.

---

221) 민주당 내 조병옥(趙炳玉) 중심의 신파(新派)를 지칭한다.
222) 민주당 내 구파(舊派)를 대표하던 장면을 지칭한다.

4. 다음 서면 보고를 접수함

(1) 전신전화시설 및 전선보호에 대한 특별 조치의 건(체신)

(2) 주한미군기관에 배치할 청원경찰관에 대한 임시조치건(내무)

제48회 국무회의

일시 : 1959년 5월 8일(금)
장소 : 중앙청 회의실

1. 대학재학생 징집에 관한 건(국방)

원안대로 다음과 같이 수정 통과함.
「제2표에 '통신대학'을 추가한다.」
(부기) 본건 심의에 있어서는 특히 다음과 같은 재무부 장관의 반대의견이 있었음.
「군 특수요원은 재학 중 징집을 않고 또 입대를 희망도 못 하게 하여 그 외의 대학생이 1년 반에 끝마치는 복무를, 졸업 후 3년간 가게 하는 것은 당초 목적과 상반되는 것이니 부당하다.」

2. 도입비료에 대한 설명에 관하여

최인규 내무 (도입비료에 관한 설명자료－애국반 지도용 － 을 배부하고)
"(1) 농민에 주지시키는 준비의 하나로서 공무원으로 하여금 1개월 이내에 이에 대한 설명을 할 수 있을 만치 숙달하도록 할 것.
(2) 각부 장관은 일반 출장 시에 공무원이 그것을 잘 이해하고 있는가 여부를 각기 소속에 불구하고 점검할 것.
(3) 하부에 주지가 안 되어 있으면 지도할 위치에 있는 공무원을 문책할 것.
상기와 같은 조치를 취할 것을 제의한다"는 누차 제안을 전원 이의 없이 합의함.

3. 국회 사태 수습책

최인규 내무 "금반 대통령 각하의 부르심을 받고 상대(上臺)하였더니 국회 사태에 관한 말씀으로 다시 담화를 내겠다고 하시므로 내 5월 11일 개회되는 것을 보시고 하시는 것이 좋겠다고 진언하였던바 최초는 불응하시더니 나중에는 응락하시었다"고 보고.

4. 재정법 개정안에 관하여

송인상 재무 "자유당에서는 금반 회기에 경제입법의 하나로서 재정법 개정안을 심의하기로 한다고 한다. 그 내용이 비료와 석탄만을 정부 결정에 맡기고 전기, 교통, 전매에 관한 가격이나 요금은 종전대로 국회의 동의를 얻도록 그대로 두는 방향으로 나가고 있다는 바 관계 장관의 협력은 물론 국회의원인 장관의 각별의 협조로서 전부 불능이면 전기요금만이라도 추가하기로 추진되기를 바란다"고 요청.

5. 정부불 불하에 관하여

송인상 재무 "최근 300만 불을 불하한 바 한화 70억이 동원되고 최고 1,200환 평균 1,067환의 고가를 시현하였다. 상기 현상은 경제안정에 따라 상인이 정상이윤을 추구하지 않으면 안 되게 되었다는 점에서 오는 것으로 보아 좋은 현상인 일편 불화 환율의 재검토의 필요를 시사하는 것이기도 하여 중요한 문제로 생각한다"고 보고.

6. 장차에 요구되는 중요시책에 관하여

송인상 재무 "전기 사정이 오는 겨울에 악화될 우려가 있으니 이에 대한 방지책과 미곡의 해외시장 진출이 거의 무망임에 비추어 답작(畓作) 치중에서 특용작물로 전환하는 정책이 수립되어야 할 것으로 본다"는 의견.

구용서 상공 "재무장관의 지적한 바는 사실이므로 총의 연구하여 구체안을 제출하겠다"고 현실정을 보고.

이근직 농림 "연년풍작의 결과이지 미곡 생산이 과잉되어서가 아니며 120만 정보[223] 중 수리

안전답이 50만 정보 미만으로서 수요 미곡 생산의 절대안전선인 80만 정보 수리안전화까지에는 아직도 거리가 멀다고 생각되며 현재 보유되고 있는 미곡은 농가호수 221만 호의 40% 이상이 되는 곡의 여유라는 점도 동시에 고려하여야 한다. 특용작물 생산도 중요한 문제이므로 5개년 생산 장려계획을 진행 중이며 여기에 연구되어야 할 점은 자금 문제와 처분처라고 본다"는 설명과 보고.

---

223) "정보(町步)"는 땅 넓이의 단위로, 1정보는 3,000평(약 9,917㎡)에 해당한다.

제49회 국무회의

일시 : 1959년 5월 12일(화)
장소 : 경무대(전반), 중앙청(후반)

1. 국회 사태에 관하여

이승만 대통령 "국회는 여하되었는가?" 하문에

최인규 내무 "여야 협상은 결론 없이 결렬되고 말았으므로 민주당은 원내 극한투쟁을 내세우고 있으나 자유당은 헌법과 국회법에 규정된 바에 따라서 하여 나가기로 하고 있으며 정부가 경향신문 폐간에 대한 설명을 하여 민주당의 맹공격이 있을 것으로 전하여지는 것은 동 신문사장의 요청(국회에서 싸우면 자기들에게 도로 불리하다고)으로 완화된 것으로 듣고 있으며 6월 5일 보선 예정지역의 선거전은 대단히 평온하다"고 보고.

이승만 대통령 "법리적으로 우리의 약점이 무엇인가?" 하시는 하문에

홍진기 법무 "국회법 중 의사진행 발언 규정에 난점이 있다"고 보고.

이승만 대통령 "그것은 법으로 하여야 할 문제가 아닌가?" 하시는 하문에

홍진기 법무 "법으로 하여야 하므로 우선 의장의 권한으로 부당한 짓을 하지 못하도록 제지하고 만일 불여의하면 경위권 발동은 물론 형법 조항도 적용하려고 하고 있다"고 보고.

이승만 대통령 "국회를 만들어놓고 자기들 마음에 안 맞는다고 국회를 안 되게 한다는 것은 헌법이 없는 것과 마찬가지가 되니 국회에서 그런 짓을 못하는 것으로 좋다수가결로 결정을 하여 놓고 법대로 하는데 반대하는 자들은 나가라고 할 수밖에 없다고 생각하며 그러한 경우에는 이편에 실수가 없도록 하여야 할 것은 물론 이러한 일을 하는 이면에는 못된 미국인의 책동이 있지나 않은가 하니 이러한 점을 조사하여 사실이 있다면

사진이라도 찍어서 증거를 만들어야 할 것이라"는 분부.

2. 방송 활용에 관하여

이승만 대통령 "방송은 세계정세와 국내형편 등 반공 관계에 많은 시간을 할당할 것이며 국내
　　　인사와 학자 등을 동원하여 국민을 계발케 하고 특히 북한에서 귀순한 자 또는 잡은
　　　간첩을 이용하여 북한 실정을 전 국민이 알게 할 것이며 공보실 이외의 기관에서도
　　　이에 협력을 하도록 하라"는 분부.
전성천 공보 "재정상 곤란은 있으나 힘써 그 방면으로 나가고 있으며 5월 1일부터는 대 구주
　　　방송도 시작하였다"고 보고.

3. 농촌 라디오 보급에 관하여

이승만 대통령 "라디오가 없는 부락이 없도록 많이 만들어서 염가로 보급하게 하여야 할 것이
　　　라"는 분부.
전성천 공보 "25만 대를 농촌에 배부하도록 계획 중에 있다"고 보고.

4. 「방」 운영에 관하여

이승만 대통령 "국민반(방)[224] 운영에 힘써서 국가시책과 국내외 정세 등의 계몽은 물론 그 조
　　　직을 최고도로 활용하여 오열(五列) 색출에 만전을 기하도록 하라"는 분부.
최인규 내무 "분부와 같이 운영되고 있다"고 보고.

5. 선전문 제작 배부에 관하여

이승만 대통령 "정부 주요시책은 간단한 삐라식 인쇄물로 많은 부수를 만들어서 널리 보급하
　　　게 하라"는 분부.

---

224) 국민 조직의 가장 작은 단위로서 1957년 각 동(洞)에 조직된 자치단체의 하나이다.

전성천 공보 "현재 그대로 하고 있습니다"고 보고.

6. 반공청년단 조직에 관하여

이승만 대통령 "내무, 법무 양 장관이 반공청년단 조직에 협력하도록 하라"는 분부.

7. 담합과 수의계약 방지에 관하여

이승만 대통령 "종래 수차 주의를 환기하여 다소 나아가다가 근자 다시 이완되어 가고 있는 형편인 듯하니 주의하도록 하라"고 분부.

강명옥 법제 "여러 가지 안을 차관회의에서 검토 중에 있다"고 보고.

8. 재하와이 교포의 제주도 목장 신설에 관하여

이근직 농림 "현재 내한 중인 최 씨는 주식의 51% 이상을 한국인이 가지고 자기는 혹 일부를 보유만 하여도 좋으니 주식회사체로 하였으면 한다는 소망인바 이것은 법에 저촉되지 않는다고 생각되며 이 조건으로 안 되면 믿을 만한 한인에게 맡겨서 하여도 좋다는 의견이라"고 보고.

최인규 내무 "자본 도입 자체에 곤란이 있으니 농림이 결정을 짓기 전에 관계처와 협의를 할 필요가 있을 줄 안다"고 의견.

송인상 재무 "한국인을 앞잡이로 세우는 것은 곤란하니 특례로 이를 인정하여 준다고 하여도 외자도입법이 시행되면 그 적용을 받게 하여야 할 것이라"는 의견.

이승만 대통령 "만일 그가 이 말을 하면 보통 평범하게 대답하여 두려고 한다. 지리적으로나 기타 모든 점에 조건이 좋은 관계로 인방 각국이 욕심을 내고 있으며 특히 공산당과 일본의 주목의 대상이 되어 있는데 불구하고 한국인은 아직 깨지 못하여서 사업에 대한 능력이나 판단력이 부족하므로 주의가 필요할 것이라"는 분부.

(하오 중앙청회의에서 다시 논의하여 다음과 같이 하기로 함)

「우선은 특례로 취급하여 주고 외자도입법이 통과된 후에는 그 적용을 받도록 하는 원칙 하에 그 결정을 농림장관에게 일임한다.」

9. 경향신문 폐간에 관하여

이승만 대통령 "경향신문 폐간에 대하여 외론은 어떠한가?" 하시는 하문에

전성천 공보 "민주당에서는 취소를 요구하여 왔으나 과격파인 장면계 이외는 별 관심이 없고 기독교 계통도 일부(프로테스탄트)는 찬성하고 있으며 국민은 약자에 동정하는 경향에서 너무 심하다고 말하고 있으나 과반「법대로 처리한 것은 잘 하였다」고 말씀하셨다는 것을 발표하였더니 효과가 있었다"고 보고.

이승만 대통령 "헌법에 종교와 정치는 분리되었다는 것을 알면 족할 것으로 생각한다. 그리고 외부에서 바람이 들어오고 있는 것이 아닌가 하는데 여하" 하시는 하문에

전성천 공보 "좀 있다고 보며 외교관이 여당 인사보다는 야당인을 많이 찾아보는 경향이 있고 야는 전적으로 활동을 하고 있으므로 일부에서 그 사대주의가 비난당한 일이 있으며 경향신문의 폐간으로 민주당과 장면계 세력이 약화된 것은 사실이라고 본다"고 보고하고 "장면의 정치자금이 경향신문을 통하여 공급되었다고 하며 장면은 금일도 AP를 통하여 폐간을 비난하였는데 워싱턴포스트지에 기사가 간단히 났다"고 보고.

이승만 대통령 "워싱턴포스트지는 본래 친일신문이니 말할 것도 없지만 장면이라는 분은 상당 희망을 갖고 있는 모양이다. 우리가 공산당과 목숨을 내어 놓고 싸우고 있음을 알진대 이런 것도 잘 조사하여 보는 것이 좋겠다"는 분부.

10. 영사기 설비에 관하여

이승만 대통령 "각 군(郡)에 최소 한 대씩을 설비하여 뉴스 등을 국민에게 보이도록 하여야 한다"는 분부.

전성천 공보 "목하 계획을 추진 중에 있다"고 보고.

제50회 국무회의

일시 : 1959년 5월 15일(금)
장소 : 중앙청 회의실

1. 미가 앙등에 관하여

이근직 농림 "미가(도매시장)가 13,640환으로 앙등하였다"고 보고.

2. 대구시의회 사건에 관하여

최인규 내무 "시 의회의 불신임 의결은 정당한 절차에 의한 것이나 현재 물의가 되고 있는 경위권 발동은 자유당 의원의 출석을 방해하려는 야당 의원의 불법 행동을 제지하기 위하여 합법적으로 발동된 점으로 보아 거년 말 국회에서 일어난 문제와 흡사한 점이 있다"고 보고.

3. 필리핀 친선사절단 내한에 관하여

조정환 외무 (내한의 목적을 설명.)
전성천 공보 (동 사절단의 일정과 환영절차에 관한 보고.)

4. 물가동향에 관하여

송인상 재무 "섬유, 곡물 등 상당 광범위의 등세를 보이고 있으며 현재 123.8로서 13개월 이래
　　의 처음 보는 고물가를 시현하고 있다"고 보고.

제51회 국무회의

일시 : 1959년 5월 19일(화)
장소 : 경무대(전반), 중앙청(후반)

1. 산림보호에 관하여

이승만 대통령 "송충 구제책을 강구하도록 하라"는 분부.

2. 교통사고 방지책에 관하여

이승만 대통령 "준엄한 법을 제정하여 이런 일이 안 나게 하든지 그렇지 않으면 자동차를 쓰지 못하게 하여야지 무수한 인명사상을 내면서도 하등의 방안 없이 있다는 것은 수치스러운 일이라"는 주의의 분부.

최인규 내무 "운전원의 단속과 차량정비를 강화하고 있으나 가일층 철저를 기하도록 하겠다"는 보고.

3. 국회 사태에 관하여

이승만 대통령 "국회의 실정 여하?" 하시는 하문에

최인규 내무 "대구시의회 사건으로 다소 소란이 있었으나 관계자의 문책 등의 내용을 가지고 수일간 시비하다가 끝낼 것으로 예상하고 있으며 거반[225] 조병옥 씨의 연설이 상당히 영향을 준 것으로 추측된다"고 보고.

곽의영 체신 "조 박사 말이 주효하여 야당은 의장 불신임 등 관계자의 책임을 형식적으로 묻고 24사태에 관한 총결산을 5월 말까지 끝낼 것으로 본다"고 보고.

이승만 대통령 "참으라고 하기에 5개월을 참아왔다. 이런 상태를 보고 대통령석(席)에 머무르고 싶지 않으나 참으라고 하니 더 참겠다. 법을 위반하는 자들을 방치하면 수많은 국민 중엔 별별일을 하는 자가 많은데 정부가 이를 통솔하여 갈 수가 없을 것이며 법 없는 사회의 인간이라는 것은 금수보다도 무서운 것인데 이같이 법을 파괴한 자들을 방치하고 후일에 재발하는 유사한 문제를 막을 수 없다는 것을 우려하는 것이라"고 분부.

4. 국보전시에 관하여

조정환 외무 "현재 하와이에서 전시 중인 국보의 구주 전시는 경비부담 문제로 현안 중에 둔 바 금반 영국의 부호 걸빈 캐리 씨의 특지(特志)로 그 해결을 보게 되었다는 영국 대사의 통보를 받았으며 미국서 싱가포르까지 미함으로 수송하면 거기서 영국까지 영함으로 수송하겠다고 한다"고 보고.

이승만 대통령 "그들에게 고맙다는 편지를 내도록 하라"는 분부.

조정환 외무 "에번스[226] 대사가 그 임기를 연장하고 금반 연가로 3개월간 귀국 여행을 하게 되어 출발 전에 각하를 뵈었으면 원하는데 하락(下諾)하실지 품청한다"고 보고 겸 앙재(仰裁).

이승만 대통령 "만나고 말고 승낙하겠으니 비서와 연락하라"고 분부.

5. 발명의 날 행사에 관하여

구용서 상공 "금일 시 공관에서 기념식을 하고 공로자에게 하사하신 연초를 전달하겠다"고 보고.

이승만 대통령 "기념일 제정의 유래를 적어서 보고토록 하라"는 분부.

---

225) "거반(去般)"은 '지난번'이라는 뜻이다.

226) 에번스(Hubert J. F. Evans, 1904~1989)는 1952년부터 1954년까지 주니카라과 영국 대사, 1955년부터 1957년까지 주로테르담 총영사, 1957년부터 1961년까지 주한 영국 대사를 역임했다.

6. 중석화학처리공장 준공식 거행에 관하여

구용서 상공 "화학처리공장이 명일 준공식을 할 예정이라"고 보고.

이승만 대통령 "중석에 관한 것을 정부가 하느니 민간이 하느니 하고 혼란이 있는 모양인데 중요 물자의 관리는 정부가 하는 예가 많으니 잘 연구하여서 하도록 하라"는 분부.

7. 광부 표창에 관하여

구용서 상공 "내 21일에 광부 10명을 표창하고 각하를 예방하도록 시키려고 하니 윤허하여주시기를 바란다"는 보고 겸 품청.

이승만 대통령 "좋다"고 하락(下諾)하심.

8. 광산 관리에 관하여

이승만 대통령 "행정□□탄광인 바 갱목 대신 시멘트나 철재를 써서 위험을 방지하도록 잘 감독하여야 할 것이라"는 분부.

9. 물가대책에 관하여

이승만 대통령 "근간 물가가 점고되어 가고 있는 중 작 2, 3일간에는 이것이 급격히 고등하고 있으니 특별한 대책을 연구할 것이며 특히 미가 조절, 비료정책, 일반 물자의 매점매석 방지책, 외환정책 등을 충분히 연구 조치하여 소홀한 일이 없도록 하라"는 분부.

송인상 재무 "예년 미가가 앙등하는 시기이며 농촌 수입의 증가에서 오는 소비의 증가와 국민 소비 전반에 긍(亘)한 격증에 수입계획이 추수(追隨)치 못한 것 등으로 현재 123.5의 지수를 보이고 있으므로 관계 장관이 회합하여 공급의 증가와 불화의 방출(400~500만 불) 등 대책을 의논 중에 있으며 현재의 물가지수는 산업의 확장 등의 국내 실정으로 보아 많은 것은 아니라고 생각한다"고 보고.

이승만 대통령 "무슨 일이건 그 기미가 있을 때에 이것을 막아야지 한다는 것에 유의하라"는 분부.

10. 정부청사 신축공사 입찰에 관하여

이승만 대통령 "국무위원 간에 신중히 상의하여 후회가 없도록 하여야 하며 담합을 방지하도록 주의하여야 하며 어느 한 기관에서 독단으로 하지 않고 일정히 하는 조례를 만들도록 하라"는 분부.

11. 필리핀 산업사절단 내한에 관하여

전성천 공보 "내 5월 25일 농림장관을 수반으로 하는 약 90명의 사절단이 내한할 예정으로 되어 있다"는 보고.

12. 수재민 구호주택 자재 구입비 지출에 관하여

이승만 대통령 "허가 없이 들어갔던 것을 구호한다 하면 한이 없을 것이니 허가 없이 지은 집이 없도록 단속하는 법을 만든 후에 지출하도록 하라"는 분부.

13. 외신의 비난에 관하여

이승만 대통령 "전에 그런 오해가 있어서 잘 말하여 준 후 별말이 없었는데 근일 또 그런 말이 있다고 하니 그 관계를 알아보았으면 보고하고 아직 못 알아보았으면 조사하여 보도록 하라"는 분부하시고 첨가하여 "미국인들은 미국의 민주주의가 제일이라고 할지 몰라도 우리의 민주주의가 그만 못할 것이 없다고 생각한다"는 훈시의 말씀.

14. 곡물저장소 설비에 관하여

이승만 대통령 "연년 풍년으로 저곡이 필요한데 방역방충이 된 시설이 있는가?" 하시는 하문에 **송인상 재무** "아직 시설은 없으나 다분히 기후가 건조하여 곡식의 손상이 별로 없다"고 보고.

※ 중앙청회의

1. 국방대학 수료 공무원에 관하여

김정렬 국방 "소속부에서 특별 고려하여 우대되기를 바란다고"고 요망.

2. 송충 구제방법 발명에 관하여

이근직 농림 "임업시험장 연구에 의하여 병균의 살포(撒布)로 거의 멸종시킬 수 있도록 연구
가 진행 중으로서 금년부터 일부 실용에 옮길 계획으로 있다"고 보고.

3. 교통사고 방지책에 관하여

외국산 승합차체 도입을 포함하는 교통사고 방지책을 내무부가 주동이 되어 관계부와 협
의 성안하여 제출하기로 함.

4. 경제각료회의에 관하여

송인상 재무 "사무연락을 위하여 경제각료회의를 매주 2회씩 개최하기로 하였다"고 보고.

5. 의안심의

(1) 도시소음방지에 대한 특별조치의 건(내무)
　　원안대로 통과.
(2) 육군 항공학교령(법제)
　　원안대로 통과.
(3) 1959년도 사정위원회 소관 하반기(7~12월) 세출예산을 일반회계 예비비에서 지출하
　　는 건(재무)
　　원안대로 통과.
(4) 다음 2건을 주무부 요청에 따라 환송하기로 함.
　　① 수렵단속법(법제)
　　② 공업경영위원회규정(법제)

제52회 국무회의

일시 : 1959년 5월 22일(금)
장소 : 중앙청 회의실

1. 허[227] 시장 기자회견에 관하여

최인규 내무 "허 시장이 미국신문 기자회견에서 말한 것이 신문에 보도된 바 내용이 상당히 중요하고 장차 정계에 물의가 야기될 우려도 불무하므로 외무부를 통하여 그 내용을 조사 중에 있다"고 보고.

2. 영덕·인제 보선에 관하여

최인규 내무 "현재까지 자유 분위기가 완전 확보되어 있는데 한 가지 우려는 민주당에서 나가서 악질 선전선동을 하여 분위기를 소란하지 않을까 하는 것이며 현 정세로는 자유당 공천자가 유력하나 각부 장관의 각별의 협조를 요망한다"는 요청 겸 보고.

3. 자수 기간 성과에 관하여

최인규 내무 "기간 내 12명이 자수하였으며 앞으로 10일간 연기하기로 하였다"는 보고.

---

227) 허정(許政, 1896~1988)은 1919년 3·1운동에 참여하였으며 상해임시정부에도 가담하였다. 미군정기 서울시 고문관을 지냈으며 대한민국 정부 수립 후 1948년에는 초대 총무처장, 1948년부터 1950년까지 제2대 교통부 장관, 1950년부터 1952년까지 제3대 사회부 장관, 1957년부터 1959년까지 서울특별시장, 1960년 제5대 외무부 장관 및 국무총리를 지냈다.

4. 곽 중령 형 집행에 관하여

국방(차관) "새 사실을 말할 기회를 주었으니 끝내 말하지 않는 것으로 보아서 이 문제에 관한 진상은 현재 밝혀진 대로일 것이라"는 보고.

제53회 국무회의

일시 : 1959년 5월 26일(화)
장소 : 경무대(전반), 중앙청(후반)

1. 국회 사태에 관하여

최인규 내무 "수일 전에 정상 상태로 돌아가 본회의에서는 경향신문 문제를 논의하고 각 분과 위원회도 열리게 되었다"고 보고.

이승만 대통령 "경향신문에 관하여는 외국에서는 별말이 없이 되었는데 국내에서 그런 말썽을 부리고 있으니 신문들이 그렇게 하지 않도록 단속하여야 할 것이라"는 분부.

곽의영 체신 "법무의 국회 본회의 설명은 전고미회유의 명답변이었으며 외무의 국내외 정세의 설명과 실장의 뱃심 있는 답변에 야당은 꼼짝 못하였다"고 국회의원으로서의 관전평을 보고.

이승만 대통령 "이치의 분석이 명철하면 상대가 할 말이 없는 법이라"고 말씀.

2. 간첩 자수 기간의 성과에 관하여

최인규 내무 "기간 중에 34명이 자수하였으며 자금으로 은닉(해변사장에 매장)하였던 미화 7,000불을 압수하였다"고 보고하고 여간첩에게서 압수한 소형 무전기를 공람함.

이승만 대통령 "이런 사안을 감추지 말고 발표하여 실정을 잘 모르는 미국인들이 각성을 하도록 시켜야 할 것이라"고 분부.

3. 불상의 복장유물[228] 발견에 관하여

최재유 문교 "충남 장곡사 불상 내에서 염주, 동경 등이 발견된바 지정 6년이라고 기입된 것으로 보아 약 600년 전의 물건이라고 추측된다"고 보고.

4. 외교의례에 관하여

조정환 외무 "종래에 각 기관이 개별로 행동하여 오던 것을 근일 외무부를 통하게 되어 차차 시정되어가고 있으나 근자 미국대사관의 1등서기관 '존스' 씨가 하등 연락 없이 공보실장을 방문하여 면회를 못하였다고 말썽이 되고 있다"고 보고.

이승만 대통령 "일상 사무 연락은 몰라도 특수한 것은 외무를 통하도록 하고 '존스'라는 자의 동향에 주목하여 보고하도록 하라"고 분부.

5. 물가 안정책에 관하여

이승만 대통령 "앙등하고 있는데 대책 여하?" 하시는 하문에

송인상 재무 "국내 생산품으로는 미가, 면제품, 수입품으로는 생고무, 기계와 휘발유, 타이어 등이 앙등한 바 1개월 이내에 원상복구 시키도록 하겠다"고 담보.

6. market rate에 관하여

이승만 대통령 "차차 상승하고 있다고 하는데 그 이유와 대책 여하?"하시는 하문에

송인상 재무 "이유는 국민의 자금 소지량 증가와 수출불로 유안을 사들이는 것을 허가한 것의 두 가지가 중요한 것이라고 생각하며 그 대책으로서는 정부가 가지고 있는 물품으로서 매각할 것을 조속히 추진하고 민간 투자로(投資路) 개척책을 연구하는 한편 우선은 은행대부의 긴축과 정부예산 집행을 조절하고 내월분 700만 불을 방출하는 등의 방책을 강구하려고 한다"고 보고하고 "1개월 내외에 원상복구를 하도록 노력하여 보

---

228) 불상을 만들 때 불상 안에 넣는 유물을 뜻한다.

겠다"고 첨가.

이승만 대통령 "일정한 정도에 달하기까지 수급원리대로 자동조절되기를 기대할 수 없을 것
이니 현재 조정하고 있는 것을 그대로 연속하여야 할 것이며 민심 수습하기 위하여
필요한 조치를 강구하여야 할 것이라"고 분부.

7. 이식(利息) 제한에 관하여

이승만 대통령 "고리(高利)가 적어졌다고 하나 아직도 타 국가에 비하면 상당 높은 율이 그대
로 남아 있으니 단속하는 법을 만들어야 할 것이라"고 분부.

송인상 재무 "전에는 대단히 곤란한 일이었으나 이제는 가능하다고 생각되므로 곧 착수하겠
다"고 보고.

8. 매점매석 방지책에 관하여

이승만 대통령 "이런 일을 못 하도록 방지하는 대책을 강구하도록 하라"는 분부.

송인상 재무 "과세 면에서 압력을 가하는 등의 방법으로 방지를 하도록 할 생각이며 상세한
대책은 내무, 법무와 협의 조치하겠다"고 보고.

9. 한국선박의 원조물자 수송에 관하여

이승만 대통령 "원조물자 도입에 한국선을 사용하면 연 80만 불의 수입이 될 것이라 하니 유
의 선처하도록 하라"는 분부에

신현확 부흥 "ICA 규정 제1호에 반은 미국 선박에 의하여야 한다는 규정이 있고 우리 선박으
로 하려면 환화(圜貨)로 책정하게 되어 업자가 손해를 보게 되며 정부예산에도 책정
되어야 할 것 등 여러 가지 문제가 있으므로 금년에는 예산 범위 내에서 하고 신년도
에는 그에 필요한 조치를 예히 강구하였다가 적극 추진하도록 하겠다"고 보고.

10. 전몰장병과 애국인사 유가족 원호에 관하여

이승만 대통령 "잘 하여주도록 하여야 하는데 실정 여하?" 하시는 분부와 하문에

손창환 보사 "정부예산에서 도와도 주고 수산장 운영도 정비하여 잘하고 있다"고 보고.

이승만 대통령 "정부에서도 자금을 좀 내도록 하고 공개로 모금도 하도록 계획하여 전국민에게 호소하도록 하여 보는 것이 좋겠다"고 분부.

11. 미국원조계획의 최근 동향에 관하여

송인상 재무 "민주당 의원이 'ICA'를 3년 이내에 없애고 군원은 국방예산에 편입하되 국무성에서 조정하도록 하자는 제의를 하였다는 바 만일 그 같이 된다면 군사적인 관점에서보다 정치적으로 좌우될 우려가 있으니 앞으로 미국인을 접견하실 기회에는 그 같은 방식이 부당하다는 것을 훈시하여 주시기 바란다"는 보고 겸 의견 구신.

김정렬 국방 "재무의 보고는 실정과 다소 상위가 있다"고 지적하고 "현재도 군사원조는 국무성이 조정하고 있으나 작전부 면은 그와 다른 것이라"고 보고.

송인상 재무 "윈 씨가 한국의 경제발전 특히 교육발전을 찬양하고 원조의 강화를 주장하였으며 드레이퍼 단장도 원조의 증가가 필요하다고 의견서를 제출하였다고 한다"는 정보를 보고.

이승만 대통령 "외무부에서 드레이퍼 씨에게 편지를 잘 써 보내도록 하되 잘 모르는 사람이 많아서 염려하던 차에 이해하고 말하여 주서서 안심하고 있다고 말하여 두라. 원조가 없어졌을 때를 생각하여 그 대비책으로 저축을 하여 둘 것을 잊어서는 안 된다"고 분부.

12. 체신행정에 관하여

곽의영 체신 "5월 11일 청장회의에서 비행 일소, 인사공정, 예산 절약, 수입증가, 친절 봉사 등을 지시하였으며 5월 20일부터 일주일간 개최하고 있는 우편전시회에는 매일 만 명 이상(작년의 5배)의 관람객이 입장하고 있으며 광주전화국 설치에 대하여는 지방민이 대단히 감격하고 있는 등 잘 되어가고 있다"고 보고.

13. 대통령 각하 지방 행차에 관하여

곽의영 체신 "충북 행차 시에는 원방노유(遠方老幼)가 연도(沿道)²²⁹)에 운집하여 각하의 건강하신 것을 보고 감탄하였다고 하며 8년 만에 행차하시었으나 명년에 다시 한번 가 주시기 바란다"고 소청.

조정환 외무 "생의 고향인 전남도 보아 주시도록 배려하여 달라"는 소청.

김일환 교통 "나주비료에 가는 선로를 신설 중이므로 차회 전남 가시면 기차로 공장에 직행하실 수 있다"고 보고.

이승만 대통령 "노쇠하여 금명금명 하다고 악선전을 하여 구급 왔다가 실례하였으리라고 생각한다"고 농을 하시고, "무수한 도민이 나왔었다. 전북 금산사, 충북 법주사(속리산), 설악산 등을 가보았으면 한다. 기차의 차량이 소리 나는 것은 고쳐서 쓰는 것이 좋겠다고 하니 유의하도록 하기 바란다. 하와이서 왔던 사람들은 넘치게 좋아하여 내년에 또 온다고 하였다고 하니 관광에 오는 사람들은 손해가 안갈 정도면 우대를 하여 주는 것이 좋겠다"고 분부.

(속)1. 국회 사태에 관하여

이승만 대통령 "외부가 잘 되어도 내부가 잘 안되면 못 쓰는데 국회 내 화동은 어떠한가?" 하시는 하문에

최인규 내무 "화동을 바라기는 어려운 일이며 출석, 참석하고 사회(司會)에 순응하며 분과위원회가 모인 것으로 정상화되고 있다고 보아야 할 것이라"는 의견.

홍진기 법무 "작년 사태에 관한 것은 수일간에 완전히 없어졌다"고 보고.

※ 중앙청회의

1. 다음 안건을 원안대로 통과함

(1) 1959년도 내무부 소관 경제부흥특별회계 통계개선비 예비비 지출에 관한 건(재무)

---

229) '길의 양쪽'을 의미한다.

(2) 국산자동차 심사위원회 규정(법제)

(3) 광업장려금 교부규칙 중 개정의 건(법제)

(4) 염전매법 시행령 중 개정의 건(법제)

2. 다음 안건을 수정 통과함

(1) 학교지구 정화법안(법제)

(차관회의 의견대로 수정.)

3. 다음 안건은 양해사항으로 접수함

(1) 한글 모아쓰기 타자기 통일 글자판 제공에 관한 건(문교)

4. 다음 안건은 제출처의 취하 요청에 의하여 송환하기로 함

(1) 반도호텔 유흥음식세 세종 환원에 관한 건(교통)

(2) 재정법시행령 중 개정의 건(법제)

(3) 재정법시행령 제92조의 2단서의 규정에 의한 낙찰자 결정에 관한 건(법제)

제54회 국무회의

일시 : 1959년 5월 29일(금)
장소 : 중앙청 회의실

1. 외교 의례상 유의하여야 할 사항에 관하여

외무부 차관으로부터 제53회 국무회의 의결에 의하여 외무부에서 성안 제출한 것을 중심으로 실시 요령의 설명이 있었음.

2. 아세아반공대회에 관하여

공보실장으로부터 실시 요령을 설명하고 각부 간의 협조를 요청하였던바 후자는 관계차관이 협의 결정케 하기로 하고 논의를 생략함.

3. 1959년도 하반기 무역계획책정에 관한 건(상공 - 보고사항)

다음과 같은 조건을 붙여서 보고사항을 접수하기로 함.
(1) 굴참나무 껍질, 갈저230)는 농림부와 제의하여 결정한다.
(2) 당밀은 관계부 간에 협의하여서 하고 다음에 보고한다.
(3) 마, 넉마는 전과 같이 금수품으로 한다.

---

230) 칡넝쿨 속껍질로 만든 섬유를 말한다.

4. 원조가 단절되었을 때의 대책

대통령 각하의 분부가 있으셨을 뿐만 아니라 행정상 긴요한 과제를 그대로 방치한 감이 있으니 차제에 이를 연구 성안하도록 하자는 법무의 제안에 전원이 찬동하여 부흥으로 하여금 다소 시간이 걸리더라도 충실한 계획을 수립 제출케 하기로 함.

5. 군용자동차 타이어 횡류(橫流)[231] 방지를 위한 합동 취체(取締) 실시에 관하여

하등조치 없이 착수하는 것은 곤란하다는 교통의 의견과 1개월만 더 실시를 연기하자는 상공의 요망에 한국군에 처지에서 하는 것이 아니고 미군의 요청과 미국 정부의 요망도 있어서 하는 것을 막연히 1개월을 기다릴 수는 없다는 국방(차)의 반대가 있어서 즉시 관계부의 실무자회를 개최하고 대책을 논의하되 별 안이 없으면 기정방침대로 내 6월 1일부터 일제 취체를 개시하기로 함.

6. 대통령 훈시 실천 촉진책

국무원 사무국장으로 하여금 해당 사항을 의장에게 제출케 하여 그 조속한 실천을 기하기로 함.

---

231) 물품 등을 정당하지 않은 경로로 전매하는 일을 말한다.

제55회 국무회의

일시 : 1959년 6월 2일(화)
장소 : 경무대(전반), 중앙청(후반)

1. 수출진흥책에 관하여

이승만 대통령 "수출액이 점감하고 있다는데 그 대책 여하?" 하시는 하문에

구용서 상공 "현재까지의 상황은 금년이 작년보다 나으며 금년 말까지 예상으로는 작년보다 증가되리라고 본다(작년 1,600~1,700만 불 금년 상반기 예상액 각 1,000만 불 미곡 수출 기타 특수부문을 가하면 약 3,000만 불)"고 보고.

이승만 대통령 "sales man을 양성 파견하라"는 분부.

구용서 상공 "경륜이 있는 자가 없으나 연구 선처하겠다"고 보고.

신현확 부흥 "수출부흥위원회를 경제조정관 하에 설치(3주일 전)하고 이 문제를 연구보고 하도록 하고 있다"고 보고.

2. 방역강화에 관하여

이승만 대통령 "지방 전염병이 유행하고 있다는 말이 있으니 속히 대책을 하도록 하라"는 분부.

손창환 보사 "충북 도내 발생지역에 방역반을 파견하여 대책 중인 바 치료와 방역이 난사는 아니었다"고 보고.

3. 미국 외원 정책의 추세에 관하여

신현확 부흥 "하원 외교위 사정은 약 36억 불로서 작년과 비등하며 한국에 대한 원조액도 작년과 대차가 없으리라는 소식(정보)이나 DS[232)에서 DLF로 전환되어 가는 것이 보이며 따라서 보조에서 대부라는 것이 미국 내의 유력한 여론의 하나라고 본다"는 부흥의 보고.

4. 잉여농산물 도입계획에 관하여

신현확 부흥 "엽연초를 원면으로 변경하자는 우리 제안이 최근 미 대사를 통하여 거절되어온 바 타 품목을 도입할 수도 없어서 이 부분을 포기하면 총액이 3,310만 불로 감소되고 따라서 세입이 46억 내외의 결손이 오게 된다"고 보고.

송인상 재무 "세입 결함 보전책으로 세수입을 50억 올리기로 하고 현재 진행 중에 있으므로 이 문제는 조속한 시일 내에 결말을 지어야 할 것이라"는 의견 겸 보고.

5. 정부청사 신축공사 재입찰에 관하여

신현확 부흥 "4개 사 전부가 못마땅하여 재입찰에 부하기로 하였다"고 보고.

6. 원 전 경제조정관의 미국에서의 활동에 관하여

송인상 재무 "가주(加州) 출신 상원의원으로 하여금 그가 갈 때에 한국경제조정관으로서 발표한 statement를 상원에서 읽게 하여 의회 공식 기록에 남기고 그것을 세계 각국에 인쇄 배부하여 곤란에 처하고 있는 미 국무성의 외원 계획을 도왔으며 국회 하원에 가서 한국의 교육열을 선전하고 한민의 장래는 유망하다고 평하는 우호적인 태도로 나가고 있으며 그와 주고받은 편지의 1통을 비서실에 올렸으니 고람(高覽)[233)을 소청

---

232) 'Defense Support' 즉, 한국에 대한 미국의 방위원조 또는 방위지원을 의미한다.
233) 남이 보아줌을 높여 이르는 말이다.

한다"고 보고.

7. 이앙상황에 관하여

이근직 농림 "용수는 비교적 풍부하며 작일 현재로 10만 정보 이앙을 완료하였으며 6월 말까지는 전부가 완료할 것이라"는 보고.

8. 제주도 목장 설치에 관하여

이근직 농림 "하와이에서 온 최 씨가 제주도에 가보고 민유지 매수비가 다액 필요할 뿐 아니라 다수 농민의 폐가 될 우려가 있으니 타처로 변경한다고 하여 대관령 근방 국유지를 보고 조건이 좋다고 하고 있으므로 그대로 추진하려고 한다"는 보고.

9. 산림녹화에 관하여

이근직 농림 "미국 농림성 기술자가 6주일간의 조사를 마치고 산림녹화는 농림 연료대책이 확립되어야 하며 그를 위하여는 연료림을 설치하여야 할 것이며 수종은 아카시아와 싸리라고 하고 있으며 농림부로서는 싸리 씨를 작년의 10배가 되는 12,000석을 내년에 파종할 수 있도록 준비할 것"이라고 보고.

10. 아세아민족반공대회에 관하여

전성천 공보 "(일정과 계획의 개요를 말씀드리고) 여야 없이 환영하고 있으며 언론기관 전부가 협조적이라"고 보고.

곽의영 체신 "반도호텔 전화 관계자 훈련과 직원의 현장 출장으로 응대하고 있으며 내객 중에는 일본보다 편리하다고 하더라"고 보고.

김일환 교통 "명승고적을 시찰하기 위하여 철도편으로 경주에 갈 예정으로 하고 있다"고 보고.

11. 교통사업의 수지와 역사 수리에 관하여

김일환 교통 "월 목표액 34억을 돌파하였으며 역사복구도 진행 중이라"고 보고.

이승만 대통령 "수원이 잘 안 되어 간다는데 여하?" 하시는 하문에

김일환 교통 "예산 배정이 늦었던 소치라"고 보고.

12. 주택건축 진행 상황에 관하여

손창환 보사 "현재 잘 진행 중이라"고 보고.

13. 국회 사태에 관하여

최인규 내무 "각하의 용단이 주효하여 분위기가 순조 진행 중이며 본 회의도 역시 잘 되어 가리라고 추측되고 자유당은 6월에 전당대회를 개최하기로 예정을 하고 있다"고 보고.

14. 시장 동향에 관하여

최인규 내무 "그간 말썽 중에 있던 대구시장 문제는 가처분 신청 각하와 동시에 해임되고 불일 중 후임을 임명 상신할 예정인 바 이 사건을 계기로 하여 광주시장(민주)은 미리 겁을 먹고 민주당과 관계를 끊겠다고 발표하였는데 좀 두고 보아야 알겠다"고 보고.

이승만 대통령 "대통령을 지지한다고 하였다고 시비가 있다는데 여하?" 하시는 하문에

최인규 내무 "대통령 각하께 충성하는 것이 곧 국민에게 봉사하는 길이라고 하고 공산당이나 국가를 해하려는 자의 말을 들을 수는 없다고 하였더니 별말이 없었다"고 보고.

이승만 대통령 "조재천[234]은 여하히 하고 있는가" 하문에

최인규 내무 "좀 시끄럽게 떠들고 있으나 염려할 것은 없다"고 보고.

---

234) 조재천(曺在千, 1912~1970)은 1940년 조선변호사시험, 일본 고등문관시험에 합격하여 판사, 검사로 근무하였다. 1948년부터 1950년까지는 경찰 관료, 제2대 경상북도지사 등을 지냈다. 1954년부터 1963년까지 제3~6대 국회의원에 당선되었다. 1960년 제11대 법무부 장관, 1961년 제25대 내무부 장관을 역임하였으나 5·16으로 인해 경질되었다.

이승만 대통령 "무슨 염려가 되어서 하는 말은 아니라"고 일소.

15. 선거소송에 관하여

최인규 내무 "울산 을구와 월성 을구의 일부를 재선거(투표)하게 되었다"고 보고.

16. 자수 기간의 성과에 관하여

최인규 내무 "81명이 자수하였으며 기자회견을 통하여 공산 침략상을 내외에 알리도록 하였다"고 보고.

17. 보궐선거에 관하여

최인규 내무 "결과가 좋을 것으로 예상한다"고 보고.

18. 충주비료공장 건설에 관하여

구용서 상공 "저수탑 시공의 불비로 약 2개월 지연될 것이나 그간에도 시험운전은 계속하도록 하겠다"고 보고.

19. 공장기지 시설관리에 관하여

이승만 대통령 "감독반 편성을 여하히 하고 있는가?" 하시는 하문에
구용서 상공 "이스트우드 씨가 25,000불을 내서 기술자를 불러오겠다고 하고 있다"고 보고.
　　　(※ 몇 번인가 분부하신 것이 실행 안 되어 답답하신 양으로 사료)

20. 나주비료공장 건설에 관하여

구용서 상공 "작업이 예정보다 2개월가량 늦었으나 8월까지는 예정한 데까지 회복하겠다"고 보고.

김일환 교통 "공장까지 가는 철로가 완성되어 건설 자재가 직접 들어갈 수 있으며 오는 7월 말까지는 복선공사도 완성될 예정이라"고 보고.

21. 필리핀 사절단 환송에 관하여

전성천 공보 "원활히 잘 되었다"고 보고.

※ 중앙청회의

1. 신년도 예산안 제출에 관하여

재무부 장관으로부터 각부 요구를 조속 제출하여 줄 것을 요망.

2. 비료 고공품(藁工品) 취급처 변경에 관하여

농림장관으로부터 장차 농업협동조합으로 하여금 고공품과 비료의 취급을 시키도록 하되 고공품은 1959년 11월 1일부터, 비료는 1959년 8월 1일부터(농업협동조합의 준비태세가 완료하면 그 이전)에 취급을 개시하게 한다.

3. 미국 외원기구의 개편과 주둔국에 있어서의 보상 문제에 관하여

외무(차관) "미국 원조기관의 개편 문제와 불법행위에 대한 보상 문제가 미국에서 편성되고 있다는 바 이것은 중대한 문제라고 생각하며 전자는 주한 경제조정관을 UNC 관하에 두고 OEC→국방성→국무성→ICA로 통하던 절차가 OEC→미 대사→국무성→ICA로 통하게 되는 것으로서 현재 미국 일부에서 외원에 정치적 고려가 없이 사무적으로 진행하고 있다는 비난과 관련이 있는 것으로 본다"는 보고.

송인상 재무 "미국 민주당 정권을 장악하였을 때를 고려하여 인도에 있어서의 미국원조의 실태를 조사차 전문가를 파견하고 있는 실정"이라고 보고.

4. 군용 타이어 단속에 관하여

김정렬 국방 "국내 생산으로 충족은 불가능하니 수입책이 있어야 한다는 것이 내무부 실무자의 견해라"고 보고.

구용서 상공 "수입의 길은 터져 있으므로 군에서 단속을 충분히 하여 유출이 방지되면 수지가 맞게 되어 자연 수입될 것이라"고 의견.

5. 불구 장병 주택기지 선정에 관하여

김정렬 국방 "경마장은 말이 많아서 미아리로 변경하려고 하니 시 당국에서 난삽을 보이고 있는바 내무부의 이해와 협조를 요망한다"고 국방의 요청.

최인규 내무 "선처하겠다"고 답.

6. 휴전선 부근 부락시설 개선에 관하여

김정렬 국방 "공산 측은 정책적으로 주택개량, 학교시설을 하고 있음에 반하여 우리는 하등의 대책을 하지 않아서 선전상은 물론 보기도 안 되었으니 각부 장관의 각별한 유의와 협력을 요망한다"는 국방의 요청.

전원 그 필요성을 인정하고 가급 협조를 합의.

7. 의안심의

다음 안건을 원안대로 통과함

(1) 미국정보매개물보장 계획에 의거한 한미 간의 협정체결에 관한 건(외무)

(2) 하급법원 판사 정원법 중 개정의 건(법제)

(3) 원자력원 직제 중 개정의 건(법제)

(4) 연초재건조장 직제 중 개정의 건(법제)

(5) 우편위체규칙 중 개정의 건(법제)

제56회 국무회의

일시 : 1959년 6월 5일(금)
장소 : 중앙청 회의실

1. 소맥분배합 중지에 관하여

이근직 농림 "정부 보유 300만 포 중 4~5 양월 중에 농가 대여와 공무원 배급으로 210만 포를 방출한 바 지방에서는 포당 1,200환에 매매됨으로써 공무원의 손해가 되고 하곡가격 저락에 박차를 가하는 결과가 되므로 6월부터 이를 중지하기로 하였다"는 보고.

2. 반공대회 대표 관광에 관하여

김일환 교통 "대체로 좋은 성과를 거두고 있으나 경주는 관광시설의 불비로 외인을 안내하기 곤란하니 시급 개선하여야 한다"는 보고와 의견.

곽의영 체신 "군수 시장이 지방을 위하여 좀 더 노력하여야 한다"는 의견.

이근직 농림 "국립공원 관리에 종합 계획이 없는 소치라"고 맹점을 지적.

3. 외국공관원의 선거지구 시행에 관하여

김동조[235] 외무(차) "UNCURK[236] 직원은 외무부에 연락하고 갔으나 미국대사관원은 하등 연

---

235) 김동조(金東祚, 1918~2004)는 1943년 일본 규슈대학교 법과를 졸업했다. 1951년 외무부 정무국장을 거쳐 1957년 5월부터 1959년 9월까지 외무부 차관을 역임했다. 시대공론사본『제1공화국 국무회의록』에

락이 없었는데 금일 신문에 선거지구에 간다는 것이 보도되었으니 일선에서는 그들을 내국인 이상으로 특대하는 일이 없어야 할 것이라"고 보고 겸 의견.

홍진기 법무 "외무부에서는 왜 그들을 그렇게 훈방하였는가?"

송인상 재무 "외무부에서 선거지구에 그들이 출장하였다가 일선에서 잘 모르고 실례를 하는 일도 있을지 모르니 사양하는 것이 좋지 않으랴고 그들에게 권하여 보는 것이 좋겠다"는 의견.

김동조[237] **외무(차)** "시행은 그들의 자유이니 금하거나 권고할 수 없으며 만일 그들이 일선에서 문제를 일으키는 경우에는 보고에 의하여 척결할 수는 있다"

구용서 상공 "그들이 적극적인 내정간섭의 의사는 없더라도 오해를 받을 우려는 없지 않으니 이 점을 설시(說示)[238]하여 협의하는 것이 좋겠다는" 의견.

이상 논의 끝에 내무부에서 일선에 대하여 내국인과 동등 이상의 취급을 하지 않고 필요한 보고를 하도록 지시하기로 함.

4. 국산 박람회에 관하여

곽의영 체신 "국산 박람회에 관하여 상공의 설명을 듣고 정부로서의 협조한계를 명백히 하자"고 제의.

구용서 상공 "상공부에서는 협력을 못하겠다는 것을 서면으로 통보하였으나 그들은 정부에 폐가 안되게 하겠다고 하니 그 이상 말하기 곤란한 즉 국무회의 결정이라면 다시 통고하도록 하겠다"는 상공부로서의 곤란한 처지의 설명.

각부 장관의 의견이 있었으나 폐단이 많겠다는 것이 지배적 의견으로 다음과 같이 하기로 결말을 지음.

「상공부에서 국산 박람회에 다음과 같은 국무회의 합의사항을 통고하기로 하고 신문

는 "최규하"로 되어 있으나, 당시 외무부 차관은 김동조이므로 바로잡는다.

236) UNCURK(United Nations Commission for the Unification and Rehabilitation of Korea, 국제연합한국통일부흥위원회)는 1950년 10월 개최된 제5차 국제연합 총회의 결의에 따라 설립된 한국문제 전담기구이다. 통일·독립·민주 정부의 수립과 한국 경제의 구제 및 재건을 위한 활동을 담당하다가 1973년 12월 제28차 국제연합 총회에서 해체가 결의되었다.

237) 시대공론사본 『제1공화국 국무회의록』에는 "최규하"로 되어 있으나, 당시 외무부 차관은 김동조이므로 바로잡는다.

238) 알기 쉽게 설명하며 보인다는 뜻이다.

공포는 추후 재의하기로 한다.

(1) 박람회 명패에 대통령 각하 84회 탄신기념을 관□

(2) 정부에서는 협력하지 못하며 재정적 결손이 있어도 보조를 하지 못한다.

(3) 정부의 장차관 기타 직원은 임원 취임을 사절한다.」

5. 휴전선 부근의 이북 괴뢰군 준동에 관하여

김정렬 국방 "작야 이북 괴뢰군이 휴전선을 지나서 우리 측 초소를 공격하여 와서 소 충돌이 6개소에서 있었던바 이러한 일은 그 성질이 강행 정찰에 속하는 것으로 보나 휴전선 부근 DMZ[239]에서 일어난 것과 일시에 6개소에서 발생한 것, 그리고 침입한 것이 정규 괴뢰군복을 착용하고 있었다는 것이며 UN군 측에서는 이런 발표를 꺼리는 경우도 있으나 금반은 그들 의사 여하에 불구하고 공표할 작정이라"고 보고.

6. 서적, 서화, 조상 등 강매로 인한 관민폐 단속에 관하여

"근자 명년 선거를 빙자하여 각종 인쇄물을 강매하고 있는바 이는 선거에 대단 불리할 것이므로 단속이 필요하다고 생각하니 대책을 연구하자"는 재무부 장관 제의에 전원이 동참으로 다음과 같이 하기로 의결함.

「여하한 명목으로 하든지 서적, 서화, 조상, 기타 물품을 강매하는 행위를 엄중 단속하기로 하고 내무, 법무 양부에서는 전국 검찰과 경찰에 이 뜻을 시달하기로 한다.」

7. 한국 FIR[240] 설정에 관하여

김동조[241] 외무(차) 한국 FIR 설정에 관하여 보고하고 "대구 기지가 FIR 기능을 충분히 할 수

---

239) 비무장지대(Demilitarized Zone, DMZ)는 휴전에 따른 군사적 직접 충돌을 방지하기 위한 목적으로 상호 일정 간격을 두는 완충지대를 의미한다. 한반도에서는 6·25전쟁의 정전협정에 의해 1953년 7월 성립되었다. DMZ는 비무장화, 일정한 완충적 공간의 존재, 감시기구의 설치, 군사력의 분리 또는 군대의 격리 배치 등의 주요 요소로 구성된다.

240) 비행정보구역(Flight Information Region, FIR)은 국제민간항공기구(ICAO)에서 분할·설정한 공역을 말한다.

있도록 필요한 시설의 확충과 정비를 조속히 추진하여 줄 것을 국방, 교통 양부에 요청한다"는 요망.

8. 현충일 행사계획에 관하여

국방부 장관을 대신하여 국무원 사무국장이 계획 개요를 보고함.

9. 예비비 지출

민의원 의원 재선거비(중앙선거위원회 소관)
울산 월성분 5,140,600환(일반회계 예비비서 지출)

10. 6·25 남북한 참몰 애국지사 위령제에 관하여

국무위원의 위원 취임 여부를 논의 결정하는 것이 좋겠다는 국무원 사무국장의 제의에 대하여 실정을 내무부에서 조사 보고케 한 후 결정하기로 하고 일단 보류함.

---

241) 시대공론사본 『제1공화국 국무회의록』에는 "최규하"로 되어 있으나, 당시 외무부 차관은 김동조이므로 바로잡는다.

제57회 국무회의

일시 : 1959년 6월 9일(화)
장소 : 중앙청 회의실

1. 귀환보고

조정환 외무 (덜레스[242] 씨 장례식 참석차 미국 출장 귀환보고로서 그간의 경과 개요를 설명.)

2. 인제, 영덕 보선에 관하여

최인규 내무 "금반 여당의 승리는

    (1) 당과 정부, 당의 원내 원외, 정부의 중앙 지방 상호 간의 일치단결

    (2) 공천을 잘 하였던 것

    (3) 국가보안법이 있어서 허무한 중상을 못 한 것

    (4) 군 간부의 협력과 그 부하 장병들의 상관에 대한 신뢰

    (5) 정부 각종 시책의 적절

    등이 그 원인이었으며 결과로서는

    (1) 여당과 정부의 위신을 앙양

    (2) 야당이 결함을 지적할래야 할 것이 없다는 것

---

242) 덜레스는 1959년 5월 24일 작고했으며, 조정환 외무부 장관은 6월 3일 덜레스의 장례식 참석차 워싱턴을 방문하여 주미한국대사관 공사 한표욱과 함께 조의를 표하고 로버트슨(Walter S. Robertson) 미국 국무부 차관보와 면담하기도 했다.

(3) 무소속은 앞으로 당선이 곤란할 것이라는

등을 알게 되었다"고 설명.

김정렬 국방 "경찰 출신 입후보자에 대한 군인들의 불호한 감정은 내무부 장관의 순시로 해소 되었다는 것과 공천이 잘 되었다는 것이 주요 원인이라고 생각한다"고 첨가.

홍진기 법무 "금반 보선에 실패한 민주당은 사기 앙양 운동을 전개하여 금반 선거의 결점 발 견, 경향신문 폐간 취소 운동, 비료조작 관계 장관의 불신임 등을 들고 나올 것으로 본 다"는 보고.

3. 울산, 월성 재선거에 관하여

최인규 내무 "당내 일부에서는 자유당원 간의 경쟁이니 공천자를 후원하는 것을 하지 말고 그 대로 자유경쟁에 맡겨 두자는 논도 있으며 연합신문에 보도된 것도 있으니 만일 이같 이 한다면 경남도당 분규를 재연시키는 것이 되며 근자 점차 안정되어 가고 있는 당 내에 불호한 영향을 줄 것이므로 당의로서 공천하였던 자를 후원하고 연합신문 보도 를 취소시키는 것이 좋겠다"는 보고.

4. 대관령목장 개설에 관하여

이근직 농림 "하와이에서 온 최 씨가 제주도에 목장을 개설할 것을 단념한 후 대관령 지방에 목장을 개설하겠으니 1,000정보를 빌려 달라는 요청이므로 이에 응하고자 한다"고 보고.

5. 예산과 재정 정책에 관한 국회의 공격에 관하여

송인상 재무 "재경에서는 세입 결함 또는 세입 내용 변동을 이유로 추가 경정예산을 제출하려 고 하며 정부에서 외환을 임의처분한다는 불평을 갖고 외환관리를 감독하는 규정을 만들고자 외환관리법안을 만들어 제출하라고 하니 전자에 응하면 24파동의 사태가 다시 올 것이며 후자에 의하면 정부 처지가 곤란하여지므로 난처한 지경에 있다"고 보고하고 "5월중 국세액은 약 185억으로서 작년의 배 이상이며 5월 말까지의 조세 수입은 41%에 달하고 있다"고 첨가.

6. 경제 정책 안정의 필요성에 관하여

송인상 재무 "경제 안정을 위하여 신중하고 과감한 정책을 확립하여야 할 것이므로 근일 중에 성안 제출할 예정이며 필요한 것은 신년도 예산에 반영시키고자 한다"고 보고하고 그 내용의 중요한 것을 다음과 같이 설명함.
(1) 국제수지 개선을 위하여 외화의 흡입을 늘리는 한편 소비를 극도로 제한할 것
(2) 산업 상호 간의 연결을 지워 파행의 애로를 제거할 것
(3) 내핍생활 지도로 국민 소비를 인하할 것

7. 국산 박람회에 관하여

구용서 상공 "국산 박람회에 대하여 탄신기념을 관하지 말 것과 정부에서 원조 못 한다는 말을 할 수는 있으나 정부에 폐가 안되도록 하겠다는 것을 구태여 말으라는 말할 수는 없다"고 의견.

제58회 국무회의

일시 : 1959년 6월 12일(금)
장소 : 경무대(전반), 중앙청(후반)

1. 이앙상황에 관하여

이근직 농림 "5월 20일 현재 98% 이상의 저수를 갖고 시작된 이앙은 6월 10일 현재 42.5%여 달하였으며 6월 말에는 완료될 것이라"는 농림의 보고.

2. 대한중공업 원료 부족 대책에 관하여

구용서 상공 "연안부두에 있는 침몰선박을 인양하여 사용할 계획을 추진 중이라(15만 톤 중 철제 원료 약 7만 톤을 예상함)"고 보고.

3. 주택건축에 관하여

손창환 보사 "종암동 아파트는 난방시설 불완전 등으로 입주자가 불평이 많아서 업자로 하여 금 수리하도록 지시하였으며 이태원 외인주택을 건축한 중앙산업에서 정부융자 10 억과 자기자금 20억, 계 30억을 부담하고 정부가 인수할 것을 요청하였으나 여하한 자금의 고정은 금후의 계획 추진에 지장이 있으므로 이를 거절하겠다"는 보고.

4. 비료대금 횡령에 관하여

홍진기 법무 "미수금의 일부를 정리시키고 19명을 구속 조사 중이며 여타도 조사를 하고 있
　　　　다"는 보고.

5. 국세에 관하여

이승만 대통령 "세금이 잘 안 걷히고 있다는데 실정 여하?" 하시는 하문.
송인상 재무 "법무, 내부의 협력을 얻어서 2중 장부 등에 의한 탈세를 적발하는 등으로 잘 하
　　　　여 가고 있다"고 보고.
홍진기 법무 "전에 못 받은 것까지 받아가며 잘 하고 있다"고 보고.
이승만 대통령 "잘 되어 간다고 생각하는 중에도 혹시 잘못되어 가는 수도 있는 것이니 항시
　　　　주의하도록 하라"고 분부.

6. 중요정책 수립상에 주의할 점에 관하여

이승만 대통령 "경제정책 등 국가에 중대한 영향을 끼치는 정책을 수립함에는 여럿이 논의하
　　　　여 신중을 기하도록 하라"는 분부.
송인상 재무 "매 2회 경제장관이 회합하여 제반사를 의논하여서 하고 있다"고 보고.

7. 반공아세아대회[243]에 관하여

전성천 공보 "일행이 대통령 각하께 감격하며 한국은 조직이 잘 된 나라이며 국민의 반공의식
　　　　이 투철하고 각 부면이 외부서 듣던 것과는 상당한 거리가 있을 정도로 잘 되어가고
　　　　있다는 인상을 가지고 떠났다"고 보고.

---

243) 제5차 아시아민족반공대회는 1959년 6월 1일부터 10일간 서울에서 개최되었다. 한국을 제외한 13개국
　　대표단과 8개국 옵서버는 5월 31일 서울에 도착했는데 당시 서울운동장에는 10만 군중이 운집한 가운
　　데 대회의 대표 환영을 겸하여 반공국민 총궐기대회가 열렸다. 이승만 대통령은 환영사를 했고 대회 의
　　장 백낙준(白樂濬, 1895~1985)은 개회사를 맡았다.

8. 『야활』잡지 폐간에 관하여

전성천 공보 "국회에서 폐간하라고 들고 나서니 경향신문 폐간 문제를 대하기가 다소 용이하여졌다"고 보고.

9. 토목공사에 관하여

최인규 내무 "충남과 전북 간에 있는 태봉에 터널을 파는 공사를 완료하여 지방민이 감사를 하고 있다"는 보고.

10. 인제, 영덕 보궐선거에 관하여

최인규 내무 "승리의 원인은 당과 정부, 중앙과 지방의 일치단결과 보안법의 효과로 부당한 모략중상이 없었던 소치라고 보며 예외 없는 공명선거의 표본으로 야당도 비난을 못하고 있다"고 보고.

11. 운전사의 날 행사에 관하여

최인규 내무 "교통사고 방지에 엄벌주의만이 아니라 무사고자 표창도 필요하다고 보아 거 6월 10일 1,500명의 우량운전사를 표창하였다"고 보고.
이승만 대통령 "잘한 일이라"고 칭찬의 말씀.

12. 엽연초 수출에 관하여

송인상 재무 "국내 수요에 충당하고 잉여분이 있는바 서독에서 국제시장가격으로 수의 계약하여 달라는 동국(同國) 대사의 요청이 있어서 이에 응하고자 한다"고 보고.

13. 한천 수출에 관하여

이승만 대통령 "생산상황 여하?" 하시는 하문에

송인상 재무 "종래의 원시적 생산방법으로부터 떠나서 ICA 자금으로 우리 근해에 많은 천초를 처리할 수 있는 근대식 공장을 4개소 설치하기로 추진 중이라"고 보고.

14. 외교원 양성에 관하여

이승만 대통령 "외교원 양성에 유의하고 있는가?" 하시는 하문에

최재유 문교 "한양대학교에서 외교원 양성을 위하여 과를 설치할 것을 추진 중이라"고 보고.

이승만 대통령 "디한244) 씨와 의논하면 좋은 의견이 있을지도 모른다"는 분부.

15. 관광에 관하여

김일환 교통 "아세아반공대회 참석자를 각처에 안내한바 숙사의 변소와 욕탕의 불비로 곤란이 있어서 시정하려고 계획하고 있으며 금년 제6차 외국인 관광단이 설악산과 낙산사를 보러 간다고 하므로 사전에 가서 보고 오려고 한다"고 보고하고 "도로는 3군단에서 수리하고 있다"고 첨가.

이승만 대통령 "나도 한번 가보려고 하며 그 외에도 몇몇 곳을 보고자 한다"는 말씀(부여, 낙산사, 법주사, 금산사 등)하시고 "변소나 목욕탕을 어떻게 하여야 한다는 것을 글로 만들어서 독려원(督勵員)이 나서서 지도하되 민가에까지 실시되도록 하라"는 분부.

16. 군용품 단속에 관하여

김정렬 국방 "단속 실시 중에 있으며 자동차 타이어의 70%가 문제로 될 것이므로 경제에 영향이 많을 것이라"고 보고.

---

244) 미국의 원조로 1957년 설립한 한국공예시범소의 소장 디한(Norman R. De Haan, 1927~1990)을 가리키는 것으로 보인다. 디한은 6·25전쟁 기간 미 육군에 근무하며 도로 건설 등에 참여했으며 정전 이후 경무대에 자주 출입하며 국가재건사업을 도왔다.

17. 미군 건설 재산 귀속에 관하여

김정렬 국방 "미군이 철수시 문제를 야기 않기 위하여 그 귀속에 관한 것을 정하도록 절충중이라"고 보고.

18. 데커 장군 이한에 관하여

김정렬 국방 "본인이 떠나는 것을 언짢게 여겨서 회식 석상에서 발루(發淚)[245]를 하더라"고 보고.

이승만 대통령 "표리가 없는 좋은 사람이었다"고 칭찬.

19. 대일관계

이승만 대통령 "일본의 야망을 잘들 몰라서 탈이다. 일본은 항시 그런 수법을 쓰는 것이며 양 대사에게도 엄중 지시하여 미 정부 당국과 절충하도록 하고 안되면 아이젠하워 대통령을 만나서 말하라고 하였다. 전 국민이 잘 알고 일어날 것으로 아나 외국공관에 가는 등이 없도록 하여야 한다"는 분부.

※ 중앙청회의

1. 대일관계

외무차관, 유 주일대사[246]의 보고를 듣고 다음과 같이 하기로 함.

(1) 국민운동은 금일부터 개시

---

245) 눈물을 흘리는 것을 의미한다.

246) 당시 주일대표부 공사는 유태하(柳泰夏, 1908~1981)였다. 유태하는 1925년 일본으로 건너가 와세다대학 전문부 정경과에서 수학하던 중 치안유지법 위반으로 퇴학 조치를 당했다. 해방 이후 대한민국 외무부의 비서실 인사과장, 비서실장 및 정보국장 등을 역임하고 1951년 주일한국대표부의 참사관으로 부임했다. 1958년 10월에는 주일대표부 공사로 취임했으며 이듬해 3월에는 대사로 승진하여 1960년 4월까지 봉직했다.

(2) 정당 사회단체 성명 발표지도

(3) 전국대회는 반공 투쟁위에서 16, 17일차에 개최

(4) 통상관계와 국내 경제에 대한 시책은 경제 장관이 협의 성안하여 제출하기로 한다.

2. 의안심의

다음 법령안을 원안대로 통과함.

(1) 우편규칙 중 개정의 건

(2) 학술원 사무국 직제

(3) 예술원 사무국 직제

제59회 국무회의

일시 : 1959년 6월 13일(토)
장소 : 중앙청 회의실

1. 대일통상에 관하여

송인상 재무 (대일구매 관계 통계표를 제시 설명하고) "다음 2개 안을 논의하여 적당한 것 하나를 채택하도록 바란다"는 제의.

(1) 통상을 가능한 한도 내에서 복구시킨다(제1안).

(2) 통상을 단절한다(제2안).

상기 2개 안을 논의한 후 제2안은 실시에 상당 준비가 필요하다는 이유로서 제1안을 채택하여 대통령 각하께 품신하기로 합의를 봄.

외무, 내무, 법무 외 경제4부 장관이 전기 안을 가지고 대통령 각하께 보고하여 받은 바 지시는 다음과 같은 요지라고 보고함.

「한국무역의 일본에 대한 종속성을 벗어나야 할 것이므로 끊어야 할 날이 오게 될 것이나 현재 거래 중에 있는 것은 손해가 가도록 하기도 어려우니 그것을 잘 연구하여 보라.」

상기 지시대로 하려면 제1안이 반드시 적당한 것이 아니라는 논과 사실상 제2안은 곤란하다는 양론이 대립하여 구구한 의견이 있었으나 다음과 같은 처리 방안에 일응 합의함.

「1. 정치적 반대를 주로하고 만일의 경우에는 경제적 조치를 취한다는 뜻을 첨가한 정부 대변인 성명을 발표한다. 이 성명의 내용은 그 발표 전에 자유당과 연락한다.

2. 현재 진행 중의 거래를 종결시키는 방침 하에 수입에 있어서는 (1) 대일 청산 계정에서는 ① 신용장 개설분은 속히 도입하고 ② 신용장 미 개설분은 그 개설을 허가한다. (2) ICA 구매에서는 ① 신용장 기개설분은 속히 도입하고 ② 신용장 미 개설분에 대하여는 재무·부흥 양 장관과 미국 정부와 협의하기로 한다. 수출에 있어서는 기 신용장 도착된 분에 한하여 선적하기로 한다.」

제60회 국무회의

일시 : 1959년 6월 15일(월)
장소 : 중앙청 회의실

1. 대일통상에 관하여

　재무부 장관의 제59회 국무회의 의결사항처리에 관한 보고(대통령 각하의 재가를 못 얻어서 시행치 않았다는 것)에 이어 관계 장관(외무, 경제장관)의 의견을 들은 후 재무장관의 제안을 수정 채택하여 다음과 같이 하기로 결의함.

　「대일통상을 중단한다.

　미결 중인 거래에 대하여는 관계 각부에서 적절한 행정조치를 취한다.」

　주) 본건 논의 상황은 다음과 같음.

송인상 재무 "제59회 국무회의시 의결한 정부 대변인 성명서 내용과 행정 조치안은 대통령 각하의 의도와 원칙이 같은 것이었으나 보고한 내용이 너무 사무적이었던 것과 영역이 잘못되었던 관계로 작일 각하를 뵈옵고 다시 상세보고를 하였으며 여기에 문제는 '통상을 끊는다'는 것을 표제하는 문구와 '정부 방침을 발표하겠다' 또는 '않겠다'는 2개 점이니 논의 결정하도록 하자는 것이었음."

최인규 내무, 홍진기 법무 처리를 경제 각부 장관에게 위임하거나 불능이면 방침을 결정 발표하여야지 국민도 이해할 것이라는 의견.

신현확 부흥 방침을 발표하면 ICA 관계의 설명은 용이하나 국내경제에 주는 영향 등 어려운 문제가 있으니 슬슬 하는 것이 좋겠다고 주장하다가 내종에는 발표 의견에 찬성.

구용서 상공 통상 단절의 책을 우리가 지기보다는 기위 그리된 것 멀지 않아서 단교가 표면화

할 것이니 방침을 발표치 않는 것이 좋겠다는 의견.

전성천 공보 일전에 여기서 의논한 것이나 지금 논의하고 있는 것은 대통령 각하의 의도와는 거리가 멀 것으로 본다. 대통령 각하께서는 대일통상이 있다는 것 자체를 '누가 한 것 이냐?'는 정도로 말씀하시는 형편이고 국민이 들고 나서고 정부는 그에 따라서 하는 순서로 되어야 한다는 의도이신데 지금 논의하고 있는 것은 차가 크다는 것을 책임상 지적한다고 경제장관과 같이 대통령 각하를 뵈온 입장에서의 보고.

제61회 국무회의

일시 : 1959년 6월 16일(화)
장소 : 중앙청 회의실

1. 대일관계에 관하여

신현확 부흥 "대일통상을 중단한다는 국무회의 의결은 공보실을 통하여 발표하고 외무부 장
관실에서 미 대사와 회견을 하여 정부가 취한 조치를 설명하고 ICA 구매에도 일본에
서 구매하지 않아도 좋도록 ICA 규정의 예외 취급하여 줄 것을 요청한바 정부의 조치
를 개인적으로 십분 이해할 수 있으며 ICA 규정분 외 취급에 관하여는 본국 정부와
연락을 취하도록 하겠으며 비공식적인 의견이라고 전제하고 일본에 대하여 위협을
하는 언사를 않는 것이 좋겠다고 말하더라"는 보고.

송인상 재무 "현재까지 물가에 큰 변동은 없으나 앞으로 혼란을 방지하기 위하여 다음과 같은
조치를 고려 중이라"고 보고.

(1) 6개월 이상 체화(滯貨) 중인 물자를 세관으로 하여금 조속 방출되도록 추진시킨다.

(2) 매점매석을 단속한다.

(3) 한은으로 하여금 융자를 억제케 한다.

(4) 사업비 영달을 보류한다(농림관계 제외).

(5) 징세에 박차를 가한다.

만일의 경우에는 정부 보유불을 방출하기 위하여 1,000만 불의 불하를 대통령 각하께
품신할 생각으로 있다"고 보고.

홍진기 법무 "대일통상 중단에 따르는 시책을 상공부에서 성안 제출하도록 해야 한다"는 의견

에 교통이 이를 재강조하여 결국은 다음 회의까지 상공이 각부와 협의하여 성안 제출하기로 함.

전성천 공보 "국산 애용 운동 전개가 필요하다"는 의견에 전원이 찬동함으로써 경제장관이 협의 성안하여 차회 회의 시까지 제안하기로 함.

2. 울산, 월성 재선거에 관하여

최인규 내무 "불법 폭력은 절대 억제하도록 할 것인바 자유당이나 정부 일부에서도 자유당 간의 경쟁이라고 소홀히 보는 참이었으나 공천자를 당선시킨다는 방침을 분명히 않으면 내년 선거에도 영향이 있고 나가서는 당 운영에도 지장이 될 것이므로 누가 되든지 좋다고 방치하는 태도는 절대 금물이라고 생각하며 현재로서는 당초 예상은 불확실하다"고 보고.

제62회 국무회의

일시 : 1959년 6월 19일(금)
장소 : 중앙청 회의실

1. 울산, 월성 재선거에 관하여

최인규 내무 "울산은 자유당 공천자의 당선 가망이 있으나 월성은 미지수라"고 보고.

2. 이앙상황에 관하여

이근직 농림 "6월 15일 현재 58%(예년보다 5% 양호)이며 경남북이 한발(旱魃)247) 중에 있다"고 보고.

3. 대일문제에 관하여

김일환 교통 "북송반대 국민대회 결의문 중에 대통령 인사권에 관한 것이 있었다고 외론이 분분한데 외무의 견해 여하?" 하는 질문에

조정환 외무 "사전에 알고 자유당 간부와 일부 국무위원과 협의도 하였으나 발표하지 못하였으며 야당에서는 더 강경한 것을 요구하였으나 절충하여서 한 것이 이것이라고 한다"고 보고.

---

247) 가뭄을 이르는 말이다.

4. 위생검열에 관하여

손창환 보사 "하절을 당하여 시내 빙과자를 조사한 결과 상당 불량품이 있으므로 경찰과 연락
하여 단속 중이라"고 보고.

5. 군용타이어 압수문제에 관하여

김정렬 국방 "55% 이상이 군용타이어인 바 교통에 지장을 안 주려면 상공부에서 대책이 있어
야 한다"고 보고 겸 상공의 협조 의뢰.

구용서 상공 "상당 시일이 있어야 국산으로 충당할 수 있을 것이라"고 유장한 답변.

김정렬 국방 "업자가 배급을 회피하려고 하는데 그 대책을 연구하여야 할 것이며 그 간에 상
당한 시일이 있었다"고 주장.

6. 철도 선전 이동반에 관하여

김일환 교통 "내 7월 1일부터 이동반을 각지에 파견하여 철도 관계를 위시한 제반 계몽 선전
을 하려고 특별 차량을 마련하였으며 성적이 양호하면 명년에도 연속하려고 한다"는
보고.

제63회 국무회의

일시 : 1959년 6월 23일(화)
장소 : 중앙청 회의실

1. 대일문제에 관하여

송인상 재무 "일본은 6월 15일 현재 신용장이 개설되어서 6월 20일까지 본국에 도착한 것에 한하여 취급하기로 하고 여타는 추후 결정하기로 여유를 두고 하고 있다는 소식이며 6월 15일 내지 6월 20일 5일간의 수입은 400만 불에 수출은 16만 불이므로 이 정도의 수출은 막지 않기로 경제부 장관에 합의를 보았으며 일본에서 제일 강경하게 나오는 것이 외무성이고 다음이 대장성이며 일본은행 측이 비교적 온건하게 나오고 있으므로 일은(日銀) 측과 구체적인 내용을 의논하여 보도록 일본에 있는 기관에 외무부를 통하여 지시하였으므로 명일은 회답을 받을 수 있을 것이라"는 재무의 보고.

조정환 외무 "북송문제에 관하여는 일본이 고집을 세우며 준비를 진행 중이므로 갈수록 태산의 격이나 미국은 한국의 처지를 잘 이해하고 협조하리라고 생각한다"고 보고.

신현확 부흥 "ICA 한국부의 월리암스[248] 씨가 와 있는데 귀로에 일본에 체류하지 않도록 일정을 짜고 있는 것도 이 간의 무엇인가를 의미하는 것 같다"고 참고 보고.

송인상 재무 "현재 일본이 강경하게 나오고 있는 것으로 보아서 앞으로 우리로서도 강경한 정책이 필요할 것으로 예상되어 목하 연구 중에 있는 바 관세의 조절도 고려하여야 하

---

248) 월리암스(Justin Williams, 1906~2002)는 위스콘신대학교(University of Wisconsin) 사회학부 교수로 재직하다가 1942년 중위로 미국 육군 항공대에 합류했다. 1945년 12월부터 연합군 최고 사령부(SCAP) 입법분석가로 활동하다가 1946년 7월 입법과장이 되어 1952년까지 근무했다. 이듬해 국제협조처(ICA) 한국과장(chief of Korea Division)으로 임명되어 1959년까지 재직했다.

겠다고 생각한다"는 보고.

홍진기 법무 "ICRC[249]의 동향과 ICRC가 거부하였을 때 일본이 취할 태도에 관한 정보를 받은 바 있는가?" 하는 법무의 질문에

조정환 외무 "당초 우리가 일을 잘못은 하였으나 사후조치는 잘 되었다고 본다"고 답변.

전성천 공보 "일본 신문은 세관에서 내어주랴 여부를 묻는데 여하히 조치할 것인가?" 하는 제의에

홍진기 법무 "일본에서 보낼 때까지 받는 것이 가하다"는 의견.

2. 울산, 월성 선거에 관하여

최인규 내무 "폭력 불법을 단속하는 특별반을 파견하여 있으며 신문에는 여러 말이 있으나 금일 현재로는 불법이나 폭력이 개입 못 하고 있으며 울산은 일부에서는 자유당 공천이 패배할 것이라고(8:2)도 하나 우리로서는 승산을 예상하고 있다"고 보고하고 "인제, 영덕이 당과 정부 합작에 의한 성과였다면 울산은 당이 분열될 때에 정부로서 얼마나 할 수 있는 시험이 될 것이라"고 보고.

3. 보조금 교부의 법령상 근거에 관하여

법제실장으로부터 예산 편성에 앞서서 규정을 할 필요가 있다는 설명이 있은 후 각 의견을 제출케 한바 ① 제정하도록 하자는 논과 ② 종전대로 방치하자는 양론이 대립하여 결국은 종래대로 하기로 함.

4. 국회 건의사항 처리에 관하여

처리에 대한 의견을 구하는 외무부 장관 제의에 외무부에서 안을 작성하여 제출하기로 합의함.

---

249) 국제적십자위원회(International Committee of the Red Cross, ICRC)는 1863년 앙리 뒤낭(Jean-Henri Dunant)에 의해 창설된 기구로 1864년 제네바협약에 따라 인명 구호 및 전쟁 피해자 구호 등의 활동을 주로 수행해왔다. ICRC는 1959년 일본의 재일한인 북송 당시 감독 및 중재자 역할을 하였으므로 한국 정부는 이 기구의 동향을 주시하고 북송사업 저지를 위한 교섭을 진행했다.

5. 차관 비서관 배치에 관하여

국무원 사무국장으로부터 보고된 표기(標記) 차관회의 건의사항을 논의한바 현재 되도록 그 같은 발동을 폐하려는 정부 방침에 감하여 이를 인정하지 않기로 결정함.

6. 의안심의

(1) 대한민국 정사 편찬계획(1959. 5. 19 안번 148 문교)
제출처의 철회 요청에 의하여 환송하기로 함.
(2) 세계난민 구제 연간설치에 관한 건(1959. 6. 19 안번 161 보사)
보고사항으로 접수하기로 함.
(3) 읍 설치에 관한 법률(1959. 6. 20 안번 162 법제)
원안대로 통과함.

제64회 국무회의

일시 : 1959년 6월 26일(금)
장소 : 중앙청 회의실

1. 울산, 월성 선거에 관하여

최인규 내무 "당내 분열에서 오는 폭력 불법을 막기 위하여 전력을 다하였던 결과 그러한 문제는 없었으므로 내무장관으로서 책을 받을 이유는 없으며 정 씨 측의 투표함 보존 신청은 지방법원장이 선거위원장으로서 입회하여 잘 알고 있으므로 그것을 용인하지 않는다고 듣고 있다"고 보고.

2. 자유당 전당대회 부의 안건에 관하여

이근직 농림 "당무회의 구성원에 2~3인의 국무위원을 무임소 당무위원을 넣도록 하는 안을 작일 의원부 총회에서 그렇지 않아도 코가 펜 국무위원을 당무회의에 넣으면 점점 더 말을 안듣게 된다는 것이었다고 한다"는 보고.

3. 최 내무부 장관 불신임에 관하여

홍진기 법무 "야당이 자유당대회 전에 이것을 갖고 떠들음으로써 대회에 영향을 주려는 것이므로 자유당으로서는 부결시키는 방향으로 나갈 것이나 같은 부결이라도 완전히(절대다수로서) 부결되어야 할 것이므로 국무위원 일동의 협조가 있어야 할 줄 안다"고 제의.

이근직 농림 "자유당 표의 일부가 흘러나가지 않도록 해야 할 것이라"는 의견.

곽의영 체신 "불신임을 한다 하더라도 순서가 있을 것이므로 현지 보고를 듣고 내무부 장관의 설명도 들은 후 사건처리로서 하여야 할 일이므로 자유당으로서는 이러한 이유로서 반격을 가하는 것이 타당하다고 본다"고 의견.

최인규 내무 "경남 의원 일부의 반동을 염려하나 이러한 시기에는 그런 일은 없을 것이며 맞을 때가 있다고 각오는 하고 있으나 시기가 너무 일찍 온 것 같기도 하지만 한번 당하고 나면 본인의 각오도 좀 더 철저하여 질 것도 같으며 결과는 큰 염려 없을 것으로 추측하고 있으므로 필요하면 부탁을 할 것이니 그때에 원조하여 주면 할 것이라"고 의견과 소청을 피력.

4. 북송반대운동에 관하여

손창환 보사 "대한노총에서 북송반대운동을 다음과 같은 방법으로 한다는 제의가 있었다"고 보고.

    (1) 30분간을 더 일하여 그 얻은 임금을 북송반대운동을 위하여 기증한다.

    (2) 적당한 시기에 10분간 파업을 하여 국제자유노련[250]에 호소한다.

홍진기 법무 "파업은 습관화하면 폐단이 막심하니 연구할 여지가 있을 것이며 중대한 문제이니 대통령 각하의 의향을 알아본 후에 처리하는 것이 좋겠다"는 의견.

    전원이 법무의 의견에 동조하였으므로 보사는 그대로 하기로 함.

5. 입국절차의 폐단 제거에 관하여

손창환 보사 "검역, 세관, 그 타입국 사무관계자가 다수 입항선에 올라가서 입국자로부터 잡지, 기타 물품을 얻는다는 말이 있어서 관계 장관 연명 통첩(通牒)으로 이를 방지 단속할 것을 제의한다"는 제안.

---

250) 국제자유노련(International Confederation of Free Trade Unions, ICFTU)은 반공적(反共的) 성격을 띤 국제적인 노동조합 조직으로 1949년 11월 창립되었으며 대한민국은 창설 당시부터 가입했다.

송인상 재무 "각 장관이 그 소속 공무원을 단속하면 족하다"는 의견.

재무의 개의를 채택하여 관계 장관이 개별로 조치하기로 함.

6. 의안심의

(1) 다음 안건은 제출부의 철회 요청으로 환송하기로 함.

　① 국립공원법

(2) 다음 안건을 원안대로 통과함.

　① 양곡관리법 중 개정 법률안

　② 총포화약류 단속 법안

　③ 도로법안

(3) 다음 안건을 수정 통과함.

　① 하천 법안

　(수정) 제32조 중 『하며 영리를 목적으로 하지 아니』를 삭제한다.

7. 기타

다음 보고를 접수하다.

야간통행 제한 시간 개정에 관한 건(내무)

(시각 현행 상오 1시를 0시로 하는 안)

제65회 국무회의

일시 : 1959년 6월 30일(화)
장소 : 경무대(전반), 중앙청(후반)

1. 상하수도 시설에 관하여

이승만 대통령 "하수도 시설이 불비할 뿐 아니라 상수도 시설도 확장이 필요하니 각별 유의하
　　　도록 하라"는 분부.

2. 앵속(嬰粟)251) 단속에 관하여

손창환 보사 "비행기 정찰로 적발 중인바 충남이 제일 많다"고 보고.

3. 북송반대에 따른 의연금모집운동에 관하여

손창환 보사 "대한노총에서 작업시간 연장으로 증가되는 수입을 기증하도록 한다고 하며 공
　　　무원도 그 수입의 일부를 기증하겠다고 하는 차제에 허가하신다면 적십자사에서 모
　　　금운동을 전개하겠다"고 보고 겸 품신에
이승만 대통령 "폐단이 없도록 잘 의논하여서 해야 할 것이라"는 주의의 말씀.
홍진기 법무 "재일교포의 생활 부조와 반대운동 경비 보조의 2개 용도 중 전자는 사실상 다액

---

251) "앵속(嬰粟)"은 '앵속(罌粟)'의 오기다. 앵속은 '양귀비'를 뜻한다.

이 필요하므로 목적을 후자에 국한하도록 하는 것이 좋겠다"는 의견.

하오 중앙청회의에서 다음과 같이 하기로 함.

(1) 전기(前記) 모금은 북송반대운동에 국한하여 쓰기로 함.

(2) 모금된 것의 수합과 송금 등은 대한적십자사가 하기로 함.

4. 대일관계에 관하여

이승만 대통령 "한국 국민을 제 마음대로 북한에 추방하려고 하는 것은 우리나라의 주권을 무시하는 것이요, 우리 수역에 무장하고 출어하는 것은 싸움을 걸어오는 것이라고밖에 볼 수가 없는 것인데, 우방들은 이것을 그대로 방치하였다가 싸움이 붙었을 때 처리를 한다는 것인지 그들의 소견을 좀 물어보는 도리를 연구하라"는 분부를 하시고 "서양인들 간에 최근 수십 년간 무력(실력)정치의 폐가 생겨서 여론의 효과가 적어졌으나 차제에 우리는 들고 일어서서 정의와 정권(正權)을 국제여론에 호소하도록 하여야 할 것이라"는 주의의 분부.

중앙청회의에서 외무부 장관으로부터 대일관계의 개황의 설명과 무위조치책의 질문이 있었으나 각부 장관도 명안(名案)이 없어서 외무에 일임한 격으로 됨.

5. 이앙개황에 관하여

이근직 농림 "거 26일 현재 88만 정보 79%로 작년(59%)보다 양호하나 경남북이 한재(旱災)252)가 막심하여 7월 10일까지 강우가 없을 때를 고려하여 대파(代播) 준비를 진행 중이라"는 보고.

6. 뇌해에 관하여

이근직 농림 "거 23일 강뇌로 충남북 일부 약 300정보의 피해(특히 연초)가 있어서 대작 대책을 진행 중이라"고 보고.

---

252) 가뭄으로 인한 재앙을 의미한다.

7. 잉여농산물 도입계획에 관하여

신현확 부흥 "기 배정 3,800만 불 중 엽연초 500만 불을 원면으로 변경하여 달라는 대미교섭은 거절당하였으며 미국 정부 회계연도 관계로 금월 중 서방 협의가 성립되어야 하므로 부득이 3,300만 불로 합의 서명하려고 한다"는 보고에 겸하여 "상기 삭감에서 오는 세입 결함 46억은 ICA 원조물자 도입대금 정산 잉여금에 의한 물자도입에서 나올 대충자금 50억 환으로 보충할 수 있을 것이라"고 첨보.

이승만 대통령 "그대로 해도 가한가?" 하시는 하문에

홍진기 법무 "관계 장관 간에 합의된 것이라"는 보고에 전원 의견이 없음.

8. 미국 파견 공무원 사고 귀국에 관하여

신현확 부흥 "주미 대사관에 파견하였던 이사관 1명이 병고로 귀국하였으므로 대체자를 기송하고자 한다"는 보고.

9. 재정경제에 관하여

송인상 재무 "세금은 작년보다 28%를 더 받았으며 이로 인하여 화폐발행고가 감소되고 은행 예금이 증가하여 가고 있으며 보험 가입자가 늘어가고 있으며 서울, 부산을 우선으로 추후에는 각 중요지역에 지역 단위의 사사은행을 육성할 계획이라"는 보고.

10. 주식 증권 투자의 지도 장려에 관하여

송인상 재무 "사채 등의 주식이나 증권 투자를 장려하여 보도록 할 방침이며 상세는 추후 성안 품신하겠다"고 보고.

11. 교통부 선전 계몽가 파견 계획에 관하여

김일환 교통 "객차 2대에 매대 17명으로 지방 순회공연을 하여 교통에 관한 계몽과 정부 시

책의 주지를 기하기로 교통, 문교, 내무, 공보 협력 하에 내 7월 1일부터 개시한다"는 보고.

12. 내무부 장관 불신임에 관하여

곽의영 체신 "무장경관을 울산 선거 시에 그곳에 배치하였다는 이유로 내무부 장관의 불신임을 야에서 제출하였으나 자유당이 강대 다수이므로 문제가 안 될 것이라"는 보고.

〈중앙청회의에서〉

야당이 지방에 있는 동안에 상경하여 결말을 지을 것을 당으로서 내정하였으나 야당에서는 이것을 알아서 하였는지 금번 제안을 철회하여 갔다고 하니 내무에 대한 불신임이 아니라 여당 대 야당의 정책 싸움이라는 법무의 보고가 있었음.

13. 전신전화시설 피해복구에 관하여

곽의영 체신 "일전 풍수해에 전신전화시설 피해로 불통하였으나 종업원의 철야 노력으로 48시간 이내에 완전 복구되었으며 이는 일본 체신노조원의 시간분 근무수당 청구를 위한 파업과 좋은 대조이라"는 보고.

※ 중앙청회의

1. 안건심의

열차보호에 관한 건(교통)
보고사항으로 접수하기로 함.

2. DLF에 관하여

송인상 재무 "조달회(曹達灰) 공장시설 자금이 승인될 것이라고 하며 중소기업 자금 500만 불 승인되어 왔다"고 보고.

3. 예산 편성 방침에 관하여

송인상 재무 "성안을 얻었으므로 내 금요일 회의에 상정한다"고 보고.

제66회 국무회의

일시 : 1959년 7월 3일(금)
장소 : 중앙청 회의실

1. 대일문제에 관하여

홍진기 법무 "외무부의 견해라고 하여 낙관적인 기사가 신문에 나 있는데 진상 여하" 하는 질
　　문에

조정환 외무 "기자들이 직원들이 하는 말을 듣고 적당히 만들어서 쓴 것이라"는 외무의 답변.

송인상 재무 "일본이 한국에서 할 수 있는 최대한의 경과 조치가 무엇인가? 하는 것을 문의하
　　여 왔기로 경제장관이 협의하여 회답을 하였다(내용에 언급치 않았음)"고 보고하고,
　　"일본은 우리의 경과 조치 전부에 응할 것으로 보며 이러한 전망에서 불 시세는
　　200~300환씩 각각 떨어지고 5,900환에서 6,100환으로 올라갔던 금가도 다시 5,900
　　환 이하로 떨어져 가고 있으며, 6 · 15조치[253] 이후 6월 중 우리 상인이 수출한 것이
　　100만 불을 초과한 것은 정부의 경과 조치에 대한 국민의 신뢰를 의미하는 것이라고
　　보며, ICA 물자 구입에 대한 미측의 태도는 국무성이 한국 처지를 이해하고 ICA 측에
　　한국에 유리한 조치의견을 보내었으나 국회 관계를 염려하는 ICA 측의 주저로서 당
　　분 그대로 보류될 것으로 관측된다"고 첨가.

---

253) 1959년 6월 15일에 단행된 대일통상 중단조치를 뜻한다. 당시 정부는 일본이 재일한인 북송을 추진하려
　　는 움직임에 대한 반발로 이와 같은 행동을 결정했다.

2. 경제원조체계 발동에 관하여

송인상 재무 "한국 측도 이에 대한 조치가 필요하다는 신문 논설이 있었으나 종래 UNC 지배 하에 있었던 것이 미국대사 지배하로 변경된 것으로서 우리 측에 하등 변경할 필요는 없으며 마이어협정을 변경하라는 설도 있으나 이 이유로서 변경할 필요는 없을 뿐만 아니라 타 이유로서 한다고 하더라도 우리 측에 불리한 점이 동시에 삽입될 우려가 있다"고 보고.

3. 해군참모총장 기자회견에 관하여

조정환 외무 "타이베이(台北)에 출장 중인 해군참모총장이 북송 선박 나포에 언급한 바 있는 데 상부 지시에 의한 것인가"하는 질문에

김정렬 국방 "지시한 바 없으며 진상을 알아보겠다"고 보고.

4. 도쿄 FIR에 관하여

(법무장관으로부터 외무부 장관에 대하여 그간의 경위를 설명할 것을 요구함에 국방장관 이 대신 설명을 함.)

김정렬 국방 "FIR은 정보 제공과 구제가 목적이므로 우리의 비행권에 영향이 없을 뿐만 아니 라 대구 ADIZ[254]가 실질적으로 한국 FIR의 일을 한다는 것인바 대구의 통신 시설에 는 불편이 없으나 구제시설은 미비한 현상에 있다"고 보고.

홍진기 법무 "FIR을 봉사라고만 하나 비행시에 소할(所轄) FIR에 필히 통보하도록 되는 것으 로 보아 모종의 관할권으로 보이며 일본이 도쿄 FIR 구역의 일부를 한국에 할양하지 않으려는 것으로 보아 이해관계가 있기 때문으로 추측되니 실무자의 설명을 듣자"고 제의.

전기 제의를 채택하여 외무, 교통의 담당국장을 출석케 하여 보완 설명을 들은 바 종

---

254) 방공식별구역(Air Defense Identification Zone, ADIZ)은 영공 침입 방지 등 자국의 안전을 위해 각국이 설 정한 공역(쏘域)에 해당한다.

합 결론은 여차함.

(1) 대구의 시설로서 FIR의 임무를 수행할 수 있다.

(2) 미국이 일본에게 한국 FIR 지역으로 되어야 할 지역을 포함한 관할 지역을 가진 도쿄 FIR을 이관하기 전에 한국 FIR이 독립되었어야 할 것이었다.

(3) 현재 같은 결과는 한국 측의 조치가 늦어서 그리된 것이니 조속한 시일 내에 ICAO [255]에 한국 FIR 설정을 교섭하여야 할 것이다.

5. 강우 상황에 관하여

이근직 농림 "경기 일대는 충분하나 경북과 전남이 부족이며 목포, 여수지방은 별로 오지 않았다"고 보고.

6. 춘궁 맥 공급 상황에 관하여

이근직 농림 "89.2%에 달하였다"고 보고.

7. 1960년도 예산 편성 방침에 관하여

송인상 재무 "별지와 같이 성안한바 다음과 같은 일정으로 심의를 진행할 것이라"는 보고.

7월 15일까지 방침확정 부별 예산 사정

7월 31일까지 단안 편성

8월 10일까지 국무회의 예비 회의

8월 15일까지 자유당과 협의

8월 31일까지 국무회의 의결 재가

9월 초순에 국회에 제출

---

255) 국제민간항공기구(International Civil Aviation Organization, ICAO)는 세계민간항공의 발전 도모를 위해 1947년 4월에 발족한 국제연합 산하 기구이다. 대한민국은 6·25전쟁 중이던 1952년 12월 11일에 가입했다.

제67회 국무회의

일시 : 1959년 7월 7일(화)
장소 : 경무대(전반), 중앙청(후반)

1. 수해 상황

최인규 내무 "사상 20명, 피해가옥 200호, 경지 2,500정보, 도로 기타 계 1억 4천만 환 상당의
피해가 있었다"고 보고.

2. 장관 불신임안에 관하여

최인규 내무 "외무, 내무의 불신임안은 각각 부결되었으나 표결 숫자가 좀 창피하게 되었다"
고 보고.

이승만 대통령 "민주당이 지금과 같이 백성들이 골치를 앓고 정당 간에 원수가 되는 투쟁의 방
법을 고치도록 비공식 편지를 내어 줄까 하는 생각을 하고 있는바 민주당에 대하여
머리로 담벼락을 들여 받는 것 같은 식을 하지 않도록 일러줄 필요가 있을 것이라"는
분부.

3. 이앙상황

이근직 농림 "7월 5일 현재로 91.3%의 이앙이 완료되고 잔여는 2~3일 내로 완료될 것이나 전
남북, 경남북의 해갈은 아직도 완전하지 못하다"고 보고.

4. 맥작 상황

이근직 농림 "금하 맥황은 광복 이래의 대풍으로 맥가의 저렴을 방지하기 위하여 40만 석의 담보 융자를 추진 중이라"고 보고하고 "세상 노인은 요순시대라 한다"고 첨보.

(주) 맥곡 생산고 금년 723만 석. 전년 580만 석.

5. 남산 보호에 관한 조치상황

이근직 농림 "남산에 전담 감시원 7인을 배치하여 보호를 강화하였다"고 보고.

이승만 대통령 "남산 외변은 물론 인왕산, 관악산 등도 관계시장 지사에게 강화를 지시하되 필요하면 학생도 동원하여 이에 협력케 하여야 할 것이라"는 분부.

6. 경제원조 개황에 관하여

신현확 부흥 "6월 30일에 산은의 중소기업 융자에 필요한 DLF 500만 불이 확정되어 1년분 융자에 충분하게 되었으며 6월 30일에 끝나는 미국 회계년도 말을 계기로 기간(其間) 필요한 서류상 수속을 완료하였으며 1960 미 회계년도 원조액이 확정되기 전에 작년과 동액의 원조가 있을 것을 예상하여 우선 1억 불의 집행계획을 수립하여 가기로 합동 경제위원회에서 합의를 보았다"고 보고.

7. 징세 성적에 관하여

송인상 재무 "6월 중의 징세 성적은 208억, 1월 이강(以降) 성적 926억(작년 현재 486억)이며 자금 공급도 금달액의 82%(종래)를 집행하였다"고 보고하고 "따라서 거 2월 27일 1,200억이던 통화가 944억으로 축소하였다"고 첨가.

8. 관광불에 관하여

송인상 재무 "UN 사정부가 온 관계로 작년에 약 3천만 불이 우리 손에 떨어져서 현재 1억3천만 불을 보유하고 있고 앞으로 금년 1년엔 5,000만 불 내외가 들어오리라고 보나 수출과 아울러 외화획득에 중요한 사업인 관광을 발전시킴에는 관광에서 쓰여질 외화에 대한 특별환율의 제도를 열어야 할 것이라"고 의견을 구신.

9. 전신전화시설의 풍수해복구에 관하여

곽의영 체신 "고장 연락을 장관실로라도 하게 하여 조속한 복구를 기하였다"고 보고하고 "수부족으로 곤란하니 명년엔 증원을 허용하여 주시라"는 소청.

10. 류큐(琉球) 대표팀 내방에 관하여

구용서 상공 "22명이 왔으며 업자와 접촉하는 것을 정부서는 측면에서 원조하여 주기로 하고 있다"고 보고.

이승만 대통령 "소수가 오면 호감을 가지고 가게 하려 하였으나 22명이나 온 중에는 일본과 협조하여 간다는 것을 주장하는 자들도 섞여 있다고 들리니 외무, 내무, 상공에게 반공은 물론 일본에서 독립하여야 한다는 것을 잘 이해시키고 미국도 그것을 도와줄 것이라는 것도 암시하여 보내도록 하여야 할 것이라"는 분부.

11. 수출 진흥 외교원 양성에 관하여

이승만 대통령 "외국에 물건을 팔아야 하며 그것을 위하여는 외교원을 양성하도록 하여야 한다"는 분부를 하시고 송필만256) 씨의 예를 들어서 말씀.

구용서 상공 "상표의 단속과 검사제도의 강화를 연구 중이라"는 보고.

최재유 문교 "한양대학에서 디한 씨와 협의하여 해당 학과 설치를 계획 중이라"고 보고.

---

256) 송필만(宋必滿, 1890~1978)은 일본 주오대학(中央大學) 법과를 졸업했으며 귀국 직후 1919년 연희전문학교 법률 교수로 4년간 재직했다. 하와이에서 이승만을 만나 『태평양잡지』 발간을 맡았으며 이후 워싱턴 D.C.에서 이승만을 수행했다. 해방 후 한국민주당 창당에 발기인으로 참여했으며 1953년 민주국민당 중앙상무위원, 1958년 민주당 중앙상무위원으로 활동했다.

12. 반공대회 사진 배부에 관하여

전성천 공보 "앨범은 각 대표에게 무상으로, 영화필름은 희망자에게 유상으로 배부하고 전자 (前者) 앨범은 재외공관과 국내 외국공관에도 배부할 계획이라"고 보고.

13. 〈우리 대통령〉 영화에 관하여

전성천 공보 "각하의 건강하신 것을 소개하는 데 효과가 있었다"고 보고.
이승만 대통령 "건강하다는 것만 선전하여 주시면 당선은 틀림없을 것이라"고 농의 말씀.

14. 일선 석방에 관하여

곽의영 체신 "야당 의원의 말에 이 대통령 정치적 탁견을 따를 도리가 없다고 탄복하더라"고 보고.
이승만 대통령 "내가 생각 못한 것을 모두들 하자고 하기에 하였더니 의외로 반향이 좋았다고 한다"고 말씀.
손창환 보사 "석방한 선원으로부터 감사하다는 편지가 왔다"고 보고.
이승만 대통령 "일인들 하는 짓으로는 도저히 허용할 수 없으나 인간주의적 견지에서 그런 조 치를 하면 효과가 있을 수도 있으며 일인 중에도 옳은 생각을 하는 자도 불무하니 그 런 자들을 생각하여서도 이러한 조치는 효과가 있었을 것이라"고 분부.

15. 철도 선전 계몽반에 관하여

김일환 교통 "200개 역을 목표로 이미 개시하여 진행 중이라"고 보고.

16. 관광사업에 관하여

이승만 대통령 "설악산 간다는 사람이 불어가고 있으니 외국의 관광 기관과 긴밀히 연락하여 선전에 힘쓰는 일편 인분 시비로 인한 취기 방지와 수세식 변소시설 등에 주력하도록 하여야 한다"는 분부.

<하오 중앙청회의에서 다음과 같이 하기로 함.>
「다음과 같은 조치를 취하기로 하고 내무부가 소집 책임자로서 실무자 회의를 열어서 실시요강을 성안 제출하도록 한다.
(1) 음식점 기타 접객업 허가는 수세식 변소시설 완비를 요건의 하나로 한다.
(2) 기 허가 업자는 6개월 이내에 이를 완비케 한다.
(3) 신축건물은 가능한 수세식으로 하도록 지도하는 방법을 연구한다.」

17. 상수도에 관하여

이승만 대통령 "서울을 동양 제일의 아름다운 도시로 만들려면 수도시설이 충분하여야 하니 500만 인구를 목표로 하는 상수도 계획을 세우도록 하라"는 분부.

<하오 중앙청회의에서 다음과 같이 하기로 함.>
「내무부 주관으로 부흥부와 협의하여 입안 제출케 한다.」

18. UN에 보내는 문서 발송에 관하여

이승만 대통령 "임병직257) 대사 사무실을 통하도록 하라"는 분부.

19. 위험 방지에 관하여

이승만 대통령 "지각없이 위험한 곳에 거주하다 불의의 재난을 당한 자가 많으니 내무와 문교

---

257) 임병직(林炳稷, 1893~1976)은 독립운동가이자 대한민국의 외교관, 정치인이다. 1919년 필라델피아에서 개최된 대한인총대표회의에 참가했으며 구미위원부에서 이승만을 수행하는 역할을 했다. 해방 직후 구미위원부 위원장을 맡았으며 대한민국 수립 이후 제2대 외무부 장관을 역임했다. 1951년 9월 주유엔 대사로 임명되어 1960년까지 뉴욕에서 봉직했으며 귀국 이후 1961년 국민운동재건본부 본부장, 1964년 주뉴델리 총영사, 1974년 한국반공연맹 이사장 등을 지냈다.

가 협력하여 계몽지도를 하도록 하라"는 분부.

20. 여권발급 사무처리 개선에 관하여

이승만 대통령 "손이 부족하면 인원을 늘려서라도 조속히 처리하여 주도록 하라"는 분부.

※ 중앙청회의

1. 반공투쟁 전국위대회에 관하여

최인규 내무 "장 씨는 정당을 만들 의사가 없다는 것과 부통령 출마 않겠다는 것을 언명하였으나 어느 정도 믿을지 모르겠다"는 보고.

2. 산림남벌 방지에 관하여

송인상 재무 "외국인의 설악산 남벌을 우려하고 있으니 내무, 국방이 불법 벌목을 금하고 농림의 벌채 허가를 않도록 하는 것이 여하?" 하는 제의에

이근직 농림 "자유당원이 운동을 한다"고 고충을 보고함.

　　원의로서 다음과 같이 할 것을 의결.

　　「사찰 임야, 풍치림 기타 명승지구 주변에 수목의 벌채는 이유 여하를 막론하고 이를 엄금한다.」

3. 석탄 소운반에 관하여

송인상 재무 "종래 석탄 소운반에 종사하던 군용 후생자동차가 인상됨으로 인하여 석탄 소운반에 지장을 초래하게 되어 월동탄 생산이 부진하고 있으니 당분간 군용화물 자동차 202대를 배차하여 줄 것을 국방에 요청한다"는 제의에

김정렬 국방 "실정은 십분 이해하나 미군 당국이 민간 화물차 사용이 타당. 단, 가능함에 불구하고 군용차를 사용케 하기 곤란하다"고 한다는 답변.

신현확 부흥 "민간차를 쓰면 운임이 가중되어 단가가 인상되어야 하는바 탄가 인상은 명년을

생각하여서도 곤란하기 때문이라"고 실정을 설명.

김정렬 국방 "실정을 잘 이해하고 있으니 부흥이 OEC와 협의하여 경제조정관을 통하여 미군 당국을 움직이는 방책을 연구하여 주시는 것이 좋겠다"고 의견.

상기 국방의 의견을 채택하여 부흥부 장관이 OEC와 절충하기로 일단락을 지음(단, 군용탄 38만 톤 수송을 역설하기로 함.)

제68회 국무회의

일시 : 1959년 7월 10일(금)
장소 : 중앙청 회의실

1. 수해 상황과 그 대책에 관하여

최인규 내무 "금번 수해는 인명피해 53명, 가옥 1,900호, 선박 11척, 경지 19,000정보 총 피해
　　　액 추산 18억이라"고 보고.
이근직 농림 "수해에 필요한 대책을 위하여 내무, 재무, 농림, 보사, 문교, 교통으로 수해대책
　　　위원회를 조직도록 하자"고 제의.
　　　전기 농림의 제의대로 6부 장관으로 수해대책위원회를 조직하기로 의결함.

2. 보선에 관하여

최인규 내무 "전남 보성의 보선의 결과는 시기적으로 명년 선거에 직접 영향이 될 것이므로
　　　당 공천에는 특별한 주의가 필요할 것이라"고 보고.

3. 교량 개통에 관하여

최인규 내무 "경남 밀양과 창원 간에 대철교가 완성되어 내 7월 20일에 개통식을 하기로 하고
　　　있는바 각부 장관의 참석을 요청한다"는 보고 겸 요청.

4. 대일문제에 관하여

조정환 외무 "국회에서 재일교포를 위하여 보호안을 연구하라고 결의하였으나 반향이 없다고 시비를 하니 방안을 의결하기를 바란다"는 제의에

홍진기 법무 "외무부에서 구체안을 작성하여 제출하여야 논의할 수 있다"는 의견.

송인상 재무 "예산이 없는 것은 도리가 없다"고 주장하였으나 여하간에 외무부에서 구체안을 작성하여 제출케 하기로 결의함.

5. 대일문제에 관한 미국의 동향에 관하여

송인상 재무 "일전에 미 대사관 관계자와의 회담에서 미측은 한국 측이 미국의 제안(자유 귀환은 허용하도록 하라는 것으로 추측)에 반대한다며 미국 정부는 ICA 규정 제1호가 한국에 계속 실시된다는 것을 공표할지도 모른다고 하므로 잘 부탁하였으나 외무부에서 적극적으로 나서서 ICRC 문제를 해결하여 주기 바란다"는 재무의 보고 겸 요청에

조정환 외무 "외교상의 예언은 천기예보와 같은 것이므로 무엇이라 할 수 없으며 주일대표부의 인사 문제는 신문이 만들어서 쓴 것이라"고 답변.

6. 상반기 시정업적(백서) 발표에 관하여

송인상 재무 "거 반개 년 간의 시정업적을 내외에 소개하기 위하여 문서를 발표할 것을 제안한다"는 제의.

상기 재무장관의 제안을 채택하여 내 7월 20일까지 부흥부가 중심이 되어 각부 실무자와 연락 성안하여 제출케 한 후 이를 검토하여 내 8월 초에는 이를 발표하기로 한다는 결의를 함.

7. 국산 박람회에 관하여

"과반 국무회의 의결로 정부와 관계없다는 것을 분명히 하라고 해(該) 박람회 측에 통달할

것을 상공부 장관에게 위임한 바 근일 외지에 정부 주최로 보도되고 있으니 여하히 된 것인가?" 하는 질문에 상공부로서는 통지를 하였으나 그들은 이에 불응하고 그대로 진행하고 있으니 그 이상의 도리가 없다는 상공부 장관의 답변이 있어서 금반 이를 다시 공보실을 통하여 "정부와 관계 없다"는 것을 명백히 하기로 의결함.

8. 1960년도 예산편성방침 결정에 관한 건

수정통과 함(원칙만을 정하고 세부 수정을 재무에 위임.)

(수정내용은 차회의시 재무가 상세 보고함.)

제69회 국무회의

일시 : 1959년 7월 14일(화)
장소 : 경무대(전반), 중앙청(후반)

1. 대일관계에 관하여

조정환 외무 "내무부에서 주관하여 데모를 하고 있다"고 보고.

최인규 내무 "학생들은 제외하고 노동조합 반공청년 등이 중심이 되어서 하고 있으며 일시에
　　　　나오면 시내 혼란을 야기할 것이므로 내무부에서 신청을 조절 중이라"는 보고.

이승만 대통령 "국민이 평온히 하고 있으면 외국인들이 주의를 않고 우리에게 불리한 방면으
　　　　로 나가기 쉬우니 데모는 계속되어야 할 것이라"고 분부.

2. 대교량 준공에 관하여

최인규 내무 "밀양과 창원 간의 대교량을 완성(공사비 5억)하여 내 7월 22일에 준공식을 거행
　　　　하려고 하는 바 근일 서기(暑氣)가 대단하여 각하를 모시겠다고 감히 말을 못 올리겠
　　　　다"고 보고.

이승만 대통령 "내가 타인들보다 염서(炎暑)258)에 못 견디거나 하지 않으니 염려하지 말아라"
　　　　고 분부.

---

258) '몹시 심한 더위'를 의미한다.

3. 모범 동리장의 부흥 상황 시찰에 관하여

최인규 내무 "각 지방의 모범 동리장에게 서울 기타 지구의 산업부흥 상황 시찰의 기회를 만들어 주고자 한다"고 보고.

4. DLF의 대여 결정에 관하여

신현확 부흥 "삼척 동양화학의 조달회(曹達灰) 공장설립자금으로 5,600,000불이 배정되었다는 통지가 있었다(연리 5.43% 15년 상환)"고 보고.

5. 이앙상황과 수해대책

이근직 농림 "99%를 완료하였으며 수해지구에 대한 대작물의 종자 비료 농약의 배부도 완료하였다"고 보고.

6. 지방교통시설 피해복구 상황에 관하여

김일환 교통 "지방을 순찰한 결과 피해의 대부분이 복구되었으며 교각파손으로 위험한 철교에서 일어날 사고를 미연에 방지한 기관사에게 1계급 특진의 표창을 하였다"고 보고.

7. 송충 구제에 관하여

이근직 농림 "경화 병균을 경기도 일부에 시험한 바 성적이 양호하며 농업에 피해는 없다는 것이 판명되어 명년부터 대대적으로 실시할 예정이라"고 보고.

이승만 대통령 "대단 유익한 발견이며 전세계에서도 최초의 발견이니 외국인들에게도 널리 소개하여 주고 예산을 주어서 적극 추진하도록 하라"고 하시며 "진해에서 실물을 보았는데 신기한 일이었다"고 칭찬의 말씀.

8. 송종 개량에 관하여

이근직 농림 "임업시험장에서 미국산 리기다 소나무[259]와 로브로리 소나무[260]를 배합하여 새로운 품종을 육성하였는데 생장률이 5배나 되는 것으로서 학계에 중대한 발견일 것이라"고 보고하고, "로브로리 소나무의 종자는 다울링[261] 대사가 15봉도를 갖다 주었으나 한기에 약하여 남한 이외에는 생장치 않는 것이어서 이를 개량하여 전기와 같은 내한성이 강한 우량종을 작출하였다"고 첨가하고 "신품종의 명칭이 미정이니 작명을 소청한다"고 품청.

이승만 대통령 "다울링소나무로 하는 것이 여하" 하시는 정도일 뿐 결정적인 분부는 없으셨음.

9. 제주도 보건 상황 시찰 보고

손창환 보사 "수일간 제주도를 시찰하고 결핵, 상풍병, 안질 등에 관한 실정을 조사하고 돌아왔으며 연돌개량, 변소시설개량, 수원개발에 의한 유휴지 활용을 지사에게 말하여 주고 왔다"고 보고.

이승만 대통령 "화산회토는 비옥한 것이나 보수력(保水力)[262]의 부족이 결함이니 수리 문제만 해결하면 좋은 농토가 될 수 있을 것이니 점토를 이용하여 저수하는 것도 연구하도록 하라"는 분부.

10. 류큐 사절 내한에 관하여

구용서 상공 "류큐 사절들은 좋은 인상을 가지고 돌아갔으므로 다소 거래의 가망이 있을 것으로 추측한다"고 보고.

---

259) "리기다 소나무(pitch pine)"는 북아메리카 북부 동부 연안이 원산지이며 겉씨식물 구과목 소나무과의 상록교목이다.

260) "로브로리 소나무(loblolly pine)"는 미국 남동부 지역 등지에 자생하는 소나무의 일종이다.

261) 다울링(Walter C. Dowling, 1905~1977)은 1932년에 노르웨이 부영사를 지냈으며, 1956년부터 1959년까지 제4대 주한 미국대사로 재직했고, 이후 1963년까지 서독대사를 역임했다. 1959년 경향신문 폐간에 대해 반대의견을 표명하기도 했다.

262) 흙이 수분을 지니는 힘을 뜻한다.

곽의영 체신 "채장(蔡璋)263)이라는 대표는 류큐 국민은 대부분 독립을 희망하고 있고 이에 대한 한국의 후원을 바라고 있다는 말을 하더라"고 보고.

이승만 대통령 "말할 줄 아는 몇 사람만을 사절로 파견하여 통상에 관한 의논도 하고 류큐는 일본 덕분에 발전한 곳이 아니고 본래 문명한 나라로서 옛날에 베이징에서 한국사절과 만났다는 것이 글에 남아 있는 터이니 그 점을 잘 알리도록 일러주어야 할 것이라"는 분부.

11. 체신사업 추진상황에 관하여

곽의영 체신 "국제전신의 불편을 완화하기 위한 공사는 금월 말까지 자재의 도착이 완료하고 내 10월 말에는 완성을 보게 될 것이며 필리핀의 우표박람회에는 우리 우표도 250종을 출품하여 양국 친선을 도모하였으며 DLF로 시설하기로 된 초단파중계소는 남산에 설치하는 것이 필요하니 허가하여 주시기 바란다"는 보고 겸 품청.

이승만 대통령 "북악산에 좋은 곳이 있으니 거기다 설치하도록 하라" 하시며 남산중계소문제는 윤허치 않으심.

12. 선전 대책에 관하여

전성천 공보 "이북의 300kw와 일본 방송에 대전하려면 500kw 시설과 지방방송에 주력하여야 하겠으며 정부 시책 주지를 위하여는 이동영화관과 최소 20,000대의 라디오 보급이 필요하다"고 보고.

이승만 대통령 "우리는 이미 약소민족 약소국가가 아니며 세계 각국이 우리를 인정하고 있으니 우리 자신(自身)이 자신(自信)을 가져야 하며 여러 가지 점으로 외국이 우리를 도와주려고 하고 있는 이때 그런 것을 요구하여 보도록 하는 것이 좋을 것이라"는 분부.

---

263) 채장(蔡璋, 류큐 이름 喜友名嗣正, 1916~1989)은 1941년에 류큐청년동지회(이후 류큐혁명동지회로 개명)를 조직하고, 일본의 패전 후 류큐 독립을 주장하는 활동을 전개한 인물이다. 1959년 6월에 열린 아시아민족반공대회에 류큐 대표로 한국에 온 바 있다.

13. 산림녹화에 관하여

이승만 대통령 "도·군 경찰이 합력하여 입산금지구역을 설치하고 수목을 보호하고 야생지 조성에 주력하도록 하라"고 분부.

14. 석탄 생산에 관하여

이승만 대통령 "우리가 쓰고 남을 만치 생산하여 여분은 외국에 수출하도록 하여야 할 것이라"는 분부.

15. 미곡 증산과 잡곡 혼합에 관하여

이승만 대통령 "미가 저렴 우려 운운은 망발이며 잡곡 혼식은 영양 가치로 보아도 좋고 미곡이 남으면 수출도 하여야 할 것이라"는 분부.

16. 예산 심의에 관하여

송인상 재무 "신년도 예산안을 목하 심의 중이므로 8월 상순에는 재가를 품청하리라"고 보고.

※ 중앙청회의

1. 재무부 세제 중 개정의 건(법제)

원안대로 통과함.

2. 지방세무관서직제 중 개정의 건(법제)

원안대로 통과함.

3. 지방관재관서직제 중 개정의 건(법제)

원안대로 통과함.

4. 도축위생법(법제)

제출처의 철회 요청으로 환송하기로 함.

5. 일간「한글서울신문」발행허가의 건(공보)

제출처의 철회 요청으로 환송하기로 함.

6. 일간신문 국문판 발행에 관한 건(공보)

기 허가 일간신문이 국문판을 같이 발행할 경우에는 한글 보급의 견지에서 이를 무효한 것으로 보기로 한다는 공보실장의 보고를 받고 이를 양승(諒承)하기로 하다.

제70회 국무회의

일시 : 1959년 7월 16일(목)
장소 : 중앙청 회의실

1. 비료 도입방법에 관하여

다음과 같은 부흥부 장관의 구두 제의를 무효한 것으로 양해할 보고로서 접수하기로 하였음.

신현확 부흥 "ICA 도입비료의 일본지역 구매를 피하는 방법은 오직 FOB[264]로 입찰시키는 도리밖에 없는바 그대로 하려면 다음과 같은 애로가 있다.

(1) 외국 선박에 의하여 수송하는 부분은 정부보유불로 지불하여야 하는 것(50%는 미국 선편에 의하여야 함).

(2) 우리 선박으로 수송할 경우에는 그 운임을 종래 지불하는 불화액을 기준으로 하고 500 대 1로 환산한 환화로 지불하지 않으면 전기와 같은 조건 하에 사정된 관수 비료 가격을 인상할 필요가 생기게 되며 500 대 1로 환산 지불하여 주면 해운공사가 손해(1,700~1,800대 1이라야 수지가 맞는다고 함)를 보게 되므로 대책이 필요함.

후자의 대책으로는 종래에 운임으로 지불되던 불화를 비료 구입에 충당하여 비료를 더 많이 사들여서 그 부분(운임비로 구입한 것)을 운임 대신 해운공사에 현물 지급하고 시판처분을 허용함으로써 해운공사의 수지를 맞게 할 수 있을 것이라"
고 보고하고 "재정법 기타 규정상의 문제와 비료 정책상의 문제를 연구할 필요가 있을 것이라"고 첨가.

---

264) 본선인도조건(Free On Board, FOB)은 매도인이 매수인 측에서 지정하는 선박에 계약화물을 적재하고 본선 상에서 화물의 인도를 완료할 때까지의 일체의 비용과 위험을 부담하는 무역조건이다.

송인상 재무 "농민이 실수요자이므로 정부와 무관하니 재무법상의 문제는 없다"고 의견.

이근직 농림 "비료가 1개라도 더 많이 들어오니 비료 정책상 지장이 없다"는 의견.

2. 재외공관의 광복절 축하연 개최일에 관하여

조정환 외무 "서기(暑氣)가 심한 시기이므로 불편하다는 재외공관의 의견이 많으므로 재외공
관에 한하여 10월 12일로 하도록 정하여 전달하려는 바 여하"하는 제의에 전원 이의
없이 양승(諒承)하기로 함.

3. 해외 유학 및 시찰 여행자 선정과 사전교육에 관하여

유 비서관 "해외여행자나 유학생이 외국의 예절과 관습을 모름으로써 실수하는 사례가 왕왕
있다는 보고를 받으시고 「적당한 사람을 선정하여 사전에 교육을 하여서 보내도록
하라」는 분부가 있으셨다"고 전달.

신현확 부흥 "목하 소책자를 만들고 있으므로 그것을 교재로 하여 교육을 하여서 보내도록 하
겠다"고 계획을 보고.

4. 1960년도 예산 편성에 관한 건(재무)

중요 정책경비 예산 요구에 관한 재무장관의 설명(내용 생략)

제71회 국무회의(임시)

일시 : 1959년 7월 20일(월)

장소 : 중앙청 회의실

1. 부산 공설운동장 참사에 대한 조위(弔慰)에 관하여

이근직 농림 "참혹한 실정을 그대로 볼 수 없으니 국무위원 일동의 명의로 조의를 표하는 것

이 좋겠다"는 제의에

전원 이의 없이 금일봉을 보내어 조의를 표하기로 함.

2. 부산 공설운동장 사고와 일인 수용소 탈출 사건에 관하여

내무부 장관의 개략의 설명에 이어 치안국장의 상세한 보고를 들었음.

(내용)

(1) 부산 공설운동장 사고

① 경찰의 사전조치는 유루(遺漏) 없었다.

② 사후조치에 만전을 기하고 있다.

③ 군중심리에서 난 사고이고 타의 원인은 없다.

④ 피해자 가족도 각기 운수로 알고 당국을 원망하는 일은 없다.

⑤ 서장 외 관계관의 책임 문제는 조사 결과에 의하여 처리하겠다.

(2) 일인 수용소 사고

① 귀국(歸國)을 목적으로 한 계획적인 것이 아니다.

② 7월 8일 일부 탈출 이후 기왕의 방만하던 것을 단속하게 된 데 대한 불감(不感)이 당야(當夜) 백 경사와의 교섭에서 감정이 상하여진 기회에 노현(露顯)된 것으로 본다.

③ 경비부실 운운은 항설(巷說)과 차가 있으며 평시보다 2명이 적었던 정도이다(운동장 사고현장에 2명이 출동).

④ 운동장 사고와 하등 관련이 없다.

⑤ 총경을 수반으로 하여 경계를 강화하였다.

⑥ 관계 공무원 문책은 추후 검토 조치하겠다.

3. 울산 보선에 관하여

최인규 내무 "작전에 지금까지 없는 고생을 하였다"고 보고하고 "사전에 경찰서장 기타 경찰 간부를 이동하여 편파적 일이 없도록 하는 동시에 당이 지명한 공천 후보 당선을 목표로 노력하였을 뿐이라"고 보고.

4. 밀수 방지상의 애로에 관하여

송인상 재무 "경찰, 검찰에서 배치하고 있는 직원이 도리어 밀수자에 협력을 하여 주고있는 실정으로서 시정이 곤란하다고 하니 관계부의 협력을 요망한다"고 요청.

(요점은 다음과 같음

(1) 외무부에서 여권발급을 신중히 할 것.

(2) 사업 목적을 배치한 직원을 단속할 것.

(3) 재무부로서는 전원 갱신 배치를 하고 여비(외화)의 출처도 규명할 방침이라는 것.)

5. 1960년도 예산 편성에 관한 건

중요 정책 사업비를 중심으로 우선순위를 책정할 것을 논의하였으나 결론을 얻지 못하고 재무부로 하여금 의안을 작성 제출케 한바 동안의 배정을 재무부가 현재 규모에서 예상하고 있는 125억을 가지고서는 이 이상 합리적 배정이 곤란하다 할지라도 규모를 재검토하여 세입증가를 할 수 있는 듯하다는 농림, 체신의 의견과 사실상 적자 예산이 되므로 할 수 없다는 재무의 의견이 대립되어 차회에 재론키로 하고 일단 보류함.

제72회 국무회의

일시 : 1959년 7월 21일(화)
장소 : 경무대(전반), 중앙청(후반)

1. 문화재에 관하여

최재유 문교 "해외 전시에서 많은 성과를 거두고 무사히 귀환하였다"는 보고.

2. 서울 주변 녹화계획에 관하여

이근직 농림 "인왕산 245정, 관악산 2,003정을 전자는 명년 6월까지 후자는 내명년(1년 반 후)
까지에 싸리와 초목을 심는 신식 사방법에 의하여 녹화할 계획이라"고 보고.

이승만 대통령 "사방은 시급을 요하는 문제이니 내년이란 말을 하지 말고 각부 장관이 협력하
여 금년 내에 어느 정도의 성적을 올리도록 하라"는 분부.

3. 중앙의료원 운영에 관하여

손창환 보사 "외국인 의사, 약사, 간호원이 교체된다고 한다"는 보고.

이승만 대통령 "국제적으로 이름이 알려질 만한 권위 있는 곳이 되어야 하니 고명한 의사들을
보내주도록 교섭하도록 하라"는 분부.

4. 무선전파 중계소 위치 선정에 관하여

곽의영 체신 "분부를 받들고 북악산에 설치하기로 하였으나 배선과 경비에 다소 불편이 있을 것으로 생각한다"고 보고.

5. 전화시설 확장계획에 관하여

곽의영 체신 "일제시대에 5,000대이던 것이 현재 25,000대 있으나 장래 서울 인구 400만을 예상하고 65,000대의 시설을 진행 중이라"고 보고(자금은 ICA, DLF).

6. 부산 공설운동장 참사에 관하여

(내무부 장관의 진상 보고에 대하여)

이승만 대통령 : "불행한 일이며 우리는 새로운 생활, 즉 집단생활에 대한 훈련이 필요하며 경찰도 이런 점에 항상 유의하여 비상시 대책과 지도에 힘써야 할 것이라"는 분부.

7. 일인 수용소 탈출 사건에 관하여

(내무부 장관의 경위 개요 보고.)

8. 불화입찰 차액 회수에 관하여

송인상 재무 "1955년 500 대 1 공정환율 제정시 발생한 문제가 이제 해결된 것인바 이 같은 어려운 문제를 민간인들이 그 같은 장기간 두고 노력한 결과 당초에 거부하던 미국을 이론상으로 이겨냈다는 것이 감명 깊은 바이라"고 보고.

9. 향항(香港)265) 항공로 운행 중단에 관하여

송인상 재무 "외자도입법이라도 제정되어서 환화의 한도가 규정된 후면 몰라도 현재 같은 실
정에서는 도저히 응할 수 없어서 거부하였더니 운행을 못하게 되고 말았다"고 보고.

이승만 대통령 "잘 이해들하고 있는가?"하시는 하문에

조정환 외무 "영국이 「장사속」으로 너무 욕심을 내므로 그것을 설득시키려고 20여일 교섭을
하였으나 불응한 탓으로 그리된 것이니 우리가 이론에 몰릴 것은 없다"고 보고.

이승만 대통령 "외국에 앞서서 가지는 못하여도 국제발전에 지장이 되는 존재가 되어서는 안
되니 쫓아서 갈 만은 해야 할 것이며 현재 KNA266)의 신용욱267)은 기존 회사를 육성
하여 달라고 할지 몰라도 2개 이상의 회사가 경쟁을 하여야 발전이 있을 것이라"는
분부.

송인상 재무 "국내선에 대하여는 미국 측이 도와주겠다고 한다"고 보고.

이승만 대통령 "좋은 기회이니 재무, 국방, 부흥, 교통이 협력하여 미국 측과 협의하여 주기 바
란다"는 분부.

10. 유안 가격에 관하여

이승만 대통령 "상인의 투기로 유안 가격이 앙등하고 있다고 하는바 비료 취급을 관수로 일원
화하도록 하여야 하며 외국에서도 중요 물자는 정부가 주장하여 비상시에 투기성이
개입치 못하게 하고 있는바 우리의 현상은 비료도 정부가 주장하여야 한다고 생각한
다"는 분부.

신현확 부흥 "상인의 작란(作亂)으로 가격이 앙등하고 있는 것은 사실이나 시중에 있는 물자
의 절대량의 부족에서 오는 것이 아니며 전량 관수는 대충자금 매수와 세수입에 지장
이 있어서 간단한 문제가 아니라"는 보고.

송인상 재무 "재정상 문제는 물론 충주비료·나주비료 공장의 생산품의 취급방법까지도 고려

---

265) 홍콩(Hong Kong)을 뜻한다.
266) 1948년부터 1962년까지 운영된 대한국민항공(Korean National Airlines)의 약칭이다.
267) 신용욱(愼鏞項, 1901~1961)은 1922년 일본으로 유학하여 오구리 비행학교, 도아 비행학교 졸업 후 다
치가와 육군비행학교를 수료해 1등 비행기 조종사가 되었다. 1942년 경성일보 항공부 고문을 역임했고,
그가 설립한 조선항공사업사는 군수공장으로 지정되었다. 해방 후 1948년 대한국민항공사 사장으로 취
임하였고 제2대, 3대 국회의원에 당선되어 정치활동을 하기도 했다.

하여 근본적인 대책이 필요한 것인바 명년 선거를 앞두고 가급적이면 급격한 정책발동은 피하는 것이 좋겠다고 생각하며 당면한 가격 앙등에 대하여는 관계 장관이 협의 선처하겠다"고 보고 겸 의견.

11. 밀수 방지에 관하여

이승만 대통령 "김포공항에 들어온 다수의 밀수품이 모모인의 압력으로 세관을 통하여 나갔다는 바 진상 여하?" 하시는 하문에

송인상 재무 "세관원에게 위협을 한 자들은 법무부에서 다스리고 있는 중이며 여객명단과 화물명세를 조사하여 각부 장관 협력 하에 엄중 단속할 작정이라"고 보고.

이승만 대통령 "세관원을 위협하는 일이 있어서는 안되며 그간 데커 장군의 용려로 일시 중절되었던 군인의 밀수가 근일 다시 대두되고 있으니 신임사령관을 만나서 단속을 의뢰하라"는 분부.

12. 사탕 세율과 국내 생산에 관하여

이승만 대통령 "사탕 세율을 재검토하여야 하나 영양 관계로 보아 섭취가 필요한 것이니 첨초(甜草)를 장려하여 국내 생산을 적극 추진하라"는 분부.

송인상 재무 "사탕 세율 인상안을 불일 품신하려는 중이라"는 보고.

이근직 농림 "첨초 재배 시험성적이 양호하므로 명년에는 본격적으로 장려하려고 하고 있다"고 보고.

※ 중앙청회의

1. 1960년도 예산 편성에 관한 건(계속)

재무부 제출의 중요정책 사업비 배정안을 심의한바 결론에 달하지 못하고 차기 회의에 재론하기로 함.

제73회 국무회의

일시 : 1959년 7월 24일(금)

장소 : 중앙청 회의실

1. 결산 검사보고에 관하여

송인상 재무 "작년도 국회 야당의 공격재료가 된 심계원(審計院)[268] 결산 검사보고에 관하여
심계원 원장과 협의한 결과 다음과 같이 할 것을 제안한다"고 제의.
「(1) 심계원은 12월 중순 이후에 결산 보고를 낼 것.
(2) 정부는 자유당과 협의하여 재경 예결 이외의 각 분과위원회가 심계원에 국정감사
를 가는 일이 없게 하고 국정감사에 있어서 서면 답변을 요구하는 일이 없도록 조
치하여 줄 것.
(3) 시정요구가 있는 중 정치적으로 곤란한 것은 관계 장관이 심계원장과 연락할 것.
(4) 근일 중으로 심계원장을 국무회의에 출석케 하여 구체적 내용을 협의할 것.」
상기 재무의 제의를 전원 이의가 없이 통과함.

2. 야당의 대정부 공세 대책과 정부 업적 주지에 관하여

홍진기 법무 "야당은 12개 항목의 공격대상을 정하여 유세를 계획하고 있다고 하니 이에 대한
방책을 연구함을 요한다고 사료되어 다음과 같이 할 것을 제안한다"고 제의.

---

268) 심계원은 1948년 제헌헌법 때부터 1962년 제5차 개헌까지 존속했던 대통령 직속의 헌법기관으로 국가
수입과 지출의 결산·검사를 주 임무로 하였다.

「(1) 공보실이 중심이 되어 각항의 관계부와 협의하여 반박자료를 시급히 작성하여 당에 넘길 것.

(2) 정부 시정 업적 보고서(기정방침에 의하여 목하 작성 중에 있는 것)를 조속히 완성하여 배부하도록 할 것.」

상기 법무의 제의를 전원 이의 없이 통과함.

3. 영화 연극반 파견에 관하여

전성천 공보 "내 8월 5일부터 8월 15일을 중심으로 3주일간 지방에 파견할 계획이며 그것이 끝나면 제2반을 보내도록 계획 중이라"는 보고.

4. 정부통령 선거 선전을 빙자한 서책 반포에 관하여

최인규 내무 "과반 국무회의 결의에 의하여 금지 단속하기로 된 책자 강매를 일층 엄격 단속하여 달라는 자유당의 요청이 서면으로 제출되었다"고 보고.

홍진기 법무 "각기 엄중 단속하는 동시에 신문에도 발표를 하자"고 제의.

전원 이의가 없이 상기 법무의 제의를 통과함(발표는 공보).

5. 대공방송 강화에 관하여

전성천 공보 "관계 각부에서 자료를 잘 안 주어서 성과를 거두기가 곤란하다"고 보고를 하고 "내무, 법무, 국방 각부의 협력을 요망한다"고 요청.

관계 각 장관 이의 없이 수락. 단, 구체안을 서면으로 작성(공보실이 주가 되어 실무자 회의를 열고 협의) 제출하기로 함.

6. 1960년도 예산 편성에 관한 건(계속)

부흥부 장관의 대충자금 특별회계 예산안 규모에 대한 설명(별도 서면 설명 자료와 같음.)

7. 법령안 기타 안건심의

(1) 다음 법령안을 원안대로 통과함

　　① 간수 임용 규정 중 개정의 건(법제)

(2) 다음 안건을 양해사항으로 접수하기로 함

　　① 관유 및 군 소유 고철 처리의 건(상공)

(3) 다음 법령안을 수정 통과함

　　① 해외유학생 직업보도 심의회 규정(법제)

　　(수정내용)

　　「(1) 해외유학생을 해외유학자로 한다.

　　 (2) 제9조 중 '간사장'을 삭제한다.」

(4) 다음 조건을 원안대로 통과함

　　① 1959년도 중앙선거관리위원회 소관 민의원 의원 재선거비를 일반회계 예비비에서
　　　지출하는 건(재무).

제74회 국무회의

일시 : 1959년 7월 28일(화)
장소 : 경무대(전반), 중앙청(후반)

1. 경제원조에 관한 신문 보도에 관하여

이승만 대통령 "1960년도 미 경제원조에 관하여 그 액수가 적어진다는 기사가 신문에 발표되고 있는데 이러한 민심에 영향을 주는 발표는 잘 생각하여 본 후에 하도록 하여야 할 것이라"는 분부.

신현확 부흥 "신문 보도가 잘못되었기로 이를 해명하고 양 대사에게 훈전을 발하는 동시에 ICA본부 유력층에 각각 전보로 의뢰를 하고자 한다"는 보고.

2. 서울시 주변 도로에 관하여

이승만 대통령 "서울시의 주변을 돌아서 남북으로 통하는 도로를 만든다는 계획이 2년 전부터 있었는데 어찌 되었는가?" 하시는 하문에 이어 그 필요성을 재강조하심.

3. 주택자금 조기 방출에 관하여

이승만 대통령 "주택자금을 조기에 방출하여 추워지기 전에 집을 짓게 하고 보건사회부가 주관하여 잘 하도록 하라"고 분부하시고 "60% 정부 보조를 원하는 자가 있다고 하나 40% 현행대로라도 할 사람이 많다고 하니 그대로 하기로 하는바 이의 없는가?" 하시

는 하문에

전원 이의 없이 가결.

4. 유도탄 발사 시험에 관하여

이승만 대통령 "우리 기술자만이 그러한 것을 만들어서 성공을 한 것은 대단히 기쁜 일이며 시험경비를 주어서 많이 연구를 시키도록 하여야겠는데 그 관계자로 하여금 소요액을 요구하도록 하라"는 분부.

5. 일본 함대 연습에 관하여

이승만 대통령 "일본 함대가 우리 근해에 와서 연습을 한다는 바 국제도의상 인접국의 양해 없이 그런 짓을 할 수는 없는 것인즉 일본의 금반 계획은 북송문제에 관련된 일종의 시위라는 것을 중외에 알리도록 하고 이같이 하다가는 싸움이 될지 모른다는 것을 경고하여야 할 것이라"는 분부.

김정렬 국방 "적성(赤城) 관방장관이 홋카이도(北海道) 여행 중 기자회견에서 연습을 하더라도 한국과의 마찰을 피하기 위하여 너무 접근하지 않는 것이 좋겠다고 말한 정도이므로 이를 일본 정부의 발표로 볼 수는 없으니 우리 정부로서는 우선

(1) 유 대사로 하여금 일본이 그 같은 일을 하는 진의를 알아보도록 하고

(2) 그 후에 평화선 외에서 한다 하여도 접근하게 되어 문제가 생기면 그때 책임은 일본이 져야 한다는 것을 주장하는 것이 순서로 생각한다"고 보고.

6. 탄광지대 신설도로 계획에 관하여

구용서 상공 "석공 탄광은 계획량을 완수하여 가고 있으나 민영 탄광의 일부가 부진하여 그 생산 증가를 기하여야 할 실정에 있으며 특히 수송로를 개설하여야 할 것이므로 내 9월 말까지 1,300만 환으로 새 도로를 만드는 계획을 진행 중이라"고 보고.

이승만 대통령 "예산이 얼마나 필요한가?" 하시는 하문에

송인상 재무 "사기업이므로 독자로 할 수 있는 것"이라고 보고.

김일환 교통 "그것만으로는 안 되므로 50억 예정 3년 계획으로 철도 부설을 계획 중이라"고 보고.

신현확 부흥 "명년에는 소규모 지선(황지)만을 안에 넣어서 심의 중이라"고 보고.

7. 군용도로 보수에 관하여

김정렬 국방 "미8군 OEC와 협의하여 서울—충주—김천의 도로를 보수할 것을 합의한바 서울—충주는 금년 내에 충주—김천은 명년 계획으로 완성할 것이며 28만 불의 재료와 3,500명의 공병이 동원되어 연장 170리의 도로공사를 하는 것이라"는 보고.

송인상 재무 "타 경계부문에도 군이 협력하여 주면 좋겠다"는 의견.

8. 주화 사용에 관하여

송인상 재무 "미국에서 주조가 늦어서 8월 15일 사용개시 예정이 좀 늦어질 것이나 이로써 공중전화 등을 걸 수 있게 될 것이며 또 현행 지폐는 액면이 적어서 불편이 많으므로 높은 액의 지폐 발행을 고려 중인바 화폐 발행고가 743억으로 편성된 근일 별 폐단이 없을 것으로 보이나 역시 장단이 있는 것으로서 구체적 방법과 이해관계를 추후 서면으로 보고하겠다"고 보고.

9. 선전 대책 실시에 관하여

전성천 공보 "7월 25일부터 8월 25일까지 사이에 대천해수욕장에 유선 방송대를 설치하여 정부 시책을 주지시키기로 하였으며 민주당의 정부 공격 대상 12개 항목에 대한 반박자료가 완성되어 자유당 의원과 정부 고급 공무원이 지방 유세에 쓰도록 되었다"고 보고.

이승만 대통령 "그 12개 항목을 적어주기 바란다"는 분부.

10. 방송전파 할당 교섭에 관하여

전성천 공보 "현재 할당된 것으로는 외국에 대한 방송에 불편함으로 내 8월에 제네바에서 열리는 국제회의에 공보실 직원을 참석시키려고 한다"고 보고.

조정환 외무 "체신부 소관이므로 공보실에서 갈 필요가 없을 것이라"는 의견.

곽의영 체신 "여비(외환) 관계로 공보실 직원이 가기 곤란하다"고 보고.

이승만 대통령 "외화를 쓰더라도 보내도록 하라"는 분부.

11. 국제전신전화 소통에 관하여

곽의영 체신 "8월 1일부터 캐나다 각주와 통하게 되었다"고 보고.

이승만 대통령 "큰 성공이다. 외국인에게 한국이 무엇이라는 것을 알리도록 하여야 할 것이라"는 분부.

12. 사업열 고취에 관하여

이승만 대통령 "우리 국민은 돈 버는 것을 천한 일로 알고 있는데 잘못 생각이다. 미국에서는 벌써 크리스마스 카드 제작이 시작되었을 것이라"고 분부.

13. 대일관계에 관하여

이승만 대통령 "일본하고는 한번 싸우게 될 것이니 돈을 많이 저축하여 그때에 대비하도록 하라"고 분부.

※ 중앙청회의

1. 국무위원 지방 유세에 관하여

최인규 내무 "휴가를 겸하여 각부 장관이 한 도씩을 맡아서 유세를 한다는 데 대한 각하의 재가를 받았으니 곧 시행하는 것이 좋겠다"고 제의.

전원이 이의 없이 찬동하니 8월 초부터 나가기로 계획을 세울 것을 국무원 사무총장에게 지시하기로 함.

2. 각부 장관 시책에 관하여

신두영 국사 "각부 장관이 관에서 주최하는 이외의 행사에 관련된 시책을 하는 것을 폐지하는 것이 좋겠다"는 제의에

전반 막아버리면 곤란한 일이 있을지도 모르니 차관회의에 부의하여 가부 의견을 물어서 처리하기로 결의함.

3. 1958년도 세입, 세출 총결산에 관한 건(재무)

원안대로 통과함.

4. 1958년도 예비비 지급 총조서 국무회의 상정에 관한 건(재무)

원안대로 통과함.

제75회 국무회의

일시 : 1959년 7월 31일(금)
장소 : 중앙청 회의실

1. 의안심의

(1) 다음 안건을 원안대로 통과함.

 ① 기상업무 법안(법제)

 ② 분배농지 소유권 이전 등기에 관한 특별조치법안(법제)

 ③ 1959년도 경제부흥 특별회계 재무부 소관 세제개선비 예비비 지출에 관한 건(재무)

 ④ 1959년도 경제부흥 특별회계 공보실 소관 홍보선전비 예비비 지출에 관한 건(재무)

 ⑤ 공작창 직제 중 개정의 건(법제)

 ⑥ 재정법 시행령 중 개정의 건(1959. 7. 28 안번 193 법제)

(2) 다음 안건을 수정 통과함.

 ① 도시계획 법안(법제)

 (수정) 「제3조 제3호 중 『문화』 다음에 『또 관광』을 삽입한다」

 ② 농사 교도위원회 규정(법제)

 (수정) 「제2조 제4항의 『위촉』 다음에 『하고 그 임기는 1년으로』를 삽입한다」

 ③ 지역사회개발위원회 보조금 교부 규칙(부흥)

 (수정) 「건명과 의결 주문 중 『위원회』를 『사업비』로 한다」

(3) 다음 안건을 양해사항으로 접수하기로 함.

외자청 구매수수료 및 외자청 취급물자 중 기계류 잡화에 대한 사무비 세입료율 개정의 건
(부흥)

2. 정무보고

(1) 1960년도 예산편성에 대한 자유당과의 제의의 진행 상황(재무)

(2) 1960년도 경특 대충자금 특별회계 예산편성에 관한 미측과의 협의 진행사항(부흥)

(3) 북송문제를 중심으로 한 대일관계(외무)

(4) 조봉암[269]의 사형 집행에 관한 보고(법무)

---

269) 조봉암(曺奉岩, 1898~1959)은 3·1운동 참여로 1년간의 옥고를 치르고 일본으로 건너가 주오대학(中央大學) 정경학부에서 공부했다. 1924년 모스크바 동방지도자공산대학 단기과정을 이수하고 귀국하여 1925년 조선공산당과 고려공산청년회 조직에 참여했으며, 이후 중국공산당에 소속되어 활동하다가 일제에 의해 신의주형무소에 수감되어 7년간 복역했다. 해방 이후 제헌국회의원, 초대 농림부 장관, 제2대 국회부의장 등을 역임했고 제2대, 제3대 대통령선거에 출마했다. 1958년 1월 간첩죄 및 국가보안법 위반혐의로 검거되어 대법원에서 사형이 확정되었고 1959년 7월 사형이 집행되었다.

제76회 국무회의

일시 : 1959년 8월 5일(수)
장소 : 경무대(전반), 중앙청(후반)

1. 제주도 개발에 관하여

이승만 대통령 (시찰소감을 말씀하시고) "도로를 잘 보수하도록 하라"고 분부.

2. 조봉암의 사형 집행에 관하여

홍진기 법무 "법 절차를 다 밟고 집행할 것이므로 사회에 하등 물의가 없다"고 보고.
이승만 대통령 "공산당으로 하여 가는 것은 곤란한 것이며 법보다도 중대한 문제인데 법대로
　　　　처리되었다니 더 말할 것이 없다"고 말씀.

3. 물가앙등에 관하여

송인상 재무 "현재 좀 초과한 것이 문제가 아니고 장래에 여하히 되느냐? 가 문제인데 한일교
　　　　역 중단으로 인한 일부 물가앙등을 제외하고는 명년도 미 경제원조의 감소 예상과 명
　　　　년도 선거예산이 가져오리라고 추측하는 '인플레' 등이 정보적인 자극이 되어서 나오
　　　　는 현상이지 공급 부족에서 오는 것이 아니므로 별 염려는 없으나 이를 방지함에 최
　　　　선을 다하겠다"고 보고.

4. 신년도 예산 편성에 관하여

송인상 재무 "신년도의 규모는 작년보다 일반회계에 251억 증(일반경비 179억 증, 국방비 72억 증)으로 계획 중이며 316억의 세입증가로서 미 원조 감소를 보류하고 한은으로부터 차입을 않고 하여 가려는 것이며 전예산을 통하여 자체조사에서 2,810억이고 외원 의존이 2,325억으로서 우리 역량이 그만치 증가하고 있다"는 보고.

이승만 대통령 "세입이 늘어났다고 다 쓰도록 하는 것은 삼가야 한다"고 분부.

5. 예산 편성 방침에 관하여

송인상 재무 "균형예산 경제안정의 원칙 하에 대통령 취임시 공약하신 것을 실천하는 방향으로 편성하며 기타 특수한 것으로는 공무원연금제 실시를 계획하고 있다"고 보고.

6. 노동회관 건립에 관하여

손창환 보사 "금년에 갈월동에 세우고 있는 것은 소규모의 것이므로 신년도에는 대대적으로 하여 보려고 8억5천만 환을 예산으로 요구 중이다"고 보고.

이승만 대통령 "명년 선거 때문에 하는 것이라는 말을 안 듣도록 주의하라"는 분부.

7. 구서(驅鼠)[270] 경쟁에 관하여

손창환 보사 "작년 12월부터 금년 3월 말까지의 포획수는 31,373,000필로써 경북이 최고, 전남, 전북의 순위였다"고 보고.

이승만 대통령 "대단 긴요한 일이라고 보나 인명에 해를 미치는 약품을 사용치 않도록 주의하여야 할 것이라"는 분부.

---

270) 쥐를 잡아 없애는 일을 뜻한다.

8. 주택건축에 관하여

손창환 보사 "불광동에 102호를 짓고 있는데 수세식으로 새로 고안하여서 하고 있다"고 보고.

9. 부산시의 시설에 관하여

구용서 상공 "전차 궤도와 도로를 수리하기로 하였으며 제1부두를 어시장으로 하는 것을 계획하고 서면(書面)으로 품신하려고 하고 있다"고 보고.

10. 뉴스위크지 기사에 관하여

전성천 공보 (린드리[271] 씨 논설의 내용을 설명하고) "동양 각국의 실정을 좋게 쓴 예가 드물다는데 이 기사는 그 이상 더 잘 쓸 수 없을 만한 것으로 외무장관은 백만 불의 가치가 있다고 하였다"고 보고.

11. 농림실정에 관하여

이근직 농림 "수해는 인보상조로 복구하여가고 있고(농경지복구엔 대책이 필요) 공무원의 단결이 좋아지고 있으며 춘궁기 양곡대여(85만 석), 사병 처우 개선과 응시제대(應時除隊) 등으로 민심이 정부와 가까워 가고 민주당의 신구파 싸움은 대부분의 지방민의 비난을 받고 있다"고 보고.

---

271) 린드리(Ernest K. Lindley, 1899~1979)는 아이다호 대학교(University of Idaho)를 졸업하고, 옥스퍼드 대학교의 로즈 장학생(Rhodes Scholar at Oxford University)으로 공부했다. 1924년부터 기자 경력을 쌓기 시작하였고, 1937년부터는 뉴스위크(*Newsweek*) 잡지와 관계를 맺고 활동했다. 그는 뉴스위크에서 워싱턴 D.C. 지부장으로 활동했으며, 1941년 11월 10일부터 1961년 5월 1일까지 주간 칼럼 "Washington Tides"를 썼다. 1938년부터 1943년까지는 워싱턴 포스트(*The Washington Post*)의 칼럼니스트이자 기자로도 일했다.

12. 국립수렵장 설치에 관하여

이근직 농림 "강원도 등 적당한 곳에 이를 설치하여 외인을 유치하도록 계획 중이다"는 보고.

13. 장기개발계획수립에 관하여

신현확 부흥 "3개년 계획이 1주일 이내에 완성될 것이며 이를 위한 전문가 '모리스' 박사는 이미 도착하고 기타 전문가 일행도 불일 도착하리라"고 보고.

14. 부흥백서에 관해서

신현확 부흥 "경제부흥(6.3%)을 내용으로 한 백서를 영문으로 만들어서 외국인들에게 주겠다"고 보고.

이승만 대통령 (한글로 된 부흥백서를 보시면서) "한문을 안 쓰고 한 것이 잘 하였다"고 칭찬하시면서 "중국어를 전공하여 한문을 쓸 줄 아는 자가 필요하니 그러한 학교가 있어야 할 것이라"고 분부.

15. 전신시설 확립에 관하여

곽의영 체신 "13만 불로 텔레타이프(teletype) 95대를 주요 도시에 시설하기로 하였다"고 보고.

16. 우체국 복구에 관하여

곽의영 체신 "20개소의 우체국을 신설한 중 부산은 2개월간에 1,000평의 최근 건물을 완성하였다"고 보고.

17. 김포비행장 보수 공사에 관하여

김일환 교통 "활주로는 완성하여 금일부터 사용하게 되고 건물은 9월에 완성된다"고 보고.

18. KNA 비행기 화물에 관하여

김일환 교통 "KNA 회사가 15,000불 월세로 차용한 4발기가 시애틀 – 서울 간을 항행하게 될 것이라"고 보고.

19. 철도 60주년 행사에 관하여

김일환 교통 "내 9월 18일 성대한 행사를 계획 중이며 순직자비를 세우는바 각하의 비문을 소청한다"고 품청.

20. 김포 · 서울 간 노변 정리에 관하여

이승만 대통령 "노변의 가옥을 좀 잘 만들어서 보기 좋게 하라"는 분부.
손창환 보사 "주택공단에서 70호 기위 착수하고 있다"고 보고.

21. 국무회의 시간에 관하여

이승만 대통령 "일광절약시간 실시 중 9시 반으로 하는 것이 좋겠다는 의견이면 그대로 하도록 하라"고 분부.

22. 유학생 일어 수득에 관하여

이승만 대통령 "미국 유학생이 일어를 수득(修得)²⁷²⁾과목으로 선택한다는 말이 있는데 여하?"

---

272) 학문이나 이론 등을 배워 체득하는 것을 의미한다.

하시는 하문에

최재유 문교 "금하고 있다"고 보고.

이승만 대통령 "그대로 하는 것이 좋을 것이다"고 분부.

23. 하계방역에 관하여

이승만 대통령 "특히 유의하도록 하라"고 분부.

24. 외국 여행하는 공무원의 유의사항

이승만 대통령 "공관에 들르지 않는 수가 있다고 하니 그런 일이 없도록 잘 지도하여야 한다"
　　는 분부.

※ 중앙청회의

1. 신년도 예산 편성 방침 발표에 관하여

금일 하오 3시 공보실을 통하여 발표하기로 함.

제77회 국무회의

일시 : 1959년 8월 7일(금)
장소 : 중앙청 회의실

1. 예산 편성에 관하여

송인상 재무 "자유당 간부와 협의한바 종래 문제이던 연금 토지 수득세 감면 등은 재무부 안대로 하기로 하였다"고 보고.

2. 문화포장 수여에 관하여

이근직 농림 "한국 농학계에 공헌이 많은 우장춘[273]에 대하여 문화포장을 수여할 것을 제안한다"고 긴급 구두 제의.
　　　전원 이의 없이 전기 제의대로 하기로 함.

3. 물가와 환율 관계에 관하여

최인규 내무 "물가가 25% 선을 넘었으니 미측에서 환율에 관한 문제가 나올 우려는 없는가?"

---

273) 우장춘(禹長春, 1898~1959)은 대한민국의 농학자이다. 일본에서 출생한 우장춘은 도쿄제국대학에서 농학박사학위를 취득했다. 해방 이후 귀국하여 1950년 한국 농업과학연구소 소장, 1953년 중앙원예기술원 원장을 역임했다. 1959년 8월 7일 제77회 국무회의에서 우장춘에게 대한민국 문화포장을 수여할 것을 결정했는데, 3일 후인 8월 10일 작고했다.

하는 질문에

송인상 재무 "25% 초과도 일시적인 것이므로 아직 그런 염려는 없으나 앞으로 대책을 연구하여 더 이상의 앙등을 막아야 할 것이라"는 답변.

4. 대일문제에 관하여

김동조[274] 외무(차) "ICRC에서는 8월 중 관계자를 일본에 파견한다고 하며 필요한 기관 설치 문제가 협의될 것이라는 것이 주일대표부나 또는 다울링 대사를 통하여 들어온 정보이며 제네바로부터의 보고에는 아직도 2~3주일의 여유가 있는 것으로 본다고 하나 국적(國赤)의 관여는 거의 확정적이라고 보며 정부로서는 국적에 대하여『이 문제는 한일회담에서 당사자 간에 협의 조치하겠다는 것과 만일 불여의시에는 우리 측에서 요구한다』는 것을 통고하였으며 유 대사로 하여금 일 외무 당국과 접촉하여 회의 일자를 정한 후에 귀국하도록 지시하였으며 대표를 선정 파견하도록 하여야 할 것이라"고 보고.

송인상 재무 "현재까지도 모두 잘 되어간다는 것을 선전하여왔고 북송은 한 명이라도 절대 반대한다고 하여 놓고 이같이 되면 국민을 끌고 갈 곳이 없게 된다"고 탄식.

최인규 내무 "데모도 좀 더 연구를 해야지 지금까지 하던 식은 통하지 않을 것이라"고 의견.

이근직 농림 "경제장관도 제반 애로를 무릅쓰고 외무부 정책에 협력하여 왔는데 이 지경에 이르면 확고한 방침을 세워야 할 것이며 국내에 주는 영향을 고려하여 신중히 처리하여야 할 것이라"고 의견.

김정렬 국방 "외무를 공격하기 전에 일본의 국제적 지위를 알아야 하며 또 이 문제는 이것만을 볼 것이 아니고 장차 중공 승인, 대 북한교역으로 발전될 일본의 정책임을 알아야 할 것으로 생각하는 동시에 '데모'라는 것이 꼭 성과가 있다는 것은 아니더라도 과거에 큰 성과를 거둔 일도 있으며 이 대통령 각하와 같은 혁명투사에게는 하나의 철학이라는 것을 알아야 하며 적어도 신문기사거리는 된다는 것을 생각해야 한다"고 소견.

홍진기 법무 "국제문제보다도 국내문제를 우려하는 것이며 명년 선거를 앞둔 금일 이러한 사

---

274) 시대공론사본『제1공화국 국무회의록』에는 "최규하"로 되어 있으나, 당시 외무부 차관은 김동조이므로 바로잡는다.

태의 발전은 외교엔 귀신이라고 칭송받는 대통령 각하의 빛을 흐리게 할 것이 염려된 다"고 견해를 개진하고 "따라서 이에 대책이 있어야 한다"고 대책의 연구를 제의.

5. 의안심의

(1) 공무원 임용자격 고시령(법제)
제출처의 철회 요청에 의하여 환송하기로 함.
(2) 독도 경계를 위한 나포된 일본 고성능 선박 운용 요청의 건(법제)
제출처의 철회 요청에 의하여 환송하기로 함.

제78회 국무회의

일시 : 1959년 8월 11일(화)
장소 : 경무대(전반), 중앙청(후반)

1. 대일문제에 관하여

이승만 대통령 "유 대사는 대표에 안 들었지? 허정은 최근 파면되었다고 한다는데 사실인가? 허
　　씨에 대하여 자유당에서 말들이 있다는데 사상이나 당성은 어떠한가?" 하시는 하문.
최인규 내무 "파면당한 것이 아니며 시장 재직 당시 자유당하고 잘 협력이 되지 않았었다"고
　　보고.
이승만 대통령 "자유당과 허 씨가 친근하여지도록 정부에서 잘들 생각하여 보도록 하라"는 분부.
조정환 외무 "유 대사도 대표의 일원으로 들어있다"고 보고.

2. 사방사업 촉진에 관하여

이승만 대통령 "다년간 사방을 하여 왔다고 하나 점점 더 황폐하고 있으니 다음과 같은 방법을
　　연구하여 산림녹화의 실을 거두도록 하라"고 분부.
　　(1) 관계 각부가 협력하여 계획을 세울 것.
　　(2) 돈을 좀 쓰더라도 적당한 준설선을 하나 더 사들일 것.
　　(3) 군경, 일반행정, 지방책임자 회의를 열고 각각 그 임무를 분담할 것.
　　(4) 입산금지구를 만들어서 각 부처별로 감시를 하게 할 것.
　　(5) 싸리 씨를 다량 채취하여 식재할 것.

이근직 농림 "싸리 씨도 작년도의 10배를 채취할 계획으로 있으며 초생지 조성계획도 진행 중이나 예산 관계로 일시에는 어렵다"고 보고.

(하오 중앙청회의에서 차회 국무회의의 특별 의제로 논할 것을 합의함.)

3. 지방 실정 보고

조정환 외무 "민도는 향상되고 공무원의 사기는 앙양되었으며 경찰의 조직도 좋아지고 근무도 충실하며 민원이 줄고 종래 야당이 강하던 여수, 순천에서도 자유당이 복세하게 되었으며 명년 당선은 틀림없다"고 보고하고, "농형(農形)은 잘 되었으나 한재가 염려이며 산림녹화는 전보다 좋아진 편이라"고 첨가.

최인규 내무 "공산당 처단과 경향신문 조치는 민심을 경성하고 공무원 처우 개선에 따른 근무 충실과 부정감소는 민심 수렴하는 데 주효하고 있으며 민주당의 분열로 자유당의 처지가 좋아지고 있다"고 보고.

4. 류큐에 사절단 파견에 관하여

구용서 상공 "10여명 내외를 근일 보내려고 하고 있으며 미군용 물자납품을 교섭하련다"고 보고.

이승만 대통령 "군인은 우리의 좋은 친구들이니 가만히 앉아있지 말고 활발한 교섭을 하여 보도록 하라"고 분부하시고 대책으로 부스[275] 장군, 키베트[276] 제독을 예거(例擧)하심.

5. 신년도 예산 편성에 관하여

송인상 재무 "근일 중 국무회의에서 최종 결정을 지을 것이라"고 보고.

---

275) 부스(Donald P. Booth, 1902~1993) 미국 육군 중장은 1958년부터 1961년까지 류큐 열도의 최고책임자인 고등판무관을 역임했다.

276) 키베트(Frederick N. Kivette, 1928~1964) 미국 해군 중장은 1958년 9월부터 1960년 3월까지 미국 제7함대 사령관을 역임했다. 이후 1961년 9월까지 서부해안지대 사령관(Commander Western Sea Frontier)과 태평양예비함대 사령관(Commander Pacific Reserve Fleet)을 맡았으며, 같은 해 12월 미국 정부는 키베트의 공로를 인정하여 해군 공로 훈장(Navy Distinguished Service Medal)을 수여했다.

6. 경제원조 사무 진행 상황

신현확 부흥 "1960년도 원조예산 확정 전에 우선 D/S 10,000,000불 T/C[277] 7,000,000불의 계획을 집행하기로 USOM[278]과 회의를 보고 ICA/W에 서류를 발송하였다"고 보고.

※ 중앙청회의

1. 민의원 의원 재선거실시에 관한 건(법제)

원안대로 통과함.

2. 1959년도 중앙선거관리위원회 소관 민의원 의원 재선거비를 일반회계 예비비에서 지출하는 건(재무)

원안대로 통과함.

3. 1959년도 예산안 제출에 관한 건(재무)

논의하다 차회에 계속 심의하기로 함.

4. 1959년도 상반기 시정보고서 공표에 관한 건(부흥)

별책과 같이 공보실을 통하여 발표하기로 하다.

---

277) '기술 협력(Technical Cooperation)'의 약칭이다.
278) 주한미국경제협조처(United States Operations Mission to Korea, USOM)는 미국이 효과적인 한국 원조를 위해 1955년 설치한 경제조정관실(Office of the Economic Coordinator, OEC)을 1959년 7월 개칭한 기관이었다.

제79회 국무회의

일시 : 1959년 8월 12일(수)
장소 : 중앙청 회의실

1. 1959년도 예산안 제출에 관한 건(재무)

　재무부 장관의 설명에 이어 국회, 대법원, 원자력원, 심계원의 요망을 청취한 후 다음과 같이 일부를 수정 통과함.

「예산규모 세출 일반회계. 3,378을 3,384로

합계. 4,166을 4,172로

세입 국내재원. 2,848을 2,854로

합계. 4,166을 4,172로

각각 고치고 각부별 배정의 내용 일부를 수정한다.」

제80회 국무회의

일시 : 1959년 8월 14일(금)
장소 : 중앙청 회의실

1. 지방 실정 보고

조정환 외무 "군수가 승용할 자동차가 필요하며 맥담(麥擔)은 별로 희망하고 있지 않고 양수용
유류배급이 시급하며 곡가는 금년 이상 더 떨어지지 말도록 기하고 있더라"고 보고.

2. 사방사업 계획에 관하여

이근직 농림 "전회 국무회의시 대통령 각하 분부에 의하여 재검토하기로 된 사방사업촉진책
은 목하 농림부에서 입안 중이므로 차회 국무회의에 상정하겠다"는 보고.

3. 물가대책에 관하여

송인상 재무 (물가의 앙등 상황을 보고하고) "상공부에서 취하고 있는 시책에 적극 협조하여
주기 바란다"고 요청하고 특히 외무부에 대하여 "대일 무역 문제의 조속한 해결을 요
청한다"고 첨가.
조정환 외무 "외교에 일진일퇴가 필요한 경우가 있다고 생각하나 대통령 각하께서는 원칙이
대단히 높으시니 후일 외무부 제의의 승인을 얻음에 있어서 각부 장관 협력을 요청한
다"고 의견 겸 요망.

4. 연료대책에 관하여

송인상 재무 "자금을 들여 주어도 생산이 충분하지 못할 우려가 있으니 대책이 필요하다"고 제의.

이근직 농림 "30만 톤의 부족이 확실하다"고 의견.

구용서 상공 "생산은 그다지 큰 염려 없다"고 낙관론.

신현확 부흥 "절대량의 부족이 확실히 예견된다"고 상공의 낙관론을 반박.

5. 부산 어시장 건설에 관한 건(상공)

해무청장의 보고를 들음.

(요점) 취기는 과학처리로 제거되고, 예정 부두는 본래 대형 선박은 쓰지 못하는 곳이며, 세관 등 기존 시설에 지장이 없고, 일반 선박운행에 지장이 없다.

제81회 국무회의

일시 : 1959년 8월 18일(화)
장소 : 중앙청 회의실

1. 외교의례상 주의 사항에 관한 분부 전달

조정환 외무 "외국인으로부터 초청을 받았을 경우 참석 여부의 통지를 요하는 것에 대하여는 반드시 통지를 보내고 또 그것을 꼭 준수하도록 하라는 분부가 있었기로 전달한다"고 보고.

2. 역사 낙성식에 관하여

김일환 교통 "내 8월 20일 대전 · 천안 양 역사를 신축하고 낙성식을 거행한다"고 보고.

3. 대학 졸업 무직자 대책에 관하여

(제80회 국무회의시 재무부 장관 제의)
보건사회가 주장하여 문교와 협의 성안하여 제출하도록 하기로 함.

4. 대일문제에 관하여

신현확 부흥 "다울링 대사의 지시라고 하여 회담을 요청하여온 초너 박사와 크롱크[279] 씨를 재무부 장관과 같이 면의한 바 내용은 다음과 같으며 대일통상 중단으로 수출품 생산이 마비 상태에 빠지고 구매가 대부분 중단상태에 들어가야 하며 따라서 물가는 30%를 상회할 것으로 예견된다는 난경에 처하였으므로 이에 대책을 연구하여 불일 중 진해에 가서 품청하여 조치하도록 하여야 하리라"는 보고와 의견.

회담에서 미측의 제의내용은 여차함.

(1) 대일통상을 재개할 시기가 아닌가 한다.

(2) ICA Regulation No. 1을 변경 적용한다는 것을 공표하게 될 것이다.

(3) 재일교포를 북송하지 말고 우리에게로 보내라는 것을 국적(國赤)에 요청하고 필요한 경비를 원조하여 줄 것을 미측에 요구하여 보는 것이 어떠한가(대통령 특별자금 배정을 시사)?

(4) 기타 물가 문제에 관한 의견 교환.

송인상 재무 "부흥의 말과 같이 30%를 초과하는 물가의 앙등이 곧 오리라고는 생각지 않으나 ICA R-(1)을 변경할 수 없다는 것이 공표되면 물가는 급등할 것이라"고 보고.

조정환 외무 "대통령 각하가 진해에 내려가 계실 뿐만 아니라 우리 대표단의 교섭이 어느 정도 진행되어 수석대표가 일단 귀국하였을 때에 대통령 각하께서 결정할 문제이므로 지금 결정할 문제는 아니라"고 답변.

5. 재한미군 잉여물자 처분을 위한 협정안에 관한 건(외무)

원안대로 통과함.

6. 안건처리

다음 안건은 제출처의 요청에 의하여 환송하기로 함.

(1) 재정법 시행령 중 개정의 건(법제)

(2) 재정법 시행령 제99조의 단서의 규정에 의한 낙찰자 결정에 관한 건(법제)

(3) 관업 요금 미불액 청산의 건(재무)

---

279) 크롱크(E. M. Cronk)는 당시 주한미국대사관의 경제참사관이었다.

제82회 국무회의

일시 : 1959년 8월 21일(금)
장소 : 중앙청 회의실

1. 신년도 예산 편성에 관하여

신현확 부흥 "대충자금 예산에 관하여 한미간의 합의가 못되고 있다"는 보고.

2. 한재 상황

이근직 농림 "고갈 30만 정보 중 15만 정보는 위험상태에 있다"고 보고.

3. 외신기자들의 우리 전기통신 시설 사용에 관하여

곽의영 체신 "미 제8군으로부터 근일 내한하기로 된 미국 신문 기자들에게 한국 정부의 통신 시설을 이용하도록 할 것을 제의하여온바 종래 군용 통신 시설을 이용케 하여 왔으나 한국에 관한 좋지 못한 보도가 나가게 될 때에는 곤란하기 때문이라고 하더라"고 보고하고, "정부에 불리한 보도가 나가게 되면 사전에 이것을 앎으로써 그에 대처할 수 있을 것이므로 수락하는 것이 좋은 듯한 바 의견이 있으면 듣고서 한다"고 타진.

전성천 공보 "어차피 나갈 바에는 정부 수입이라도 늘어 가는 편이 나으며 또 우리 통신 시설을 사용하려면 쓰는 자들도 다소 심리적으로 주의를 하게 될 것이므로 수락하는 것이 좋겠다"고 의견.

4. 대일문제에 관하여

조정환 외무 "대일통상 재개에 미국이 압력을 가하여 경제장관들의 처지가 곤란하게 된바 금일 하오 3시 외무, 재무, 부흥이 미측 간부들과 회합하기로 되어 있다"고 보고.

송인상 재무 "ICA Regulation No. 1을 예외 취급하여 줄 수 없다는 통지를 한국 측에 전달하는 것이라고 생각하며 이 같은 일이 있으면 점점 곤란하게 되겠으니 통상 재개 의견을 진달(進達)한 바 있다"고 보고.

5. 물가대책

송인상 재무 "은행대부 한도액의 인하, 부정대부의 엄중 감독, 불의 공매 방출 등으로 대책을 연구 중에 있다"고 보고.

6. 한일회담에 관하여

홍진기 법무 "회담의 의제를 보며 각부 소관이 포함되어 있으니 종래 외무부 단독 판단으로 의견을 구신하여 승낙을 얻도록 하고 있는 것을 관계 장관, 여당의 의견도 듣고 각하 재가에도 관계 장관이 같이 상대하여 보고 설명을 하도록 시정하는 것이 좋겠다"고 제의하고 "그렇기 위하여는 회담의 진행 상황을 실시자로 하여금 항시 보고케 하는 것이 필요하다"고 의견을 첨가.

조정환 외무 "희망하는 바이라"고 공감, "앞으로 그리하겠다"고 약속.

7. 사방사업 추진대책에 관한 건(1959. 8. 21 안번 207 농림)

대통령 각하 분부에 의하여 성안한 농림부의 안을 심의한 바 국방, 문교 양부 관계 사항에 합의되지 않은 부분이 있어서 다음과 같이 일부분 수정하고 일부는 조건부로 통과하기로 함
  (수정)
  「3. 각부별 소관 사항의 (4)의 2 중『각부대장의 위임하에』를 삭제할 것」
  (조건)

「국방부와 문교부 관계 숫자는 관계부와 농림부가 협의(재검토)하여 정하도록 위임한다.」

8. 수렵규정 중 개정의 건(1959. 8. 5 안번 195 법제)

원안대로 통과함.

9. DLF 차관협정의 국내 발동조치의 건(1959. 8. 20 안번 205 체신)

원안대로 통과함.

10. 부산 어시장 건설에 관한 건(상공)

보고사항으로 접수함.

제83회 국무회의

일시 : 1959년 8월 25일(화)
장소 : 중앙청 회의실

1. 산업개발위원회 기술용역에 관한 건(부흥)

원안대로 통과함.

2. 노총 분규에 관하여

손창환 보사 "김주홍, 김기옥, 정대천의 3파 중 비교적 강한 양 김파는 합류될 가능성이 있으나 제일 약한 정씨파가 말썽을 부리고 있다"고 보고.

홍진기 법무 "정 씨를 처분하는 한이 있더라도 노총의 일원화를 연구하여야 할 것이라"는 법무의 의견.

최인규 내무 "제일 약한 파의 대표가 국회의원이라는데 애로가 있다"고 설명.
　　　　이상 논의에 그치고 결론이 없음.

3. 민주당 내분에 관하여

최인규 내무 "민주당의 양파는 기위 조직을 완료한 162개 당부의 귀속을 각각 자파에 유리하게 말하고 있으나 대체로 조파(趙派) 84 대 장파(張派)280) 72라는 것이 제3자 관측의 근사치라고 보고 있으며 앞으로 항시 변동이 있을 것이므로 예측은 불허한다"고 보고.

4. 신년도 예산 편성에 관하여

신현확 부흥 "경제부흥 특별회계 예산에는 각 분과위원회에서 각기 소관 사업비 확보를 고집하여 협의가 난항 중이라"고 보고.

송인상 재무 "특별회계를 제외하고는 대략 합의를 보았으며 영빈관 경비로 2억 환을 계상키 위하여 예비비를 감액하는 분에 반을 타 예산을 축감하였으며 국무원 사무국 예산 요구 7억에 대한 부족액이 필요할 시에는 업자에 일시 융자하는 방법이라도 긴급히 연구하여 건축을 완성케 할 것이라"고 소요예산 일부를 계상한 데 대한 설명에 이어 "계속비는 각부의 요구가 없으므로 할 수 없이 이를 고려치 않기로 하였다"고 보고.

---

280) 민주당 내 장면(張勉) 중심의 구파(舊派)를 지칭한다.

제84회 국무회의

일시 : 1959년 8월 26일(수)
장소 : 경무대(전반), 중앙청(후반)

1. 한해에 관하여

이근직 농림 "전곡(田穀)에 다소 피해가 있었으나 반년작에 가까우며 답작은 완전 해갈하여
반년 이상의 수확을 예상한다"고 보고.

2. 사방사업 추진 계획에 관하여

이근직 농림 "금주부터 명춘에 걸쳐서 10만 정보의 사방을 할 계획을 수립 추진하기로 하였
다"는 보고.

3. 국무위원 지방 유세에 관하여

최인규 내무 "그간 수명의 국무위원이 지방 출장을 나가서 유세를 하였으며 계속하여 나갈 예
정이라"고 보고.

4. 반공청년단에 관하여

최인규 내무 "신 단장281)이 취임한 후 과거에 비할 수 없을 만치 씩씩하게 나가고 있다"고 보고.

5. 무소속 의원의 동향에 관하여

최인규 내무 "무소속 중에 상당한 동조자를 가진 이재형 의원은 금반 선거에 대통령 각하를 지지한다는 성명을 발표하였으며 무소속의 주금용 의원이 자유당에 입당하여 자유당은 140석을 갖게 되었다"고 보고.

6. 보성 재선거에 관하여

최인규 내무 "9월 12일에 실시할 예정이라"고 보고.
이승만 대통령 "재선거를 조급하게 하는 감이 있다"고 말씀.

7. 북송반대 데모에 관하여

최인규 내무 "외무부 미 대사관 앞에서 하였으나 사고는 없었다"고 보고.
이승만 대통령 "외국인의 동정을 사게 하여야지 감정을 악화시키지 말아야 할 것이라"는 분부.
최인규 내무 "민중은 미국이 일본에 대하여 너무 유화책을 쓴다는 식이 있어서 하는 일로 본다"고 보고.
이승만 대통령 "그런 점도 있으나 그렇다면 글로 써서 그것을 분명히 하여야지 끝에 가서 잘못하여 감정만 사고 마는 수가 있다"고 분부.

8. 민주당 내분에 관하여

최인규 내무 "양파(兩派)가 각각 자가선전을 하고 있으나 조파(趙派)가 다소 우세하다고 본다"는 보고.

---

281) 신도환(辛道煥, 1922~2004)은 메이지대학 법학과를 졸업하고 도쿄대학 법학부와 미국 콜롬비아 대학교에서 국제법 과정을 수료했다. 1958년 제4대 민의원에 당선되며 정치에 입문했고 1959년 대한반공청년단 단장직을 맡았다. 1960년 부정선거 관련 혐의로 구속되어 사형을 구형받았다가 무죄로 풀려난 이후, 1988년 정계에서 은퇴하기까지 국회의원 4선을 기록하며 신민당 최고위원, 신한민주당 총재 등을 역임했다.

9. 국회 개회에 관하여

최인규 내무 "내 9월 1일에 개회한다"고 보고.

10. 물가에 관하여

송인상 재무 "산업자금 방출로 통화가 늘은 것과 국민소비의 증대, 그리고 외원 감소설의 영향 등이 그 주인이므로 금융재정의 긴축 등 필요한 대책을 강구하고 있으나 현 물가 29.1%는 진실한 의미의 등가는 아니라고 본다"고 보고.

이승만 대통령 "물가는 사전에 앙등치 않도록 방지해야지 하며 정부가 이를 어거(御車)[282]하여 갈 수 있도록 만들어야 하지 그런 도리가 없으면 하여 나갈 길이 없을 것인 바 근일 등가한 것은 국내 생산품이라는 바 여하?" 하시는 분부와 하문.

송인상 재무 "면사, 계란, 고무신, 광목, 인조견 등으로서 추석을 앞두고 오르는 것이라"고 보고.

11. 뇌염 발생에 관하여

손창환 보사 "전국에 188명 발생. 방역에 주력 중이라"고 보고.

12. 대만 수해 의연에 관하여

손창환 보사 "대한적십자사에서 광목 160근을 보내기로 하고 미 제8군의 비행기편을 교섭 중이라"고 보고.

13. 수재민 주택건설에 관하여

손창환 보사 "작년 한강 이촌동 수재민을 위한 주택 1,200호 중 600호를 완성 입주하고 연내에 잔 600호도 완료할 예정이라"고 보고.

---

282) '수레를 메운 소나 말을 부리어 몰아간다'는 뜻이다.

14. 일 어부 학대 비난 해명서

홍진기 법무 "일본 변호사회의 조작선전을 분쇄하기 위하여 우리 변호사회에서도 해명서를 만들어서 배포하기로 하였다"고 책자를 공람.

15. 수산업자 류큐 파견 성과에 관하여

구용서 상공 "그간 파견하였던 3인의 보고서는 기위 진달한 바와 같으며 그들이 종래 일본에서 수입하던 통조림과 멸치에 흥미를 가지고 간다고 하더라"는 보고.

이승만 대통령 "가는 사람이 구경만 하고 오는 일이 없도록 하라"는 분부.

16. 인지(印支) 사태와 인도네시아의 실정에 관하여

김정렬 국방 "라오스 사태는 대규모는 아니나 공산당이 무슨 일을 하려면 엉뚱한 일을 저질러보는 것이 상습이라는 과거로 보아서 「흐루쇼프283)」의 미국 방문에 앞서서 정책적으로 야기하는 것이 아닌가? 하는 것이 군사전문가의 견해라"고 보고.

이승만 대통령 "인도네시아의 실정 여하?" 하시는 하문에

김정렬 국방 "종래 친공에서 친서로 많이 돌아섰으며 내란은 없다"고 보고.

송인상 재무 "인구 8,000여만의 생활이 말 못되며 일전에 평가절하와 재산 동결을 하였으며 미국이 뒤에서 원조와 코치를 하고 있다"고 보고.

이승만 대통령 "그런 때에 가만 있으면 안되니 무엇인가를 하도록 하라"는 분부.

조정환 외무 "사절단을 보내는 안을 품신 중이라"고 보고.

이승만 대통령 "일전에 가지 않았는가?" 하시는 하문에

조정환 외무 "민간사절입니다"고 보고.

이승만 대통령 "그들은 민간이고 아니고 구분은 없을 것이라"고 말씀.

---

283) 흐루쇼프(Никита Сергеевич Хрущёв, 1894~1971)는 소련의 정치인으로 1959년 당시 소련 공산당 중앙위원회 서기국 제1서기였다. 스탈린(Иосиф Виссарионович Сталин, 1878~1953) 사후 소련의 최고권력자로 등극하여 1964년까지 재임했으며 실각 이후 1971년 사망했다.

17. 캘리포니아 학생야구단 내한에 관하여

전성천 공보 "9월 4일에 서울에 와서 친선 시합을 한다고 하며 문교와 관계부는 물론 미 대사관도 협력하여 주선을 하여 주기로 하고 있는바 각하의 예방을 하락(下諾)하여 주시고 시합 시구도 하여 주시기를 소청한다"고 보고 겸 품청.

18. 정부 업적 선전 자료에 관하여

전성천 공보 "민주당 역선전의 반박자료를 만들어 배부한바 명의만을 자유당이라고 하였다"고 보고하며 책자를 공람.

19. 재외공관 직원 귀국 빈다(頻多)에 관하여

이승만 대통령 "바우취 편으로 서신 왕래가 가능하고 전신전화도 할 수 있는데 빈번히 왕래하는 것은 좋지 않은 일이니 앞으로 주의하라"는 분부.

20. 대일통상 문제에 관하여

이승만 대통령 "실정 여하?" 하시는 하문에

구용서 상공 "그간 200만 불 상당의 수출을 하고 미해결이 약 400만 불 있다"고 보고(요점 불명).

송인상 재무 "약 800만 불 분이 걸려 있는 중 우리 돈이 300만 불, ICA 자금관계가 500만 불이며 부흥에서 입찰한 결과 일본지역 입찰이 최저인 관계로 유찰시키고 시행 못 한 것이 1,500만 불 있는바 거 6월 15일 중단하고 경과 조치를 취하여 왔다"고 보고.

이승만 대통령 "그 같이 결정한 것이 있으면 그대로 하면 되지 않는가?" 하시는 하문에

송인상 재무 "그렇습니다. 다만 경과를 보고한 것입니다"라고 해명하고 "ICA 규정 예외 취급이 거부된 금일 현재까지는 그럭저럭하여왔으나 1개월 후면 곤란하여진다"고 보고.

이승만 대통령 "왜인의 악행을 국민은 명심하여야 하며 그들의 야망을 충분히 이해하고 일인의 물건을 사주는 것은 그들에게 무기를 주는 것과 같은 것이니 일인의 물건을 안 쓰면 죽는다면 죽는 한이 있더라도 사지 말아야 할 것이며 미국인들이 고집하면 원조도

필요 없다고 하여야 할 것이라"고 분부.

21. 노총 분규에 관하여

이승만 대통령 "자유당 사람이 말썽을 일으킨다는데?" 하시는 하문.

손창환 보사 "정 씨가 말썽을 부리므로 권고하는 길이라"고 보고.

최인규 내무 "보사와 협력하여 선처하겠다"고 청부(請負).

※ 중앙청회의

1. 대일통상 문제

재개할 것을 진언하기로 한다.

설명서는 경제장관이 협의 작성한다.

제85회 국무회의

일시 : 1959년 8월 28일(금)
장소 : 중앙청 회의실

1. 수해 대책비 지출에 관하여

송인상 재무 "수해 대책비를 다음과 같이 지출할 것을 제안한다"고 긴급 구두 제의.

　　(제안 요지)

　　(1) 수해 대책비로 8억 환 이내를 지출하기로 하고 그 용도 배정은 수해대책위원회에
　　　　일임한다.

　　(2) 전항의 재원은 재정법 제14조 제2항에 의한 국제공조 부담행위에 의한다.

　　(의결)

　　전기 제안대로 하기로 함.

2. 노총 분규에 관하여

손창환 보사 "정대천 씨 측도 이해는 하고 있으나 면을 세워 달라는 것이므로 김기옥 씨 측에
　　대하여도 너무 과격하게 않도록 권고하고 있으며 원전노조집회 불허가처분도 정 씨
　　측을 돕기 위함이었다고 본다"고 보고.

최인규 내무 "방치하면 김씨파 측의 득세가 분명하므로 정 씨 측에 대하여 양보하고라도 관련
　　을 끊지 않도록 권하고 김 씨 측에 대하여도 과격한 태도를 하지 말도록 권하였다"고
　　보충.

이근직 농림 "거대한 조직이니 만치 어느 1인의 전제하에 둘 수는 없으니 최고위원제를 채택케 하는 것이 좋겠다"는 의견.

3. 1960년도 국고채무부담행위에 관하여

송인상 재무 "신년도 예산에 관련하여 다음과 같이 추가 의결하여 주기 바란다"는 긴급 구두 제의.

(제안 요지)

1960년도 한국산업은행이 발행하는 상업금융채권 100억 환과 농업은행이 발행하는 농업금융채권 100억 환의 원리금 상환에 대하여 정부가 전액 보증한다.

(의결사항)

전기 제안대로 하기로 함.

4. 반공청년단 지도에 관하여

최인규 내무 "종래 각종 단체가 이권 추궁에 급하여 본래의 사명을 몰각하였던 것에 감(鑑)하여 이를 다음과 같은 정부 시책이나 업무에 협조시킴으로써 그 지방봉사단체로 육성할 것을 제안한다"고 긴급 구두 제의.

(제안 요지)

반공청년단으로 하여금 ① 사방사업, 문맹퇴치, 보도 선전물의 배부 등에 협조케 하고 ② 중소도시의 공보관장은 가급적 반공청년단원 중에서 선임하도록 한다.

(의결사항)

관계 장관(농림, 문교, 공보)이 이를 양해하기로 함.

5. 선거대책으로서의 각종 단체의 지도에 관하여

최재유 문교 "장관의 지방 유세도 필요하나 역시 공무원이라는 점에서 일반에 주는 효과에 「핸디캡」을 핍(乏)할 수 없을 것인즉 제3자로 하여금 협조케 하는 것을 동시에 고려하여야 할 것인바 불교나 유교 단체에 대한 것도 연구되어야 할 것인즉 이에 대한 논의가 있기를 바란다"고 긴급 구두제의.

송인상 재무 "강원도 해안지대에 기독교가 급속한 발전을 하고 있는 실정인즉 기독교도 무시할 수 없으리라"고 의견.

전성천 공보 "신교 120만에 구교 40만을 추산하며 그 중 구교는 무조건 단합할 것이 예상되나 신교는 여6 대 야4의 비율이 될 것으로 추상(推想)하는바 종래 정부로서 구교도 외빈을 환대하면서도 신교계는 무관심하게 지나오는 경향이 있으나 금후에 신교도 내빈을 좀 더 좋게 대우하도록 유의하여야 할 것이라"는 의견.

김일환 교통 "미국 대통령에는 구교에서 난 일이 없다는 바 그 이유는 무엇이며 우리로서 이에 배울 것은 없는가?" 하는 질문에

전성천 공보 "미국 건국의 연혁에 따라서 그 이념이 구교와 잘 맞지 않은 점이 있어서라고 추측한다"고 설명하고 "이혼한 자로서도 대통령에 당선된 예가 없다"고 설명.

이근직 농림 "전반 선거 시에는 단체를 신뢰하였다가 실패하였으며 근자엔 대구시장 선거 실패의 예도 있으니 단체를 상대하느니보다 개인을 상대하는 것이 옳다"는 의견.

(이상 의견 교환에 그침.)

제86회 국무회의

일시 : 1959년 9월 2일(수)
장소 : 경무대(전반), 중앙청(후반)

1. 지방 순시 보고

곽의영 체신 "장관이 하는 말은 타 정객의 말보다 신용을 하여 주고 있으며 전반적 공기로 보
아 충북은 전에 70%였으나 금반 85%까지 지지를 받을 수 있다고 확신한다"고 보고.

2. 한강 수재민 구호에 관하여

손창환 보사 "800명을 학교에 수용하는 등 구호에 만전을 기하고 있다"고 보고.

3. 노총 분규에 관하여

손창환 보사 "양편을 설득한 결과 대동단결하겠다고 약속하였다"고 보고.

4. 작황에 관하여

이근직 농림 "한강 연안에 수침이 있었으나 답작은 평년보다 1할 증수를 예상하며 소채는 금
반 강우로 대부분 피해를 받아서 흉작을 난면(難免)이라"고 보고.

5. 농촌 실태에 관하여

이근직 농림 "농가호수의 증가(작년 7,000호), 호당경작 면적 증가(광작하는 자 수가 증가), 호당 가구의 증가, 호당 수입의 증가, 호당 가축 수의 증가, 농가 지출 내용에 있어서 문화, 위생 등 생활 향상을 위한 경비의 증가 등이 조사결과에 나타나 있는 것으로 보아 농림의 사정이 전보다 나아져 간다고 생각된다"는 보고.

6. 지역사회 개발계획에 관하여

신현확 부흥 "정부가 공사를 전담하여 공공시설을 하여 주는 것은 국민의 의타심을 조장하는 것이 되므로 작년부터 지역사회개발 사업을 계획 추진한 결과, 소액의 정부 보조로 거대한 시설을 완성하였으며 금년에는 각 지방의 희망이 많아서 121개소를 계획하고 지도원을 양성 중에 있다"는 보고에 "잘하는 일이니 사방도 그 방식으로 하라"는 분부.

7. 외원에 관하여

송인상 재무 "월남이 문제가 되어서 아시아 각국에 국회조사단이 파견되었으나 한국만은 대상에서 제외되었다"고 보고.

8. 수해대책비 지출에 관하여

송인상 재무 "시급한 수해대책을 위하여 8억 환을 국고채무부담행위로서 지출키로 하였다"고 보고하고 재가를 소청.

9. 교장 순직에 관하여

최재유 문교 "폭풍우에 경북 안동군 하와룡국민학교가 도괴하여 교장이 사망하고 교원 수명이 중경상을 입은 사고가 발생하여 직원을 파견 조사 중이므로 그 결과에 따라 처리하겠다"고 보고.

10. 미곡 수출 교섭을 위한 교섭원 파견에 관하여

구용서 상공 "풍작에 대비하여 금년의 3배 양의 수출을 계획 중인바 상대방의 수급계획이 수립되기 전에 교섭을 요하므로 목하 상신 중에 교섭원 파견을 윤허하여 주시라"는 품청.

김일환 교통 "윤허하여 주시는 것이 좋겠다"는 의견.

이승만 대통령 "우리 상인들은 주문하기만 기다리고 있는 형편이고 상공부에도 별 계획이 없는 듯한데 여하?" 하시는 하문에

구용서 상공 "네(?) 계획은 세우고 있으나 완전치 않으며 이편만이 아니고 상대방에도 근본 방침이 작정되지 않고 있다"고 대답.

송인상 재무 "시멘트 등을 팔은 일도 있으나 국군이 사용할 것은 국대(國貸)로 구매한다는 의견을 가지고 나와서 곤란한 문제가 있으며 금반 미 국방성 관계관(쇼화 씨)이 내한하는 것을 계기로 국내 미국인 관계관들의 협력을 얻어서 해결하여 보려고 한다"고 보고.

이승만 대통령 "상품을 속여서 신용을 잃지 말게 하라"는 분부.

11. 세금 징수와 조세법 위반자 처벌에 관하여

송인상 재무 "야당 인사 중 유력한 자까지도 엄단하는 것을 보고 일반이 각성하고 있는 차제에 조사를 철저히 하여 9월 중의 자진신고할 기회를 주고 10월부터는 가차 없이 처단할 계획으로 있다"고 보고.

12. 교육계 잡부금에 관하여

이승만 대통령 "교육세를 받으면서 잡부금을 받는 것은 부당한 일인데 아직도 시정되지 못하고 있다니 못하도록 막아야 한다"는 분부.

최재유 문교 "세 수입의 지연으로 잡부금이 유발된 일이 있었으나 학부형에게도 금하고 교장

을 엄단하는 등 조치를 하고 있으며 근자에도 교장들이 회합하여 다시 하지 않기로 의결한 일이 있어서 금후 잘 단속될 것으로 본다"고 보고.

이승만 대통령 "문교부에서 노력하여 시정하도록 하여야 하지 위법을 방치하여서는 안된다"고 분부.

13. 토산품 장려에 관하여

이승만 대통령 "상공이 특히 유의하여 잘 하도록 하라"고 분부.

14. 승려 문제에 관하여

이승만 대통령 "법원에서 해결되었다고 하나 당초 내가 하라는 대로 하면 용이할 것인데 어렵게들 하고 있다"고 하시며 "일인들이 와서 부당하게 점령하여 대처승을 배치한 유물이 일인들이 물러 나간 후에도 그대로 남아 있으니 이를 시정하여 우리나라 본래의 사찰로 돌아가도록 하란 것인데 내가 하려는 것과 뒤집혀진 것이니 속히 시정하는 방법을 의논하여 품신하도록 하라"는 분부.

15. YMCA, YWCA[284]에 대한 원조에 관하여

이승만 대통령 "좀 도와주도록 의논한 바 있는데 여하히 되었는가?" 하시는 하문에

최재유 문교 "작년도 예산에서 500만 환씩 내어주었으며 신년도에 500만 환 계상한 예산을 YW에 1,000만 환을, YM에 4,000만 환을 줄 수 있도록 조치 중이라"고 보고.

이승만 대통령 "나로서도 다소 주도록 하여야겠다"고 말씀.

최재유 문교 "재무와 같이하여 보도록 하겠습니다"고 의견.

---

284) YWCA(Young Women's Christian Association, 여자기독교청년회)는 1877년 영국에서 발족한 조직이다. 1894년 영국, 미국, 노르웨이, 스웨덴 4개국이 세계YWCA의 헌장에 서명함으로써 국제적인 운동으로 출범했다. 조선여자기독교청년회 연합회는 1922년 조직된 이후 1924년 세계YWCA 개척회원국(pioneer membership)으로 가입했다.

16. 비료 종별 제한과 ICA 규정에 관하여

이승만 대통령 "미국이 우리가 요청한 비료 종별 제한과 기타 ICA 규정 등에 관한 우리의 요구를 거절하였다고 하니 그 대책 여하?" 하시는 하문에

신현확 부흥 "ICA 규정변칙을 거부하여 왔다"고 보고.

이승만 대통령 "미국이 그 같이 일본을 위하여 우리를 해하는 것을 그대로 받을 수는 없지 않은가?" 하시는 하문에

최인규 내무 "그간 교섭도 하였으나 외교관이나 미국 행정부 직원으로 할 수 없는 입법사항이며 전세계를 통하여 적용되고 있는 규정이라"고 설명.

이승만 대통령 "일본을 그같이 키워가면 아시아는 일본의 침략 하에 놓인다는 것을 미국 친구들에게 알리면 이해할 것이니 외무가 필요한 조치를 취하도록 하라"고 분부.

조정환 외무 "양 대사에게 교섭케 하였고 다울링 대사와도 협의하였으나 성공 못 하였으니 경제 장관의 의견을 들어주시기 바란다"고 진언.

송인상 재무 "미 국무성 러번슨285) 씨와 연락하여 보았으나 행정부로서 불가능하다는 회답이었다"고 보고.

홍진기 법무 "ICA 규정문제는 오래전부터 교섭 중인 것으로 앞으로도 노력하여 보아야 할 것이나 시급한 비료 도입문제를 해결할 수 없어서 애로에 봉착하고 있는 것이므로 이를 따로 해결하는 것이 필요하다고 생각된다"는 의견.

이승만 대통령 "비료 사정 여하?" 하시는 하문에

신현확 부흥 "수요 90만 톤에 국내 생산은 금년 5,000톤, 충주, 나주가 완성되어도 5분지 3을 자급할 수 있을 뿐이라"고 보고.

이승만 대통령 "그 외에도 일본 물건으로 필요한 것은?" 하시는 하문에

송인상 재무 "전기부속과 콜타르 피치가 있으나 반드시 일본 물건을 구입한다는 것이 아니고 최저 낙찰로 된 것만을 도입하는 길만 열리면 족하다"고 보고.

이승만 대통령 "시작하면 여러 가지가 또 나올 것이 아닌가?" 하시면서 "안을 만들어 올려 보라"고 분부.

(본건은 중앙청회의에서 계속 논의하여 경제4부 장관이 성안 제출하기로 의결함.)

---

285) 당시 미국 국무부 차관보 로버트슨(Walter S. Robertson)을 지칭하는 것으로 보인다.

※ 중앙청회의

1. 한국산업은행의 1959년도 업무 계획 변경에 관한 건(재무)

원안대로 처리함.

2. 비료 도입 가격에 관하여(1959. 9. 2. 긴급구두 농림 부흥)

보고사항으로 접수하기로 하다.

제87회 국무회의

일시 : 1959년 9월 4일(금)
장소 : 중앙청 회의실

1. 대일통상 조치의 일부 완화에 관한 건(부흥)

원안대로 하기로 하다.

2. 안건심의

(1) 공유수면 매립 사업법안
제출처의 취하요청에 의하여 반려하기로 함.
(2) 귀속재산 처리 강화에 관한 건
양해사항으로 접수하기로 함.
(3) 조선장려법 시행령
수정 통과함.
(4) 1960년도 대충자금 특별회계, 예산편성 수정 통과함.
(수정의 내용) 내무·교통 양부의 내부적인 조절과 예비비 중에서 5억 환을 내무부 통계개
선비로 하기 위한 일부 숫자의 변경.
(5) 군인휴가 규정 중 개정의 건
원안대로 통과함.
(6) 외국인의 입국 출국과 등록에 관한 법률 시행령 중 개정의 건

원안대로 통과함.

(7) 노동위원회법 시행령 중 개정의 건

원안대로 통과함.

(8) 대북방송 강화에 관한 건

보고사항으로 접수하기로 하되 위원을 국장급으로 하는 것으로 함.

(9) 영예 수여 상신에 관한 건

양해사항으로 접수하기로 함.

(10) 낙하산 강하 위험수당 급여규정

원안대로 통과함.

(11) 외자청 직제 중 개정의 건

원안대로 통과함.

(12) 지방 외자 관서 직제

수정 통과함.

(수정내용) 제9안의 내용을 필요하면 설치하는 것으로 고치고 자구 수정을 법제처와 국무원 사무국에 일임하기로 한다.

제88회 국무회의

일시 : 1959년 9월 8일(화)
장소 : 중앙청 회의실

1. 국회 정세에 관하여

최인규 내무 "상임분과위원장 선임은 의장이 지명한 대로 할 것이나 임철호 의원의 부의장 문제는 보안법 통과 등에 적극적이었다는 야당의 반감으로 곤란이 좀 있다"고 보고.

2. 민주당의 실정에 관하여

최인규 내무 "20개소의 사고당부가 났으며 조파(趙派)가 장파(張派)보다 다소 우위에 있다고 본다"는 보고.

3. 경북 민심에 관하여

최인규 내무 "과거 정부의 지도 계급에 있던 자들의 반동에 추수(追隨)한 시민을 약한 자유당이 경찰을 이용하여 강압하는 등으로 가일층 반발하였던 것이 거반(去般) 대구시장 경질을 계기로 좀 돌아서 가고 있다"는 내무부의 지방 유세 결과의 보고.

이승만 대통령 "정치에 경험이 없던 국민이 차차 경험을 하여 가면 어떻게 되어 돌아간다는 것을 알게 될 것이라"고 훈시.

4. 수해 상황

손창환 보사 "전국에 가옥파괴가 1,177호이며 수재민의 구호(식량지급과 방역)에 만전을 기하고 있다"고 보고.

5. 미군의 비상사태에 관하여

곽의영 체신 "9월 6일부터 부산, 서울 간 전신전화시설에 종사하는 미군 관계자들이 24시간 긴장된 근무를 하게 되어 한인 직원들도 이에 보조를 맞추어서 근무케 하였다"고 보고.

최인규 내무 "비상사태는 태평양지구 전역에 긍(亘)한 것이 '라오스' 사태와 관련이 있는 것이나 경(輕)한 비상사태에 속하는 것이라"고 보고.

6. 기념우표 발행에 관하여

곽의영 체신 "미국의 민드시트라는 회사를 대리점(특약)으로 계약하여 연 100만 불을 해외에 구매할 계획이며 동사는 한은에 보증금을 공탁하기로 되어 있으므로 차제에 체신업무 개시 75주년 기념, 대한체육회 창립 40주년 기념우표를 발행(각 50만 매)하여 약 3만 불 상당분을 해외에 팔고자 한다"고 보고.

이승만 대통령 "구주 각국에는 자금 조달이 필요하면 이 우표를 발행하고 있는바 한국인 중에 이런 사업을 하는 자가 없으므로 타국인이 와서 한다는 것이나 이같이 하는 중에 우리 사람들도 차차 배우게 될 것이라"고 분부.

7. 미국 정부 의원 등 내한에 관하여

송인상 재무 "현재 샤프 씨와 피터슨 씨가 와 있으며 10월에는 상원의원, 하원의원들이 올 것인바 그들의 목적은 원조를 삭감할 자료와 미 정부를 공격할 자료를 수집하는 데 있다고 추측되므로 필요한 설명자료와 시찰대상 등에 십분 유의하여 응대에 유감이 없도록 하려고 한다"고 보고.

이승만 대통령 "우리는 미국을 위하여 싸우고 있다는 것과 미국을 해하려는 나라가 모략하는

데 넘어가지 말라는 등을 잘 말하여 그들이 귀국 후 말할 수 있는 자료를 만들어 주어
야 한다"고 분부.

8. 제2세계은행 가입에 관하여

송인상 재무 "금반 화부286)서 열리는 IMF287) 연차회의에서 제2세계은행(IDA) 문제가 논의될
것인바 현재 동 은행 설치와 동시에 DLF가 없어진다는 말이 있어서 그것을 반대하고
만일 DLF를 존치하고 IDA를 만든다면 우리는 가입하겠다는 뜻을 말하고 있는 중이
라"고 보고.

9. 상공 행정에 관하여

구용서 상공 "홍아타이어는 대일 경쟁에 이겼으며 피터슨 씨는 인천 방면을 보고 하오 충주비
료공장을 보러 갈 것이고 미곡 수출 교섭은 시급히 하여야 할 것이며 영국 기타에 수
출할 희망도 있으나…? 이스라엘에서 만 톤 수입을 하겠다면서 물물교환을 하자고 하
고 있다"고 보고.

10. 동남북 사태에 관하여

이승만 대통령 "아이젠하워 대통령은 하나 못하여 이제 무엇을 좀 하여 보려고 하고 있는 듯하
며 금반 라오스 사태는 좀 일을 키워보려는 것 같으니 우리가 이 판에 앞잡이로 나서
야 할 줄 안다. 재무는 외화를 차입이라도 하여 많이 보유하도록 하여야 할 것이며 미
국회의 동향이 아직도 분규 중에 있으므로 자칫하면 약한 자가 손을 보기 쉬운 것이
니 그들에게 잘 알리도록 하여야 할 것이며 '양키 고우 홈'이 안 나오도록 주의하라고
충고를 하여 주어라"고 분부하시고 이어 "SEATO288)에 가입하는 법을 알아보라"고

---

286) "화부(華府)"는 미국 워싱턴 D.C.를 지칭하던 음역어 '화성돈(華盛頓)'을 줄여서 이르던 말이다.
287) 1944년에 만들어진 국제통화기금(International Monetary Fund)을 의미한다.
288) SEATO(Southeast Asia Treaty Organization, 동남아시아조약기구)는 1954년 설립된 동남아시아 지역의
집단안보기구이다. 회원국은 미국, 영국, 프랑스, 오스트레일리아, 뉴질랜드, 필리핀, 태국, 파키스탄 등
8개국이었으며 본부는 방콕에 있었다. 결성 이후 23여 년간 존속하다가 1977년 6월 30일 정식으로 해체

분부(외무에).

김정렬 국방 "SEATO에는 안 들었으며 말씀하시는 것은 전에 구상 중에 있던 NEATO[289]인 듯 추측하는바 그에 대하여는 1954년도 화부에서 각하가 일언지하에 거부(일본 가입 부당을 이유로)하신 것인바 그 후 조직이 안되고 말았다"고 보고.

이승만 대통령 "아파클[290] 회원국을 잘 설득하여 협조를 하도록 시켜야 할 것인바 최덕신[291] 대사가 연락을 잘 할 수 있는 듯한데 여하?" 하시는 하문에

조정환 외무 "분부에 의하여 최 대사를 기위 회담에 급파하였으며 대만은 안보리사회의 결정에 따르겠다는 미온적 태도라"고 보고.

11. 경향신문 폐간에 관한 행정소송에 관하여

홍진기 법무 "고등법원 판결이 정부 처분을 지지하는 방면으로 확정되었다"고 보고.

※ 중앙청회의

1. 대일통상에 관하여

신현확 부흥 "일전에 상달한 제안에 대하여 서면으로 주신바 대일통상에 언급치 않으시고 비료문제만을 말씀하셨으나 최소한도 필수량은 허용하실 의도로 추정되나 민, 관수 비

되었다.

289) NEATO(Northeast Asia Treaty Organization, 동북아시아조약기구)는 동북아시아의 집단안보를 위해 구상된 국제기구이다. 미국과 한국, 중화민국, 일본 등으로 구성될 것으로 보였으나 이승만 대통령은 일본이 포함되는 것을 반대했고 결국 NEATO는 출범하지 못했다.

290) APACL(Asian Peoples' Anti-Communist League, 아시아민족반공연맹)은 공산주의에 위협을 받는 아시아 민족들의 반공 유대를 강화하기 위한 목적으로 1954년 결성된 국제적 연맹이다. 아시아민족반공연맹은 1954년 6월 진해에서 개최된 아시아민족반공연맹대회를 계기로 이승만의 주도하에 발족되었으며 당시 한국, 중화민국, 태국, 홍콩, 필리핀, 베트남, 류큐 등 8개국이 참여하였다. 1959년 6월 제5차 대회가 한국에서 열렸으며 14개의 회원국 대표 및 6개의 참관국 대표가 참석했다. 연맹은 1966년 제12차 총회를 끝으로 세계반공연맹의 발족과 함께 발전적 해체를 선언했다.

291) 최덕신(崔德新, 1914~1989)은 중국 황푸군관학교(黃埔軍官學校)를 졸업하고 광복군의 일원으로 복무했다. 6 · 25전쟁에 제8사단과 제11사단의 사단장으로 참전했으며 정전협정 조인식에 국제연합군 대표단 소속의 한국군 대표로 참석한 바 있다. 이후 제9대 외무부 장관, 주서독대사 등 박정희 정부에서 요직을 맡았다. 하지만 1976년 미국으로 망명해 수차례 방북했고 1986년 월북하여 최고인민회의 제8기 대의원, 조선종교인협의회 회장직 등을 역임했다.

료 동가(同價)는 사실상 곤란한 일이므로 가격의 변동을 없도록 하는 방안을 강구할
수밖에 없다"고 보고.

2. 의안심의

조세법처벌절차법시행령 중 개정의 건 (법제)
원안 통과함.

제89회 국무회의

일시 : 1959년 9월 11일(금)
장소 : 중앙청 회의실

1. 입도선매 방지책

이근직 농림 "입도선매의 방지책으로 농림에 융자할 자금은 추석 전에 방출하여야 할 것이며 수리자금 기 영달분의 지출도 금명 간에 하여 줄 것을 재무부 장관에게 요망한다"는 보고 겸 요청.

2. 양산, 보성 선거에 관하여

내무(차) "고전을 하고 있으나 각부 협조로 잘 가고 있다"고 보고.

3. 주노292) 박사 내한에 관하여

보사(차) "예정된 계획대로 진행 중이며 결과는 좋은 것으로 생각한다"고 보고.

김정렬 국방 "일본의 북송 사무를 철저히 감독하여 수송 도중에서라도 공산당의 선동에 개입 치 않도록 주의하겠다고 하며 도착시의 환영에 감동하고 납치미망인의 호소에 충격

---

292) 주노(Marcel Junod, 1904~1961)는 1952년 국제적십자위원회(ICRC)의 위원으로 임명되었으며 1959년 부터 1961년 사망할 때까지 위원회의 부회장직을 역임했다. 1959년 9월 9일 방한하여 경무대에서 이승 만 대통령을 접견하고 대한적십자사 총재실에서 재일교포 북송문제에 대해 논의하였다.

을 받은 것으로 추측된다"고 보고.

4. 의안심의

(1) 예비비 지출

1959년도 중앙선거위원회 소관 민의원 의원 재선거비 부족액을 일반회계 예비비에서 지출의 건(재무)

원안대로 통과함(730,800환).

(2) 육군병원 부속 간호학교령

문교부, 보사부의 이의로 심의를 보류하고 관계부 실무자회의를 열고 재검토하기로 함.

(3) 서울특별시 관내 귀속임야 처리에 관한 건(보고사항)

재무부 장관의 설명(1959. 7. 31 제출 서면 보고에 대한 구두 설명)을 듣고 각부 장관이 의견이 있으면 차회에 제출하기로 함.

제90회 국무회의

일시 : 1959년 9월 14일(월)
장소 : 경무대(전반), 중앙청(후반)

1. UNESCO[293] 본부 직원 내한에 관하여

최재유 문교 "국민교육 상황을 시찰하고 취학률, 새 교육에 대한 아동의 적응성, 교육열 등에 감탄하고 세계 어느 나라에 비하여도 손색이 없다고 하였다"고 보고.
이승만 대통령 "강릉 아동이 참 잘생겼다고 보았다. 그더러 가서 보라고 권하고 잘 대접하여 보내도록 하라"고 분부.

2. 국적(國赤) 주노 박사의 내한에 관하여

손창환 보사 "국적에서나 일본이 만류하는 것을 오기로 하였던 그는 의외로 환영을 받고 감명 한 양이며 자기는 1인의 한국인이라도 북한으로 덜 가도록 하는 것이 일본의 목적이 나 이런 말이 외부에 나가면 북한이나 일본의 공작이 일어날 것인즉 비밀로 하여 달 라고 하였으며 국적위의 한 부인(夫人)은 북송에 대하여 한국을 절대 옹호하여 온바

---

293) 유네스코(United Nations Educational, Scientific and Cultural Organization, 유엔교육과학문화기구)는 교육, 과학, 문화를 통한 국가간 협력을 촉진함으로써 세계 평화와 안전에 공헌하는 것을 목적으로 1945년 창설된 유엔전문기구이다. 1945년 11월 16일 런던에 모인 37개국 연합국 대표는 평등한 교육 기회 보장, 객관적 진리 탐구, 사상과 지식의 자유로운 교환 등을 추구하는 것을 골자로 하는 유네스코 헌장을 채택함으로써 기구를 창설했다. 대한민국은 1950년 6월 14일에 유네스코에 가입하여 55번째 회원국이 되었다. 6·25 전쟁 이후 유네스코는 대한문교서적 인쇄공장을 설립하며 한국의 교육 재건을 지원했고 한국 정부는 1954년 유네스코한국위원회를 창립하여 국내 유네스코 활동을 활성화했다.

그는 3, 4년 전에 한국에 올 일이 있었으며 일본의 지배를 안 받고 있는 한국을 보기를 희망한다 하기로 평양여행의 기회에는 내한하도록 권하려고 한다"고 보고.

이승만 대통령 "당초에 주노 박사의 의도가 보고와 같은 것으로 알고 있는데 영자 신문에 의하면 그가 일본서 한 말이 좀 이상하게 들리는데 여하?" 하시는 하문에 별 대답이 없이

손창환 보사 "일본과 북한을 자극하지 않기로 약속한 관계로 그가 한국에 와서 사할린(樺太)에 억류된 한인 관계를 논의하였을 뿐이라고 발표하였다"고 보고.

3. 위조 의약품 제조 판매에 관하여

손창환 보사 "제약회사의 종업원이 사임하여 모조품을 만들어 팔으므로 목하 단속 중"이라고 보고.

4. 정부청사 입찰에 관하여

신현확 부흥 "9월 10일에 입찰결과, 3개 미국인 회사가 응찰한바 앞으로 비교 검토하여 유리한 회사와 계약을 할 예정이라"고 보고.

5. 국제체신노동연합회 연차대회 아국 대표 참석에 관하여

곽의영 체신 "11개국이 참석하기로 된 동경대회에 대표 5명을 파견하여 6·25사변의 공산당의 행악, 일본의 징용을 통한 행악, 근자 양 원흉들의 공모에 의한 북송문제 등을 보고하고 긴급동의에 의한 세계 노동자에 호소, 일본 노조원에 의한 왜 정권에 대한 공격을 하도록 하되 주일대표부와 긴밀한 연락 하에서 하도록 지시하여 금일 하오 2시 출발하게 하였다"고 보고.

6. 우체국 건설에 관하여

곽의영 체신 "명년도까지 2.5개면 당 1국을 목표로 추진 중인 지방우체국 설치에 관하여는 기

정 예산 중 경쟁입찰로 절약된 잉여금 1억 환으로 16개소를 연내에 완성할 계획이라"고 보고.

7. 재선거에 관하여

최인규 내무 "깨끗한 선거를 하려고 경찰도 못 움직이게 한 바 결과는 잘 되었는데 투표일에 형세가 불리할 것을 간취한 민주당에서 시비를 시작하고 있으나 이편이 경위(經緯)에 빠지게 한 일이 없으며 금반 같은 호성적은 당과 정부의 협력에 의한 성과로서 대체로 전에 민주당이 우세하던 곳도 점차 전환되어 가고 있으며 신문에 난 것은 없는 이만 못하나 우리의 경위가 모자랄 것이 없다"는 보고.

이승만 대통령 "민주당에 머리를 쓰는 이가 없어서 그렇지 대국적 견지에서 애국하는 생각으로 취하여야 할 길이 있을 줄로 생각한다"는 분부.

8. 사형수의 형 집행에 관하여

홍진기 법무 "법의 규정은 없으나 6개월 이내에 1회 재심 요구를 인정하는 것으로 기준을 정하여서 하려고 한다"고 의견을 보고하고 "현재 기결 61명이 남아 있는바 연초 80명 있던 중 19명의 형을 집행하고 남은 것인바 지연의 이유는 재심요구에 있다"고 보고.

이승만 대통령 "법은 죄인에게 유리하도록 유의하여야 하는 것인즉 2회까지 재심을 요구할 수 있도록 하는 것이 좋겠다"는 분부.

9. 예산안 국회 제출에 관하여

송인상 재무 "9월 10일로 조기에 국회에 제출하였다"고 보고.

10. 주화발행에 관하여

송인상 재무 "미국에서 주조는 완료하였으나 수송 관계로 발행예정일에 못하게 될 것인바 내

11월 중하순 경에 발행할 수 있을 것이라"는 보고.

이승만 대통령 "주화발행엔 경비가 많이 든다고 하니 잘 의논하여 보고하도록 하라"는 분부.

송인상 재무 "주화의 수명은 10년이므로 지폐보다 오래 쓸 수 있다"고 보고하고 "품판 인쇄와 고급용지가 준비되면 고액지폐를 발행하도록 하겠다"고 첨보.

11. 동해안 철도건설에 관하여

김일환 교통 "대통령 각하를 모시고 지방민에게 공약한 것이므로 명년도 계획 일부를 변경하여 10개월 이내에 완성하도록 계획을 세우려고 한다"는 보고.

12. 해외선전에 관하여

전성천 공보 "국내는 상당히 하고 있으나 해외선전이 부족하므로 이를 강화하여야 할 것인바 외국 교육자 여행을 가능케 할 저렴한 여관의 설비가 필요하며 추석 전후하여 외국인을 초청하여 접대하고 입장료 남은 것은 실명용사촌에 기증하려고 한다"고 보고하고, "선교사들과 친근히 할 것"을 역설함.

이승만 대통령 "전에 하려다가 잘 안 되었으나 근일 우리 음악가들이 좋은 음악을 많이 만들고 있으니 레코드로 하여 외국에 많이 보급시키도록 하라"는 분부.

최재유 문교 "악보를 금년부터 외국에 보내고 있다"고 보고.

13. 물가에 관하여

이승만 대통령 "물가가 앙등하고 있으며 별 대책이 없는 듯하다고 외부에서 말하는데 여하?" 하시는 하문.

송인상 재무 "물가는 예년보다 더 올라갔으나 투기성은 줄었으며 물가지수는 지수제도의 불합리(개정을 미측과 협의 중)에서 오는 것이므로 경계는 필요하나 우려할 것은 없으며 만일 과도한 앙등이 있을 시에 대처하여 방책을 준비하고 있으므로 6개월 평균 25% 선 유지엔 자신이 있는바 조절의 요체는 ICA불 공매에 있으며 연내 5,000만 불

공매할 것이 있으므로 별 염려는 없다"고 보고.

이승만 대통령 "불 공매에 별 작용은 없는가?" 하시는 하문에

송인상 재무 "현 연도로서는 없다"고 보고.

이승만 대통령 "60년래(來)의 대풍에 물가가 폭등하면 유감이라고 생각한다"고 분부.

송인상 재무 "금년과 같이 예산을 많이 집행한 예가 없는데도 현금 90억을 가진 것은 징세가 잘된 소치라"고 보고.

14. 주택건축에 관하여

이승만 대통령 "진행 상황 여하?" 하시는 하문에

손창환 보사 "귀재특계 수입 관계로 80여 건 희망에 20여 건을 응하여 주고 있는 형편이라"고 보고.

15. 한강준설에 관하여

이승만 대통령 "한강유역을 준설하여 큰 배가 다니도록 하라"는 분부.

16. 밀수단속에 관하여

이승만 대통령 "엄중 단속하여 근절시키도록 하라"는 분부.

송인상 재무 "대일무역중단으로 늘어가고 있는 바 각 관계부가 협력하여 철저한 대책을 강구하도록 추진 중이라"고 보고.

17. 김포공항 정비에 관하여

이승만 대통령 "김포공항 주위를 깨끗이 하도록 미국인들과 연락하여 하도록 하라. 그리고 내무도 같이 협력하여 여의도공항의 육군기지 청소 정비를 하도록 하라"는 분부.

※ 중앙청회의

1. 의안심의

(1) 기부심사위원회 규정 중 개정의 건(법제)

원안대로 통과.

(2) 국세(國勢)조사위원회 규정 중 개정의 건(법제)

원안대로 통과.

(3) 특허법과 상표법에 의한 특허료 등록료 및 수수료에 관한 건 개정의 건(법제)

수정(시행을 공포일부터 6개월 후로) 통과함.

(4) 중앙관서통계담당관협의회 규정 제정의 건(내무)

양해사항으로 접수하기로 함.

2. 장관의 해외 출장에 관한 건

장관의 해외 출장은 정부조직법 제8조 및 제29조에 규정된 「사고」로 간주하지 않기로 합의함.

제91회 국무회의

일시 : 1959년 9월 18일(금)

장소 : 중앙청 회의실

1. 비료구매에 관하여

신현확 부흥 "거 화요일 국무회의 후에 대일통상관계 재가를 소청하였으나 재가하지 않으시고 1일간 생각하여 보시겠다고 하시더니 화요일에 재가는 하지 않으시겠고 급한 것은 그대로 처리하라는 말씀이 있으셨으며 종래에도 대일교역에 관한 것은 재가를 하신 일이 없으셨으므로 관계 장관이 시급한 비료 도입만을 우선 조치하기로 하였던바 사회여론은 추석 관계로 충분히 신문에 나타나지 않았으나 대체의 의문은 「그간 관계 장관들이 회의를 거듭한 것으로 보아서 상당한 조치가 있을 것을 기대하였더니 겨우 그것뿐이냐?」고 하는 정도라"는 보고.

2. 불량소맥분 배급에 관하여

이근직 농림 "불량소맥분이 배급되었다는 비난의 신문 보도를 보고 조사하였으나 정부의 소맥분을 방출한 일이 없다고 한다"는 농림부의 조사 결과를 보고.

손창환 보사 "목하 조사 중이어서 보고를 아직 못 받았으나 서울시에서 800포를 방출은 하였으며 종교단체에서 나온 것인지도 모르므로 조사를 촉진하여 결과를 차회 회의시에 보고하겠다"는 보고.

3. 수해[294] 상황과 그 대책

최인규 내무 "제주도의 피해의 상보는 간접(間接)이나 전국적으로 인명 64인, 가옥 도괴 1,400, 반괴 1,400, 침수 7,600, 이재민 26,000을 산한다"고 보고하고 "대통령 각하께서도 위문금을 하사하셨는데 전국을 대상으로 하려면 1도당 200만 환은 돼야 할 것이니 이를 각부에서 갹출하여 대통령 각하 명의로 위문을 하고 수해대책비 지출이 필요하다고 보므로 정부수해대책위원회로 하여금 구체안을 제출케 하는 것이 여하한가?" 하는 제의.

이근직 농림 "수해대책은 필요하니 전기 내무부 장관 제의와 같이 하고 대통령 각하 위문금은 사망자 1인당 1만 환이면 적당하다고 보며 너무 많아도 도리어 이상할 것이라"는 의견.

곽의영 체신 "시설 피해가 막대하여 보수에 전력을 하고 있다"고 보고.

이상 논의 후 다음과 같이 하기로 합의함.

「(1) 대통령 각하 조위금은 사망자 64명에 우선 100환씩 보내시도록 내무부가 조치한다.

(2) 수해대책은 정부수해대책위원회에서 검토 성안하여 차회 회의에 제출하기로 한다.」

---

294) 당시 수해는 제14호 태풍 사라로 인한 피해에 해당한다. 태풍 사라는 1959년 9월 17일 추석 남해안에 상륙하여 한반도를 관통했는데 강한 바람과 폭우로 인해 894명이 사망하고 662억 원의 재산피해가 있었다.

제92회 국무회의

일시 : 1959년 9월 19일(토)

장소 : 중앙청 회의실

1. 수해 상황과 그 대책에 관하여

각부 장관의 수해 상황 보고를 받은 후 다음과 같이 하기로 함.

(1) 긴급수해대책비를 지출한다.

(2) 긴급구호양곡을 즉시 방출한다.

(3) 의연금 갹출운동을 전개하되 공무원이 솔선갹출한다.

(4) 외국구호기관에 대하여 구호를 요청한다.

(5) 국무위원을 현지에 파견하여 실정을 답사케 한다.

(6) 단시일 내에 피해(군 시설 피해를 포함)를 복구하도록 모든 수단을 다한다.

(부)

　가. 장관출장은 다음과 같이 한다.

　　　경남 : 내무, 체신, 상공

　　　경북 : 농림, 교통

　　　전남 : 부흥

　나. 공무원 의연안은 국무원 사무국장에게 일임한다(전액 1억 환).

제93회 국무회의

일시 : 1959년 9월 22일(화)

장소 : 경무대(전반), 중앙청(후반)

1. 수해 상황과 그 대책

지방 시찰에서 귀환한 장관의 보고는 다음과 같음.

최인규 내무 현재까지 판명된 전국 풍수해 개황은

> 인명—사망·실종 831인, 건물—전파·유실 31,000동, 반파·침수 50,000동, 선박—전파 3,200척, 반파·유실 3,000척.

김정렬 국방 국방부 관하 피해는

> 창고—1,486동, 군수품(의료품 등) 100만 불 상당, 인명—사망 5인, 빈사 11인.

이근직 농림 경북 수해 상황 시찰보고.

곽의영 체신 경남 수해 상황 시찰보고와 체신시설의 피해복구 상황보고.

최재유 문교 학교건물 피해(국민교 4,069 교실 중 전파 220 교실, 중학교 1,839 중 전파 209 교실)와 고적의 피해가 있었다는 보고.

신현확 부흥 전남 시찰보고(특히 도서 지역의 피해는 참혹하다고).

김일환 교통 경북 수해 상황 시찰보고와 철도시설의 피해와 복구상황 보고(전선 83개소 파괴의 대부분을 복구하고 3개소만 남았다는 요지).

구용서 상공 어촌의 피해와 선박 피해가 막대하다는 보고.

이승만 대통령 "구호를 하는 것은 지금 이 시기라고 보니 몇 장관이 앞에 나서서 조직적인 활동을 하도록 하라"는 분부.

손창환 보사 "긴급구호미의 방출, 종교계 구호단체의 활동 촉구, 8군의 천막 등을 가지고 대처 중에 있다"고 보고.

송인상 재무 "모든 시책은 경비를 요하는 것이므로 정부로서는 응급조치와 항구대책(완전복구조치)의 2단계로 구분하고 산업부문에 대하여는 어획성기를 앞에 둔 어업시설 복구에 우선권을 주도록 하며 필요한 재정을 국고채무부담에 의하도록 해야 할 것인 바 자금 방출이 과도하면 물가에 영향을 줄 것이므로 정부는 인보(隣保)상조를 권장하는 운동을 전개하도록 하여야 할 것이라"는 의견.

2. 물가앙등 방지대책

이승만 대통령 "중요 긴급한 문제이므로 이를 논의하고자 하는 바 실정 여하?" 하시는 하문에

송인상 재무 "9월 18일 134%로 앙등하였으나 이것은 장작, 명태 등에 편중된 물가지수 제도의 결함에서 사실상의 물가를 표시하는 것이 아니며 반입 금지 중인 장작, 작년 흉년이었던 명태를 제외한 물가는 0.7% 하락하였다"고 보고.

이승만 대통령 "금전(金錢)을 많이 펴여 놓으면 나아진다고 하는 이가 있는데 이것은 좀 생각하여 볼 일이며 경제원칙대로 하는 것도 좋지만 그것만으로 안될 때도 있으니 원칙보다도 요점을 찾아서 방법을 찾아가도록 할 필요도 있으며 한 사람의 의견보다 여러 사람의 의견을 합하여 하는 것이 결과가 좋을 수가 있으니 몇몇이 의논하여 보도록 하라"는 분부.

송인상 재무 "경제 4부 장관회의에서 그런 문제를 논의하기로 하고 있다"고 보고.

※ 중앙청회의

1. 문화의 달 실시에 관하여

최재유 문교 "문총에서 10월을 문화의 달로 지정하여 관계행사를 한다고 듣고 있다"고 보고.

2. 체육주간에 관하여

최재유 문교 "10월 3일부터 1주일간을 체육주간으로 하기로 대한체육회에서 연락이 있었기

에 보고한다"고.

3. 재해대책위원회 구성

수해대책위원회를 해제하고 재해대책위원회를 조직하되 그 구성을 다음과 같이 한다.
내무(소집책임), 재무, 국방, 농림, 부흥, 보사의 6 장관으로 한다.

4. 긴급풍수해 대책

다음과 같이 하기로 함.
(1) 서울특별시와 도청소재지인 시(피해지구 제외)로 하여금 가구, 의류 수집 운동을 대한
적십자사와 연락하에 전개케 한다(내무·보사).
(2) 전기 수집물자의 철도수송은 무상으로 한다(교통).
(3) 도서에 보내기 위하여는 민간선박도 동원한다(상공).
(4) 극장 입장자로부터 희사를 받는 운동을 전국적으로 추진하도록 하되 서울 시내는 1인
당 100환을, 기타 지방에 있어서는 지방 장관이 실정에 따라서 정하는 액을 기준으로
한다(내무).
(5) 공무원의 의연은 2억 환을 목표로 하는 총무과장회의 건의안을 양승(諒承)하기로 한다
(국사).
(6) 신문사에서 하는 일반 의연금모집을 적극 권장한다(공보).
(7) 일반 의연금, 물품수집 업무를 담당한 임시조직으로 보건사회부에 재해구제본부(가칭)
를 둔다(보사).
(8) 국방부에서는 군에서 중기 등을 동원하여 재건복구에 협력하도록 관하에 하달한다(국방).
(9) 재해대책비 지출을 위하여 11억 8,500만 환을 국고채무부담행위로 하기로 한다.

5. 사고외자처분에 관하여

외자청이 보유하는 도입 양회(洋灰) 중 수침한 것으로서 시일이 경과하면 안될 것을 적의
처분하는 권한을 부흥부 장관에게 허용한다(재무 제의에 전원 이의 없음).

6. 대일통상에 관하여

신현확 부흥 "대일통상중단 전에 재가를 얻어서 시행 도중 중지한 채로 있는 수도소독용 염소는 긴급 불가결한 것이므로 이를 일본으로부터 도입하도록 조치하겠다"는 보고에 이견 없음.

제94회 국무회의

일시 : 1959년 9월 25일(금)
장소 : 중앙청 회의실

1. 풍수해 긴급복구비 방출계획에 관하여

재해대책위원회에서 지출된 계획에 일부수정(문교부 소관 국민학교 긴급교실복구비에 경특(經特)에서 3억을 배정)하여 별지 방출계획 명세표와 같이 하기로 함.

2. 「사라」태풍 의연금모집에 관한 건(보사)

원안을 별지 주서와 같이 수정하여서 하기로 함.

3. 군용 타이어 단속에 관한 건(국방)

보고(서면)를 접수함.

제95회 국무회의

일시 : 1959년 9월 29일(화)
장소 : 경무대(전반), 중앙청(후반)

1. 석존제(釋尊祭) 거행에 관하여

최재유 문교 "금일 9시 30분에 하기로 되어 있다"는 보고.

2. 국전에 관하여

최재유 문교 "출품 724점 중 입선 311점으로 내 10월 1일부터 열기로 되었다"는 보고.

3. 참전 16개국 마라톤대회에 관하여

최재유 문교 "작일 무사히 완료한바 한국선수가 일등을 하였다"는 보고.

4. 금남교 개통에 관하여

최인규 내무 "충남 연기군에 4억6천만 환의 공비로 620m의 신교량을 완성하여 내 10월 7일 (수) 정오에 개통식을 거행할 예정인바 대통령 각하의 참석을 품청한다"고 보고.

5. 국제전신전화 가설에 관하여

곽의영 체신 "서독과 직접으로 통하는 전신은 11월 중순경 전화는 12월 중순경에 통하게 된 것인바 이에 의하여 종래 미국을 통하는 관계로 시간과 경비가 들던 것을 축감할 수 있게 될 것이라"고 보고.

6. 동해안 철도가설에 관하여

김일환 교통 "자재와 예산의 준비와 동시에 측량에 착수하였다"고 보고.

7. 국내항공로에 관하여

김일환 교통 "KNA 이외에 또 한 회사를 만드는 것을 관계 장관이 전력하여 USOM 측과 교섭 중이라"는 보고.

8. 관광사업에 관하여

김일환 교통 "대관령 스키장을 명절에도 쓸 수 있도록 제반 시설을 하고 외객을 유치하려고 하며 8군이 강릉에 호텔을 건설하는 것도 의논 중이라"고 보고.
이승만 대통령 "돈이 많이 들면 구경 오는 사람이 적은 법이라"로 훈시.
김일환 교통 "관광객을 위한 특별환율을 실시하는 것이 필요하다"고 진언.
이승만 대통령 "그것을 하기 시작하면 현 환율을 유지할 수 없을 것이므로 않고 있는 것이며 일인들은 기득권을 가지고 있으니 그와 경쟁하려면 좀 욕을 볼 수밖에 없으며 현재 와서 있는 ice show 하는 얼음판을 만들 것을 연구하여 보라"고 분부.

9. 외국의 재해 의연에 관하여

손창환 보사 "정말 캐나다, 미국, 서독 등에서 돈이 오고 있다"고 보고.

10. 제주도 수원 개발에 관하여

손창환 보사 "수질이 좋은 수원을 발견하여 연차계획으로 개발할 것인바 6만 인구가 쓸 수 있는 수원이라"고 보고.

11. 국외선전에 관하여

전성천 공보 "동남아의 방송에는 불어보다 중국어가 효과적이라고 하므로 목하 중국대사관과 연락하여 광동어를 잘하는 사람을 구하고 있는 중이라"는 보고.

12. 통신료 인상 요구에 관하여

전성천 공보 "AP에서 75만 환을 요구하여온바 타사도 인상을 요구하여 올 것이라"고 보고.

13. *Korean Republic*의 국외 배부에 관하여

전성천 공보 "종래 재외공관에서 장시일 지체되곤 하던 것을 방지하기 위하여 명년부터는 직접 우송하기로 하고 있다"고 보고.

14. 장로교 기타 종교단체에 관하여

전성천 공보 "장로교 75주년 기념에 화환을 보내서서 감사하고 있으며 선교사의 접대를 위하여 10월 8일에 50명을 초대하여 파티를 할 예정이라"고 보고.

15. 대일수출에 관하여

이승만 대통령 "한국에 일본 물건을 사야 한다고 한다니 일본에 대하여 한국의 쌀이나 해태를 사라고 하여 보라. 만일 안 산다고 하면 우리도 할 말이 있다"는 분부.

16. 수출산업 장려

이승만 대통령 "수출산업을 장려하고 외교원을 양성하도록 하라"는 분부.

17. 전기 수도관리에 관하여

이승만 대통령 "주간 점등을 하는 일이 아직도 있으니 전기와 수도의 낭비를 방지하도록 하라"는 분부.

18. 외자도입법 제정 촉진에 관하여

이승만 대통령 "조속히 국회를 통과하도록 각방으로 힘을 쓰라"는 분부.

19. 사방사업 촉진에 관하여

이승만 대통령 "조속히 실시하되 일자를 정하면 나 자신도 나가서 하도록 하겠다"는 분부.

20. 의안심의(중앙청회의)

(1) 1959년도 대충자금 특별회계 지정 약관 예비비 지출에 관한 건(1959. 9. 21. 안번 226 재무)
   원안대로 통과.
(2) 1959년도분 자(資)특별회계 세출예산 중 본청 통신비 예비비 지출에 관한 건(1959. 9. 21. 안번 225 재무)
   원안통과.

제96회 국무회의

일시 : 1959년 10월 2일(금)
장소 : 중앙청 회의실

1. 1960년도 예산안에 대한 시정방침(재무)

원안대로 하기로 함.

2. 8군 폐품양수에 관하여

김정렬 국방 "금반 부산 소재 폐품(자동차로서 주로 고철)을 무상으로 양수케 된바 그중 군에
서 사용할 수 있는 것을 제외하고 남은 것은 대한중공업에 무상으로 주도록 고려 중
인 바 처리를 신중히 하기 위하여 실무자 회의에서 그 방법을 검토하게 할 것이라"는
보고.

3. 금년도 추곡의 작황과 담보융자에 관하여

이근직 농림 "금반 풍수해의 감수를 고려에 넣는다 하더라도 반년작 이상이 되니 미곡담보융
자를 작년과 같이 하여야 한다"는 보고 겸 의견.

4. 재해대책위원회 의연금 모집상황

손창환 보사 "각 방면에서 들어오고 있는바 다음과 같은 사정에 있다"는 보고.

> (1) 신문사에서 모금한 것은 신문사 자체가 도로 보내었으므로 지사에게 지시하여 그 지출을 유보시키는 동시에 기 배정액의 일부로 간주케 하기로 조치하고 있다.
>
> (2) 가두모금의 성적은 양호치 못하여 박차를 가하고 있는 중이다.
>
> (3) 극장모금에는 YMCA 기금모집을 일시연기하여 달라는 요청이 있다.

최인규 내무 "요식업자를 통한 모금을 추진 중에 있다"는 보고.

김일환 교통 "급행방, 침대방, 2등 차표 구입자에 의연을 요청하는 운동을 추진 중이라"는 보고.

5. 안건심의

(1) 1959년도산 하곡정부수납분 매입가격 결정에 관한 건(농림)

　　원안대로 통과함.

(2) 귀속재산 국유화에 관한 건(국사)

　　원안대로 하되 가격 사정을 다시 하여 볼 것.

제97회 국무회의

일시 : 1959년 10월 6일(화)
장소 : 경무대(전반), 중앙청(후반)

1. 민주당 내분에 관하여

최인규 내무 "곽, 박 양 최고위원의 사퇴로 인하여 분열은 극에 달하여 수습의 단계로 돌아가고 있는바 핵심당부 결성에 있어서 불리한 장파(張派)는 당의 주도권을 파악하려고 하고 있는 일방(一方), 조파(趙派)는 장차 화동할 가망이 없는 장파(張派)를 차제에 제거하려는 등 내분이 계속되고 있다"고 보고.

이승만 대통령 "그 말을 듣고 그대로 있을 수 없어서 생각도 하여 보았는데 아무리 민주주의는 자기 마음대로 하는 것이라 할지라도 이 모양이 되면 창피한 노릇이라 무슨 말을 좀 하려다가 아직 그대로 보고 있는 중이라"는 말씀.

최인규 내무 "각하께서는 자유당의 총재이시니 아무 말도 않는 것이 좋겠다"는 의견.

이승만 대통령 "언제나 국가라고 하는 것을 잊어서는 안 될 것이라"고 주의의 분부.

2. 사방사업 추진에 관하여

이근직 농림 "추종자 320톤을 채취하였으며, 금추에 20,000정보의 사방을 실시하기로 하고 내 11월 5일 사방관계자와 협조기관 대표가 모여 사방촉진대회 시찰 기술연시 등을 할 예정이며 3월 15일을 사방의 날로 정하려고 한다"고 계획 개요를 보고.

이승만 대통령 "금년에 일부라도 실시하려면 3월 15일 운운은 안 하는 것이 좋으며 전국민에게 사전에 사방의 중요성과 긴급성을 주지시켜놓고 11월 5일에는 매인(每人)이 주식과 도구 지참하여 본 운동에 참가하도록 하되 대관들도 이에 참여하여야 할 것인바 정부가 어름어름하면 전국민이 어름어름하게 되니 금반은 그런 일이 없도록 하자는 것이라"는 분부.

3. 제주목장에 관하여

이근직 농림 "밴 플리트 대장이 제주목장을 시찰하고 유산병 대책, 목장장에 대한 긴급구매, 처분권 부여, 전 미인기술자의 보수 미불금, 기술자 초빙 등에 대한 의견이 있은바 실정은

　(1) 유산병은 스틴슨[295] 씨가 있을 시 기위 발견(미국서 온 것)하여 방제에 노력하였으나 현재 111두가 남아 있어서 이를 격리하고 타 미감염 소에게는 예방주사를 실시하였으며, 환축(患畜)의 조치는 밴 장군에 미국에 가서 알아보아서 대책을 11월 중으로 알려주기로 하였으며

　(2) 목장장의 긴급처분권은 과도하게 부여하는 것은 고려할 문제이며

　(3) 스틴슨 씨 보수는 그가 40일간 미국 여행 중 결근한 관계로 지불 안 한 것이며

　(4) 기술자는 현재 5인 중 3인이 국제수준의 학자일 뿐외(外)라 USOM의 기술자들의 협조도 구할 수 있으니 당분 필요치 않으며

　(5) 사료는 수해분을 보충하기 위하여 수수 1,000석을 월동용으로 배정하였으며

　(6) 축사는 응급수리를 하였으나 앞으로 900여만 환이 필요하다"고 보고.

이승만 대통령 "가축이 폐사를 하면 그 손해도 있지만 그보다도 한국인이 가축을 잘못 기른다는 말을 듣게 되는 것이 유감이니 주의를 하도록 하고 스틴슨 씨에게 계약된 보수 중 못 받은 것이 있는가 조회를 하여 보고 또 미불 보수 1개월분은 밴 장군이 말을 하기에 지출하기로 하였다는 것을 잘 알려 주도록 하고 기술자 초빙문제는 큰돈이 허비되는 것이기에 하지 않겠다고 잘라서 말하였으며 부산 등지 연구실에 있는 기술자들을 불러다 연구를 시키도록 하여야 할 것이라"는 분부.

---

295) 스틴슨(Kenneth K. Stinson)은 미국인 수의사이다. 이승만에 의해 1956년 5월 국립 제주목장 건설 구상이 시작되었는데, 이듬해 3월 스틴슨은 밴 플리트 한미재단 이사장과 함께 제주도를 방문하여 서광리, 금악리, 송당리 등 후보지를 시찰했다. 1957년 5월 제주도를 방문한 이승만은 스틴슨으로부터 현황설명을 듣고 송당목장을 최적지로 결정했다. 스틴슨은 1959년 8월까지 제주도에서 파견 근무했다.

4. 미국경제원조의 전망

신현확 부흥 "과반 미 국회에서 통과된 1960년도 총 전체원조예산으로 보아 D/S는 다소 감소하여 695,000,000불(1959년도 750,000,000불), T/C는 다소 증가하여 7,000,000불(〃 5,800,000불), DLF는 작년과 동액을 예상한다"고 보고.

이승만 대통령 "미국인들의 간섭을 받지 않도록 하여야 한다"는 분부.

신현확 부흥 "현재는 우리 측에서 주도권을 가지고 행하고 있다"고 보고.

5. 미국 대통령 특수원조자금에 의한 풍수해복구 요청에 관하여

신현확 부흥 "USOM과 미국대사관을 통하여 풍수해 구호자금을 내줄 것을 교섭 중에 있다"고 보고.

6. 미 국회의원 언동에 관하여

송인상 재무 "천주교도이고 차기 대통령 출마를 의도하여 선전에 급급하고 있는 미국 상원의원 험프리[296] 씨가 한국의 경원 사업을 비난하는 동시에 정부를 비난하는 언해를 지상에 발표하였으므로 그 전문을 얻도록 USOM, 대사관 측과 의논 중인 바 그것이 입수되는 대로 정부로서 적당한 조치를 강구하려고 하며 잘 모르고 한 말이라면 와보라고 하려고 한다"는 보고.

이승만 대통령 "우리가 여비를 부담치 않도록 유의하라"는 분부.

7. 1959년도 예산집행 상황

송인상 재무 "징세를 예정보다 220억, 즉 50% 증수하여 귀재수입 73억, 작년도 국고채무부담행위 18억과 적자 59억 등을 정리하고 신년도에 21억을 이월하는 바 흑자예산 집행은 금년이 처음이라"고 보고.

---

296) 험프리(Hubert Horatio Humphrey, Jr., 1911~1978)는 미국 민주당 미네소타주 상원의원(1949~1964)을 역임했으며, 린든 존슨 대통령 재임기 제38대 부통령으로 재직했다.

8. 체신시설 복구에 관하여

곽의영 체신 "3억3천만 환의 피해를 예비비에서 1억7천만 환과 일부 사업계획변경으로 충당 복구하고 있는바 기계 부족은 미 제8군이 적극 협력하여준 덕분으로 난경을 면하였 다"고 보고.

9. 부산우체국 낙성식

곽의영 체신 "내 10월 22일 예정이며 각하의 참석을 소청한다"고 보고 겸 품청.

10. 노총 분규에 관하여

손창환 보사 "김기옥(金琪玉)파를 설명하여 정 씨 제명을 취소하고 대회를 열도록 시켰다"고 보고하고 "금반 연차대회에 각하의 훈시를 내려 주시도록 소청한다"고 품청.

이승만 대통령 "전에 내가 말한 일이 있으니 그것을 잘 알리고 국회의원이고 누구고 그 속에 들어가서 문제를 삼는 사람이 있으면 여기서 말하여서 쫓겨나게 할 것이니 그런 짓을 하지 말라고 타이르도록 하라. 노총은 6·25 당시 애국적인 봉사를 하였으며 사실 딱한 사람이 많이 들어 있으니 그들을 잘 도와주어야 할 것인 바 전에 내가 말한 것은 첫째, 파업을 못한다. 둘째, 분규를 일으켜서는 안 된다. 셋째, 공산주의자들이 들어와서 버려놓지 않게 하라는 것이었는데, 전에 국제회의에 출석한 전진한이 공산당 같은 소리를 하여 외국노조로부터 제의가 있은 적이 있다"고 주의의 분부.

11. 공예품 제조장려에 관하여

구용서 상공 "크리스마스를 앞두고 적극 장려하려고 하고 회의를 열고 있으며 하와이에 직물을 보낼 것도 연구 중이라"고 보고.

이승만 대통령 "자본 있는 자들이 모여서 대대적으로 하여야 하는데 시기가 늦은 감이 있다. 미국인의 기호를 조사(뉴욕 한국관을 통하여)하여 일찍이 시작하여 만들어 쌓아 두어야 할 것이라"고 분부.

12. 충비에 관하여

구용서 상공 "가격관계로 중지하였던 것이 해결을 보고 운전을 재개하였다"고 보고.

13. 능의선 착공에 관하여

김일환 교통 "10월 중순에 시작한다"고 보고.

14. 동해안선 계획 진행 상황

김일환 교통 "36명의 조사단과 군 조사반이 나가 있는 바 남은 문제는 15억의 자금 문제라"고 보고.

15. 철도연변 사방공사에 관하여

김일환 교통 "교통부 직원이 담당하기로 하고 86개소 시공예정지를 선택하였다"고 보고.

16. 관광사업에 관하여

김일환 교통 "UN군 하사급 사진반이 불국사, 해운대를 방문하며 내국인의 법주사, 온양행도 계획 중이며, 대관령, 설악산, 경포는 숙소 내부시설을 계획하기 위하여 반도호텔 고문과 직원을 파견 중에 있으며 미8군에서 자기들이 강릉에 호텔을 건축하겠다고 하나 우리 수입이 안 되는 관계로 고려 중이라"고 보고.

이승만 대통령 "외자도입이 필요한 것인데 법을 아직 못 정하고 있으니 곧 정하도록 추진하라"고 분부.

김일환 교통 "하와이에서 온 사람이 200만 불로 호텔을 한다고 하므로 그 신분 등을 알아보는 중에 있다"고 보고.

17. 풍수해 이재민 구호에 관하여

이승만 대통령 "철저치 못하다고 하니 철저히 하라"고 분부.

손창환 보사 "일반 의연금이 1억8천2백60만 환(금일 현재) 들어왔다"고 보고.

최인규 내무 "우선 쌀을 주고 의류 약 40만 점을 보냈으며, 주택자금을 목하 거두는 중이라"고 보고.

이승만 대통령 "정부서 글로 써서 발표도 하고 조직적으로 지방을 돌아다니도록 해야 하며 여제[297] 모여서 상의하는 것이 좋겠다."

손창환 보사 "재해대책위원회가 있다"고 보고.

이승만 대통령 "무엇이든지 다 있다, 다 잘한다니 할 말이 없다. 그러하면 하고 말면 말아야 할 것이라"고 보고.

홍진기 법무 "정부로서는 할 것을 다하였으며 구제운동도 활발히 하고 있으며 급한 불은 우선 껐으니 앞으로 재해복구가 문제라"고 보고.

※ 중앙청회의

1. 구호상황보고에 관하여

보사부에서 매 월요일에 구호상황을 경무대에 보고하기로 함.

2. 대일관계

(현황에 대한 외무의 설명.)

3. 안건심의

(1) 1959년도 체신부 소관 통신사업 특별회계 태풍피해 복구비 예비비 지출에 관한 건 (재무)

　　원안대로 통과.

---

297) "여제"는 한글로 쓰여 있으나 '더불어 모두'를 의미하는 한자어 '여제(與諸)'를 사용한 것으로 보인다.

(2) 충주수력계획 DLF 차관협정의 국회동의에 관한 건(재, 상, 부)

    원안대로 통과.

제98회 국무회의

일시 : 1959년 10월 10일(토)

장소 : 중앙청 회의실

1. 민주당 내분에 관하여

(주로 조·장파(趙·張派)의 분쟁과 민주당원 탈당 동향에 관한 내무, 법무의 보고.)

2. 대일관계

(북송문제에 관한 일본의 태도와 문제의 추이에 대한 외무차관의 보고와 통상문제에 관한 상공, 재무의 보고.)

3. 노총 문제

손창환 보사 신문에 보도된 것과는 달라서 원만히 대회를 끝마치었다고 보고.

4. 의연금과 구제물품 수집 상황

(기위 모집한 금액과 수량에 대한 보사부의 보고 숫자가 불분명하므로 차회에 정확한 숫자를 준비 보고하기로 함.)

5. 의안심의

(1) 읍 설치에 관한 법률안(법제) 원안대로 통과.

(2) 세계보건기구헌장 중 개정된 제24조 및 제25조에 대한 수락서 기탁의 건(외무) 원안대로 통과.

(3) 제13회 건국국채 발행에 관한 건(재무) 원안대로 통과.

(4) 재외공관직제 중 개정의 건(법제) 원안대로 통과.

제99회 국무회의

일시 : 1959년 10월 13일(화)
장소 : 경무대(전반), 중앙청(후반)

1. 풍수해 의연에 관하여

손창환 보사 "현재까지 의연금 258,100,000환과 의류 491,496점이 수합되어 대부분 현지에 나가 있다"고 보고하고 "일부 신문의 보도는 오보"라고 지적.

2. 적십자 기념일에 관하여

손창환 보사 "명 14일에 삼일당(三一堂)에서 기념식을 거행하겠으니 참석하여 주시도록 소청한다"는 보고 겸 품청.

이승만 대통령 "글로 써서 보내겠다"고 말씀.

3. 민주당 내분에 관하여

최인규 내무 "최근 조병옥 씨의 본의 아닌 지명경쟁 사퇴와 김도연 씨의 대통령 출마 의사 표시 등으로 극도로 혼란, 일부 의원은 이 대통령 각하를 지지하는 것이 낫겠다고까지 하고 있다"고 보고.

이승만 대통령 "지방에 나가서 말을 하였더니 선거운동을 한다고 비난을 한다고 듣고 있다"는 말씀.

4. 미가 저락 대책에 관하여

이근직 농림 "작년도 맥담 융자한 것 50여만 석은 양특(糧特)에서 매상하고 금년도 농작으로 대폭발이 예상되니 금년에도 1,500,000석을 미담 융자하여야 할 것인바 이에 관하여는 관계 장관과 협의하였으며 자유당과도 대체로 합의를 보았다"는 보고.

이승만 대통령 "양곡은 2년간 두어도 없어지지 않는 것이므로 비축을 하는 것이 좋으며 정부가 농민에게 과히 억울하지 않은 가격으로 사들인다면 그것을 팔 때 문제는 없을 것인지?" 하문에

이근직 농림 "매상이 아니고 융자이므로 춘기에 방매하여 그 이익은 농민에게 돌려준다는 것이므로 그러한 문제는 없으며 수출문제도 적극 추진 중"이라고 보고.

이승만 대통령 "수출을 하려고 노력할 것 없이 가지고 있으면 사려는 사람이 나올 것이며 일본서도 사려고 하고 있으니 잘 가지고 있으면 되는바 염려는 충분한가?"하시는 하문.

이근직 농림 "충분하다"고 보고.

송인상 재무 "정부가 매상하는 데는 자금을 방출하여야 하므로 그것을 그대로 비축하여 가기 곤란한 문제가 있으며 수출은 정부 감독하에 민간업자들로 하여금 취급하되 국제시장의 판로개척을 위하여는 다소 손해를 보더라도 조속히 수출하는 것이 좋겠다고 생각한다"는 의견.

이승만 대통령 "민간을 시켜서 수출하는 것은 좋다고 생각하나 팔지 못하여 안달하는 표시를 하여서는 안 될 것이라"고 훈시.

송인상 상공 "오키나와에 갔던 민간사절단이 5,000톤을 팔기로 합의하고 그 민정대표가 불일 중 서울에 와서 가격을 협의할 것"이라는 보고.

이근직 농림 "오키나와에서는 톤당 150불에 사다가 세금을 과하여 250불에 팔고 있다"고 보고.

이승만 대통령 "우리가 장사할 줄 모르는 소치도 있으나 그들도 이익을 좀 보게 할 수밖에 없을 것이라"고 분부.

5. 이후락[298]의 귀환보고

김정렬 국방 "라오스 사태는 공산당이 이편의 방위상태를 탐색하기 위하여 한 것 같으며 유엔 감시단이 온 후 전혀 활동하는 기색이 없고 라오스군은 아직도 프랑스 장교가 지도하고 미군 군원 관계자는 이탈을 하고 있는 실정이며 우리가 갔다는 것이 공산 측에 상당한 충격을 주었다고 한다"고 보고하고 불일 중 이후락으로 하여금 직접보고를 들으시게 하겠으니 시간을 내주시기를 소청.

이승만 대통령 "우리가 보고 가만 있을 수 없었으며 사람을 보낸 것은 잘한 일이라고 생각한다"고 말씀.

6. 미 국방차관보 내한에 관하여

이승만 대통령 "군원과 관계가 있는 사람이므로 환대하고 우리 실정을 잘 말하여 주어 보내도록 하라"는 분부.

7. 미군이 사용하는 재산반환에 대한 서면약정촉진에 관하여

이승만 대통령 "주한 미 대사와 연락하여 조속히 서면으로 받도록 하라"고 분부.

8. 송환자에 대한 보상에 관하여

이승만 대통령 "송환문제가 상당히 진행되어 간다는 신문 보도가 있는데 그에 따르는 보상을 받도록 하되 미국이 돈을 낸다는 말도 있으니 무효가 안되도록 하라"고 분부.

---

298) 이후락(李厚洛, 1924~2009)은 1944년 일본 항공정비학교에서 하사관 과정을 수료하고 일본 육군 하사로 전역했다. 해방 이후 1946년 군사영어학교를 졸업하여 대위로 임관했고 육군본부 정보국 전투정보과장, 정보국 차장 등을 역임했다. 미국을 다녀온 이후 1958년 국방부 내의 정보조직으로 창설된 '제79부대'의 수장을 맡았는데 이후락은 내전 중이던 라오스에 잠입하여 반공우익 지도자 노사반(Phoumi Nosavan) 장군과 접촉하는 등 이승만의 밀명을 수행하기도 했다. 박정희 정부에서 대통령 비서실장을 역임했으며 1970년 12월 중앙정보부장이 되었다.

9. 콜터 장군 동상 건립에 관하여[299]

이승만 대통령 "그는 일본이 싫다고 한국에 와 있었고 같이 있기를 희망하기로 유엔 사무총장에게 말하여 오도록 한바 우리가 필요한 일을 시킬 수 있는 사람이니 금반 제막식에도 다수 참석하여 성대히 하여 주도록 하자"는 분부.

10. 풍수해대책에 관하여

이승만 대통령 "풍수해대책이 느리고 성의가 없다는 말이 있으니 겨울이 오기 전에 그들을 구하여 주어야 할 것이며 좀 새로운 방안(의연금모집을 공포하고 표를 꽂아두고 돈을 받는 등)을 강구하도록 하라"는 분부.

최인규 내무 "15억을 목표로 적극 추진 중이라"고 보고.

11. 교통사고 방지에 관하여

이승만 대통령 "사고자들을 엄벌하고 차량을 정비하며 교통을 정리하여 사고를 방지하되 조리를 만들어서 공포준행케 하라"는 분부.

12. 외국인 환송에 관하여

이승만 대통령 "외국인이 올 때에는 주관부에서 계급을 보아 적당히 환송을 하도록 하되 일정한 기준에 의하도록 하여 차별이나 흠락이 없도록 해야 한다"는 분부.

---

299) 6·25전쟁에 참전하여 제1군단, 제9군단을 통솔했던 콜터는 1951년 중장으로 승진하여 제8군 부사령관을 역임했다. 1953년 전후 한국 재건을 위해 설립된 UNKRA의 단장에 취임하여 1958년까지 재직했다. 한국 정부는 국토방위와 경제재건에 기여한 공로를 인정하여 1959년 10월 16일 콜터의 동상을 서울 이태원에 세웠다. 제막식에는 이승만 대통령 내외와 한미 인사들 및 각국 외교사절 등이 참석했다.

13. 유흥장 풍기에 관하여

이승만 대통령 "댄스홀이나 당구장 등의 풍기단속을 강화하여 양가 부녀자들이 실수하는 일이 없도록 하는 등 불미한 일을 방지하도록 하라"는 분부.

14. 전기사정 악화방지에 관하여

이승만 대통령 "명절에 전기부족이 예상된다고 하니 무료사용과 남용을 조장하도록 하여 부족이 없도록 하라"는 분부.

15. 한·비(比)[300]무역협정에 관하여

최규하[301] 외무(차) "비국에서 청산계정으로 하지 않고 현금제로 하자고 하는 것이라"고 보고.
이승만 대통령 "잘 연구하여 차회에 의논하자"고 분부.

※ 중앙청회의

1. 미군잉여물자인수 처분계획개요 보고(국방 구두)

차회에 서면으로 제출키로 함.

2. 미곡수출논의

CEB에서 논의하는 것은 대부분이 반대이며 가격통제는 곤란할 것이라는 관측이 유력하

---

300) 필리핀을 뜻한다.

301) 최규하(崔圭夏, 1919~2006)는 강원도 원주 태생으로, 1941년 도쿄고등사범학교에서 영어영문학을, 1943년 중국 다퉁학원에서 정치행정학을 전공했다. 1951년 외무부 통상국장, 1952~1959년 주일대표부 총영사, 참사관 등을 거쳐 1958년에는 제4차 한일회담에 한국 대표로 참석했다. 1959년에 주일대표부 공사로 봉직하던 중 그해 9월 외무부 차관으로 임명되었다. 1959년 12월부터는 외무부 장관 대행직도 겸했다. 1967년 제14대 외무부 장관에 임명되었고, 1976년부터 제12대 국무총리로 재임하다가 1979년 10·26 사태로 인하여 대통령 직무를 대행하게 되었다. 1979년부터 1980년까지 제10대 대통령으로 재임했다.

였으며 이어서 대일수출문제는 통신의 오보이지 일본 정부와 간에 결정을 본 것이 없다는 외무의 보고로 결론 없이 끝남.

3. 석탄 수출에 관하여

구용서 상공 "일본으로부터 정식으로 제의된 것인 바 청산계정에 대한 경과조치를 전적으로 우리 요구에 응하도록 외무부를 통하여 절충한 후에 하여야 할 것인바 석탄은 내자이니 만치 통상중단의 예외 사안이 된다"고 보고에 관하여 논의한 결과 좀 더 구체화하여 확실히 된 후에 논의하기로 함.

4. 미 원조자재 대일 구매에 관하여

신현확 부흥 "염소(수도소독용 48,000불)는 시급 소요되고 전기도선기재 400만 불 중 만 불분은 기한이 종료되는데 ICA/W에서 연장을 불용하니 즉시 구입을 하도록 하겠다(기위 재가되어 입찰, 낙찰된 것)는 보고에 별 이의들 없음.

5. 유니세프[302] 극동지역 대표 내한에 관하여

최규하 외무(차) "내 17일경에 내한하여 재해 상황을 시찰하고 대책을 협의한다 하기로 입국을 허가하도록 재외공관에 훈령을 발하였다"고 보고.

6. 자기불(自己弗)에 의한 민수비료 수입에 관한 건(농림)

본 건은 다음 이유로 농림이 대통령 각하께 보고한 후에 그 결과에 따라서 하도록 하는 보고사항(양해)으로 접수하기로 함. 그 이유는 여기

---

302) 유니세프(United Nations International Children's Emergency Fund, 유엔국제아동긴급구호기금)는 제2차 세계대전 피해 아동 구호 활동을 목적으로 1946년 12월 창설된 유엔 기구이다. 1953년 유엔 총회 결의에 따라 상설화되고 유엔아동기금(United Nations Children's Fund)으로 개칭했으나 초기 명칭의 약칭인 유니세프(UNICEF)를 그대로 사용해오고 있다. 유니세프는 1948년부터 대한민국 아동을 지원했으며 1950년 3월 25일 정부와 기본협정을 체결하여 한국 활동을 공식적으로 시작했다. 6·25전쟁 기간 식량과 의류, 위생 용품 등의 물자를 지원했으며 전후에도 영양, 예방 접종, 식수 문제 및 환경 개선, 기초 교육 등 다양한 방면의 지원을 지속했다. 대한민국은 1994년 1월에 이르러 유니세프한국위원회를 출범시키며 유니세프의 수혜국에서 공여국으로 지위를 변경한 최초의 국가가 되었다.

(1) 중지를 경제4부 장관 합의로 한 것을 국무회의에서 논의할 것이 없음.

(2) 수출불에 의한 민수비료 도입은 훈시에 저촉됨.

7. 1958년도산 담보융자미곡정부매입에 관한 건(농림)

원안대로 하기로 함.

(참고) 재무장관은 다음과 같은 점을 경고하였음.

(1) 매상자금은 인푸레 버―스로 들어간다.

(2) 양특경리가 앞으로 곤란에 봉착할 것이다.

8. 1960년도 귀속재산처리특별회계적립금 운용 요강에 관한 건(재무)

제7조를 다음과 같이 수정하여 통과함.

「제7조 주택자금의 융자는 한국산업은행이 행하되 주택공단 또는 지방자치단체로 하여금 다음 각호의 조건에 의하여 이를 취급케 한다.」

제100회 국무회의

일시 : 1959년 10월 16일(금)
장소 : 중앙청 회의실

1. 국회와 정부재해대책 연석회의에 관하여

송인상 재무 "국회의원은 한 푼이라도 더 자기선거구에 떨어져 주기를 희망하고 있으므로 재해지 출신 국회의원과 그 외의 국회의원 간에 재해대책비의 배정을 싸고 은연한 대립이 있는 것으로 본다"는 보고.

홍진기 법무 "미국의 원조는 요청만 하여놓고 추진을 않고 있으면 성과를 기대하기 곤란할 뿐만 아니라 가부간 속히 결말을 지우도록 하는 것이 좋겠다"는 의견에

최인규 내무 "사무적인 문제라기보다는 정치적인 해결을 기대할 문제이므로 양 대사에게나 조 내무장관에게 특별히 훈령을 내리시고 필요하면 부흥부 장관을 파견하여서 교섭케 한다는 것을 품청하도록 하는 것이 좋겠다"는 의견.

신현확 부흥 "차관으로 가서 교섭을 한 일도 있으나 어색한 일이 많으며 각국은 상당수의 인원을 화부에 상주 접촉케 하고 있다"고 고위층에서 가는 것보다 상설기구의 필요성을 역설.

최규하 외무(차) "이런 문제는 근본문제가 해결되어야 할 것이라고 생각하는바 우리나라에 있어서 경제조정관이 있고 부흥부가 있어서 HSC협정(합의) 성립 경과조차 외무부에서 모르고 있는데 미측은 USOM이 국무성의 직접 지배를 받고 있다. 현재대로 하면 경원문제는 외무부 장관의 권한을 떠나서 있는 것이라"고 외무부나 재외공관의 협조의 애로를 설명.

이상 논의 후에 재무, 부흥, 외무가 협의하여 강력한 추진책을 강구하기로 합의함.

이어 의연금 모집상황에 관하여

손창환 보사 "303,000,000환에 달하였다"는 보고와 그 내용을 서면으로 제출.

2. 주화유통 개시에 관하여

송인상 재무 "오는 10월 20일부터 개시할 예정이라"고 보고.

3. 한·비무역협정 교섭요강에 관한 건(외무)

원안대로 통과함.

4. 물가대책에 관하여

구용서 상공 "시멘트 가격의 앙등은 대리점들의 작란(作亂)이므로 앞으로 그런 짓을 못 하도록 감독할 것을 생산업자에게 지시한 바 각 생산업자들이 그 대리점에 대하여 엄중 지시를 하여 만일 계속하여 그러한 짓을 한다면 대리점 계약을 해제하는 방침으로 나가고 있다" 보고.

상기 보고에 의하여 우선 정부로서 대책을 검토 중이라는 것을 발표함으로써 가격안정에 효과가 있을 것이므로 공보실장으로 하여금 이를 발표케 하기로 합의함.

5. 대일통상에 관하여

구용서 상공 "일본에서 활선어 83만5천 불 상당량을 구입하겠다고 제의하여 온 바 청산계정의 경과조치가 선결문제이므로 그에 관한 것을 해결지은 후에 해야 되겠다"는 상공의 보고에

홍진기 법무 "통상중단의 원칙에 발효 없이 그 같은 거래를 한다는 것은 폐문개창(閉門開窓)격의 불합리한 일이 아닌가?" 하는 반대의견.

최인규 내무 "이같이 하다가는 통상중단을 해제할 기회도 또 그에 알맞은 충분한 이유와 대의 명분을 유실하여 후일 곤란하여지지 않는가?" 하는 역시 반대론.

송인상 재무 "ICA 물자(비료) 대일 구매로 일응 대문을 열은 셈이나 선어 수출은 받아들여 무효하다고 생각한다"는 재무의 실제론에

홍진기 법무 "ICA 구매는 통상중단시에도 우리 일방적 결정을 못하는 일이므로 미측과 협의하기로 되었던 것이므로 석탄, 선어와 닮은 것이 아닌가" 하는 의견.

이상 논의 끝에 별 결론 없음.

6. 제조연(화랑) 판매가격 개정에 관한 건(재무)

원안대로 통과함.

7. 풍수해 복구 긴급대책 추진에 관한 건(내무)

원안대로 통과함.

8. 사방사업 추진대책에 관한 건(농림)

다음과 같이 수정통과함.

"의결주문 중 「3월 15일을 사방의 날로 정한다」와 「2조 전문」을 삭제한다."

제101회 국무회의

일시 : 1959년 10월 20일(화)
장소 : 경무대(전반), 중앙청(후반)

1. 의연금품 모집상황

손창환 보사 "의연금 394,000,000환과 의류 676,795점이 수합되었으며 가두모금도 표장을 달아주는 방법으로 하고 있다"고 보고.

2. 미국경제원조에 관하여(1960년도분)

신현확 부흥 "기술원조로는 6,500,000불 주기로 낙착을 보고 방위보조는 아직 미정이나 우선 일부 집행을 위하여 구매승인을 요청한 100,000,000불 중 2,000,000불이 작주에 승인되어 왔다"고 보고.

이승만 대통령 "작년에 비하여 여하?" 하시는 하문에

신현확 부흥 "T/C는 작년도 58,000,000불에 비하여 증가하였으며 D/S도 작년 액에서 줄지 않겠기에 일부 사전승인한 것으로 본다"고 보고.

3. 경제원조사무계획(검토)에 관하여

신현확 부흥 "종래에 많은 사람이 경제원조 관계로 다녀갔으며 앞으로도 많이 올 것인 바 잘 모르는 사람들이 오해하고 선전하는 경향이 있으니 우리의 실정을 바르게 알리기 위

하여 국제적으로 인정된 명성 있는 계리회사로 하여금 일단 조사하여 발표하여 그러한 폐단을 막을 수 있을 것이므로 적당한 계리상사와 교섭을 하기 위하여 USOM과 부흥부 직원을 향항(香港)에 파견하도록 하자는 USOM 측의 제의가 있는바 윤허하시면 그대로 하겠다"고 보고 겸 품청.

이승만 대통령 "그들이 무슨 소리를 할 것인가가 걱정인바 내가 경험이 없으니 잘 알아보아서 하도록 하라"고 분부.

신현확 부흥 "우리가 계약하여 데려오는 사람들이므로 우리의 승낙 없이 발표는 못 할 것이라"고 보고.

4. 송전시설에 관하여

구용서 상공 "신송 전선이 일부 완료되어 청량리, 왕십리 방면의 전기사정이 다소 나아졌다"고 보고.

5. 조화전시회에 관하여

구용서 상공 "8군사령부 내에서 개최한 바 성적이 좋으며 금년엔 작년보다 더 좀 팔릴 것 같다"고 보고.

6. 우표 해외판매에 관하여

곽의영 체신 "우표의 수량을 발표치 말라는 분부가 있기로 금반 적십자사 기념우표도 그 수량을 공표치 않았으며 해외에 많이 가고 있으나 국내업자는 40환에 사서 오선(五仙)을 받게 되고 그 돈이 한은에 들어가면 결국 15환의 손을 보게 되는 것이므로 관계 장관과 협의하여 무역불에 준한 취급을 하여 주도록 대략 합의를 보았다"는 보고.

이승만 대통령 "손해 본다는 것을 이해할 수 없으며 발행을 하기로 하고 중간상인(미국에 있는 이에게 위탁하고 수입의 일부를 주기로 하되 최 영사와 의논하여볼 것)으로 하여금 대대적으로 선전을 하도록 하여야 값이 올라가서 유리하게 팔 수 있는 것이라"고 그 방법을 재교시하심.

곽의영 체신 "최 영사에게 매반 1,000매씩 보내고 있으며 현재 국제시장가격이 5선으로 되어 있다"고 보고.

7. 국제전신전화 직통에 관하여

곽의영 체신 "금일부터 싱가포르와 말레이시아하고 전화가 직통할 수 있게 되었다"고 보고.

8. 중국인 이숙분 출입국 통관에 관한 시비에 관하여

송인상 재무 "홍삼을 사려고 외화를 불법 소지하고 있던 것을 중국대사관을 통하여 정상적인 절차를 밟으라고 한 것 이외에 세관이 한 것이 없으며 대사관 측도 미안하다고 생각하고 있는데 공연히 신문과 국회의원 중에 문제를 일으키고 있는 것"이라고 보고.

이승만 대통령 "중국인은 밀수를 않고는 못살아가는 사람들이니 할 수 없으며 중국대사에게 우리 잘못은 없으나 이것을 신문에 내면 체면이 곤란하여 말을 않을 것인즉 잘 이해하라고 말하여 주라"는 분부.

9. UN군 사용 중의 우리 재산에 관한 서면 합의(약정)에 관하여

최규하 외무(차) "주미대사로 하여금 미국 정부와 절충을 하도록 하라는 훈령을 발하고 조 외무에게도 같은 연락을 하였으며 미 대사관 길스트랩303) 씨와 의논한바 정부에 조회하여 결과를 알린다고 하였다"고 보고.

이승만 대통령 "서면으로 낸 것은 응당 그리하여야 할 것이지만 이 문제를 그간 비공식으로 교섭을 하여온 것이니 만치 서면을 보내기 전에 그 뜻을 말하고 의논하여서 하는 것이 좋을 뻔하였으니 앞으로 당연히 하여야 할 일을 할 때에도 잘 생각하여서 하는 것이 좋겠다"는 분부.

김정렬 국방 "그들은 보상을 하여준다는 문제가 날 것을 염려하는 것으로 추측한다"고 보고.

---

303) 길스트랩(Sam P. Gilstrap, 1907~1989)은 당시 주한미국대사관의 참사관이었다.

이승만 대통령 "국회에서 말이 있더라도 설명을 할 수 있게 하자는 것이지 보상 같은 것을 생각하여서가 아니라는 것을 잘 말하여 주는 것이 좋을까 한다"고 지시.

10. 한·비무역협정 체결에 관하여

최규하 외무(차) "현금제로 하는 것이 좋겠다는 것으로 국무위원의 의견의 합치를 보았다"고 보고.

11. 비료문제

이승만 대통령 "사회주의국가에서도 국민 전체에 관한 것은 국가가 관리하는 제도를 쓰고 있는 형편인데 비료는 우리 전 국민에 관련되는 문제이니 만치 정부가 이를 붙잡고 하라고 하여온 것인바 그간 그것이 잘 안 되는 가운데 혼선이 생겨서 정부로서도 대단히 하기 어렵게 되었다는 바 앞으로는 민간업자가 이를 보게 하지 말고 정부가 잡고서 이를 행하여 가게 하고 언제부터는 이것을 못한다는 것을 민간에 알리도록 하고 지금까지 갖다가 놓고 못 팔고 있는 것은 모르는 체하되 고리대금회사와 같이 폭리와 불법의 이익을 위하여 하는 것을 허용할 수 없으니 그러한 고가로 판매하지 못하게 하고 (*DP[304]를 포함하신 말씀 같지는 않음)

유안은 나라의 손해가 되니 누가 사다가 이를 보라고 하더라도 이를 금하고 이를 공포하여 일반에게 알리도록 하라. 요소는 좋은 비료이지만 일본이 그것을 못 팔아서 하고 있다고 하니 유의하여 할 것인바 유안을 수입치 말 것과 민수로 도입치 못한다는 것을 결의로서 공포하자"는 분부와 제의에

전원 이의 없음(부흥이 의견을 말하려다 중지).

12. 노동자 의견 제출에 관하여

이승만 대통령 "노동자들은 파업을 하지 말고 소원이 있으면 내게 직접 말하여 달라고 하였는

---

304) 'DP비료'를 뜻한다.

데 근일 석공(石公), 남전(南電) 직원에 문제가 있다고 하니 내게 와서 말하여 해결하라고 일러주도록 전하라"는 분부.

최인규 내무 "노동자만 경찰을 시켜서 누를 것이 아니라 회사도 영업을 개선하여 이익을 올려서 종사원의 처우를 개선하도록 하여야 할 것이라"는 의견.

이승만 대통령 "노동자들을 박대하면 안되니 실정을 조사하여 보고하도록 하라"고 분부.

※ 중앙청회의

1. 안건심의

(1) 1959년도 교통부 차관, 교통사업 특별회계, 풍수피해복구비 예비비 지출에 관한 건(재무)
　　원안대로 통과함.

(2) 경찰서 직제 중 개정의 건(법제)
　　원안대로 통과함.

(3) 경찰서의 등급구분제정에 관한 건 중 개정의 건(법제)
　　원안대로 통과함.

제102회 국무회의

일시 : 1959년 10월 23일(금)
장소 : 중앙청 회의실

1. 주화에 관하여

송인상 재무 "주화의 소재 가격으로 보아서는 이를 부숴서 금속으로 이용하려는 자는 없을 것이나 한국은행 조사검토에 의하면 물가가 현재의 80%만 앙등하면 그때는 그러한 문제가 나올 것이라고 한다"는 보고.

2. 유도탄 사격훈련 실시에 관한 건

국방(차) (별지 서면에 의하여 계획을 설명하고 관계 각부의 협조를 요청.)

3. 풍수해 이재민 구호에 관하여

보사(차) "의연금이 4억4천만 환에 달하였다"고 보고.
곽의영 체신 "부산 지방 실정을 관계 당국자에게 들은바 이재민들은 정부의 신속한 대책에 감사하고 있다"고 보고.
보사(차) "유니세프에서 15만 불 예정으로 모포를 기부하겠다고 사람이 와 있는바 일산은 매당 2불 70선, 서구산은 3불, 국산은 3불 50선이 든다고 하는바 현재 국산 외 재고는 전부 없고 생산에는 약 40일이 소요된다는 업자들의 의견이라"고 보고.

4. 1959년도 월동 전력대책 수립 보고에 관한 건

상공부에서 제출한 서면보고를 듣기 전에 조선전업과 경전 및 상공부의 실무자로부터 발배전(發配電)에 대한 실정설명을 청취하고 다음과 같이 하기로 함.

(1) 상공부의 보고는 일응 들은 것으로 하되 그대로 하여 좋다고 하는 것은 아니다.

(2) 전력 부족 타개책을 적극적으로 연구 계획하여 제출케 한다.

(3) 단전을 사전에 방송을 통하여 알리도록 할 것과 자동절단기 하에 있는 수요자에게는 그 실정을 알리고 협조를 구하도록 배전회사로 하여금 조치케 한다.

5. 특보문서 취급상 주의에 관하여

신두영 국사 "문서 시행의 정확을 기하기 위하여 특보기재문서는 필히 사무국을 통하여 대통령 비서실로 송달하여 등록을 하고 대통령 각하의 재가문서는 필히 비서실 문서방의 정리결재 일부인을 찍은 후에 시행토록 할 것을 요망한다"고 의견.

6. 의안심의

(1) 자기불에 의한 민수비료 수입에 관한 건(농림)

제출처의 요청에 의하여 환송하기로 함.

(2) 국내 대학 졸업생 직업알선 방안(보사)

제출처의 요청에 의하여 환송하기로 하고 재무부에서 별도안을 제출하기로 함.

제103회 국무회의

일시 : 1959년 10월 27일(화)
장소 : 경무대(전반), 중앙청(후반)

1. 노동쟁의에 관하여

구용서 상공 "석공, 남전의 노동쟁의는 목하 조정 중인 바 남전은 금일중으로 성립된 것이라"
　　는 보고.

손창환 보사 "3년 전 정한 임금을 인상하여 달라는 요구인바 사측에서 일부 양보하였으나 작
　　일엔 태업이 있었다"고 보고.

이승만 대통령 "그런 문제가 났을 때에는 정부가 실정을 조사하여 공평히 조정을 하여 주지 않
　　으면 공산당의 방식으로 흘러가게 되는 것이니 근본을 막지 않으면 안 되는바 장관이
　　하다 안되면 상부에 보고하여 해결하도록 해야 하니 실정을 조사하여 보고하도록 하
　　라"는 분부.

손창환 보사 "박 비서관에게 제출하였다"고 보고.

이승만 대통령 "보고한 것을 내게 말 않고 있으면 비서가 책임을 면치 못할 것이라"고 유·이
　　양(兩) 비서관에게 분부.

2. 대한노총 내분에 관하여

손창환 보사 "대회에 참석치 않은 민주당료 10명이 해명을 내었으나 대회에 참석치 않은 자들
　　의 그러한 짓은 인정치 않기로 하였다"고 보고.

이승만 대통령 "그러한 문제를 일으키는 자들은 법으로 다스리도록 하는 것이 옳을 것이라"는 분부.

3. 의연금품 모집상황

손창환 보사 "의연금 467,857,550환, 의류 845,148점이 수합되었다"고 보고.

이승만 대통령 "아직도 곤란을 보는 사람이 남아 있는가?" 하시는 하문에

손창환 보사 "주택문제는 의연금모집의 부진으로 지연되어 가고 있다"고 보고.

곽의영 체신 "정부의 조속한 시책에 지방민이 감사하고 있더라"고 부산 출장 시 견문한 것을 보고하고 "대통령 각하께서 각별 배려하신 관계라고 말하여 주었다"고 첨가.

4. 우체국 낙성식

곽의영 체신 "부산우체국 낙성식은 성대히 끝났으며 우체국을 세워준 대통령 각하에 대한 감사장 진정을 만장일치로 가결하였다"고 보고.

이승만 대통령 "대통령이 너무 잘한다는 것으로 하면 나중에는 잘하는 일도 별로 표나지 않게 되니 위하여 주라면 진실로 대통령이 잘한 것 이외에는 과찬을 하지 않도록 유의하라"는 분부.

5. 우표 해외판매에 관하여

곽의영 체신 "국내 7개 업자를 불러서 의논한 결과 담합을 만들어서 정부가 기대하는 일정 가격으로 거래하도록 합의하였다"고 보고.

이승만 대통령 "쓸데없는 짓이며 이(利)가 남는 사업에 그들에게 신의를 지키라는 것이 무리이니 적당한 자에게 청부를 시키고 가끔 발행하도록 하여야 한다"는 분부.

6. 사방사업 촉진책에 관하여

이근직 농림 "국정감사 관계로 11월 5일에 개최예정이던 대회를 11월 12일로 연기하겠다"고 보고.

김일환 교통 "철도연변은 교통부 직원이 담당하여 시공을 개시하였다"고 보고.

이승만 대통령 "철도부지를 책임자를 정하여 침입을 위하거나 황폐하지 않도록 보호하라"는 분부.

7. 교통부 업무에 관하여

김일환 교통 "청량리 역사 낙성식과 능의선 기공식을 내 11월 6일에 거행하기로 되었으며 동해안선 측량이 11월 중순에 완료될 것으로 예상하고 있으며 스키 토(ski tow)[305] 수입엔 약 2,000불의 정부 보유불이 필요하니 승인하여 주서야겠으며 반도호텔 레복[306] 씨가 현장에 나가 있기로 하였으며 제반 시설은 금년 각기 중엔 확장치 않겠다"고 보고.

이승만 대통령 "돈만 들여놓고 사업이 안 되면 손해이니 차차 보아가면서 하여 가도록 하고 현지에는 큰 호텔보다 소규모의 숙사가 필요하며 외자를 쓰고 충당 못 한 전례가 있으니 주의하여야 할 것이라"고 분부.

8. 민주당 내분에 관하여

최인규 내무 "대통령 지명경쟁에 장박(張博)[307]이 유리하다고 보고 들었으며 83석의 의석이 79석으로 줄고 불일 중 3분지 1선을 깨는 것으로 추측되고 있다"고 보고.

9. 강력범 단속에 관하여

최인규 내무 "최근 성과를 거두어서 4년 전 것까지 체포하였다"고 보고.

---

305) 스키를 신은 사람을 비탈길 위로 잡아당기는 데 쓰이는, 모터로 돌아가는 장치를 말한다.
306) 오스트리아인 레복(Harald Rehbock)은 당시 반도호텔의 총지배인이었다.
307) 장면(張勉)을 지칭한다.

10. 추경 여행에 관하여

이승만 대통령 "명령으로 하여 철저히 시행케 하라"는 분부.

11. 카추샤 부대에 관하여

이승만 대통령 "우리 경비도 안 들고 성과가 좋다고 하는데 많이 보내는 것이 여하?" 하시는
　　하문에
김정렬 국방 "우리 군 편성 상 현재 수 15,000명을 넘을 수 없다"고 대답.

12. 미 군원에 관하여

김정렬 국방 "비공식으로 알아본바 미 군원은 내년에 233,000,000불로서 금년보다 증가되리
　　라고 한다"는 보고.

※ 중앙청회의

1. 장 부통령[308] 기자회견에 관하여

공보 (CBS 기자회견 내용을 보고한다고 낭독.)

2. 장택상 의원의 망언에 관하여

　부흥의 보고를 접수하고 그대로 방치할 수 없는 중요한 문제이니 부흥부에서 반박성명을
내기로 합의함.

---

308) 당시 부통령은 장면(張勉, 1899~1966)이었다. 1948년 제헌국회의원으로 당선되며 정계에 입문했던 장
　　면은 초대 주미대사로서 대한민국이 승인을 얻어내는 데에 기여했고, 1950년부터 1952년까지 제2대 국
　　무총리, 1956년에서 1960년까지 제4대 부통령을 역임했다.

3. 수해의연금모집촉진에 관하여

금융, 산업기관이 불성의하니 상공부 장관이 독려하기로 함.

4. 미가 대책에 관한 미측 태도에 관하여

이근직 농림 "미측은 미가가 저렴하면 타 물가가 저하한다고까지 하며 대단히 비협조적으로 나가고 있다"고 보고.

5. 비료 도입에 관하여

이근직 농림 "미측은 협동조합에 20%를 주라는 등 7 대 3에 잘 응하지 않는다"고 보고.
유 비서관 "우리 측에서 양보할 수 없다는 의향으로 추측된다"고 참고의견.

6. 안건심의

(1) 국립학교 교육자공무원 임시정원령 중 개정의 건(법제)
   원안대로 통과함.
(2) 지방행정위원령 규정
   정부 자승자박의 규정이라는 농림의 반대에 전원이 동조하자 주관부인 내무부에서 심의 보류를 요청하므로 그를 수락하여 보류.

제104회 국무회의

일시 : 1959년 10월 30일(금)
장소 : 중앙청 회의실

1. 의연금 모집상황

별지 서면으로 보고(보사)

2. 노동쟁의에 관하여

손창환 보사 "남전은 일단락되고 석공은 현재진행 중으로 불일 중 잘 해결될 것이라"고 보고.
최인규 내무 "경영상 흠함이 많다고 종업원의 불만이 많으니 상공 당국은 그 운영의 개선(간부경질도 포함)을 연구하도록 요망한다"는 의견에 전원이 동감 태도.

3. 크리스마스 씰 성금 운동에 관하여

별지 서면으로 그 계획을 보고(보사).

4. 외원 비료 도입에 관하여

신현확 부흥 "60 대 40선 이상 미측이 양보치 않을 것으로 보이나 65 대 35로 할 것을 교섭 중이라"고 보고.

5. 미담에 대한 미측 태도에 관하여

신현확 부흥 "석당 20,000환 기준에 미측이 반대함으로써 작년과 같은 방법은 가망이 없어서 석당 얼마라는 것을 하지 말고 우선 석당 10,000환씩 주고 명춘 방매하여 그 가격으로 당시 청산하자는 것을 주장하였으나 불응하고 금일중으로 그들의 의견을 보내주 겠다고 말하고 있다"는 보고.

6. 밀수 방지의 애로

송인상 재무 "운동선수, 신문기자 등이 왕래시 다량의 물품을 가져오는바 권력층이 이에 개입 하여 취체가 곤란하다"는 재무의 보고.
최인규 내무 "차회에 그 운동자의 명단을 공개하라"는 요구.

7. 독도경비에 관하여

최인규 내무 "일인의 망동을 방어하기 위하여 경비를 강화하였다"는 보고.

8. 안건심의

(1) 1959년도 경제부흥특별회계 내무부 소관 경찰 통신비 예비비 지출에 관한 건(재무)
원안대로 통과.
(2) 경비부직제 중 개정의 건(법제)
원안대로 통과.
(3) 흥신단속법, 수난구호법의 양 법안을 심의한바 연구의 여지가 있다고 각각 보류함.
태풍재해대책에 관한 건(재무)의 제안설명만을 듣고 관계부에서 검토하여 차회에 다시 논의하기로 보류.

제105회 국무회의(임시)

일시 : 1959년 11월 2일(월)
장소 : 중앙청 회의실

1. 1959년도산 미곡담보 융자에 관한 건(농림)

원안대로 하기로 함.

(주) 전기 원안통과에 앞서서 부흥부 장관으로부터 현금 10,000환씩을 주는 외에 다른 시책을 할 수가 없다는 실정을 명백히 하는 설명이 있었음.

2. 한일문제에 관하여

북송문제를 중심으로 한 외무부 차관의 상황보고와 각 국무위원의 질문 및 의견 교환이 있었음.

3. 석탄 수출에 관하여

무연탄 대일수출은 통상중단 조치와 즉시 허용하도록 하자는 상공의 의견에 원칙에 위배되고 한일관계가 일층 악화된 차제에 시기적으로 적당치 못하니 일시 더 두고 보기로 각기 의견을 교환하는 데 그침.

제106회 국무회의

일시 : 1959년 11월 3일(화)
장소 : 중앙청 회의실

1. 징세에 관하여

송인상 재무 "고급요정과 극장의 세금을 철저히 과징하려고 하는바 실무자들 의견에 의하면 대부분이 영업을 못 하게 될 것이라고 하므로 그 반발과 별 작용이 있을 것이므로 그 실시에 앞서서 일응 의논하고자 한다"는 보고 겸 협조 의뢰.

이근직 농림 "종래의 예로 보아 요정에 대하여는 실시가 용이치 않으니 하다가 중지하려면 당초에 시작하지 않은 것이 가하다"는 의견에 부흥, 법제가 의견을 같이하여 결국 요정에 대한 것은 더 좀 연구하고 우선 극장에 대하여 철저히 실시하기로 함.

2. 외원 전망에 관하여

신현확 부흥 "대일통상중단으로부터 차차 애로가 생하기 시작하여 1960년도 원조액 통지의 지연, 계약기일 연기의 거부, DLF 국회동의 요구 등 점차 곤란이 과중하여 가고 있다"고 보고.

3. 미담에 관하여

신현확 부흥 "석당 10,000씩 현금을 주고 잔액은 명년에 담보미를 처분하여 청산하기로

USOM 측과 합의하였다"는 보고.

4. 비료 도입에 관하여

신현확 부흥 "우리는 70 대 30을 주장하였으나 USOM에서 불응함으로 65 대 35로 양보하여도 역시 합의가 안 되고 시일만이 천연(遷延)되어 실기의 우려가 있으니 수리자금 사용(34억)에 합의하여 준다는 조건으로 60 대 40을 받아들일 것을 재무, 농림과 같이 각하께 보고 드리고 윤허를 받으려고 한다"는 보고.

5. 북송문제에 관하여

최규하 외무(차) "ICRC 동향에 대한 김용식 공사의 보고는 과도로 낙관적이나 ICRC 대표로 일본에 파견되었던 레노 박사가 일본을 떠나면서 기자들에 대하여 만일 집단적인 정치 압력이 작용한다면 북송에서 손을 떼겠다고 공언하였으며 ICRC 측이 금반 일본 측의 처사에 대하여 완전한 유감은 없을 것으로 추측하나 ICRC 태도 여하에 불구하고 북송은 일본이 세계여론의 비난을 무릅쓰고 강행하려면 할 수 있는 문제이며 미국대사관에서는 아직 전문을 입수치 못하였다고 하더라"는 보고.

6. 기타

(1) 국방부 국정감사 시 군원은 2억 불로서 족하다고 국방장관이 증언하였다는 신문 보도는 오보이었다는 국방의 보고.
(2) 서울시장, 지사회의를 내무부에서 11월 11일에 개최한다는 내무의 보고.
(3) 의연금모집상황에 관한 보사의 보고.
(4) 시장·군수대회를 내 13일에 개최한다는 내무의 보고.

제107회 국무회의

일시 : 1959년 11월 6일(금)
장소 : 중앙청 회의실

1. 경향신문에 대한 처분에 관하여

최인규 내무 "공보실장이 국정감사 시 한 말이라고 하여 '경향신문이 잘못하였다고 사과하면 정간의 해제를 할 생각이라'는 신문 보도가 있는 바 내용 여하?" 하는 질문에

전성천 공보 "국회의원이 묻는 말에 대답한 것인바 잘못되었다고 생각지 않으며 국련(國聯) 관계, 미국대사관과 USOM 측의 공기 등으로 보아 제스추어나마 그리하는 것이 국가에 유리하다고 생각된다"는 보고와 의견.

최인규 내무 "법원 판결에 영향을 줄 우려가 있으니 주의하여야 할 것이라고 본다"는 의견에 법무가 동조.

2. 무연탄 대일수출

구용서 상공 "이 이상 더 기다릴 수 없어서 국무원의 의견에 불구하고 본인 책임에서 결행하기로 하였으니 그리 알기 바라며 서민월동연료를 안 보낸다고 할 수 없으며 한일회담 대표도 큰 목적(통상재개와 미곡수출)을 위하여는 이를 허용하는 것이 좋겠다고 하더라"는 보고.

이근직 농림 "시기가 좋지 못하며 또 그 실시에 앞서서 대통령 각하의 재가를 받도록 하지 않으면 안될 것으로 생각한다"는 의견.

홍진기 법무 "장관 단독으로 국무회의 의결에 위배하여 그런 처사를 할 수는 없는 것이니 의안으로 상정하여 심의케 하라"는 의견.

김일환 교통 "사실상의 중단해제인데 중단할 때도 국무회의에서 사후처리하고 금반도 그렇게 하여서는 안 될 것이라"는 의견.

최규하 외무(차) "정치와 경제를 분리하여서 한다면 몰라도 현재 정치정세로는 도저히 해제한다고 할 수는 없을 것이라"는 의견.

이상 논의 끝에 결론은 없었으나 "일본에 쌀을 사라는 것을 좀 더 교섭하여 확실한 전망이 보이면 그때 대통령 재가를 받아서 시행하도록 하는 것이 가하다"는 농림, 재무의 의견, 상공의 반대가 없었음.

3. 최근 미국 정부의 태도에 관하여

송인상 재무 "최근 미국 정부의 태도가 냉랭하고 경제원조액의 결정 통지도 지연되고 있으며 스칼라피노[309] 교수의 보고서로 오해도 생기고 있으니 외무부에서는 잘 좀 알아보아서 대책을 세워야 하겠다"고 의견.

조정환 외무 "미국이 그 같은 태도로 나오는 데는 여러 가지 이유가 있는바 간단히 열거하면 다음과 같다"는 보고.

(1) 풀브라이트 자금 문제

(2) 대일통상 문제

(3) 환율문제

(4) 투자보증문제

(5) UNC 한인노임 지불문제

(6) 평화선 문제

---

309) 스칼라피노(Robert A. Scalapino, 1919~2011)는 하버드 대학에서 정치학 박사학위를 취득한 후 1949년부터 캘리포니아대학교(University of California, Berkeley) 정치학과에서 교수로 재직했다. 1959년 미국 상원 외교위원회에 제출할 미국의 아시아 정책에 관한 보고서를 준비하고 있던 콘론(Richard P. Conlon)의 요청으로, 일본, 대만, 한국 등지에 체류하면서 동북아시아 정세를 파악하여 보고서를 작성했다. "미국 외교 정책: 아시아(「United States Foreign Policy: Asia」)"라는 제목의 보고서는 그해 11월 1일 미국 상원 외교위원회에 제출되었다. 이 보고서에는 한국의 정치 및 경제 상황은 개혁이 요구되고 있다는 주장과 정당정치의 실패 이후에는 군부의 지배가 출현할 가능성이 있지만 가까운 장래에는 희박하다는 예측이 담겨 있었다.

(7) 서북항공의 선로문제

4. 재해대책비에 관하여

의결안으로 제출된 '태풍재해대책에 관한 건'(재무)의 내용을 일부 수정하여 보고된 것으로 이를 간소(簡素)하기로 함.

이어 부흥부 장관으로부터 다음과 같은 보고가 있었음.

(1) 대통령 특별자금에 의한 미국의 원조는 미정.

(2) ICA 자금청산 잉여액과 일부 계획 변경에 의하여 염출(捻出)한 재원(財源) 340만 불의 사용계획을 목하 작성 중인바 주택, 항만과 어업, 제방 수축(修築)의 순위로 고려 중임.

(3) PL480 제2항에 의한 원면(原綿) 850만 불이 들어오기로 된바 현물 지급을 아니한다면 처분과 소비절차를 연구하여야겠다.

제108회 국무회의

일시 : 1959년 11월 10일(화)
장소 : 경무대(전반), 중앙청(후반)

1. 국정감사 완료에 관하여

최인규 내무 "국정감사를 완료하고 금일부터 예산심의에 들어가 있다"는 보고.

2. 민주당 동향에 관하여

최인규 내무 "그 간에 5명이 탈당하였으며 금일 부산 도당대회 결과에 의하여 금월 26~27일 경에 전국대회를 개최할 것을 계획하고 있다고 한다"는 정보 보고.

3. 장관경질설에 관하여

최인규 내무 "거반(去般) 각하의 담화로 일소되어 안정케 되었으니 감사하다"는 보고.
이승만 대통령 "내 말이 빈말이 되지는 않았는가?" 하시는 하문.
최인규 내무 "장관 임명은 각하의 전권에 속하는 것이라"고 설명.
이승만 대통령 "잘 정돈되었으면 다행한 일이라"고 말씀.

4. 외자도입법 촉진에 관하여

송인상 재무 "최우선적으로 하도록 추진 중이라"고 보고.

5. 미담에 관하여

이근직 농림 "작년부터 수확이 많을 것이므로 재무, 부흥, USOM과 협의하여 미가 적정책으로 담보융자(석당 현금 10,000환)를 실시키로 하였으며 상세는 서면 보고하였다"고 보고.

6. 사방대회에 관하여

이근직 농림 "명 11일에 시흥군 하에서 실시할 계획이며 이를 계기로 전국에 일제히 사방을 개시하는바 명춘까지에 약 10만 정(정부 수립 이래 총계 7만 정보다 많은 면적)을 실시하게 될 것이라"고 보고.

이승만 대통령 "내게 무엇을 맡겨주면 전력을 다하여 성심을 국민에게 보이려고 한다"고 분부.

7. 생돈 수출에 관하여

이근직 농림 "생돈을 톤당 400불의 가격으로 금년에 1,557톤 향항(香港)에 팔아서 73,926불의 외화를 획득하고 UN군에게 계란 534,252개를 팔아서 337,897불의 외화를 벌도록 할 예정이라"고 보고.

이승만 대통령 "좋은 것을 먹어야 생산량이나 품질이 좋아질 것이니 돈을 써서 돈을 벌도록 국민을 가르쳐야 한다"고 분부.

8. 의연금모집에 관하여

손창환 보사 "926,183,630환과 의류 1,123,938점이 수집되고 가두모금은 목표액을 돌파하고 끝났으며 유니세프에서는 모포 57,000매를 금월 중으로 보내준다고 한다"는 보고.

이승만 대통령 "내가 고맙게 생각한다고 전하라"는 분부.

9. 각종 행사에 관하여

김일환 교통 "청량리 역사 낙성식은 거 11월 6일에 거행하였다"는 보고.

최재유 문교 "광주학생사건 30주년 기념식과 여학도기념비 제막식이 거행된바 당시 문제된 여학도 이선춘이 참석하여 의의가 깊었다"고 보고.

곽의영 체신 "체신학교의 낙성식을 작 9일에 거행한바 이것으로 6·25사변으로 절단난 체신 부청사 500개소를 재건한 것이라"고 보고.

전성천 공보 "거 11월 2일에는 국회의장 부의장은 각부 장관이 외국군인들 약 600명 초대한 바 처음으로 한국 가옥생활을 본 그들은 감탄하는 자가 많았으니 한국에 대한 그들의 이해에 많은 도움이 되었으리라"는 보고.

10. 비료문제에 관하여

이승만 대통령 "비료는 요소를 빨리 사게 해야 하며 비료 가격을 가지고 투기하는 것은 금하여 야 할 것이라"는 분부.

신현확 부흥 "관6 대 민4로 하되 상인의 선전도 있고 농민도 좋아서 이것을 쓰나 앞으로는 요소를 가급적 많이 쓰도록 하여야 할 것이며 시가의 조절책을 목하 강구 중이라"고 보고.

송인상 재무 "민간에 비료를 주기로는 하는데 그들이 투기를 하지 못하게 하는 방책을 연구 중이라"고 보고.

이근직 농림 "농민은 이제 요소를 잘 알아서 쓰라고 하나 민간이 유안비료를 수입하여서 팔으 므로 이를 쓰게 되는 것이라"고 보고.

유 비서관 "정부돈으로 사오는 것이니 못 사오게 하면 되는 것이라"고 보충설명.

신현확 부흥 "제2차 대전 후에 나온 신식비료로서 그 생산이 많지 않으므로 그것만을 한국이 전용한다면 요소가격이 앙등한다고 하여 USOM에서 반대하고 있으나 가급적 요소를 다량으로 도입하도록 노력하겠다"고 보고.

이승만 대통령 "일인이 제조한 것만 사온다고 하면 1, 2년간 아주 절단날 작정하고 안 들여 오고 돈을 가져가라고 하면 여하?" 하시는 하문에

이근직 농림 "일본에서만 들여오는 것은 아니라"고 보고.

이승만 대통령 "충주비료는 하시(何時)에 생산되며 과부족의 전망 여하?" 하시는 하문에

신현확 부흥 "충주비료는 명년에 시작되고 나주비료는 1년 반 있어야 나온다"고 보고.

구용서 상공 "충비의 시험성적은 극히 양호하다"는 보고.

유 비서관 "충비, 나비 당 공장이 완성되어도 태부족이니 제3비료공장이 필요하다고 본다"는 보충설명.

신현확 부흥 "제3비료공장의 계획을 목하 수립 중에 있는바 약 25,000,000불이 필요하다"고 보고.

이승만 대통령 "애국심에 열이 난 사람이 없어서 그런 것이 잘 안 된다고 보나 차제에 UN이나 기타에 원조에 의하지 않고 정부가 무엇을 잡히더라도 하여 본다는 결심을 해야 할 것이라"는 분부.

신현확 부흥 "DLF를 우선 요청하여 보려고 한다"는 보고에

이승만 대통령 "부흥이 맡아서 외원에 의하지 않고도 할 수 있도록 그 재건을 조성하도록 하고 각부도 이에 협력하도록 하여야 할 것이라"는 분부.

※ 중앙청회의

1. 안건심의

(1) 총인구조사령(법제)
　　원안대로 통과함.

(2) 제조연초 신발매 수반하는 정가결정에 관한 건(재무)
　　원안대로 통과함.

(3) 복표발행 현상 기타 사행행위단속법(법제)
　　원안대로 통과함.

(4) 미 조세고문단에 관한 대한민국 정부, 미합중국 정부 및 브루킹스 연구소[310] 간의 계약

---

310) 미국의 대표적인 민간 정책연구기관인 브루킹스 연구소(Brookings Institution)는 1916년 설립된 정부조사연구소(Institute for Government Research)를 모태로 출범했다. 설립자 로버트 브루킹스(Robert S.

체결에 관한 건(재무)

원안대로 통과함.

(5) 이북5도의 임시행정조치에 관한 건(법제)

수정통과함.

「제3조 제2호 중 『및 도민의 사상선도』를 삭제한다.」

(6) 국방부직제 중 개정의 건(법제)

제출처의 취하요청에 의하여 환송하기로 함.

Brookings)는 1927년 정부조사연구소와 경제학연구소(Institute of Economics), 로버트 브루킹스 경제학·정부학 대학원(Robert Brookings Graduate School of Economics and Government)을 브루킹스 연구소로 통합하여 정치, 경제, 정부 행정 및 사회과학 전 분야의 연구를 폭넓게 수행했다. 제2차 세계대전 발발 이후 브루킹스 연구소는 정부의 요청으로 전시동원에 관한 연구를 담당했고, 의회에 전시경제에 관한 자문을 하기도 했다. 1959년 당시 연구소장을 맡고 있던 칼킨스(Robert D. Calkins)는 연구소의 조직을 경제연구, 정부연구, 외교정책연구 분야로 재편성하여 미국의 국제적 역할에 부합하는 전문성 있는 아이디어를 제공하며 미국 정부와 깊은 협력관계를 유지해갔다.

제109회 국무회의

일시 : 1959년 11월 13일(금)
장소 : 중앙청 회의실

1. 공무원연금법(안)(법제)

다음과 같은 수정을 하여 국회에 제출하기로 하고 내용의 수정은 법제실이 국무원 사무국, 재무부, 국방부와 협의하여서 한 후 국무회의에 보고케 한다.

수정의 요점

(1) 군 공무원은 일반 공무원과 그 기준을 달리하기로 하고 장(章)을 따로 하여 이를 규정한다.

(2) 군 공무원의 연금사무는 국방부가, 기타 공무원의 연금사무는 국무원 사무국이 관장케 한다.

(3) 일반 공무원연금과 군 공무원연금은 회계를 각각 한다.

(4) 군 공무원에 대한 급여의 종류와 그 율과 수급권 성취 요건은 군 공무원의 부담(기여)금과 그에 상당한 국고부담금의 합산액의 범위(範圍) 내에서 정하도록 하되 공무원의 과중한 부담 등 연금의 취지(趣旨)에 어긋나는 일이 없도록 유의한다.

2. 공무원연금 특별회계법(안)(법제)

연금금고를 설치하도록 수정하여 국회에 제출할 것을 법제처에 위임한다.

3. 육군병원 부속간호학교령(법제)

제출처의 철회 요청으로 환송하기로 함.

4. 대한민국 정부가 아메리카 합중국 개발차관기금과 앞으로 체결할 차관 협정에 대한 국회의 사전비준 동의요청에 관한 건(외무, 법무, 부흥).

별지와 같이 수정 통과함.

5. 사방에 대한 분부 전달에 관하여

농림부 장관에게 내리신 분부를 전달한 후 농림부로 하여금 구체안을 작성케 명(明) 14일 임시회의를 개최하고 부의하여 심의하기로 함.

6. 석탄 수출에 관하여

무연탄 대일수출은 통상중단 중의 예외조치로 인정하기로 함.

7. 외원(外援)의 감소와 예산개편문제에 관하여

신현확 부흥 "국회 야당 측에서는 예산의 수정제출을 요구하고 있으나 정부로서 그 필요가 없다는 것으로 주장키로 자유당 정책위와 회의를 보았으며 대충자금(對充資金) 41억의 수입 예상 감소와 일반회계에 동액의 수입 부족이 예상되나 대충자금의 세입실적이 종래 120%이고 집행은 60% 내외인 과거 실적을 짐작하여 기(旣) 제출예산은 그대로 집행할 수 있다고 본다"는 견해를 보고.

8. 정부청사신축계약 체결에 대한 양해에 관하여

신현확 부흥 "최저입찰자인 비빌회사[311]는 그 입찰 내용이 불완전하여 차위(次位) 맥그로회
사를 적격으로 결정하자는 한미경제조정관 간에 합의된 바에 의하여 계약을 체결코
자 하니 양해하여 주기 바란다"는 제의에 별 의견 없음.

---

311) "비빌회사"는 '비넬 회사(Vinnell Cooperation)'의 오기다.

제110회 국무회의

일시 : 1959년 11월 14일(토)

장소 : 중앙청 회의실

1. 사방사업 실시에 관한 건

다음과 같이 수정 통과함.

「『국민사방』을 『일반 사방』으로 고친다.」

제111회 국무회의

일시 : 1959년 11월 17일(화)
장소 : 경무대

1. 추경(秋耕)에 관하여

이근직 농림 "59만 정보 예정에 현재 31% 진행하고 금월 말로는 완료될 예정으로 있다"는
보고.

2. 사방사업 촉진에 관하여

이근직 농림 "거(去) 11월 15일 국무위원 차관 등이 약 10,000평의 사방을 하였으며 학생과 임
민들도 사방을 하고 시 주변은 단시일 내에 이를 완료하도록 계획이 서 있다"고 보고.

3. 의연금모집에 관하여

손창환 보사 "1,122,745,357환에 의류 1,171,000점이 수집되었으며 스펠만[312] 주교가 보낸
5,000불은 승인하시면 밀양에 집단주택을 건설하여 주려고 한다"는 보고.
이승만 대통령 "5,000불은 보내준 이의 의도에 맞도록 쓴다면 그대로 좋으며 극장에 들어온
의연금을 다 바치지 않는 수가 있다고 들리니 단속하여야 할 것이라"고 분부.

---

312) 스펠만(Francis Joseph Spellman, 1899~1967)은 미국 가톨릭교회의 추기경이다. 1939년부터 1967년까
지 뉴욕 대교구의 대주교를 지냈고, 1946년에 추기경으로 서임되었다.

최인규 내무 "검경, 사정 당국의 조사로 다 게워 놓았으며 부정(不正)신고로 구호를 받은 자를 조사 처단하고 취급공무원도 엄중 단속 중이라"고 보고.

4. 미국경제원조 감액에 관하여

신현확 부흥 "D/S 180,000,000불 중 '402'에 의하기로 되어 있는 부분을 'PL480' 측으로 전환할 수 있다는 미국 정부의 당초 내시(內示)가 오해되어 일부 물의가 있던 중 금반 다시 미국 정부에서 작년과 같이 한다는 통지가 왔다"고 보고.

이승만 대통령 "그런 말을 함부로 내어서 말이 되게 하는 자가 누구인가를 알아보도록 하라"고 분부하시고 이어서 "공산당이 작란(作亂)을 하면 원조를 더 하고 다소 긴장이 풀리면 원조를 줄이고 하고 있는 것인바 그들이 이같이 하는 것을 원망하느니보다 관광사업의 진흥, 판매외교원의 양성을 위한 교육에 힘을 써서 돈을 한 푼이라도 더 벌게 하여야 할 것이라"는 훈시.

송인상 재무 "미국 경원의 감축에서 오는 내명년의 경제 곤란에 대비하여

　(1) 수출진흥

　(2) 금 생산과 그 보유

　(3) 봉사업에 의한 수입증가

　(4) 외자의 도입 등의 방책을 강구하여야 할 것인바 특히 관광사업에 관하여는 적극적인 계획을 향후 1개월 이내에 수립 보고하려고 한다"는 보고.

5. 장기개발계획에 관하여

이승만 대통령 "여하히 되어 있는가?" 하시는 하문에

신현확 부흥 "산업개발위원회에서 입안한 장기개발계획을 한미 양측 전문가가 검토 중이므로 그것이 내 주일에 끝나면 부흥위원회의 심의를 거쳐서 국무회의에 올리도록 예정되어 있다"고 보고.

이승만 대통령 "우리는 미국인을 위하여 수많은 사람들이 전쟁에서 죽었으며 미국 대통령이 통일이 되도록 하여 준다기에 그것을 믿고 있는 중에 소·중의 착취를 받아서 살지 못하게 된 일포(日胞)들이 사뭇 죽고 있는데 또 일인들로 하여금 한인을 공산지역으로

보내게 시키고 양(梁) 대사313)가 잘못 하고 있다고만 하고 있으니 도시(都是) 그들이 하는 짓이 무엇이냐고 물어보고 싶으니 그 방법을 잘 연구하여 보라"고 분부.

6. 한강 입구 개통에 관하여

이승만 대통령 "우리가 반대하던 휴전선을 만들어 놓고 개성, 옹진, 인천의 일부를 공산지역으로 들어가게 하여 한강을 통행 못 하게 만들어 놓았으니 이 문제를 국민의 소리로 크게 떠들어서 UN에 호소하여 보아야 할 듯하니 잘 연구를 하여 보도록 하라"는 분부.

7. 관광사업에 관하여

송인상 재무 "IMF에서 온 사람들의 말에도 관광사업을 적극 추진하라고 권하고 있으므로 앞으로 1개월 이내에 종합적인 계획을 세워서 하여 가도록 하려고 한다"고 보고.

김일환 교통 "매그루더314) 장군과도 만나서 의논하였더니 장병이 일본 가는 것을 금하여 주었으며 오스트리아 관광관계자와 의견을 교환한 바도 있어서 앞으로 학교의 관광교육 관광시설의 보조 등 각방으로 계획을 세워서 실시하고자 한다"는 보고.

이승만 대통령 "매그루더 장군이 좋은 조치를 하여 주었기로 일차 만나서 말을 좀 하여 주라고 하여도 기회를 못 얻고 있으며 일본이 기성시설로서 우리 관광사업에 방해를 하고 있는 형편에 있지 않은가 하니, 교통부 단독으로 하지 말고 몇이 의논하여 순서를 만들어서 하여 나가도록 하라"는 분부.

8. 해외통신에 관하여

곽의영 체신 "서울 중심의 해외통신을 부산, 인천 기타 지역에서도 할 수 있도록 하고 또는 통신시간을 연장하였으며 2만여의 중국인들의 통신의 편의를 위하여 일인들이 전쟁시 폐지하였던 한문 전보를 부활시켰으며 이 같은 확충으로 오는 수입의 증가는 연액 25

---

313) 당시 주미대사를 지내고 있던 양유찬을 가리키는 것으로 보인다.
314) 매그루더(Carter B. Magruder, 1900~1988)는 1959년 7월부터 1961년 6월까지 제2대 주한미군사령관 겸 제6대 유엔군 사령관으로 복무했다.

만9천 불이 될 것이라"는 체신의 보고.

이승만 대통령 "잘 하여서만이 아니고 자연의 추세도 있는 것이며 중국인을 위한 한문 전보를 일인이 폐지하였던 것을 부활시킨 것이 우리에게 도움이 되는지 의문이 아닌가 잘 생각하여 보아야 할 것이라"는 분부.

9. 간첩 침투 경향과 그 대책에 관하여

최인규 내무 "간첩의 지도자급을 파송하는 경향이 있으며 종래 금 또는 화폐를 많이 주어 내보내던 것을 근일에는 월북자 가족으로 하여금 원조케 하는 방침을 하고 있다"는 보고.

이승만 대통령 "그 가족들에게 보고할 의무를 지우고 불응하는 자는 이북으로 보낸다든지 하는 조리를 만들어야 할 것이라"는 분부.

최인규 내무 "법에 의하여 감옥에 넣도록 하고 있으니 이북으로 보낼 수는 없다"고 보고.

10. IMF시찰단 내한에 관하여

송인상 재무 "2,232억의 통화금이 1,947억으로 감편(減編)되어 있는 IMF에서 이것을 보려고 시찰단을 보내 왔으며 우리 실적을 조사 분석하여 세계에 알리는 것이 목적"이라는 보고.

이승만 대통령 "미국인이 왜 우리나라에 오는가?" 하시는 하문에

송인상 재무 "미국인들만이 아니며 IMF에서 회원국에 연 1회 보내고 있는바 우리에게 온 것은 잘한 것을 보러온 것이라고 생각하며 발표 전에 우리 측과 의논을 할 것이므로 염려가 없다"고 보고.

11. 수출진흥에 관하여

구용서 상공 "뉴욕, 시카고의 박람회와 각급 박람회에 우리 공예품을 보내서 진열 판매할 계획을 최 영사와 협의 중에 있으며 근근(近近) 내년 상반기 무역계획을 완성할 예정인

바 종래 국내산업 보호에 과도히 치중하였던 방침을 완화하여 수출에 중점을 두도록 하고 있으며 미곡 수출도 유럽 지역을 상대로 연구 중이나 아직 보고할 단계가 아니라"는 상공의 보고.

제112회 국무회의

일시 : 1959년 11월 20일(금)
장소 : 중앙청 회의실

1. 미담(米擔)에 관하여

이근직 농림 "작년과 같이 하기로 USOM 측과 합의를 보았다"고 보고.

2. 예산심의에 관하여

이근직 농림 "각 분과위원회에서 예산심의가 진행 중인바 소위 여당 의원이 도를 지나서 정부를 공격하고 있는 자를 왕왕 봄으로 무슨 대책이 필요하다고 본다"고 보고.

김정렬 국방 "여당 의원이 직접 하지 않고 야당을 시켜서 하는 감이 있으며 보사분위는 여당 의원이 선봉에 나서고 있다"고 보고.

송인상 재무 "연금법은 공무원의 사기 앙양과 농업금융채권청탁 등 명년도 중요시책의 하나인데 여당, 특히 보사분위 의원 중에 반대가 심하다"는 보고.

3. 곡가(穀價) 대책에 관하여

이근직 농림 "국회 곡가대책위원회를 조직하여 정부 시책을 규탄하려고 하기로 자유당과 이야기하여 성립 안 되도록 조치 중이나 정부로서도 적극적인 대책이 필요하다"는 의견 (드려만 두었고 결정은 없음).

4. 대독 미곡 수출에 관하여

이근직 농림 "서독에 톤당 105불로 쌀을 수출할 것이라는 보도가 있는데 실상 여하?" 하는 질문에

구용서 상공 "오보이므로 그렇지 않다는 것을 해명하기로 조치 중이라"는 보고.

5. 안건심의

(1) 1960 미곡년도 정부관리 양곡수급계획에 관한 건

　　원안대로 통과함. 단 구호양곡의 곡종 결정은 농림, 보사의 양부가 합의하여서 하기로 함.

(2) 귀속재산처리법 중 개정법률(법제)

　　원안대로 통과함.

(3) 유흥음식세법 중 개정법률(법제)

　　자구 수정을 법제실에 위임하고 원안대로 통과함.

(4) 입장세법 중 개정법률(법제)

　　다음과 같이 수정하고 자구 수정은 법제실에 위임하여 통과함.

　　『(1) 제3조 중

　　「106분지 6」을 「105분지 5」로

　　「136분지 36」을 「130분지 30」으로

　　「112분지 12」를 「110분지 10」으로 하고 「무용」 다음에 「영화, 연극」을 넣는다.』

(5) 인지세법 중 개정법률(법제)

　　원안대로 통과함.

(6) 임시토지수득세법 중 개정법률(법제)

　　원안대로 통과함.

(7) 토지과세기준조사법 중 개정법률(법제)

　　원안대로 통과함.

제113회 국무회의

일시 : 1959년 11월 24일(화)
장소 : 경무대(전반), 중앙청(후반)

1. 제헌국회의원 집단입당에 관하여

최인규 내무 "45명이 집단으로 자유당에 입당하였다"고 보고.
이승만 대통령 "영광스러운 일이니 선전 좀 하는 것이 여하한가?" 하는 하문에
최인규 내무 "면접을 허용하시면 자연히 선전이 될 것이라"는 의견을 구신.
이승만 대통령 "좋을 것이라"고 하락(下諾).

2. 민주당의 동향에 관하여

최인규 내무 "내 26일에 전당대회를 열기로 하고 있는바 양파 세력이 백중이라"고 보고.
이승만 대통령 "합동하라고 권하여 보는 것이 여하?" 하시는 하문에
최인규 내무 "당내 파쟁이므로 대회가 끝나기까지 정세를 보아서 하시는 것이 좋을 듯하다"는
의견을 구신.
이승만 대통령 "나누어져서 싸우면 당이라고 보아야 할 것이며 그들의 단합이 우리 측에 불리
할지는 모르나 그것은 국내문제이고 외국에 대한 체면을 생각하여야 할 것인즉 욕을
먹는다 하더라도 일언하는 것이 좋을 듯하니 잘 생각하여 보라"는 분부.

3. 예산심의 상황

송인상 재무 "앞으로 2주일이면 예산이 나올 것이라고 예상한다"는 보고.

4. 외자도입법 심의

송인상 재무 "예산심의가 끝나면 심의 못 할 것이라"고 보고.

이승만 대통령 "우리가 그간 외자도입에 둔한하였으나 일반 유사시 외국인들이 우리나라에 많이 투자하고 있다는 것이 큰 도움이 될 수 있는 것이니 명념하고 나가야 할 것이라"는 훈시.

5. 추경 실시 상황

이근직 농림 "현재 304,000정보 진행, 작년보다 성적이 양호하다"고 보고.

6. 사방사업 촉진에 관하여

이근직 농림 "지난 10일간에 4,763정(町)을 완료하고 작금 수일간은 그 진도가 3~4배로 올랐으므로 추계계획은 앞으로 2주일이면 완료하리라고 본다"고 보고.

이승만 대통령 "서울 주변은 항상 일반이니 특히 유의하여야 할 것이라"고 분부.

이근직 농림 "그간 사실상 안 하여 왔으니 금반은 각 기관 담당구역을 설정하여 진행 중이므로 말씀하시는 구역도 포함될 것으로 본다"고 보고.

7. 의연금 모집상황

손창환 보사 "현금 1,213,000,000환과 의류 1,182,000점이 수합되어 현지에 발송하였으며, 유니세프의 모포 57,000매도 일전에 부산에 도착하여 배급 중이라"고 보고.

8. 기념행사에 관하여

곽의영 체신 "우편사업 75주년 기념 겸 만국우편협정 가입 60주년 기념식은 내 12월 4일 진명여고 강당에서 거행 예정인바 각하의 임석(臨席)과 영년(永年)근속자 치하의 훈시를 내리시기를 바란다"고 보고 겸 품청.

9. 관광시설에 관하여

김일환 교통 "동해안선은 자금 문제가 해결되었으므로 명년에 착공할 것이며 설악과 동해안을 연결하는 도로(연장 13마일)를 3군단에서 완성하여 내 28일에 준공식을 하기로 되었으며, 또 하나의 관광도로도 목하 계획 중이라"고 보고.

10. 방송국 설치에 관하여

전성천 공보 "안동에 방송국을 설치하는 계획을 진행 중이며 충주지방에도 설치하도록 연구 중이라"고 보고.

11. 일기장 제작에 관하여

전성천 공보 "탁상일기장 5,000권을 만들어서 2,000권은 관저에 올리고 3,000권은 시판에 돌리고 있다"고 보고.

이승만 대통령 "잘 만들어졌으며 외인들도 칭찬을 하는데 이를 무상으로 배부하면 가치가 없어질 것인즉 유료로 주도록 하라"는 분부.

12. 제3비료공장 건설문제

구용서 상공 "DLF 자금으로 계획하기로 하고 월말에 성안 보고하겠다"고 보고.

이승만 대통령 "나주비료 자금을 「고본」으로 한 것은 잘 되고 있다고 하니, 하나는 DLF로 하고 또 하나를 민간자본(채권 발행 또는 고본제)으로 설시(設施)하여 중요한 비료문제를 하루라도 속히 해결하도록 하라"는 분부.

13. 수도건설 유의할 사항

이승만 대통령 "장차 발전할 것을 생각하고 서울시의 확장계획을 세우되 상수도, 배수시설, 시 주변을 거치는 남북통로, 한강인도교 등등의 문제를 고려에 넣도록 하되 몇몇이 의논하는 것이 좋으니 위원회를 만들어서 의논하라"는 분부.

14. 비료조작 노임인하 문제

이승만 대통령 "지금 우리 노동자들이 비료조작 노임이 떨어졌다고 불평을 하고 있다고 하니 그 인하의 이유는 무엇이며 또 불필요한 기관이 개재하여 경비가 더 난다고 하니 이를 조사 보고하고 시정책을 강구하되 위원회를 만들어서 하는 것이 좋을 것이라"는 분부.

15. 선수입 유안(硫安) 통관 문제

이승만 대통령 "선수입 유안을 통관시킨다고 공공연히 말하는 자가 있다고 하니 누구인가를 알아서 보고하도록 하되 이도 위원회를 만들어서 조사토록 하라"는 분부.

16. 금 생산에 관하여

이승만 대통령 "시책의 졸렬로 금 생산이 떨어져 있다고 하니 재무, 상공이 그 대책을 수립 보고하고 실시하도록 하라"는 분부.

※ 중앙청회의

1. UN의 한국문제 논의상황

외무차관의 개황 보고(금반 방송내용을 중심으로).

2. 미국기자단 내한에 관하여

최인규 내무 "중요한 사(社)의 기자들이니 잘 접대하고 우리의 실정을 잘 알려서 보내도록 각원이 협조하고 각종 시설도 보여서 보낼 것이며 공보가 주도하여 위원회를 만들어서 추진케 하자"는 제의.

전성천 공보 "29일 날 올 예정이며 한국에 대한 감정이 좋지 못한 자도 있으니 잘 접대하여야 할 것이라"고 강조하고 관저의 지시도 있었다는 것은 첨가 보고함에 외무차관이 또 그 필요성을 역설. 전원 이의 없음.

최인규 내무 "이들에 자유당 간부들도 만나게 하여 보안법 등에 대한 것을 잘 납득케 해야 할 것이라"는 의견을 첨가.

3. 등록세법(안)(법제)

다음과 같이 수정 통과함.

『제27조 중「대사관, 공사관 및 영사관」을 각각「외교기관 및 이에 준하는 기관」으로 고친다.』

4. 비료조작에 관하여

재무, 부흥, 보사, 농림으로 소위를 조직하고 실태를 조사하여 국무회의에 보고케 하기로 함(농림 제의 전원 찬성).

5. 도시계획에 관하여

최인규 내무 "도시계획위원회로 하여금 검토 성안을 하여 제출케 하겠다"는 의견에 전원 찬성.

6. 최창섭 의원 사건에 관하여[315]

내무, 법무의 보고 요지 여하

(1) 유 의원은 무혐의

(2) 이팔승[316]에게 최 의원이 시킨 것이 판명

(3) 당과 정부의 합치된 의견을 발표함이 필요하다.

7. 1959년도산 추곡 정부수납매입가격 및 1960 미곡년도 정부관리 양곡 판매가격 결정에 관한 건(농림)

원안대로 통과함.

---

315) 최창섭(崔昌燮, 1899~1879)은 경상남도 합천군 갑 선거구에서 자유당으로 출마하여 3, 4대 국회의원을 지냈다. 이 사안은 1959년 최창섭 의원이 이팔성을 배후조정해 자유당 유봉순 의원을 간첩으로 무고했던 사건을 가리킨다. 1960년 최창섭은 법정구속되었으나, 이듬해 대법원은 이팔성의 단독 모함으로 판단하여 최창섭에게 무죄확정 판결을 내렸다.

316) 국가기록원 소장 ≪신두영 비망록: 제1공화국 국무회의≫에는 "이팔승(李八承)"으로 기록되어 있으나, 이는 "이팔성(李八成)"의 오기다.

제114회 국무회의

일시 : 1959년 11월 27일(금)
장소 : 중앙청 회의실

1. 법률안 공포에 관하여

국회에서 이송된 다음 법률안을 공포하기로 함.

(1) 국회의원 보수(報酬)에 관한 법률 중 개정법률

(2) 제령 제7호 폐지에 관한 건

(3) 제령 제42호 폐지에 관한 건

(4) 하급법원 판사정원법 중 개정법률

2. USOM 청사 신축에 관하여

신현확 부흥 "USOM이 별도자금으로 적당한 장소에 4층 청사를 건축 사용하되 우리 정부 소유로 한다고 하니 승낙하여 무방할지를 논의하여 주기 바란다"는 제의. 전원 이의 없이 그 원칙만을 우선 양승하기로 함.

3. 법률연구단체에 대한 보조금 교부규칙(법제)

원안대로 통과함.

4. 재한미국잉여재산처리 요령(要領) 제정에 관한 건(상공)

보고로서 접수하기로 함.

5. 일선 장병 및 상이(傷痍)군경에게 보내는 연말연시 위문품 수집에 관한 건(보사)

원안대로 통과함.

6. 전시차량불하업무 종결의 건(국방)

원안대로 통과함.

7. 태풍재해(해초양식용 갱목)복구비 긴급방출에 관한 건(상공)

제출처의 요청에 의하여 환송하기로 함.

8. 국련(國聯)에 가 있는 우리 대표의 활동상황에 관하여

조 외무부 장관의 연설 내용, 구주공관장회의의 의의, 정 대사 파견 계획 등에 관한 설명과 보고.

9. 상무회[317) 간부 경질에 관하여

김정렬 국방 "김일환 장관이 사임하고 이선근 씨를 그 후임으로 임명한바 원만히 잘 되었다"

---

317) 1957년 창설된 대한상무회를 가리킨다. 전역장병의 통합단체로 1957년 창립되었으며, 당시 김일환 상공부 장관이 초대 상무회 회장에 임명되었다. 1960년 '대한민국재향군인회'로 명칭이 바뀌었다. 1961년 5·16 군사정변으로 해산되었다가 그해 12월 재건되었다.

는 보고.

10. 미국기자단 접대에 관하여

공보실 초안을 다음과 같이 하라고 수정 통과함.

(1) 원각사에서 민속예술을 보인다(공보).

(2) 반도호텔에서 칵테일을 베푼다(외무(차)).

(3) 일행을 청운각에 초대한다(내무).

제115회 국무회의

일시 : 1959년 12월 1일(화)
장소 : 경무대[318]

1. 비료조작 노임인하 문제에 관하여

이근직 농림 "타(他) 출비(出費)를 절약하고 노임은 종전액을 유지하도록 하였다"고 보고.

이승만 대통령 "정부가 일단 실시를 하였다가 노동자들이 떠든다고 변경을 하여 가면 앞으로 정부를 하여 나가기 어려우니 금후 이런 일은 몇몇이 의논하고 내게도 말하여 주도록 하여 실수가 없이 하라"는 분부.

2. 비료공장 신설문제에 관하여

이승만 대통령 "얼마나 증산하면 자급할 수 있는가?" 하시는 하문.

신현확 부흥 "제2비료공장을 신설하면 질소질 비료는 대부분 자급할 수 있으며 기타 요소 비료생산은 현재 있는 개인공장을 복구시킴으로 족하다고 보는바 전기(前記) 비료공장 신설은 DLF 자금으로 할 것에 USOM 측과 회의되어 조사를 완료하고 보고서를 작성 중이므로 금년에는 어려워도 명년에는 될 것으로 생각한다"고 보고.

이승만 대통령 "명년 2월경에는 시작할 수 있는가? USOM 측에 대하여 1일이라도 지연되면 그만치 우리의 손해가 크다는 것을 잘 알려 주도록 하라"는 분부.

---

318) 이 회의의 일시와 장소는 국가기록원 소장 ≪신두영 비망록: 제1공화국 국무회의≫에는 빠져 있고, 이희 영이 『제1공화국 국무회의록』을 발간할 때 보충한 것이다.

신현확 부흥 "연초에는 어려울 것이나 서둘러 하겠다"는 부흥의 보고.

3. 정부청사 신축에 관하여

신현확 부흥 "ICA/W에서 최종결과를 가지고 검토하는 것이 지연되고 있는바 그것이 끝나는 대로 계약을 체결하겠다"고 보고.

4. USOM 청사 신축에 관하여

신현확 부흥 "미국이 별도자금 100만 불과 대충자금 3억 환으로 청사를 지어서 당분간 USOM 이 차용(借用)하겠다는 요청이 있는바 수락하여도 가하오리까?" 하는 품청.
이승만 대통령 "의견들이 좋다고 하면 그대로 하라"고 윤허.

5. 사방사업 촉진상황

이근직 농림 "예정대로 잘 진행되고 있다"고 보고.

6. 의연금 모집상황에 관하여

손창환 보사 "11월 말로 마감한 바 1,387,000,000환과 의류가 1,191,000점이 수집되었다"고 보고.
최인규 내무 "사라 태풍 피해자 100만 명에 아사를 안 내고 지났으며 관계금품 취급도 엄정을 기할 것이라"고 보고.

7. 미국기자 내한에 관하여

김정렬 국방 "국방부에서 설명을 듣고 일선으로 나간바 대단 감동된 것 같았다"고 보고.
전성천 공보 "금석(今夕) 외무(차)의 접대 파티와 민속예술 관람 그리고 내무 주최의 만찬이 있을 예정이며 작일 진대(進台)하여 대단 감사히 생각하고 있다"고 보고.

신현확 부흥 작일 신문기자 초연에 나가서 약 1시간 강연을 하였던바 한국경제가 이리 부흥된 줄 몰랐다고 하였으며 국내 기자들이 그들에게 국내 경제 사정을 역설하여 주었다"고 보고.

8. 기여금 전달에 관하여

구용서 상공 "캔서스 시의 부인회에서 합심단을 돕기 위하여 AKF[319]를 통하여 220불을 보내어 온 것을 보사부에 전하였다"고 보고.

9. 설악산 도로 개통에 관하여

김일환 교통 "3군단의 진력(盡力)으로 미시령 도로 개통, 기념비 제막식을 겸하여 개통식을 성대히 거행하였다"는 보고.

10. 서울 시내 관광시설에 관하여

김일환 교통 "남산과 북악산에 관광 케이블카 시설을 하겠다는 희망자와 장충단에 호텔을 건설하겠다는 자가 있다"고 보고.

11. 서울시은 발족에 관하여

송인상 재무 "고본제로 민간자본을 모은 일반은행의 최초의 것이 금반 개업식을 하였다"고 보고.

---

319) 한미재단(American-Korean Foundation)을 가리킨다. 한국의 재건과 부흥을 위해 1952년 설립된 비영리 사설 원조기관이다. 한국의 교육기관과 여러 단체 및 개인에게 경제적 원조를 제공하고 양국 국민 간의 친선을 도모했다.

12. 예산 운영에 관하여

송인상 재무 "11월로 세입목표를 달하고 12월 중 수입은 여유가 되어 약 50억을 명년에 이월할 것이라"고 보고하고 "신년도 예산은 내 명일에 예결심의를 개시하여 크리스마스 전에 완결될 것으로 예상한다"고 보고.

13. 공무원 부정 단속에 관하여

이승만 대통령 "공무원의 부정을 철저 조사 단속토록 하라"고 분부.

14. 간행물 중복발행 조정에 관하여

이승만 대통령 "은행, 국영기업체, 기타 정부 산하기관에서 발행하는 간행물이 중복되어 국고에 손해를 끼치지 않도록 하라"는 분부.

송인상 재무 "그간 장려하는 의미에서 방치하였던 것을 근자 은행 방면은 조정을 하였으며 정부 전반에 긍(亘)하여도 선처하겠다"고 담보(擔保).

15. 교통안전에 관하여

이승만 대통령 "교통규칙을 준수하여 사고가 안 나도록 주무장관이 선처하여 주기 바란다"는 분부.

16. 기밀 엄수에 관하여

이승만 대통령 "정부에 관계되는 문제가 외부에 누설(漏泄)되는 일이 없도록 하라"는 분부.

17. 물가대책에 관하여

이승만 대통령 "앙등을 방지하도록 하라"는 분부.

송인상 재무 "일간 상세 보고 드리려고 하는 중인바 실정이 심상치 않아서 염려되는 바 원인으로는

    (1) 태풍 피해

    (2) 외원(外援) 감소

    (3) 한일통상 중단

    (4) 국민소비의 증대 등이므로 당장은 실시키 어려우나 명년 대통령 취임식 이후는 내핍생활, 장기건설계획을 가지고 가야 할 것이므로 그 안을 지금 작성 중이라"고 보고.

18. 비종(肥種)에 관하여

이승만 대통령 "정부서 정한 바 있으면 그대로 해야 할 것이 아닌가?" 하시는 하문에

신현확 부흥 "urea[320]가 신식비료로서 공급 부족이 염려되어 목하 국제시장의 형편을 조사 중이나 가급적 다량의 요소(尿素)를 도입하도록 유의 중이라"고 보고.

19. 비료조작기관에 관하여

이근직 농림 "농은(農銀) 직원 700여 명의 해고 등 어려운 문제가 있어서 명년 8월 협동조합이 취급할 때에 조치할 수밖에 없다"고 보고.

---

320) '요소(尿素)'를 뜻한다.

※ 중앙청회의

1. 국제통화기금[321]과 국제부흥개발은행[322]에 대한 증자에 관한 법률안(법제)

원안대로 통과함.

2. 호적법안(법제)

다음과 같이 수정 통과함.
「제122조 제2항을 삭제한다.」

3. 국제연합아동기금[323]과의 '한국태풍피해자 구호를 위한 사업실시계획' 체결의 건(외무)

양해사항으로 접수함.

4. 1960년도 상반기 무역계획 책정의 건(상공)

마(痲) 넉 마, 면(綿) 넉 마를 금수출품으로 존치하도록 하라는 의견을 첨가하여 보고사항으로 접수함.

5. 일반정무 보고

최규하 외무(차) 개요 여차함.
　　　(1) UN묘지 설정은 국회가 동의하였고
　　　(2) 만국우편조약 개정에 대하여 국회가 동의
　　　(3) 한일회담의 근황

---

321) IMF를 가리킨다.
322) 1945년에 설립된 IBRD(International Bank for Reconstruction and Development)를 뜻한다.
323) UNICEF를 가리킨다.

제117회 국무회의

일시 : 1959년 12월 8일(화)
장소 : 경무대(전반), 중앙청(후반)

1. 최창섭 의원 사건에 관하여

홍진기 법무 "자유당원이지만 이를 입건하겠다"고 보고.

2. 민주당 근황에 관하여

최인규 내무 "그간 6명이 자유당으로 옮겨 와서 원내세력 분포가 146 대 87로 되었다"고 보고.

3. 의연금 모집상황에 관하여

손창환 보사 "의연금은 1,510,000,000환으로 목표를 돌파하고 의류는 1,210,000점에 달하였다"는 보고.

4. 미불(美弗) 사용에 관하여

송인상 재무 "한인의 MPC[324] 소지 사용을 불법화하여 있으므로 밀무역 자금으로 유출되고

---

324) 군대지불증서(Military Payment Certificate), 다시 말해 국내에서 통용되던 미군표(美軍票)를 가리킨다.

있을 부시(啻)[325]라 혹시 개혁을 당하여 막대한 한국인의 손해를 초래하고 있으므로 미불을 정당히 사용할 수 있도록 미측에 교섭하였으나 공산지역에의 유출을 우려하여 주저하고 있다"고 보고.

이승만 대통령 "외국인이 하는 일을 못 하여도 할 수 없다는 식민지 민족의 체념적 태도에서 벗어나야 하니 매그루더가 있는 동안 잘 의논하여 보고토록 하라"는 분부.

5. 사방에 관하여

이근직 농림 "목표의 89%를 다 하였으며 수일 이내에 계획이 완성될 것이라"고 보고.

6. 미곡 수출에 관하여

구용서 상공 "금월 중순경에 오키나와에서 쌀을 사려고 교섭을 올 것이라"고 보고.
이승만 대통령 "그들을 잘 접대하고 자신들의 역사를 알고 독립의 용기를 내도록 잘 말하여 주도록 하라"는 분부.

7. 충주비료 시운전에 관하여

구용서 상공 "성적이 양호하며 암모니아 과정을 필하고 요소과정에 들어가게 되었다"고 보고.

8. 뉴욕 한국관 운영에 관하여

구용서 상공 "그 계획을 서면으로 보고하였다"는 보고.
이승만 대통령 "판매외교원 양성에 주력하라"는 분부.
최재유 문교 "한양대학교에 약 80명을 양성 중이며 동계 휴가 시엔 더 확장하려고 한다"고 보고.
김일환 교통 "관광학(?)도 가르치기로 하고 있다"고 보고.

---

325) '~뿐만 아니라'는 뜻이다.

9. 선거를 앞둔 사무처리상의 주의

이승만 대통령 "선거를 앞두고 그것을 빙자하여 제반사를 후히 처리하는 일이 있으니 이를 시정하도록 할 것이며 공맹지도는 서양의 철학보다도 위대한 정치철학이라는 것을 명심하라"는 분부.

※ 중앙청회의

1. 연금특별회계 관장에 관하여

연금특별회계를 재무장관 소관으로 한다는 재무부 장관 제의(구두)를 전원 이의 없어 가결.

2. 법안심의

(1) 읍 설치에 관한 법률(법제)

　　원안통과.

(2) 국방부 직제 중 개정의 건(법제)

　　원안통과.

(3) 우편저금규칙 중 개정의 건(법제)

　　원안통과.

(4) 전보규칙 중 개정의 건(법제)

　　원안통과.

(5) 외국우편요금 및 전보요금 개정동의 요청의 건(체신)

　　원안통과.

(6) 신문전보인가규칙 중 개정의 건(법제)

　　원안통과.

(7) 군위탁생 규정(법제)

　　원안통과.

(8) 부동산 등기법(법제)

　　원안통과.

(9) 한정상표상호등록협정교섭요강에 관한 건(외무)

　　양해사항으로 접수함.

제118회 국무회의

일시 : 1959년 12월 11일(금)
장소 : 중앙청 국무회의실

1. 최창섭 사건에 관하여

홍진기 법무 "조(趙)라는 제3 증거가 나와 있으며 최 의원이 주장하는 부재증명도 깨지고 최 의원의 관련이 확실하여져 가고 있으며 이팔승[326]의 심경 변화가 있어도 80~90%의 자신이 있기는 하나 구속 문제에 있어서는 명년 선거를 앞두고 구속을 우려하는 야당은 자유당 의원 문제를 이용하여 구속에 동의 않는 전례를 만들어 놓으려고 하는 한편 자유당으로서는 당원에 대한 무자비한 태도가 타 당원에게 미치는 영향을 고려하여 주저하고 있으나 검찰로 보면 공동정범 중 1인만 구속한다는 것은 곤란한 점이 있다"고 보고.

2. 경향신문 행정소송에 관하여[327]

홍진기 법무 "김세완 대법관이 퇴임 전에 처리하고 나가려는 것을 막기 위하여 김갑수, 백한

---

326) 국가기록원 소장 ≪신두영 비망록: 제1공화국 국무회의≫에는 "이팔승(李八承)"으로 기록되어 있으나, 이는 "이팔성(李八成)"의 오기다.
327) 1959년 『경향신문』의 「여적」에 실린 칼럼으로 인해 관련자들이 내란 선동 혐의로 기소되고 경향신문이 폐간을 당한 사건을 가리킨다. '여적필화사건'으로도 불린다. 공명선거와 다수결의 원칙이 지켜지지 못할 때, 진정한 다수의 의사를 강제하는 폭력혁명이 일어날 수도 있다는 칼럼 내용이 문제가 되었다. 당국은 1959년 4월 30일 경향신문에 대해 미군정법령 제88호를 적용하여 폐간 명령을 내렸다. 이에 대해 경향신문 측에서 행정소송을 제기하였고, 법원 판결로 6월 26일부터 재발행할 수 있게 되었다. 법원 판결 직후 정부는 폐간처분을 정간처분으로 바꿔 발행을 무기한 정지시켰는데, 이에 경향신문 측은 미군정법령 88호에 대한 위헌신청을 내어 대법원에 상고 중이었다. 이 항목은 바로 그에 관한 논란을 언급하고 있다.

성 대법관이 연합부 조직문제를 들고 나왔으며 금년 내에는 재판을 않도록 한다는 것이 대법원장의 방침이라고 듣고 있다"는 보고.

전성천 공보 "김세완 대법관이 일주일 내로 돌아가고 있고 걱정을 하여온 대법관이 도리어 협력을 하여 주고 있는 셈이 되어 좀 이상하게 되었으며 만일 경향이 살아나온다면 정계에 주는 충격이 불소(不少)할 것이라고 보며 그간 미 대사관 기타 그 계통의 기관으로부터 보이지 않는 압력이 많았으나 최근 차차 나아져 가고 있다"고 보고.

3. IPI[328] 대표 초청에 관하여

전성천 공보 "초청 않는다 하더라도 그들이 올 것이기에 공보실장 명의로 그들을 초청한 것이라"고 보고.

4. 개정된 농업교역 발전원조법 제1호에 의거한 대한민국 정부와 아메리카 합중국 정부 간의 농산물협정 제1조 제2항 수정에 관한 건(외무)

양해사항으로 하기로 한다.

5. 주한 국제연합군에 납품하는 물품에 대한 물품세 면제의 건

원안대로 통과함.

6. 정양원(靜養院) 직제 중 개정의 건(법제 - 보사)

원안대로 통과함.

---

328) IPI는 국제신문편집자협회(International Press Institute)의 약칭이다. 1950년 10월 세계 15개국의 34명의 신문 편집자들이 언론 자유의 증진과 보호를 위해 설립한 단체이다.

7. 직업보도원직제(법제 – 보사)

원안대로 통과함.

8. 교육법시행령 중 개정의 건(법제 – 문교)

원안대로 통과함.

9. 아동복리법안(법제 – 보사)

실시 불가능한 것을 법으로 제정하면 장차 곤란한 문제가 야기될 것이므로 실시 가능한 것을 제정하도록 법제실이 관계부와 재의하기로 하고 보류하기로 함.

10. 대일관계에 관하여

최규하 외무(차) "대표단 청훈(請訓)이 우리의 방침과 너무 차가 있어서 공동성명을 발표할 단계에 못가 있다"고 보고.

제119회 국무회의

일시 : 1959년 12월 15일(화)
장소 : 경무대(전반), 중앙청(후반)

1. 대일문제에 관하여

이승만 대통령 "대일문제 여하?" 하시는 하문에

조정환 외무 "국내의 반대 운동이 치열(熾烈)함에도 불구하고 일본이 북송을 강행하게 되고 보니 각하께 죄송하고 국민에게 미안하여 분부하시는 대로 책임을 지라 하며 공보실장으로 하여금 성명서를 준비케 하였다"고 보고.

전성천 공보 (준비하였던 초안을 낭독)

이승만 대통령 "인도주의에 어긋난 일이라는 것을 좀 강조하도록 하고 법리의 범위 내에서 모든 방법을 강구한다고 하여야지 덮어놓고 강경하게만 하면 전쟁을 회피한다는 것을 내세우고 있는 사람들로부터 오해를 살 우려가 있으며 기독교(基督敎) 일인들 중에도 일 정부의 시책에 반대하는 파가 있다는 것을 생각하여 신중히 하여야 할 것이다"고 분부.

최인규 내무 "저희들이 국무회의서 다시 의논하여 좋은 것을 만들도록 하겠다"고 진언.
  (하오 국무회의에서 공보실 원안을 대폭 수정하여 발표하기로 하였음.)

2. 국내정세의 변천에 관하여

최인규 내무 "작년 현재는 선거공무원이 자의로 행동하고 공산당이 준동(蠢動)하여 정부가 대

단 곤란한 지경에 처하였으나 그 후 공무원의 처우 개선, 지방자치법 개정, 보안법 제정, 보선에 성공, 경향신문 폐간과 조봉암 처형(處刑)으로 법의 존엄성이 강조된 것, 사라 태풍 구제 성공, 원내의석 다수 확보, 각부 장관의 결속단합 등으로 형편이 좋아졌으므로 명년에 가급적 속히 선거를 하려고 한다"는 내무의 보고.

이승만 대통령 "그러한 경과는 연보에 넣도록 하는 것이 좋겠다"고 분부.

3. 대외 사절 파견에 관하여

이승만 대통령 "결과를 못 거두는 정부나 민간사절은 보내지 말고 잘 훈련된 판매외교원을 파견하도록 하라"는 분부.

4. 수출진흥에 관하여

이승만 대통령 "수출에 □□하여 질의 향상에 유의하고 불량품을 수출하지 않도록 하라"는 분부.

5. 외화획득에 관하여

이승만 대통령 "관광사업을 진흥시켜 외화획득을 할 수 있도록 각부에서 협력하도록 하라"고 분부.

6. 울산 석유공장 건설계획 진행 상황

이승만 대통령 "추진 상황 여하?" 하시는 하문에

구용서 상공 "1,400만 불의 외화가 필요하므로 외자도입법이 통과된 후어야 가능하다"고 보고.

송인상 재무 "귀속재산의 불하와 정부보유불 500만 불을 주어야 진행될 것이므로 재무부에서 속히 처리하겠다"고 보고.

※ 중앙청회의

1. 의안심의

(1) 다음 법률안을 공포하기로 함.

① 귀속재산처리법 중 개정법률안

② 토지과세기준조사법 중 개정법률안

③ 임시토지수득세법 중 개정법률안

(2) 다음 안건을 원안대로 통과함.

① 중앙보건원 직제

② 중앙방역연구소 직제 중 개정의 건

③ 중앙의료원 직제 중 개정의 건

④ 나요양소(癩療養所)329) 직제 중 개정의 건

⑤ 구호병원 직제 중 개정의 건

⑥ 교통부 직제 중 개정의 건

⑦ 경찰서 직제 중 개정의 건

⑧ 경찰서 등급구분제정에 관한 건 중 개정의 건

⑨ 결핵요양소 직제 중 개정의 건

(3) 다음 안건을 수정 통과하다.

① 병역법 시행에 관한 임시조치령

다음 대안(법제)을 채택 통과함.

『병역법시행령 중 다음과 같이 개정하다.

부칙 중 「1959년도」를 「1960년도」로 한다.』

(4) 다음 안건은 제출처의 취하요청으로 환송하기로 함.

① 형무소 직제 중 개정의 건

② 서울구치소 설치에 관한 건

③ 구치소 직제

---

329) 나환자의 구호 및 요양을 담당하는 보건부 장관 소속의 기관이다.

제121회 국무회의

일시 : 1959년 12월 22일(화)
장소 : 경무대(전반), 중앙청(후반)

1. 중요 국정의 계획과 추진에 관하여

이승만 대통령 "우리가 막연히 의논만 하고 있을 것이 아니라 중요한 계획을 몇 사람이 의논
작정하여 실행을 하여 가도록 신년부터 유의하여야 할 것이라"는 분부.

2. 대일정책상 유의할 사항

이승만 대통령 "일본은 장차 무슨 짓을 할지 모르며 미국의 하는 짓을 보면 그 역시 기대할 수
없으니 아세아 각국이 단합하여 일본을 제어하여 가야 할 것인바 그러기 위하여는 우
리가 돈을 벌도록 하는 동시에 타국인들을 설복(說服)시키기 위하여 유세도 하여야
할 것이므로 항상 말하던 sales man을 양성하도록 하여야 할 것이라"는 분부.
최재유 문교 "현재 약 80명을 양성 중에 있다"고 보고.

※ 중앙청회의

1. 부정행위 엄단에 관하여

신두영 국사 "다음과 같은 분부가 있으셨다"고 전달.

(1) 부정이 있는 공무원은 지위고하를 막론하고 고급 공무원의 경우에는 더욱 엄정히 철저히 적발하여 엄중 처단하도록 하고,

(2) 탈세, 경제사범에 대하여는 친소(親疎)를 불문하고 철퇴를 내리도록 할 것이며 만일 그런 일을 옹호하는 자가 있으면 그자부터 먼저 처단하라.

2. 안건심의

(1) 다음 안건을 원안대로 통과함.
　① 철도법(법제)
　② 1959년도 체신부 소관 통신사업특별회계 국제항공우송료 예비비 지출에 관한 건(재무)
　③ 1959년도 외자특별회계 세출예산 중 KFX(정부보유불) 물자취급비 예비비 지출에 관한 건(재무)
　④ 도로운수행정위원회규정(법제)
　⑤ 국세징수법시행령 중 개정의 건(법제)
　⑥ 국무원 사무국 직제 중 개정의 건(법제)
(2) 다음 안건을 수정 통과함.
　① 지방행정위원회 규정(법제)
　(수정내용)
　　가. 위원회의 명칭을 「지방행정연구위원회」로 한다.
　　나. 제7조 제1항 말미의 「둔다」를 「두되 내무부 직원으로 하여금 겸무하게 한다」로 고친다.
(3) 다음 안건은 주무부의 요청으로 환송함.
　① 수난(水難)구호법(법제)
　② 흥신업단속법(법제)
　③ 국군보유 폐 차량(車輛) 처리의 건(국방)
　④ 아동복리법(법제)
　⑤ 국립공무원훈련원 직제 중 개정의 건
　⑥ 유기장(遊技場) 영업단속법(법제)
　⑦ 시체해부 및 보존법(법제)
　⑧ 진료X선법(법제)

제122회 국무회의

일시 : 1959년 12월 24일(목)

장소 : 중앙청 회의실

1. 완충지대 농촌주택건설사업

손창환 보사 "작일 주택입주식을 성대히 거행하였다"는 보고.

2. 사방사업 진행 상황

이근직 농림 "금년 추기 계획을 초과(계획 23,500정 실시 23,704정) 완료하였다"고 보고.

3. 의안심의

(1) 다음 안건을 원안대로 통과함.

　① 심계원 직제 중 개정의 건(법제)

(2) 다음 안건을 수정 통과함.

　① 양곡거래소 설립에 관한 건(농림)

　수정내용

　「의결 주문을 다음과 같이 하고 「기」 이하를 전문 삭제한다.

　1. 의결 주문: 양곡거래소를 설립하기 위하여 농림장관이 그 준비계획을 입안한다.」

(3) 다음 안건은 제출처의 요청에 의하여 환송하기로 함.

① 토목건축공사 계약에 관한 건(내무·재무)

② 의례규범 제정의 건(보사)

③ 귀속재산 공유화에 관한 건(국사)

④ 관광사업촉진에 관한 건(교통)

⑤ 중앙공업연구소 이전에 대한 일(문교)

⑥ 공원법안(법제)

⑦ 공유수면 매립사업법안(법제)

⑧ 해군본부 건물 내무부 사용의 건(내무)

⑨ 동해북부선 건설에 병력지원 건(교통)

⑩ 사방사업실행위원회 조직에 관한 건(농림)

⑪ 재정법시행령 중 개정의 건(법제)

⑫ 재정법시행령 임시특례에 관한 건 중 개정의 건(법제)

⑬ 재정법시행령 제99조의 2 제1항 단서(但書)의 규정에 의한 낙찰자 결정에 관한 건
(법제)

제123회 국무회의

일시 : 1959년 12월 26일(토)
장소 : 중앙청 회의실

1. 국회연설자료에 관하여

제122회 국무회의시 합의에 의하여 각부 제출, 부흥부 편(編)으로 된 별지 연설자료를 채택하여 이를 한 부의장에게 보내기로 합의함.

2. 신년 초 각부 장관의 공무원에 대한 격려문에 관하여

부흥부 장관, 공보실장, 국무원 사무국장이 합의 성안한 원안을 검토하여 불비한 점을 재정리한 후 다시 심의하기로 합의함.

3. 안건심의

국회로부터 이송된 다음 법안을 공포하기로 의결함.
(1) 등록세법
(2) 국제통화기금과 국제부흥개발은행에 대한 증자에 관한 법률안
(3) 자동차세법 중 개정법률안

제124회 국무회의

일시 : 1959년 12월 29일(화)
장소 : 중앙청 회의실

1. 미곡담보융자에 관하여

신현확 부흥 다음과 같은 안건으로 USOM 측과 합의를 보았다는 보고.
      (1) 담보물 매각대가 융자액에 미달할 경우 그 차액은 채무자의 채무로 남겨둔다.
      (2) 미가 고저에 불구하고 정부는 일정한 시기에 담보미를 방출하여야 한다.
      (3) 미담은 금년에 한하고 명년부터는 영농자금에 전용(본래의 용도)한다.

2. 등록세법 중 개정법률안 폐기에 관하여

강명옥 법제 "1959년 12월 27일 국회에서 폐기되었다는 통지가 있었다"고 보고.

3. 법률공포의 건

국회에서 이송되어온 「영업세법 중 개정법률안」을 공포하기로 함.

4. 법관연임에 관하여

홍진기 법무 "법관연임에 있어서 임명 안 된 법관의 부결 이유를 공표하라는 국회 건의는 회답을 않기로 하겠다"는 보고.

5. ICA 계획 정부청사 신축계획 입찰결과에 관하여

신현확 부흥 "최저 낙찰자 버넬회사[330]에게 자격을 주기로 결정을 하고 협상을 개시할 것이 며 계약체결에 있어서는 대통령 각하의 재가를 얻어서 시행하겠다"고 보고.

---

330) "버넬회사"는 '비넬 회사(Vinnell Cooperation)'의 오기다.

대한민국 국무회의록 1960

民爲邦本

제1회 국무회의

일시 : 1960년 1월 5일(화)
장소 : 경무대(전반), 중앙청(후반)

1. 일본침략주의 방비에 관하여

이승만 대통령 "일본은 평화선 경비를 강화하는 등 점점 강하게 나오고 있는데 미국은 무사주
　　　의로 이를 방임하니 우리가 아세아 제국의 경성(警醒)을 촉구하여 집단방위로 일본의
　　　침략을 방지함은 물론 국무위원이 방미하여 실정을 잘 설명하도록 하고 재외공관에
　　　서 이 방면에 활동을 하도록 하는 등 대책을 연구하여 보라"는 분부.

2. 치안 상황에 관하여

최인규 내무 "연말연시를 통하여 아사(餓死), 교통사고, 화재 등 별로 큰 것이 없이 지났다"고
　　　보고하고 "교통단속은 계속 실시할 예정"이라고 첨보.

3. 개헌에 관하여

최인규 내무 "민주당이 국무총리제를 주장하고 있으므로 앞으로 약 10년을 더 두고 봐야 할
　　　것으로 추측된다"고 보고.
이승만 대통령 "정부에서 하는 일이 조령모개여서는 안 될 것이며 하려면 진작 할 일이지 선거
　　　임박하여서 하여서는 안 될 것인즉 지체 없이 개헌 않는다는 것을 공포하도록 할 것

인바 만일 타에 의견이 있다면 듣기로 하겠다"고 분부.

4. 선거 시기에 관하여

최인규 내무 "종래 5월에 하여 왔으나 농번기를 피하여 좀 일찍 하는 것이 좋겠다고 생각들 하고 있다"고 보고.

이승만 대통령 "치민(治民)의 요체(要諦)는 배고프지 않게 하여야 하는 것이니 농사에 중요한 시기는 피하는 것이 옳을 것이라"고 분부.

5. 통화량에 관하여

송인상 재무 "세금 240억을 더 받아서 전에 있던 빚을 정리하고도 110억을 금년도로 이월하였으며 통화량도 연말을 당하여 증가하지 않은 채 해를 넘겼다"고 보고.

6. 물가변동과 환율문제에 관하여

송인상 재무 "물가가 130으로서 환율 협약 한계선을 5% 넘었으며 미국은 650 대 1을 주장하나 그것으로는 하등 효과가 없고 1,000 대 1 이상이라야 인센티브(incentive)의 의의가 있을 것이므로 한국으로서는 이를 반대하고 여행자 환율(기 재가)을 공표 실시하고 미국 공용경비의 환율을 1,000 대 1 내외로 하도록 하고 앞으로 6개월 환율문제를 논의하지 않기로 하자고 제의하려고 하는바 우선은 미 대사를 만나고 결국은 미 국무성하고 절충을 하여야 할 것으로 생각된다"고 보고.

이승만 대통령 "다들 송 장관 생각과 같을 줄 알지만 원래 500 대 1로 할 것도 우리 주장 300 대 1을 양보하여서 한 것이므로 종래와 같이 변경을 하면 계속하여 율을 고치게 될 것이며 여행자 환율도 관광객이 없는 이때 미국의 형편을 보아주다가 우리 경제를 망치게 될 것이니 재무가 못가면 대리라도 미국에 보내서 기왕 우리를 보아주어서 불원 자립할 것인데 당분간 그대로 두어달라는 것을 요청하여 보면 되는 수도 있을 듯하니 그대로 하는 것이 좋겠다"는 분부.

7. 발전계획 수립에 관하여

이승만 대통령 "500만 서울에 쓸 만치 넉넉히 발전할 시설을 계획하여 보도록 하라"는 분부.

8. 산림녹화에 관하여

이승만 대통령 "잘 되어 가는 길이지만 더 용력(用力)하여 촉진하라"는 분부.

9. 추경(秋耕) 실정에 관하여

이승만 대통령 "예년에 없던 호성적을 올렸다고 하니 칭찬을 하여 주도록 하라"는 분부.

10. 국산 라디오 생산

이승만 대통령 "생산상황 여하?" 하시는 하문에

전성천 공보 "부산 럭키회사에서 전기용을 만들고 있으며 성적이 양호하나 정부가 필요한 트랜지스터는 못 만들고 있다"고 보고.

김정렬 국방 "진공관(眞空管)을 만들지 못하고 있다"고 보고.

신현확 부흥 "전기용은 일본제(20불/대당)를 능가(凌駕)하며 저렴한 가격으로(18불/대당) PX에 나가고 있다"고 보고.

이승만 대통령 "그같이 우수(優秀)한 것이 나온다는 것을 공보가 잘 선전하여주라"고 분부.

11. 아파트 건축에 관하여

이승만 대통령 "주택공단이 잘하고 있으나 대형 아파트먼트를 건축하도록 하되 자금을 준비하고 조성철과 연락하여 추진하여 보도록 하라"고 분부.

12. 해외전화 개통에 관하여

곽의영 체신 "서독과 직통하게 된바 경제적으로 외교적으로 좋은 결과를 가져올 것이라고 손 대시의 의견이 왔다"고 보고.

13. 지방 순시 상황보고

김일환 교통 "장성탄광의 광산시설이 나아지고 재봉기(裁縫機)점과 양복점이 다 생겼더라"고 보고.

※ 중앙청회의

1. 소(蘇) 측량선 포격 사건에 관하여

그 사건에 관련하여 AP 기자가 왔다는 공보의 보고가 있은 후 우리 해군과의 관계 유무의 내무의 질문에 '없다'는 답변을 한 국방은 현재 방어는 충분하나 공격에는 미측의 제약을 받고 있다고 군 실정을 보고.

2. 환율문제

환율을 650 대 1로 하여 보아도 2, 3년 내에 또 올려야 할 것이므로 해결책이 아니며 대외국 수출과 관광사업 등 우리의 다급한 사정도 650 대 1로는 하등 성과를 못 거두게 되므로 그에 반대하였으며 personal expense와 public expense만을 1,200~1,400 대 1로 하는 것을 다시 제안하여온 데 대하여는 미 대사를 만나서 의논하려고 한다는 재무의 설명에 그 두 가지를 제외하고 무엇이 남느냐는 법무의 질문이 있어서 남는 것이 있다는 재무의 설명이 충분히 이해되지 못함에 부흥이 대충자금 문제가 남는다고 하는 설명을 하였으나 법무를 위시하여 내무, 농림 등의 반대가 있었으므로 재무는 미 대사와 의논하는 데는 대통령 각하의 분부도 있었으니 미국의 물가, 국제물가, 장작과 명태 등을 들어서 말하기로 하고 나가겠다고 설명하여 일단락을 지음.

3. 장관 방미 교섭문제

각하의 분부도 있었고 선거 전에 장관이 수명 방미하는 것이 좋겠다는 내무(체신, 농림, 외무(차) 동조)의 의견엔 상대방의 초청을 받고 가야 하며 또 동정만 구하는 것으로는 일이 성사되지 못할 것인즉 "큰일을 가지고 가야 한다"는 국방, 부흥, 재무의 의견이 있었으며 외교적으로 하느냐, 경제문제로 가느냐에 따라 인선도 닮아야 할 것이라는 공보의 의견이 있었으나 차회에 재의하기로 하고 결말을 짓지 않았음.

4. 한일문제

최규하 외무차관으로부터 그간 교섭의 개요를 설명하고 미국이 이제 와서 발을 빼려는데 문제가 있다는 보고.

5. 국립공무원훈련원 직제 중 개정의 건

다음과 같이 수정하여 통과함.
부칙 중 "시행"을 "적용"으로 고친다.

제2회 국무회의

일시 : 1960년 1월 8일(금)
장소 : 중앙청 회의실

1. 중요 정책위원회 위원 보충에 관하여

외무부 장관 결원 중 국방장관을 중요 정책위원회 위원으로 보충하자는 내무부 장관 제의를 전원 이의 없이 가결함.

2. 개헌에 관하여

법무부 장관으로부터 개헌에 관한 여야교섭의 근황에 관한 정보의 보고가 있은 후 선거법 개정에 관한 의견 교환이 있었으나 정부는 조기 선거의 기본방침을 견지하고 당분간 정세를 관망하기로 합의함.

3. 사정위원회 존속 여부와 예산에 관하여

국회에서 문제가 되고 예산 계상이 없기는 하나 감찰원이 설치되지 않고 있는 현재 이를 폐지한다는 것도 곤란한 실정인즉 그 존폐와 존속할 경우의 경비 지출 문제는 시급히 논의 결정하여야 할 문제라는 수석 국무위원을 대리한 법무장관의 제의에 대하여 존속하여야 한다는 것이 전원의 의견이었으며 그 경비는 예비비에서 우선 6개월분 지출하기로 하고 구체안은 재무부가 차회에 성안 제출하기로 함.

4. 예비비 지출

(1) 1960년도 중앙선거위원회 소관 민의원의원재선거비를 일반회계 예비비에서 지출의
    건(재무)
    원안대로 통과함.

5. 1960년도 세입세출 예산집행 원칙 결정에 관한 건(재무)

원안 통과함.
의안 1부 경무대

제3회 국무회의

일시 : 1960년 1월 12일(화)
장소 : 경무대(전반), 중앙청(후반)

1. 보선에 관하여

최인규 내무 "영주와 영일 을구 보선은 자유당이 승리할 것 같다"는 보고.

2. 자유회관 건립에 관하여

최인규 내무 "대성동에다 건축하여 명일 개관한다"고 보고.
신현확 부흥 "보사부에서 35호의 주택을 건설하였고 지역사회 개발계획으로 발전시설을 할
예정으로 있으며 북한지역에 손색이 없는 시설을 하려는 것이라"고 보고.

3. 수목 기증에 관하여

이근직 농림 "워싱턴 시민이 보내온 말채나무는 국군묘지에 심을 예정이며 이편에서도 진달
래 꽃나무 50주를 미국에 보내어 답례할 예정이라"는 농림부 계획을 보고.
이승만 대통령 "토질의 적부(適否)를 연구하라"고 분부.

4. 대여 양곡 회수에 관하여

이근직 농림 "작년도 96% 회수하였으므로 금년 춘궁에도 실시예정이라"고 보고.

5. 양곡 가격 유지책에 관하여

이근직 농림 "150만 석 예상의 미담(米撢)이 93만 석에 달하고 있으며 곡가유지를 위하여는
계속 실시를 하려고 한다"고 보고.

이승만 대통령 "쌀값이 올라가지 않도록 전 국민이 기도하여야 한다"고 분부.

6. 해안경비 강화에 관하여

구용서 상공 "선박 구(購) 교섭은 미국이 잘 응치 않아서 이탈리아와 협의 중인바 기 재가 외화
로 부족하니 재품청하련다"고 보고.

이승만 대통령 "상당한 선박을 준비하고 침입을 방지하도록 하라"는 분부.

7. 국보발견에 관하여

최재유 문교 "경북 월성에서 새로 발견된 사리 등은 과거의 것보다 가치가 있는 것이라"고 보
고하고 실물을 공람(供覽).

8. 진주 시찰보고

곽의영 체신 "전화시설 개선 준공식에 참석하여 강연을 하였으며 시민의 촉석루 수축에 대한
관심이 지대(至大)한바 내 2월 말이면 준공을 볼 듯하다"고 보고.

이승만 대통령 "시민이 수고하였다고 말하여 주라"는 분부.

9. 조폐공사 인쇄시설 개량에 관하여

곽의영 체신 "현재의 시설로서는 도저히 좋은 인쇄가 불가능하다"고 보고.
송인상 재부 "시설을 잘 하려면 더 많은 돈이 필요하므로 목하 연구 중이라"고 보고.

10. 관광시설 정비에 관하여

김일환 교통 "근일 중으로 미 제8군에서는 장병의 일본여행 횟수 연 2회를 연 1회로 정하고 1회는 한국 내에서 보내도록 지시가 있을 것으로 추측되며 따라서 근일 8군 관계관과 같이 현지에 가서 시설 개선에 대한 의견을 교환하고 있는 중이며 설악산도 시설(스키 토(ski tow) 1기와 숙사)을 필하였으나 눈이 안 와서 걱정이라"는 보고에 이어 "하와이 교포가 5월경에 온다고 한다"는 소식(消息)을 보고.
이승만 대통령 "자연풍경이 우리만 못한 스위스도 관광으로 많은 수입을 보고 있으니 앞으로 그 이상의 노력을 하도록 하고 하와이 교포는 취임식 때 오게 하는 것이 좋겠다"고 분부.

11. 작년도 범죄사건 취급상황에 관하여

홍진기 법무 "건수의 증가는 적발의 증가가 원인이며 경제범은 다소 감소되고 소년범과 폭력배가 증가하고 있으므로 금년은 그 방면에 주력하려고 한다"고 보고.

12. 입장세법 개정에 관하여

송인상 재무 "과세를 하는 일방 생(生) 필름 기계 등의 관세율을 인하하고 은행 융자의 길을 열어주고 생 필름을 수입품목으로 책정하는 등 원조책을 일시에 강구하겠다"고 보고.
이승만 대통령 "외국영화보다 나은 것을 생산하여 해외에도 수출하자는 것이니 세(稅) 몇 푼을 덜 받더라도 좋은 것을 만들어 내도록 하는 것이 좋다고 생각한다"고 분부하시고 문교에 대하여 "형편없는 외화(外畵)가 안 들어오도록 유의하라"고 분부.

13. 외화축적에 관하여

이승만 대통령 "외화(外貨)를 내놓으면 물가가 저하된다는 것도 일리 있는 말인 듯하나, 한국에서도 그대로 된다고 생각되지 않으니 우리는 외화를 가급 축적하여 장차 큰일(남북통일인 듯)에 대비하여야 할 것이라"고 분부.

14. 대법원 기지에 관하여

이승만 대통령 "노국(露國) 공사관 지(址)로 하는 것이 좋을 듯하니 연구하여 보라"는 분부.

15. 대미사절단 파견

이승만 대통령 "외교관, 군인 등을 보내어 실정을 잘 이해하게 하여 주는 것이 필요하다고 본다"고 분부.

최인규 내무 "부흥, 국방, 법무 등을 보내는 것이 좋겠다는 국무위원들의 소견이라"고 보고.

이승만 대통령 "좋은 의견이니 친구들에게 편지를 보내어 불러 가도록 주선을 하여 보라"고 분부.

16. 북송문제에 관하여

이승만 대통령 "일본이 그대로 계속하는 것을 그대로 두고 본다면 후일 우리가 하는 일을 일인이 하시(下視)하게 될 것이니 대책을 강구하라"는 분부.

17. 비료구매에 관하여

이승만 대통령 "일본 비료가 싸다는데 여하?" 하시는 하문에

신현확 부흥 "작년보다도 훨씬 저렴하게 입찰되었다"고 보고.

이승만 대통령 "일인과의 감정을 논하고 있을 시간적 여유가 없으니 속히 의논하여 결정하도

록 하라"는 분부.

※ 중앙청회의

1. 한국산업은행의 1960년도 업무계획에 관한 건(재무)

원안대로 통과함.

제4회 국무회의

일시 : 1960년 1월 15일(금)
장소 : 중앙청 회의실

1. 삭발사건[1] 처리에 관하여

최규하 외무(차) "미국 책임자에 대하여 보직 삭탈의 처분을 하였으며 전군(全軍)에 대하여 여
사한 일이 재발 안 되도록 지시를 하였고 위자료 문제도 요구가 있으면 고려하겠다는
요지의 회한(回翰)을 받았다"고 보고.
(주) 적당한 배상액이 얼마이겠는가를 의논하였으나 결론에 달하지 못하였음.

2. 미일안보조약 개정에 관하여

서면으로 제출된 설명자료에 의한 외무부 정무국장의 설명을 청취함.

3. 미화의 공정환율 개정에 관하여

송인상 재무 "물가지수 평균이 130.2가 될 만치 1월 20일로 환율을 변경하자는 미측 제의에
대하여 내 7월 1일부터 650 대 1로 변경하자는 것을 주장하려고 하나 상대방의 응부
(應否)를 예측할 수 없다"는 보고.

---

1) 1960년 1월 2일 평소 알고 지내던 미군을 만나러 영내에 들어간 여성 둘을 미군 10여 명이 붙잡아 희롱하
고 두 여인의 머리를 삭발해 버린 사건을 가리킨다.

4. 안건심의

(1) 대법원 건립을 위한 토지수용에 관한 건(법무)

　　원안대로 통과함.

(2) 유기장영업단속법안(법제)

　　제출처의 철회 요청에 의하여 환송하기로 함.

(3) 등록세법 시행령

　　수정통과함(내용 다음과 같음).

　　제11조 중「대한적십자사」다음에「농업협동조합」을, 동조 말미에「재무부 장관이 지
　　정하는 공법인」을 각각 넣기로 함.

(4) 토지 과세기준조사법 시행령 중 개정의 건(법제)

　　원안대로 통과함.

5. 법안폐기 통고에 관하여

　국회로부터 '양곡관리법 중 개정법률안'이 폐기되었다는 통고를 받았다는 법제의 보고가
있음.

제5회 국무회의

일시 : 1960년 1월 19일(화)
장소 : 경무대(전반), 중앙청(후반)

1. 수목 기증에 관하여

이근직 농림 "미국대사를 통하여 미국민이 보내준 말채나무 200주를 받고 철쭉(진달래) 60주를 답례로 보냈다"는 보고.

2. UN군인 수렵 면장(免狀)에 관하여

이근직 농림 "UN군인에게 1,868매의 면장을 교부하고 수수료 9,340불을 수납하였다"고 보고.

3. 국회 동향

곽의영 체신 "동일티켓제[2]를 위요(圍繞)하여 조(趙)·장(張)[3]의 의견이 대립되고 있으며 선거법 개정에는 자유당이 불응하고 민주당은 국무총리제를 들고나오고 있다"고 보고.

이승만 대통령 "총리제에 대하여는 당초나 지금이나 불찬성이며 국회가 조리가 있고 한계가 있지 않은 한 대단 위험한 것이므로 잘 생각하여야 할 것인바 현재 대통령이 잘 흔들

---

2) 1960년 정부통령 선거에서 각 정당이 '동일티켓'으로 정·부통령 후보를 낼 수 있도록 제도를 고치는 문제가 이슈화되었다. 동일티켓제는 1960년 제4·5대 정부통령 선거를 앞둔 정국의 최대 이슈 중 하나였다.
3) "조(趙)·장(張)"이란 당시 민주당의 유력 대선후보군인 조병옥과 장면을 뜻한다.

리지 않으니 그렇지 만일 그렇지 않으면 프랑스의 예와 같이 조변석개하는 결과가 될 것이니 이러한 일을 전통을 세워서 나가야 한다고 생각하며 내가 몸소 표준을 만들고자 함이니 외부에 설명을 잘 하도록 부탁하며 만일 억지로 한다고 하면 막지는 않겠으나, 내 생각으로는 이 시기에 살못하년 손해가 석지 않을 것이므로 유익한 점은 없으리라"고 분부.

4. 선거법에 관하여

최인규 내무 "여야 간에 참관인 문제로 신구선거법 적용에 의견을 달리하고 있으나 정부로서는 법원과 의논하여 합리적으로 처리할 생각이라"고 보고.

5. 국제변호사협회 이사회에 파견된 우리 대표의 활동에 관하여

홍진기 법무 "코펜하겐에서 개최될 이사회에서 북송문제를 제의하려 하였으나 일본이 제의한 평화선 문제와 같이 제의되지 못하였으나 7월에 개최될 전체회의를 위하여 영국변호사협회와 협의차 영도(英都)에 체류 중이라"고 보고.

6. 영화제작전문가 양성에 관하여

전성천 공보 "감독과 촬영기술자를 각각 10명씩 양성하였다"고 보고.

7. 경제대책에 관하여

이승만 대통령 "외원(外援)을 안 받고 살아갈 수 있도록 자립책을 강구하고 각기 이익을 생각지 말고 내핍생활을 하도록 정신무장을 하여야 할 시기가 왔다고 생각한다"는 분부.

※ 중앙청회의

1. 안건심의

(1) 대한석탄공사 1960년도 사업계획 및 수지예산 승인의 건

　　차관회의 수정의견대로 수정통과함.

(2) 법령정리위원회 규정 중 개정의 건

　　원안대로 통과함.

(3) 전시수당 급여규정 중 개정의 건

　　원안대로 통과함.

(4) 미국 함정(艦艇) 대여에 관한 한미간의 협정의 건

　　원안대로 통과함.

(5) 1960년도 사정위원회 소관(1월~3월) 세출예산을 일반회계 예비비에서 지출하는 건

　　(재무 안번 28)

　　원안대로 통과함.

2. 물가 사무 관장에 관하여

부흥부 소관으로 하기로 함.

제6회 국무회의

일시 : 1960년 1월 21일(목)
장소 : 중앙청 회의실

1. 환율문제에 관하여

재무부 장관으로부터 미국 정부의 환율 조치에 대한 대안의 설명이 있은 후 정부로서는 전기(前記) 미측의 대안을 수락할 수 없다고 생각하여 과반 우리 정부가 제시한 안에 다음과 같은 조건을 부하기로 하는 것을 제시하여 미측의 의견을 듣기로 하겠다는 재무장관의 제안을 전원 이의 없이 통과함.

새로 첨가하는 조건—4월 15일까지 환율에 관한 문제가 해결 못 될 때에는 UN군이 1월 20일 이후에 교환한 불화(弗貨)에 대하여 650 대 1의 계산으로 소급정산하여 주기로 한다.

2. 주일대사의 귀환보고

현재 귀국 중에 있는 유태하 대사를 출석케 하여 한일관계의 실정에 관한 보고를 들음.

3. 합의사항

(1) 국무위원이 일선 장병을 위문하기로 한다.
(2) 국무위원이 지방에 나가서 공무원에게 훈시를 한다.
(3) 종합정책 수립을 위한 방법을 연구한다.

제7회 국무회의

일시 : 1960년 1월 22일(금)
장소 : 중앙청 회의실

1. 물가동향에 관하여

부흥부 장관으로부터 작금 수년간의 물가의 동태와 최근 급격한 앙등의 요인에 관한 설명에 이어, 재무부 장관의 물가지수 산출방식의 비현실에 대한 설명과 대미협정 중에 들어 있는 전기(前記) 지수와 관련된 조항 개정 제의의 필요성에 대한 의견의 진술이 있은 후, 한은 전문가를 초청하여 물가지수에 대한 설명을 듣기로 하고 부흥부에서는 매주 물가동향을 서면으로 보고하도록 하자는 법무부 장관의 제의를 전원 이의 없이 통과함.

2. 환율 주관처 결정에 관하여

과반 회의 시 내무부 장관에 의하여 제의된 환율 사무 주관은 재무부로 하는 것이 타당하다는 부흥부 장관의 의견에 전원이 찬동하여 그대로 하기로 결정함.

3. 국무위원 지방 순시에 관하여

각 국무위원이 도 또는 그 일부를 담당하여 순회강연(공무원에게)하기로 함.

4. 통상 예외조치에 관하여

자동승인품목인 철광석, 부잠사, 납석의 수출에 관하여 상공부 장관이 주일대표부와 연락하에 적당한 제2차 예외 취급하는 것을 양해하여 달라는 상공부 장관의 요청을 전원 이의 없이 양승(諒承)하기로 함.

5. 종합정책에 관하여

국무위원으로서는 정부 전체의 중요한 문제를 알고 있어야 할 것이므로 각부에서는 그 중요시책을 성안하여 제출하도록 하자는 농림부 장관의 제의를 이의 없이 가결함. 과거 4년간의 치적과 장차 4년간의 중요한 정책을 검토하여 대통령 취임사의 자료로 하자는 법무부 장관의 제의를 이의 없이 가결함.

6. 정계동향에 관하여

내무부 장관으로부터 자유당 개헌 동향과 조 박사 병세에 관한 보고가 있은 후, 법무, 문교, 농림, 재무의 각부 장관의 보충 보고가 있었음.

7. 안건심의

(1) 다음 법률안을 공포하기로 함.
    ① 우편법안
    ② 우편물운송법안
    ③ 계리사(計理士)법 중 개정법률안
    ④ 계량법안 철회
(2) 다음 안건을 원안대로 통과함.
    ① 토지개량사업 보조규정 중 개정의 건
    ② 중앙연초기술연구소 직제
    ③ 영림서(營林署)[4] 직제 중 개정의 건

④ 중앙상공장려관(中央商工奬勵舘)5) 직제 중 개정의 건

⑤ 연초판매법 시행령 중 개정의 건

⑥ 소규모 민영사업발전을 위한 미국개발차관기금과의 차관협정 체결에 관한 건

---

4) 국유임야 및 귀속임야 관리 경영 사무를 관장하기 위해 농림부 장관 소속 하에 둔 기관이다.

5) 당시 국산품의 개량 및 생산과 판매를 증가시킬 목적으로 1948년 10월 1일부터 설치된 조직으로, 상공부 장관 감독하에 놓여 있었다.

제8회 국무회의

일시 : 1960년 1월 26일(화)
장소 : 경무대(전반), 중앙청(후반)

1. 선거에 관하여

최인규 내무 "근일 영주선거에 자유당 공천자가 당선되었다"고 보고.

2. 농민의 날 제정에 관하여

이근직 농림 "농민회의 의견에 따라 11월 11일을 '농민의 날'로 지정할 것을 고려 중이라"고 보고.

3. 경제개발계획에 관하여

신현확 부흥 "경제개발 3개년 계획이 완성되어 금일부터 국무회의에서 의논하게 되었다"고 동 계획의 주요 지표를 보고.

4. 긴급대책 수립에 관하여

이승만 대통령 "미국이 그 평화정책에 협조하여 달라고 하기로 그대로 있었으나 일본이 차차 커가고 있으며 우리의 악선전을 하고 근자에 와서 미국은 환율 변경을 요구하고 있는 형편이니 하등의 대책 없이 이에 응하고 보면 불원간(不遠間) 또 오르게 되고 이를 되풀이하게 될 것인즉 다음에 말하는 사항에 유의하여 재정경제의 긴급대책을 강구하여야 할 것이며 현재 우리가 처하고 있는 형편이 만연히 있을 수 없으니 우리 하는 말이 소용없이 되기 전에 미국에 사람을 보내어서 교섭하여야 할 것이라"고 분부.

    (1) 징세와 귀속재산 수입의 증가

    (2) 수출진흥과 건실한 금융

    (3) 경제개발 3개년 계획의 추진

    (4) 외자도입과 구주 각국과의 통상협정 체결

    (5) ICA 또는 정부불 사용기한 제한, 투기(投機), 밀수, 탈세, 기타 경제사범의 엄벌

    (6) 정부관리 기업체 합리적 운영에 의한 수입증가

    (7) 화력발전 등 전력개발에 의한 증산

    (8) 지방보존(사방포함)

    (9) 산업발전책의 강구와 실천

5. 종합정책에 관하여

김정렬 국방 "과반 분부하신 바에 의하여 외교, 국방, 산업의 종합정책을 목하 심의 중이라"고 보고.

※ 중앙청회의

1. 안건심의

(1) 수난구호법(법제)

    원안 통과함.

(2) 흥신업(興信業) 단속법(법제)

    원안 통과함.

(3) 공무원연금법 시행령(법제)

　　원안대로 통과함.

(4) 국제연합한국재건단[6]의 잔여자금 사업물자 및 책임의 처리에 관한 대한민국과 국제연합한국재건단 간의 협정 「제1항 수정」에 관한 건(부흥)

　　원안 통과함.

(5) 양곡교환에 관한 건(농림)

　　원안 통과함.

(6) 선박법 공포의 건

　　원안 통과함.

(7) 선박직원법 공포의 건

　　원안 통과함.

(8) 문화보호법 중 개정법률 공포의 건

　　원안 통과함.

2. 한일회담 재개에 관하여

최규하 외무(차) "내 1월 30일에 재개하기로 되었다"고 보고.

3. 국방에 관하여

국방부 장관으로부터 국방력의 개황(概況)에 대한 설명이 있었음.

4. 대법관 임명에 관한 건(국사)

판사 김연수를 대법관에 임명하기로 가결함.

---

6) UNKRA를 가리킨다.

제9회 국무회의(임시)

일시 : 1960년 1월 28일(목)
장소 : 중앙청 회의실

1. 선거에 관하여

(1) 개헌문제

최인규 내무 "동일티켓제 개헌의 가망이 없다는 것은 당에서도 이해하고 있다"고 보고.

홍진기 법무 "여야간부회담은 같은 곳을 빙빙 돌고 있을 뿐이며 대통령 각하나 의장님의 의향
도 조기 선거가 옳다고 생각하시는 것이 확실한데 다만 당 간부들이 일부 흔들리고
있을 뿐인즉 내무는 옆을 보지 말고 기정방침대로 진행하여야 할 것이라"는 의견.

2. 조병옥 씨에 대한 미 국무성의 태도에 관하여

최인규 내무 "국빈대우라는 신문 보도는 그 실상 여하에 불구하고 우리 선거에 영향이 클 것
인즉 생각할 문제라고 본다"는 의견.

김정렬 국방 "국빈일 수가 없는 것인즉 보도가 좀 이상한 듯하나 여하간 국제문제이니 신중을
기하는 것이 좋겠다"는 의견.

최규하 외무(차) "정부와 연락 없이 국빈대우는 말이 안 되는 일이므로 현재 미국대사관 측에
그 내용을 알아보고 있는 중이라"는 보고.

홍진기 법무 "그렇지 않다면 그 해명은 미 대사관에서 하여야 할 것이라"는 의견.

3. 환율에 관하여

송인상 재무 "비공식 회합에서 우리의 의견을 내면 미국 정부에 연락하여 보겠다는 미 대사의 언약을 받고 정식으로 우리 측 대안을 제시하는 데 대한 각하의 윤허를 받았다"는 보고.

4. 분부 사항 실천방안 협의

먼저 각 항목에 관한 의견을 교환하여 내용을 명확히 파악한 후에 그 실천방책을 논의하기로 하고 제5항까지의 문제점을 각각 제시한바 그 내용은 다음과 같음.

제1항에 관하여

(1) 매각한 귀재(歸財)의 대금 미수액은 얼마인가?(국방)

(2) 강력 징수치 못하는 이유 여하(국방)

(3) 귀재 중 불하를 못하고 있는 것이 있는바 그 이유 여하(법무)

(4) 세입 3분의 1 증수의 가능성 여하?(국방)

(5) 세금강력징수방법은 무엇인가?(국방)

(6) 세법의 불합리한 점은 없는가? 있으면 그 내용을 설명할 수 있는 구체적 예를 제출할 것(법무)

제2항에 관하여

(1) 현재 수출진흥책이 있는가?(국방)

(2) 현재 수출진흥을 위한 건전융자책이 있는가?(국방)

(3) 건전의 정의는 무엇이라고 보는가?(국방)

(4) 수출증가를 위하여 당장에 취할 수 있는 유효한 방법이 있다고 보는가? 있다면 그것이 무엇인가?(국방)

(5) 국제수지를 위하여 동시에 수입을 축소할 여지는 없는가?(내무)

제3항, 제4항, 제5항은 현재 계획 또는 실시 중에 있다는 주무부의 설명이었으므로 그 내용을 차회에 보고하게 한 후 논의하기로 함.

제12회 국무회의

일시 : 1960년 2월 2일(화)
장소 : 경무대(전반), 중앙청(후반)

1. 서울역 사고처리에 관하여[7]

김일환 교통 "법무와 합력하여 조사 중이며 앞으로 그런 일이 없도록 조치하고 있다"고 보고.

이승만 대통령 "사고 발생 시 그 처리에 힘쓰도록 하여야지 허화(虛華)로 사표를 제출하지 않도록 주의를 거듭하여 왔으나 잘 이해되지 못하고 있는 모양인바 그것은 이조 말엽에 대신이 사면을 비는 상소(上疏)를 하여 '경기물사행공'(卿其勿辭行公)[8]이라는 어명이 3회 내리게 된 후에 다시 나가서 일하던 폐습에서 오는 것이나 앞으로 그런 일이 없도록 하여야지 장관이 잘못 없이 나가게 되어도 국민은 잘못이 있어서 나간 것으로 알 것이요 허화로 사표를 낸다면 국민을 기만하는 것이니 삼가야 할 것이라"는 훈시.

2. 선거 일자에 관하여

최인규 내무 "농시(農時)를 피하고 불안정한 상태를 길게 가지 않게 하고 조박(趙博)[9]의 병세의 전망이 미상(未詳)하며 춘궁이 도래하는 등을 고려하여 3월 15일로 하자는데 국무

---

7) 구정 이틀 전인 1960년 1월 26일 열차 탑승객들이 서울역 계단에서 집단으로 넘어져 압사했던 사고를 가리킨다. 서울역발 목포행 호남선 601편 완행열차를 타려던 승객들이 서울역 3번 계단에서 넘어지면서, 31명이 압사하고 41명이 중경상을 입었다.
8) "경(卿)은 사직하지 말고 공무를 행하라"라는 말이다. 조선시대 신하의 사직서 등에 대해 군주가 처분했던 관용어구다.
9) 당시 민주당 측 대선후보로, 신병치료차 미국에 체류 중이던 조병옥을 가리킨다.

위원 완전한 의견의 일치를 보고 자유당과도 합의를 보았으므로 명 2월 3일 이를 공고하고자 재가 절차를 취하겠다"는 보고.

이승만 대통령 "농은 천하지대본이니 더 할 말은 없으나 4월 15일 경이면 지장이 있는가?" 하시는 하문.

최인규 내무 "곤란한 점이 많다"고 보고.

이승만 대통령 "모두 의견이 그렇다면 고집을 않겠다"고 분부.

3. 긴급경제대책 처리에 관하여

신현확 부흥 (수출증진책, 도입물자 처리촉진책, 밀수경제사범 처단, 전력개발 등에 있어서 즉시 실시 가능한 것은 기위(既爲) 실시에 옮겼으며 여타 문제는 두고 연구하여 가려고 한다는 요지의 보고.)

이승만 대통령 "전기회사 등 정부 재산을 운영하는 책임자가 수지를 맞추어가고 있는가를 조사하여 손해가 있으면 이를 보충하여 가게 하고 그것을 못하면 직에서 물러가게 하여야 할 것이라"고 분부.

신현확 부흥 "불하할 것은 불하하고 불하 못할 것은 수지가 맞도록 대책(전기사업통합 등)을 강구하겠다"고 보고.

4. 환율에 관하여

이승만 대통령 "무엇을 가지고 말을 하여서 외인을 납득시키며 또 우리가 이해하여야 할 것은 무엇인가를 논의하도록 하자"는 분부.

송인상 재무 "관광불제도(觀光弗制度)[10]를 실시하고 미국대사관과 UN군용 불(弗)은 1월 30일부터, 한국 정부 예산은 7월 1일부터 650 대 1로 하고 UN군 청부계약부면을 확대하는 것을 내용으로 하는 우리 측 제안에 대한 미측의 회답을 기다리는 중이라"고 보고.

---

10) 달러 확보를 위해 관광에서 사용되는 외화에 대해 특수환율을 적용했던 제도를 가리킨다. 송인상 재무부 장관은 1959년 11월 18일 관광불제도를 창설하겠다는 시책을 발표해 언론에 공포한 바 있었다. 통상 환율보다 관광객에게 유리한 환율을 적용해 외국인 관광객을 유치하기 위한 정책의 일환이었다.

이승만 대통령 "아세아의 관광은 일본이 차지하고 있으니 관광불제도는 우리에게 실리가 없을 듯하다"는 말씀에

송인상 재무 "무슨 짓을 하든지 불을 벌어야 하겠으며 관광객 유치를 위하여 이를 실시하는 것이 좋겠다"는 의견.

김일환 교통 "미군 휴가 연 2회 중 1회는 한국서 보내도록 미측과 협의하여 성공의 가망이 있으며 한미합동으로 위원회를 조직하여 추진 중에 있다"고 보고.

이승만 대통령 "(말씀을 주저하시며) 한인은 자발적으로 무엇을 못하는 성격이 있으니 그 방면을 장려하지 않고서는 별 효과가 있을지 의문이라"고 말씀하시며 왕시(往時)도 개성 상인 이외에는 일인들을 이겨가지 못하였다고 설시(說示).

5. 군사와 경제의 근본정책에 관하여

김정렬 국방 "미국은 그 원조에 있어서 무기(비행기)나 별식(別食) 중 어느 것을 택하겠느냐고 물어오고 있는 형편으로서 이 문제를 해결하려면 명년도 예산에 우리 세입에서 300 억의 국방비를 더 부담하여 가야 할 것인바 금반 제출된 산업개발 3개년 계획에는 이 것이 고려되고 있지 않으니 차제에 국방력 강화냐? 경제부흥이냐? 의 근본문제를 결 정하여야 할 것인바 만일 전자를 택한다면 후자를 희생(犧牲)하여야 하며 따라서 현 심의 중의 3개년 계획은 휴지로 화(化)할 것이라"고 보고.

이승만 대통령 "일인들은 외원(外援)을 거절하고 자립하여 나가고 있으며 잠수함 기타 무기를 자가 생산하는 현재, 미국은 공산주의를 막아내기 위하여 시작한 대한원조이지만 이 것을 언제까지 계속하지는 않을 것이니 우리가 자립하지 못하면 노예밖에 될 도리가 없을 것이라고 생각되니 원자력을 개발하고 군비(軍備)에 관한 위원회라도 만들어서 이순신 장군의 대를 이을 만한 기술자를 기르고 그를 위하여 필요하면 돈을 좀 쓰도 록 할 것이며 현재 잘 안 되고 있는 조선공사(造船公社) 시설을 잘 조작(造作)하여 무 엇을 만들 수 있도록 하여야 할 것이라"는 분부.

김정렬 국방 "일본은 자가생산 무기를 자유로 사용하여 평화선을 침범한다 할지라도 우리는 미국인의 눈치만 보고 있어야 할 형편이니 중대한 문제이며 이런 중요한 정책은 국방 위원(전기(前記) 분부로 조직될 국무원의 소위(小委))이 의논하기에 앞서서 전 국무위 원이 논의하여 보아야 할 것이라"는 의견을 구신.

이승만 대통령 "말로만 할 것이 아니고 실지에 하도록 하라"고 분부.

신현확 부흥 "원자기술자 양성에는 목하 주력을 하고 있으며 국방과 경제의 어느 쪽에 치중할 것인가? 에 대하여는 경제개발 3개년 계획에서 신중히 검토하겠다"고 보고.

※ 중앙청회의

1. 대통령 부통령 선거 실시에 관한 건(법제)

1960년 3월 15일에 실시할 것을 1960년 2월 3일에 공고하기로 의결함.

전기(前記) 공고와 동시에 국무위원 연명의 성명을 발표하기로 하고 내용은 차회에 심의하기로 함.

2. 안건심의

(1) 부산세관 분석소(分析所) 직제(법제)

　　제1조를 차관회의 의견대로 수정하기로 하고 통과함.

(2) 통계자료 정리시설에 관한 건(내무)\

　　제출처의 취하요청에 의하여 환송하기로 함.

제13회 국무회의

일시 : 1960년 2월 3일(수)
장소 : 중앙청 회의실

1. 대통령 부통령 선거 일자 공고에 관한 국무위원 성명서에 관한 건(내무)

원안대로 국무위원 연명으로 신문에 발표하기로 함.

2. 계량법안 환부에 관한 건(법제)

원안대로 하기로 함.

제14회 국무회의

일시 : 1960년 2월 5일(금)
장소 : 중앙청 회의실

1. 선거법에 관하여

홍진기 법무 "중앙선거위원회에서 도선거위회에 나간 통첩에는 법에 따라 정한 것 이외 것에 민의원선거법 제5장을 적용하는 것으로 되어 있으며 선거위원회 해석에 대한 후일 이견이 있을 수는 있는 문제"라는 보고와 의견.

최인규 내무 "선위(選委)가 정부나 당에 의하여 좌우되었다는 말을 후일에 듣지 않기로 된 것은 차라리 잘 되었다"는 의견.

이근직 농림 "선위 결정에 대한 법원의 견해를 사전에 물어두는 것이 여하한가?" 하는 제의를 그대로 가결.

2. 민주당 선거 작전에 관한 정보

내무가 제출한 정보를 국사(國事)로 하여금 낭독케 함(내용 기재자 략).

3. 라디오 보급에 관하여

재일교포 제품만으로 하기로 하려고 하니 2월 말까지 전부 입하하기가 곤란할 듯하다는 공보의 보고에 대하여 조속한 시일 내에 들어오는 방법을 강구하자는 것이 지배적 의견이어서 공보는 그대로 할 것을 수락.

4. 학생의 선거운동 금지에 관하여

문교부에서 연구 성안(成案)하여 차회에 제출하기로 함.

5. 국산염 수출에 관하여

상공이 구두로 제시한 전매청 국산염 수출계획에 대하여 가격이 너무 저렴하다는 의견이 있었으나 질이 저열하여 국제시장에 나가서 그 이상 받을 수 없다는 결론으로 상공부의 대일 수출을 양승(諒承)하기로 함.

6. 물가억제책

신현확 부흥 "체화공매(滯貨公賣) 또는 처리촉진을 지시하였으며 매석(賣惜) 방지를 위하여 우선 물자 소관부에서 조사를 선행키로 하고 수입재원을 확대하기 위하여 ICA불(弗) 불용액(不用額)을 추정하여 계획을 우선 수립하여 놓고 순차 이를 집행키로 하는바 그 금액은 약 6백만 불, 태풍재해복구 긴급원조자금은 미정이며 PL480에 의한 400만 불(소맥 20,000톤)은 미 정부와 양(梁) 대사[11] 간에 수속을 완료하고 그 반량은 기위 (旣爲) 선적을 필하였으며 '생산책임제−실수요자제−적정가격제'는 상공부에서 시 멘트, 면사, 면포, 판초자(板硝子), 타이어, 철근의 6종목을 책정하였으나 필수물자의 기준가격을 상공부에서 조속히 정하여서 공표하여야 할 것이며 최근 3일간에 앙등한 미가(1.8%), 면사 가격(2.4%) 중 면사 가격에 관하여는 그 이유를 밝히고 대책을 강구 하여야 할 것이라"고 보고.

구용서 상공 "면사 가격은 고리채에 대한 사법 조치와 자금대책을 하지 않고서는 효과를 거둘 수 없다"고 의견.

홍진기 법무 "외자관리법 시행령 제2조에 의하여 관계 장관이 계약시 조건으로 넣을 수 있는

---

11) 당시 주미대사를 지내고 있던 양유찬을 가리킨다.

것이 아닌가?" 하는 제의에

신현확 부흥 "원면이 생산품이 된 후까지 제한할 수는 없다"고 반대의 견해.

이상 결론은 못 내고 법무부, 부흥부, 상공부 실무자로 하여금 검토케 하여 차회에 재결의하기로 함.

7. 도입비료 재고 일소(一掃)에 관하여

신현확 부흥 "질소(窒素)질 이외의 비료 중 그대로 묵고 있는 것이 민수(民需) 40,000톤, 관수(官需)(외자청) 90,000톤이 있으니 이를 조속히 처분하기로 관계처의 협조가 있어야 300만 불의 수입재원을 염출(捻出)할 수 있다"는 보고에 대하여 전원이 동(同) 체화(滯貨) 일소의 필요성을 인정, 부흥, 농림 당부(當部)에서 구체안을 작성하여 차회에 제출하기로 합의함.

8. 의안심의

(1) 1960년도 국세(國勢)조사사무추진기본요강 제정의 건(내무)

　　원안대로 통과함.

(2) 읍 설치에 관한 법률(대천, 성환)(법제)

　　원안대로 통과함.

(3) 지방행정기관 직무대리규정 중 개정의 건(법제)

　　원안대로 통과함.

(4) 농기구 제작용 원자재(고철) 조달에 관한 건

　　제출처의 요청에 의하여 환송하기로 함.

제15회 국무회의(임시)

일시 : 1960년 2월 6일(토)
장소 : 중앙청 회의실

1. 헌법위원회 구성에 관하여

홍진기 법무 "헌법(부칙)의 해석을 할 수 있는 권한이 대법원에 없는 이상 이것은 행정, 입법, 사법의 3부가 제의하여 결정하는 수밖에 없다고 생각하며 민의원 의원으로 보충하는 문제는 국회 성립이 필요한 만치 선거 전에는 어려울 것이라고 보아야 할 것이며 9인으로서 성립된다고 본다면 대법관인 위원 임명에 달려 있다고 생각한다"는 보고.

2. UN 한국통일재건위원단[12)의 선거상황 시찰에 관하여

최규하 외무(차) "금반 선거를 시찰하겠다고 요청하여온바 거반(去般) 선거시 우리 측에서는 그렇게 하는 것을 환영한다고 서면을 보낸 일이 있으나 신중히 고려하겠다고 대답하고 있는 중이라"고 보고.

최인규 내무 "UN에서 정한 것도 있고 하니 그들이 일정표를 만들어 보내주면 상당한 예우로서 편의를 공여(供與)하겠다고 말하고 의장과 사무장 당인(當人)을 초청하여 환담하도록 준비하도록 하자"는 제의에 이견 없음.

---

12) UNCURK를 가리킨다.

3. 환율교섭에 관하여

송인상 재무 "국회의 동의를 얻어야 하는 일도 있는데 즉각으로 한다고 강행하여 여러 가지 불편은 있겠으나 대통령 각하 담화와 같이 우리는 국제협약을 준수하겠으며 그 대신 우리의 제안은 일체 취하하겠다고 말한즉, 상대방에서는 관광불이나 현실적 환율연 구는 한국에 유리하니 그대로 연구하여 보기로 하자는 것을 제기(提起)함에, 650 대 1 이외의 것은 일체(一切)를 취하한다고 재강조하였더니 마지막에 가서 이것으로 의논 을 끝마치는 것으로 하지 말고 다시 며칠 시일을 줄 것을 요구하기로 승낙하기로 한 바 이것으로써 다음과 같은 것을 추측할 수 있다"고 보고.

(1) 미국은 한국이 650 대 1을 받아들이지 않으리라고 생각하였던 것 같다.

(2) 미국이 한국을 군원 시범국으로 하기로 하였다 하며 그 계획 추진에 있어서 대(對) 국회 관계에 이 문제로 인하여 곤란이 없도록 하려는 저의가 있는 듯하다.

4. 각부 주요 시책

각부에서 제출된 주요 시책은 그 내용이 구구하여 그 주요한 항목만을 협의 선정하여 다시 재조(再調)한 후 차회 국무회의에 제출하기로 함.

제16회 국무회의(임시)

일시 : 1960년 2월 8일(월)
장소 : 중앙청 회의실

1. 선거강연회에 관하여

최인규 내무 (상황의 개요를 설명하고) "경비상 별 사고가 없었다"고 보고.

2. 산은 공금 횡령 사건에 관하여

송인상 재무 "금반 실시한 검사에서 발견된 것인바 그간 심계원을 위시한 각종 검사 10차를 경(經)하였던 것이라 하며 피해액 중 20~30만 환의 복구가 가능하다고 듣고 있다"는 보고.

3. 교통사고에 관하여

김일환 교통 "작도(昨度) 성환에서 동차 탈선사고가 발생하여 중상 2명, 경상 13명을 내었다"고 보고.

4. 경제개발 3개년 계획안

신현확 부흥 서면 보고(경제개발 3개년 계획안의 요약)를 중심으로 개요를 설명함.

이근직 농림 "대체로 잘된 계획이라고 보나 숫자 중 다소 조정하여야 할 점이 있은즉 관계부의 검토 결과의 의견을 들은 후에 하는 것이 여하한가" 하는 의견에

김정렬 국방 "국무회의에서는 지금까지 하여온 것보다도 좀 더 근본적인 정책을 논의하여야 할 것이라고 본다"고 반대.

최인규 내무 "국방비 부족에 보충되어야 할 금액은 얼마로 추정하는가?" 하는 질문에

신현확 부흥 "제1년에 300억, 제2, 제3년도에는 상당히 더 증가할 것이라"고 답변.

송인상 재무 "국무회의에서 의논을 끝마치기 전에 부흥위원회에 회부하여 의견을 듣도록 하는 것이 좋겠다"는 제안에 이론(異論)이 없으므로 일응(一應) 심의를 중지하고 부흥위의 의견을 듣기로 함.

5. 안건심의

(1) 정부를 통하여 파견하는 해외연구생에 관한 규정(문교)

　　다음과 같이 수정통과함.

　　(수정내용) 「제5조 중 '주무부 장관이 지정' 다음의 '하는'을 '하였을 때에는'으로 고친다」

(2) 물가안정에 기여하기 위한 사세(司稅) 행정 강화의 건(재무)

　　보고사항으로 접수하기로 함.

(3) 정부 주요시책안

　　요목만을 의결하고 차회에 계속 심의하기로 함.

제17회 국무회의

일시 : 1960년 2월 9일(화)
장소 : 경무대(전반), 중앙청(후반)

1. 공보행정에 관한 야당의 시비에 관하여

이승만 대통령 "금일 신문에 보도된 것13)은 무엇인가" 하시는 하문에

전성천 공보 "공보실에서 방송에 여당을 너무 두둔하고 19년 전에 대통령 각하께서 말씀하신
것을 너무 많이 방송한다고 시비를 한다"고 보고.

이승만 대통령 "19년 전에는 정치고 선거고 없을 때에 한 것을 지금 시비할 수는 없는 일이며
몇 번 하는 것이 무슨 제한이 있는가?" 하시는 분부.

2. 등록상황에 관하여

현재까지의 정부통령 입후보자 등록상황에 관한 내무의 보고.

---

13) 1960년 2월 9일자 신문에는 민주당 의원들이 8일 오후 전성천 공보실장을 항의 방문했다는 기사를 싣고
있다. 예컨대 『조선일보』 1면에는 "방송국 엄정중립요구. 편파적 뉴스보도 지적"이란 표제로 기사를 냈
다. 민주당 의원은 ① 서울중앙방송 뉴스보도에서 여당 유세의 군중 수를 야당 유세 군중에 비해 과도하
게 부풀리면서 야당의 신구파 싸움으로 김선태 의원이 강연 중 퇴장하였다고 사실과 다르게 방송한 점,
② 서울중앙방송을 비롯한 각 지방 방송에서 자유당 측의 선거운동에 가담하고 있다는 점, ③ 국가의 관
영방송이 정치적인 중립성을 잃고 지나치게 편파적으로 운영되고 있을 뿐만 아니라 자유당의 선전도구로
이용당하는 경향 등을 지적했다.

3. 선거강연회에 관하여

여야 양측에 약 10만 명씩의 청중이 모였다는 내무의 보고.

4. 체신행정 일반에 관하여

곽의영 체신 "우편법을 2월 1일에 시행하였으며 삼척전화국은 기위 개설하였고, 충주전화국
도 완성되어 2월 13일에 시민의 축하식이 있을 예정이며 시내 제8국(3,000대)은 2월
17일 낙성될 예상이고 영등포국의 시내 편입은 2월 24일에 할 예정인바 이시(伊時)
각하의 임석(臨席)을 앙청한다"는 보고 겸 품청.

5. 중앙의료원 의사 교체에 관하여

손창환 보사 "공익포장을 받은 그로트14) 박사는 가고 그 대신에 노르웨이 사람 캐스퍼슨15) 박
사가 착임(着任)하였다"고 보고.

6. 쌀 수출에 관하여

구용서 상공 "쌀 수출에 관한 교섭차 류큐에서 사람이 와 있다"는 보고.
이승만 대통령 "전에 일인들과 친하여야 한다는 사람들이 몇 있다가 세상을 떠났으나 아직도
조박(趙博) 같은 사람이 그런 말을 하고 있는데 이런 일을 내가 그대로 보고 있을 수는
없다"고 훈시.

---

14) 그로트(Carl-Erik Groth, 1905~1993)는 스웨덴 국방부 의무감을 역임한 의학계의 중진이다. 중앙의료원
창설 이래 1년 동안 스칸디나비아 사절단장으로 있으면서 한국의료계의 발전에 현저한 공적을 남겼다.
보건사회부 소회의실에서 공익 포장 수여식을 성대하게 베풀었다.
15) 제2대 스칸디나비아 사절단장 캐스퍼슨이 그로트의 후임으로 1960년 1월 27일 부임했다. 캐스퍼슨은 중
앙의료원 설치 계획에도 관여하여 수차례 내한한 바 있다.

7. 연초건조시설 보조에 관하여

송인상 재무 "장작(長斫)을 안 쓰고 무연탄을 쓰도록 하는 시설을 하는데 정부가 보조하도록
하는 것인바 국무위원 간에 합의된 것이니 재가를 앙청(仰請)한다"는 품청에
이승만 대통령 "서명하도록 하겠다"고 분부.

8. 관광호텔 위치에 관하여

이승만 대통령 "대법원 기지로 하려던 곳은 도심에서 떨어진 곳이어서 역전에다 하는 것이 좋
겠다는 의견이 있는데 의논하여서 의견을 제출케 하라"고 분부.

9. 교통사고 방지에 관하여

이승만 대통령 "신호등을 정비하고 경찰이 수부족(手不足)할 때에는 학생들의 협력을 얻어서
(외국에도 예가 있다) 교통정리를 철저히 하도록 하라"는 분부.

10. 부패의 제거

이승만 대통령 "사회의 부패를 방지하고 공무원의 범죄가 없는 나라를 만들려면 정부에서 책
임진 사람들이 비행을 엄중히 다스러서 전 국민이 경성(警醒)되도록 하여야 한다고
누차 주의를 환기하여 왔으나 아직 근절되고 있지 않다는 말이 있으니 전(全) 국무위
원, 특히 내무와 법무의 양 장관은 차제에 누가 대통령이 되든지 나라는 깨끗이 하고
보아야 한다는 것을 각오하고 세상이 깜짝 놀라서 정신을 차려 나가게 되도록 하여
주기 바란다"는 분부.

11. 김포비행장 운영에 관하여

이승만 대통령 "외군이 사용하는 토지에 대한 문서를 만들도록 하고 현재 미군은 오산을 중시

(重視)하고 있으니 법무, 국방, 부흥, 교통이 의논하여 잘 교섭하여 보라"고 분부.

김일환 교통 "미 공군 장교가 그 일로 5공군사령부에 갔다"고 보고.

※ 중앙청회의

1. 비료 사정

"지방에 비료 가격이 고등(高騰)하다는데 실정 여하" 하는 내무의 질문에 "지방창고 재고는 203,900톤이며 이것은 맥비와 묘대용(苗代用)을 충족하고 남을 것이므로 고가 운운은 상인의 호가(呼價)일 뿐이고, 실지 거래는 아직 없을 것이라"는 농림의 답변을 지지하면서 "제1차 구매분이 금월 중순에 입하하고 잔여(殘餘)도 4월 중에는 입하할 것이므로 금추(今秋) 맥비에도 지장이 없을 것"이라고 부흥의 보고함에 전원 안도하여 일단락을 지음.

2. 해양법회의에 관하여

최규하 외무(차) "미측 관계자와 의견을 교환 중이며 손 대사를 우리 대표로 정하였다"는 보고.

3. 공산권을 탈출한 학도 보호에 관하여

최규하 외무(차) "동독에서 서독으로 넘어온 북한 학생 7명이 손 대사에게 보호를 청하여 왔으므로 응급조치로 매월 학비 1인당 100불을 지급하기로 하고 6개월 이내에 대책을 강구하려고 한다"고 보고.

4. 귀속재산 국유화 변경 의결에 관하여

1959. 4. 21. 제43회 국무회의에서 대법원 소관 대법원장 공관 기지로 국유화 의결한 것을 국무원 소관 정부용지로 국유화하기로 변경 의결함.

5. 안건심의

(1) 1960년도 내무부 소관 이북5도청 자동차 경비를 일반회게 에비비에서 지출의 긴(재무)

(11,644,900환)

원안대로 통과함.

제18회 국무회의(임시)

일시 : 1960년 2월 10일(수)
장소 : 중앙청 회의실

1. 광업법 시행령 중 개정의 건(법제)

지하자원 조사 결과에 의하여 정부가 광권을 가져야 하는바 정부나 개인이 대등한 입장에서 경원(競願)이 되므로 출원(出願)[16]에 있어서의 절차를 달하게 하고 용이하게 하기 위하여 광업법 시행령 제60조의 규정에 의한 수수료를 정부 신청의 경우에는 면제하기 위하여 개정을 하고자 한다는 상공의 취지설명과 자석식 탐광(探鑛)에 의하여 150광구에 2,500만~5,000만 톤의 광석(주로 철광에 동(銅)·연(鉛), 기타 광석 포함)이 매장되고 있는 것으로 추정되며 금반 그 기술자가 가지고 온 지도(목하 OEC에서 엄중 보관 중)에 의하여 현지답사를 할 예정인바 이것이 시작되면 경원(競願)의 혼란이 있을 것이므로 일응 전부를 정부가 선원(先願)하여 놓고 현지 답사한 후 불필요한 것은 포기하도록 하기 위하여 필요한 절차를 취하려고 하는바 그 수속을 극비로 신속히 하려고 함에 전기(前記) 개량이 필요한 것이라는 부흥의 보충설명에 이어 다음과 같이 의결함.

(1) 광업법 시행령 제60조에 다음 단서를 가함.

「단 정부가 하는 경우를 제외한다」

(2) 상공부에서 서류를 작성 준비하였다가 본령 개정 시행 즉시로 재무장관 명의의 출원을 함.

---

16) "경원(競願)"은 어떤 사항의 허가를 둘러싸고, 복수의 개인 또는 법인이 관공서 등에 신청서·원서 등을 제출하는 것, 그리고 그로 인해 경쟁이 되는 관계를 가리키는 말이다. "출원(出願)"은 신청서·원서 등을 낸다는 뜻이다.

2. 노농당(勞農黨) 개칭(改稱) 등록에 관하여

노농당을 민족주의민주사회당으로 개칭 등록하여 달라는 전진한의 요청이 있는바 가부여하하는 공보의 문의에 대하여 통일당 등록시 기준으로 한 것을 참고로 하고 실무자(내무, 법무, 공보) 간에서 의논하여 본 후에 결정하는 것이 좋겠다는 법무의 제의에 전원이 합의하여 그대로 하기로 공보에 지시.

3. 딘[17] 특사와의 의견 교환에 관하여

상대방의 의견을 듣고 한일관계에 대한 설명을 하여 주었을 뿐 우리 측 의견은 말하지 않았다는 외무(차)의 보고.

4. 미곡 수출 교섭 진행 상황에 관하여

상대방이 여러 가지 조건을 걸고 나오는 것으로 보아 용이치 않을 것으로 예상된다는 상공의 보고.

---

17) 아서 딘(Arthur H. Dean, 1898~1987)으로 추정된다. 미국 국무부 법률고문으로, 영해 및 어로 구역 문제로 회담차 1960년 2월 9일 내한했다.

제19회 국무회의

일시 : 1960년 2월 12일(금)
장소 : 중앙청 회의실

1. 민주당의 동향과 그 대책에 관하여

이근직 농림 "구파(舊派)에서는 조박을 사퇴하도록 권고하려는 기세조차 보이며 장파(張派)와
의 화동은 무망이라고 민주당원들이 말하고 있다"는 정보 보고.

송인상 재무 "민주당에서 여당과 정부를 공격하기 위하여 만든 연설 내지 선전자료에 대한 해
명 또는 반박자료를 준비할 필요가 있다"고 제의에 전원 그 필요성을 인정하여 관계
각부 실무자 회의를 가지고 이를 기초(起草)하기로 합의함.

2. 비료문제에 관하여

이근직 농림 "자유당에서 지방의 비료대가 비싸다고 걱정을 하고 있는바 그것은 사실이 아닐
것이며 선(先)수입 비료를 수입되도록 하려는 책략의 일부가 아닌가 한다"는 보고.

3. 민족주의민주사회당 등록에 관하여

전성천 공보 "(실무자 회의의 보고서 내용을 설(說)하고) 명칭만이 아니라 강령, 정책 등이 전
(前) 노농당과 상당히 차(差)가 있으므로 검토를 요한다고 본다"는 공보의 의견.

최인규 내무 "장래를 위하여 사회주의 정당의 등록에는 신중 검토를 요한다"는 의견.

홍진기 법무 "기존 노농당과 어떠한 차이가 있나가 문제라고 본다"는 의견.

전성천 공보 "이 등록이 전(錢) 씨의 대통령 입후보 등록과 관계가 있으므로 잘못하면 오해가 있을 것 같다"는 의견에

이근직 농림 "공보실에서 목하 검토 중이라고 하고 전 씨는 노농당으로 등록할 수 있지 않으냐고 말하여 주는 것이 좋을 듯하다"는 의견.

이상 의견 교환이 있었으나 국무회의에서 논의할 사항이 아니므로 공보실장의 보고를 들었다는 것으로만 하여 두기로 끝을 맺음.

4. ICA 원조자금 중 배상에 관하여

신현확 부흥 "대구 대한방직에서 쓰고 있는 기계를 구입할 당시 중고품을 샀다는 것과 중개자에 수수료(사례금) 2,000불을 주었다는 것이 조사단에 발견되어서 ICA 원조규정(援助規程) 위반이라고 배상을 요구하여 왔다"는 부흥의 보고.

5. 고철(동(銅)) 불하에 관한 비난에 관하여[18]

구용서 상공 "요강에 의하여 처리한 것인바 다만 전기회사와 제련소는 자금이 없을 뿐만 아니라 탄피(彈皮)를 일선으로부터 수집 운반하는 난작(難作)을 담당하기 어려워서 대한전선으로 하여금 하게 한 것이 설(薛) 씨가 문제가 되고 보니 이 문제도 주목을 끌게 된 것이며 제품에 1년, 소화(消化)에 2년, 계 3년간의 금리 등을 참작하여 보면 20억 폭리 운운은 사실이 아니라"는 설명.

6. 유류세 증수(增收)에 관하여

송인상 재무 "실무자 간의 합의에 가능하다고 하여 그 증수를 기대하고 세입에 계상한 것이

---

18) 1960년 2월 10일 민주당 상공위 소속 김원만 의원은 약 1개월 전 상공부가 4,000톤의 탄피를 톤당 17만 환에 대한전선 설경동 씨에게 불하하였는데 대한전선에서 제련하여 톤당 95만 환에 매각하여 제련비(15만 환)을 제외하고 약 20억 환의 순이익을 보았다고 지적했다. 애초 국정감사에서 상공부 장관이 탄피제련을 국영기업인 장항제련에 맡겨 제련수입으로 채무를 청산해 운영에 원할을 기하겠다고 한 증언을 위배했다는 것이다.

이제 와서 상공부에서 불가능 운운이니 곤란한 일일 뿐만 아니라 중간상인의 이득을 그대로 방치한다고 당국에 대한 오해와 비난조차 나오고 있음에 명(銘)하여 물품세법을 개정하기까지의 임시조치로서 KOSCO[19]의 수수료를 인상하여 대충자금 수입이라도 더 들어오도록 하여야겠다"는 의견에

신현확 부흥 "그대로 한다 하여도 KOSCO의 수수료를 올리면 그것에 기초를 둔 중간업자의 수수료도 따라서 올라가게 될 것이니 그 점에 유의하여야 할 것이라"고 의견.

7. 경제개발 3개년 계획안

근본문제를 정하여 부흥위원회에 회부하자는 국방의 의견과 부흥위원회로 하여금 종합적으로 검토케 한 후에 심의하자는 재무, 법무, 농림의 의견 대립이 있었으나 후자의 의견에 따르기로 합의함.

8. 안건심의

(1) 예비비 지출 투표구 증설에 따른 선거비
   일응 지출하기로 하였다가 다시 보류(내무 요청으로).

---

19) 1949년에 설립된 대한석유저장회사(Korean Oil Storage Company)의 약칭이다. 미국의 석유회사인 Standard와 Caltex, 영국의 Sheel, 3개 회사로 구성되어 있었다. 1948년 정부가 수립되자 종전까지 미군정 대행사(P.D.A)에서 취급해 오던 석유배급 사무가 한국 정부로 이양되었는데, 이때 정부는 석유저장사무를 바로 KOSCO에 의뢰하였다. 정부를 대행하여 미8군 유류 보급창과 연락은 물론이고 판매된 석유대금을 징수하여 한국은행 특별계정에 예치해, 대충자금(對充資金)으로 국가 중요 부문에 사용했다.

제20회 국무회의

일시 : 1960년 2월 16일(화)
장소 : 경무대(전반), 중앙청(후반)

1. 조병옥 박사 서거에 관하여

최인규 내무 "전보를 받고서 긴급국무회의를 열고 애도의 뜻을 표하는 일방(一方), 국민의 감
정의 동태를 고려하여 공무원들은 애도의 뜻을 표하도록 하여 국민의 부질없는 오해
를 피하도록 충분히 주의를 환기하였으며, 선거는 1명의 입후보자를 가지고도 투표
를 시켜서 3분의 1 이상의 득표를 하여야 당선될 수 있게 되어 있으므로 투표는 실시
하여야 한다"는 내무의 보고에

이승만 대통령 "정당의 경쟁상대로서 가장 지독자이었으니 작고하였다고 하니 섭섭하며 장의
(葬儀)에 대하여는 유가족의 의견도 있고 말도들 있을 것이나 정부로서는 후히 한다
고 하는 편이 좋겠으며 예절에 있는 대로 하는 것인데 여하한 규정이 있는가?" 하시는
분부와 하문에

최인규 내무 "법은 없고 전례에 의하여 국민장으로 하는 것이 좋겠다"고 의견.

이승만 대통령 "후히 하도록 하라"고 분부.

2. 환율에 관하여

이승만 대통령 "미국대사를 불러서 마지막으로 말을 좀 하여 볼까 생각하였으나 우리가 할 말
을 다 한 것으로 생각되어서 그것을 그만두고 우리가 빚을 못 갚아서 그런 것이니 이

문제를 국민에게 호소하여 우리가 다 같이 진 빚이니 같이 가자고 하여 보려고 생각하고 있으며 과거에 국민들이 대통령이 하는 것이라면 잘 이해하여 주었으니 하여 보면 한다. 그간 재무가 하는 대로 따라서 하였었는데 생각하여 보면 달리하였으면 좋았을 걸 하는 것이 있으니 이것은 이만치 하여 두고 내 자신이 무엇을 좀 써보려고 하는바 돈이 얼마나 들어오면 하는가?" 하시는 하문에 그 말씀을 잘 이해 못 한 장관들은 묵묵부답하자 부득이 일어선 재무가 답변하는 것 역시 좀 이상하였음 즉,

송인상 재무 "금일이라도 650 대 1로 가하다 하시면 IMF에 연락하여 승인을 얻어서 내주에는 실시가 가능하다"는 보고에

이승만 대통령 "IMF와 협의할 필요가 있는가?" 하시는 하문에

송인상 재무 (IMF와의 관계를 설명)

이승만 대통령 "그것은 장차문제이고 내용을 외부에 말할 필요는 없으며 tourist rate는 실시 않는 것이 좋았을 것을 하였다고 지금 후회가 든다"는 말씀에

송인상 재무 "이제 그것을 할 필요가 없다"고 보고.

3. 비료 수입 해제에 관하여

이근직 농림 "유안은 들어와야 할 형편이며 DP비료도 해제하여 달라는 당의 요청이 있으니 다시 대통령 각하께 품청하는 것을 양해하여 달라"는 요청에

최인규 내무 "대통령 각하 재가를 얻은 후에 보고사항으로 처리하라"는 의견이 있었으나 결국은 농림의 제의를 양해하기로 합의함.

제21회 국무회의

일시 : 1960년 2월 19일(금)
장소 : 중앙청 회의실

1. 의안심의

(1) 토목건축공사 계약에 관한 건(내무·재무)

　　원안대로 통과함.

(2) 정부재정확보를 기하기 위한 조세부과징수 강화대책에 관한 건(재무)

　　원안대로 통과함(양해사항으로 접수)

(3) 1960년도 면사 수급 및 시황안정책에 관한 건(상공)

　　원안대로 통과함(양해사항으로 접수)

(4) 한국조폐공사의 자본금 증가 불입에 관한 건(재무)

(5) 시체 해부 및 보존법안(법제)

　　원안대로 통과함.

(6) 국가시책 및 국유문화선전단체에 대한 보조금 교부규정(법제)

　　원안대로 통과함.

(7) 물품세법 시행령 중 개정의 건(법제)

　　원안대로 통과함.

2. 물가동향에 관하여

신현확 부흥 "면사값은 아직도 높으며 곡가가 상승하여 백미(白米) 석(石) 당 23,800환이 되고
있다"고 보고.

이근직 농림 "사실 거기까지 오르지 않고 있다"고 이견.

3. 환율에 관하여

송인상 재무 "650 대 1로 하기로 하고 목하 IMF에 승인을 요청 중이므로 내주 월요일에 시행
할 예정이라"는 보고.

4. 구호물자 방출에 관하여

최인규 내무 "부흥, 농림의 구호양곡을 위시하여 각종 구호물자를 조속히 방출하여 춘궁에 대
비하기로 하고 태풍의연금 잔액 3억 환으로 구호양곡을 구입하여 세궁민에게 배급하
도록 하자"고 제의.

　　전원 이의 없이 전기 제의에 찬동하고 각부에서는 보유 구호물자량을 조사하여 차회
에 보고하기로 함.

제22회 국무회의

일시 : 1960년 2월 23일(화)
장소 : 경무대(전반), 중앙청(후반)

1. 선거준비 진행 상황에 관하여

최인규 내무 "조박 장의(葬儀)가 끝날 때까지 표면상 중지상태에 들어 있으나 내용으로는 착
착 진행 중에 있으며 부통령후보에 치중하고 있다"는 보고.

이승만 대통령 "선거에 풍파와 난동이 없도록 하여 개명한 백성의 명예를 손상치 않도록 국민
에게 잘 일러야 할 것이라"는 분부.

2. 요소과정(尿素過程) 성공에 관하여

구용서 상공 "충주비료공장에서는 작도(昨度) 최초로 요소가 생산되었으나 기계 일부에 녹이
슬어서 다소 착색되어 있었다"고 보고.

3. 철도시설과 관광사업에 관하여

김일환 교통 "탄광의 광부들을 위하여 침대차를 운행케 하고 동해안 철도는 내 26일 기공식을
할 예정이며 하와이 교포들이 오는 4월 27일 출발하여 와서 5월 12일까지 체류할 계
획이라는 총영사의 연락이 있었다"고 보고.

이승만 대통령 "교통시설은 일일이 내가 보려고 하는 것이며 동해안의 기차는 세계에서 제일

속(速)한 것으로 만들도록 하라"는 분부.

4. 체신시설 확충에 관하여

곽의영 체신 "충주전화국 개설에 관하여는 시민이 정부 특히 각하의 후총(厚寵)에 감사하고 있으며 청주우체국 신설, 서울 제8국 개설(3,000대)에 이어 영등포 전화를 시내로 편입하였으며 3월 중순까지는 다시 11개의 우체국의 낙성을 볼 것인바 내 24일에 거행할 영등포 축하식에 각하를 모시기를 지방민들이 원한다"고 보고.

5. DLF 관계자 내한에 관하여

신현확 부흥 "DLF의 필립 씨가 왔으며 그가 앞으로 약 10일간 체류하는 동안에 현재 신입(申入) 중에 있는 11건과 신규 21건에 관한 것을 협의하게 될 것이며 충주발전소 관계도 결말을 짓고 화력발전에 대한 것도 논의하고자 한다"고 보고.

이승만 대통령 "전기는 각종 산업시설에 앞서서 해결되어야 할 문제이며 발전만이 아니라 절전을 할 줄 알아야 하니 국민에게 잘 알려서 전력의 낭비를 방지하도록 하라"는 분부.

6. 노동회관에 관하여

손창환 보사 "7,900만 환 예산으로 완성한 노동회관은 앞으로 서울시에 이관 운영케 할 것이며 인천, 대구, 부산에도 설치하려고 계획하고 있다"고 보고.

이승만 대통령 "남이 살아가고 있는 것을 보고 좋은 줄만 알지 그같이 유지하여 가는 것이 얼마나 어려운 줄을 모르는 것이니 그들을 그 같은 곳에 있어 보게 하면 수일 내에 그것이 더러워지게 되어 비로소 깨닫게 되는 것이며 국가에 좋은 시설이 많이 되고 개인이 깨끗하게 살아갈 수 있게 만들기 전에 거기에 살 사람들을 먼저 가르쳐 놓아야 할 것인바 외국인들이 옛날에 한국에 관하여 쓴 책에 보면 우리 조상이 그리 험하게 하고 산 적이 없으며 또 춘추로 길을 고치고 다리도 놓고 하는 것이었으나 지금 그것도 없고 그대로 방치하여 향토를 더럽게 만들고 있으니 교정되어야 할 것이며 문교부에서는 도서관을 철저히 감독하여 깨끗이 못 하고 있으면 책임직원을 갈아서 잘 하게 만들도록 하라"는 분부.

7. 사방의 날 제정에 관하여

이근직 농림 "식목일을 없애고 대신 3월 15일을 사방의 날로 정하되 금년만은 선거일과 상충
되므로 3월 21일로 하려고 한다"고 보고.

이승만 대통령 "강은 없어지고 개천만 남았으며 이대로 가면 국토가 황폐할 것이니 학교와 경
찰을 동원하여 대대적으로 계획 실시하고 부락마다 감시원을 임명하여 산림을 보호
하도록 하여야 한다"고 분부.

8. 맥작(麥作) 상황과 농림사정

이근직 농림 "각하 집정 이래 흉년이 없고 금년의 맥작도 풍년이라고 하여 농로(農老)들 말에
는 요순시대가 이것이라고 한다"고 보고.

이승만 대통령 "풍년이 들어서 곡가가 떨어질 것을 걱정한다면 굶어 죽어야 옳고 또 굶어 죽을
것이니 명심하도록 일러주기 바란다"고 분부.

9. 헌법위원회 구성에 관하여

홍진기 법무 "법 해석에 있어서나 종래의 예를 보아서 11인으로 구성하는 것이 옳다는 것이
정부, 법원, 국회 자유당의 견해인바 국회 민주당은 자기네 승리를 위하여 9인 구성을
고집하여 결말을 못 보고 있다"고 보고.

이승만 대통령 "있어야 하는 것이면 만드는 사람이 있어야 한다. 그대로 두고 보면 무너져 버
리고 마는 것이라"고 분부.

10. 비구승과 대처승에 관하여

이승만 대통령 "종교의 문제가 아니고 일정(日政)의 압력 밑에 고상(高尙)한 우리 승려를 내쫓

고 사이비한 승려들이 사찰을 점령하였던 것을 국권이 회복된 금일 다시 정상한 것으로 만들라는 것이나 법원에도 이 뜻을 잘 말하여 우리나라 본래의 불교로 돌아가게 하도록 법무와 문교가 노력하라"는 분부.

최재유 문교 "대법원에서도 각하의 큰 뜻을 알고 있으므로 잘 되리라고 생각한다"고 보고.

이승만 대통령 "이 문제는 사리가 분명하니 민주당이니 무엇이니 하지 마라"고 분부.

11. 환율에 관하여

이승만 대통령 "이 환율을 시행하는데 효과를 내라는 것이니 그 점에 유의하도록 하라"고 분부.

12. 대일정책에 관하여

이승만 대통령 "공산당의 선박으로 운반을 하여 우리와 문제를 일으키게 하려고 하므로 우리가 가만히 있으니까 무시하고 있는 듯하니 이럴 때에 준비하였다가 적당한 시기에 한 번 하여 보아야 할 것이며 대사나 사절단에게는 싸울 대로 싸우라고 일러주도록 하라"고 분부.

※ 중앙청회의

1. 안건심의

(1) 다음 안건을 원안대로 통과함.
　① 1960년도 중앙선거위원회 소관 투표구 증가에 따르는 대통령부통령선거비를 일반회계 예비비에서 지출의 건(재무)
　② 귀속재산 공유화에 관한 건(망우리 공동묘지 관계)(국사)
　③ 대한민국 아메리카합중국 사이의 보험소포우편협정 체결에 관한 건(외무·체신)
　④ 전신전화시설 확장사업을 위한 차관협정 일부 개정의 건(외무)
　⑤ 대한민국과 필리핀공화국 사이의 소포우편협정 체결의 건(외무·체신)
　⑥ 유흥음식세법 시행령 중 개정의 건(법제)

⑦ 입장세법 시행령 중 개정의 건(법제)

⑧ 수복지구 교통완화와 디젤엔진 특환보급을 위한 자동차 교통사업 면허 및 증차조치에 관한 건(교통)

(2) 다음 안건은 주무부 요청으로 환송하기로 함.

① □사원(□事院) 직제 중 개정의 건(법제)

(3) 예비비 지출

조 박사 장례비 조로 500만 환을 지출하기로 원칙을 결정하자는 재무의 제의에 전원 이의 없이 합의함.

(4) 공무원연금 송금사무취급비에 관한 건(체신)

예비비 지출을 하기로 하고 실무자로 하여금 소요예산을 검토케 한다는 법무의 제의에 전원 합의. 단 재무 부재.

제23회 국무회의

일시 : 1960년 2월 26일(금)
장소 : 중앙청 회의실

1. 관영, 관허요금 인상 문제

홍진기 법무 "신문 보도가 구구하여 민심에 영향을 주고 물가앙등을 조장할 우려가 있으니 정부의 방침을 천명할 필요가 있다고 보니 우선 인상 여부에 대한 관계부의 의견을 듣도록 하자"는 제의에 대하여 국제우편요금 이외에는 인상을 요한다는 것이 없었으므로 다음과 같이 하기로 의결하고 이를 공표하기로 함.
"철도, 체신, 전기, 수도요금을 인상치 않으며 기타 관영, 관허요금도 원칙적으로 인상하지 않기로 한다."

2. 춘궁기대책 응급구호양곡 배정에 관한 건(보고)

보건사회부 장관의 별도 서면보고를 접수하기로 함.

3. 관공서의 공휴일에 관한 건 중 개정의 건(법제)

원안대로 통과함.

제24회 국무회의

일시 : 1960년 2월 29일(월)
장소 : 중앙청 회의실

1. 충주비료공장 생산에 관하여

구용서 상공 "순조롭게 되어가고 있으며 일산(日產) 60톤의 요소(尿素)를 생산할 수 있다"고
보고.

2. 화력발전에 관하여

상공부 장관의 '10만 킬로와트 화력발전소 설치에 관한 건'에 관한 설명을 들은 후 동안(同
案)을 다음과 같이 수정 통과함.
「『공사비 예상액 2천만 불은』을 『는』으로 고친다」
부흥부 장관에 의하여 보고된 『소형발전기 구입』에 의한 전력 보충책 문제는 전기(前記)
발전소 설치와는 별도로 연구하기로 하였음.

3. 외무관계 보고

최규하 외무(차)
(1) 태국(泰國)과 간의 대사관 설치에 관한 합의를 보고 명 3월 1일에 양측에서 발표하
게 되었다.

(2) 말라야 연방과 간 외교 관계를 가지는 문제는 동국(同國) 외무 당국과 문의를 료
(了)하고 상대국의 국무회의 절차가 끝나는 대로 구체적 교섭에 들어갈 것이다.

(3) 유 대사가 후지야마 외상에게 항의를 제기한 후 오사카(大阪)에서 동(同) 외상이
신문기자와의 회견에서 어부 석방과 쌀 수출입과는 관계없다고 말하였다는 통신
보도가 있어서 목하 알아보고 있는 중이다.

(4) UNCURK의 시찰반(5개반)이 선거를 시찰한다고 한다.

4. 양곡거래소 설립에 관하여

부의 중에 있는 양곡거래소 설치 입안을 조속 통과하여 달라는 농림의 제의에 자금 문제도
있으니 좀 더 연구하는 것이 좋겠다는 재무의 의견이 있어서 이를 보류함.

제25회 국무회의

일시 : 1960년 3월 8일(화)
장소 : 경무대(전반), 중앙청(후반)

1. 선거 정세에 관하여

최인규 내무 "민주당은 생트집을 잡고 국민을 선동하여 격분케 하는 일방, 서울서는 대중을 혼란에 끌어넣으려는 계획으로 나왔었으나 정부로서는 질서 있는 선거를 하기 위하여 관대히 취급하고 있으며 반면 자유당은 종래에 빈약하던 조직을 가지고 강연도 대대적으로 하며 전 공무원의 일치단결된 지지도 받고 있는 형편이므로 자유당의 승리가 거의 확실하다"는 보고.

곽의영 체신 "경북 달성군은 민주당의 본고향 같은 곳인데 열렬한 민주당원이 각하를 지지하고 나오고 있다"는 보고.

이근직 농림 "경남 진주의 야당도 무력하여졌더라"는 보고.

김일환 교통 "4년 전 선거에 비하여 조직적이고 실질적이며 공무원이 단합되고 공무원 부인까지 활동을 하고 시읍면장이 잘 이해하고 있으며 보안법 실시로 허무한 중상이 없어져서 대단히 좋아진 것은 즉 국운이라고 한다"는 보고.

이승만 대통령 "외신기자들은 기삿거리를 찾아다니며 말썽을 만드는 수가 있으니 그것을 방지하는 방법은 그들과 친목을 하는 길이 첩경일 것이 항상 웃는 낯으로 접대하여 두는 것이 좋으며 말썽을 부리려는 사람들에게 말을 하면 점점 어렵게 만들어가기 쉬우니 유의하여 잘 하도록 하라"는 분부.

2. 사방에 관하여

이승만 대통령 "미국인들이 미개발국 원조를 계획하고 있으니 요망이 없느냐고 물어 왔으나 아직 말을 않고 있는바 나로서는 제일 급한 것이 사방이고 또 그에 따른 하천 개수(改修)이니 그런 기회에 좀 도움을 받아서 속히 국토를 보전하여야 할 것으로 생각하니 몇 사람이 모여 앉아서 의논을 하였으면 좋겠다"는 분부에

이근직 농림 "금춘 65,000정보를 실시할 예정이며 8군에서도 협력한다 하기로 420정보의 비료와 종자를 지급하였으며 부락(部落) 채토장은 지정 시행 중이며 산림 보호는 부락 산림계(山林契)에서 하도록 조치하였다"고 보고.

3. 철도부지 관리에 관하여

이승만 대통령 "한계선을 분명히 하고 감시원을 지명하여 수시(隨時) 순행(巡行)케 할 것은 물론 급경사지는 식수(植樹)를 하는 등 보호 작업을 실시하여 장래 중요한 시설에 피해가 없도록 지금부터 유의하여 나가도록 하라"고 분부.

4. 주택건축에 관하여

이승만 대통령 "도시에는 상당히 되었으니 농촌주택 개량도 하도록 하여야겠으며 악취를 완전 제거하는 방법을 하도록 신실한 자를 선정하여 시켜 보도록 하고 앞으로의 건축에는 먼저 '세스풀'[20]을 설치한 후에 건축하도록 감독을 하여 가라"는 분부.

손창환 보사 "주택자금 8억 환 중 5억을 각도에 배정하였으며 잔여 3억으로는 서울시의 한강 →여의도와 을지로6가→왕십리 선의 주택개량을 하도록 한바 각도는 철도 연변 적당한 곳의 주택개량의 시범을 하게 될 것이며 부산, 대구, 광주의 상가주택 희망도 앞으로 고려하여 가려고 한다"는 보고.

이승만 대통령 "서울시내 건축에 대하여는 사전에 허가를 받도록 하여 남설(濫設)을 방지하여야 할 것이며 일단 집이 들어서 놓은 다음에는 처리하기가 어려운 것이니 십분 주의하라"는 분부.

---

20) "세스풀(cesspool)"은 오수를 모으는 지하 구덩이를 의미한다.

5. 체신행정 일반

전화국, 우체국 낙성식 거행상황에 대한 체신부 장관의 보고가 있었음.

6. 교통행정 일반

강릉선 기공식, 군산, 순천역사(驛舍) 낙성식, 인천역사 착공 예정 등에 관한 교통부 장관의 보고가 있었음.

7. 태풍 피해에 대한 외원(外援)에 관하여

신현확 부흥 "소맥 4,000,000불분 중 제1선이 도착하였으며 특별원조자금 5,000,000불이 배정되었고, 8,500,000불 상당의 면화를 요청 중이라"는 보고.

8. DLF에 관하여

신현확 부흥 "DLF 관계자와의 협의에서 충주발전, 교통부 객차(客車) 계획 등 수개 사업에 합의를 보았으므로 앞으로 급속히 추진될 것이라"는 보고.

9. 식량 사정과 비료 사정에 관하여

이근직 농림 "농촌 식량 사정은 극히 양호하여 절량(絶糧) 농가가 별로 없으며 맥작도 근일중 강우만 있으면 잘될 것이며 금비(金肥)도 풍부하여 농민이 정심(定心)하고 있다"고 보고.

10. 지방시찰상황

송인상 재무 "평택 근방에 유휴지가 많고 생산 과잉에 있어서는 안양 포도를 위하여 포도주공장 설치를 연구하려고 하며 퇴계원 근방의 박하(薄荷) 재배를 적극 장려하면 수출을 할 수 있을 것이며 충북의 엽연초 생산도 장래 유망하더라"는 보고.

11. 충주비료공장 생산상황

구용서 상공 "좋은 상품이 나오고 있고 생산도 순조로 올라가고 있으므로 금년 5월에는 예정량을 생산케 될 것이다"고 보고.

※중앙청회의

1. 각부 주요 시책(각부)

기위 작성된 목차대로 종합처리된 것으로 한다고 합의.

2. 모집 또는 소집된 공무원의 신분 조치에 관한 건(국사)

차관회의 수정안대로 하기로 함.

3. 공무원연금기여금 수납사무 취급에 소요되는 경비지출 결의의 건(체신)

제출처의 요청에 의하여 환송하기로 함.

4. 국제연합기념묘지 연락관 규정(법제)

제출처의 요청에 의하여 환송하기로 함.

5. 한국지명 로마자표기법 결정의 건(국방)

제출처의 요청에 의하여 환송하기로 함.

6. 국유재산 처리 강화에 관한 건(재무)

차관회의 의견대로 수정통과함.

7. 일본과 북한 간의 교역상황에 관하여

상공부의 서면보고를 접수함.

8. 임시공휴일 협정에 관한 건(법제)

1960년 3월 15일 대통령 부통령 선거일을 임시공휴일로 한다는 법제실 제안을 가결함.

제26회 국무회의

일시 : 1960년 3월 11일(금)
장소 : 중앙청 회의실

1. 선거에 관하여

최인규 내무 "여수사건21) 범인이 체포되어 목하 조사 중이라"고 보고.

홍진기 법무 "필요에 따라 범인의 기자회견을 시키는 것이 좋겠다"는 의견.

최인규 내무 "좋다고 생각하며 야당에서 백사장 연설, 시민동원 데모 등으로 경찰과의 고의적 충돌을 기도하였으나 목하 그 방지책을 강구 중이며 투표 당일은 매 투표구에서 3~4명의 경찰관밖에 배치되지 않을 것이므로 당일 질서유지가 용이치 않으나 전력을 경주하여 사고방지에 대비하겠으며 과반 이편의 선수(先手)에 들어가 버렸던 선거 포기 (抛棄)설이 야당 내에 재 대두(擡頭)되고 있다"고 보고.

최재유 문교 "학생문제를 조사하여 보면 진상이 신문 보도와 상이되는 것이 대부분이나 선거에 영향을 주고 있는 점을 유감으로 생각한다"는 보고.

이근직 농림 "국회가 개회되었을 때 야당의 퇴장 등을 방지하기 위하여 구파(舊派)를 포섭하고, 개헌 등에 시선을 집중하여 정계 혼란을 피하여 가자는 것을 국회(자유당)에 건의하자"는 의견.

최인규 내무 "당내 사정은 의장선거 등 우리 정부 내의 공기(배수의 진, 진퇴초월)와 닮으니 지

---

21) 1960년 3월 9일 여수 민주당 선거운동원인 김용호가 살해된 사건으로 10일 밤 여수의 유명 깡패 정주찬이 범인으로 체포되었다. 경찰은 범행 동기를 개인적 감정이라 밝혔고, 이후 검찰에서도 수사의 진전을 보지는 못하였다. 피해자 유족 측과 민주당은 사건 발생현장에 경찰 2명이 있었다는 점을 근거로 사건이 조직적인 배후에 의해 일어난 것이 아니냐는 의혹을 제기했다. 자유당의 일련의 부정선거 논란 사건 중 하나이다.

금 하지 않는 것이 좋겠다고 보며 당을 앞서도록 하고 공무원이 제2선 제3선에 서서 나가기로 한 것이 지방에 따라서는 공무원이 제1선에 서게 되어 다소 이상한 공기가 있으니 그 점을 알고 나가야 할 것이라"는 설명.

2. 최창섭 의원 사건[22] 판결에 관하여

홍진기 법무 "금일 2년 징역 3년 자격정지 판결을 받고 법정구속되었다"고 보고.

3. 재일거류민단 중앙회관 건물 매입에 관한 건(외무)

외무부의 서면보고를 이의 없이 접수함.

4. 헌법위원회 위원 임명에 관하여

홍진기 법무 "대법관인 위원이 명일 임명될 것이며 만일 위원장이 이를 소집하여 성원(成員) 이 된다면 내 14일에는 회의를 열을 수 있을 것이라"는 보고.

---

22) 1959년도 제113회 국무회의 중 "최창섭 의원 사건에 관하여"의 주석을 참고할 것.

제27회 국무회의

일시 : 1960년 3월 17일(목)
장소 : 경무대(전반), 중앙청(후반)

1. 선거결과와 우리의 각오

이승만 대통령 "어려운 일에 여러분이 힘을 써주어서 감사히 생각한다. 서로 믿고 힘을 합하여 나가면 어려운 일이 없을 것이며 성공할 수 있을 것이다.

삼국시대에 의리를 지켜나간 관운장은 참 존경할 만한 사람이며 만일 당시에 도원결의가 없었던들 삼국시대의 역사가 이뤄지지 못하였을 것이다. 인생이 이 세상에 사는 것이 긴 것이 아니며 그에게 주어지는 좋은 기회라는 것이 그리 흔한 것이 아니며 무슨 일이 잘 되는 시기와 잘 안 되는 시기가 있는 법이니 예를 들면 구한말이나 일정(日政) 시에는 우리 한인이 하는 일이 잘 안 되는 시기였으며(이상재 선생이 『지금은 한국을 허는 시대이니 한국을 허는 일은 무엇이든 잘되고 그에 반대되는 일은 무슨 일을 하든 실패할 것이라』고 당시 말한 일이 있다) 지금은 우리가 하려고 하면 일이 되는 시기라고 본다.

일이 잘 안되는 때라고 아무것도 않고 있어서는 안 되는 것이며 일이 잘 안 될 것이라는 것을 각오하고 일을 하여 나가면은 그리 멀지 않아서 되는 시기가 오는 법이다. 다행히 지금같이 천시(天時)를 타고 인화(人和)를 얻으면 무엇이고 할 수 있는 것이니 우리가 지금 얻은 이 결과를 소중히 생각하여 이 기회에 힘을 써서 민국 초기에 큰일을 하여 역사에 남기도록 하여야 할 것인 바 이런 말은 대통령을 하려는 욕심이나 몇백만 불의 금전을 탐하는 사람에게는 말하여도 소용이 없을 것이다.

다행히 금반 당선된 이기붕은 옳은 희망은 가지고 있어도 야심은 없는 사람이며 또 그도 힘껏 하겠다고 하니 차제 우리는 무엇인가를 하여야 할 것이다.

안 될 일을 하다 실패하고 나서도 깨닫지 못하고 도리어 마산사건[23] 등의 책임을 자유당에 밀고 있는 등은 '하우불이(下愚不移)'[24]라고 밖에 볼 수 없으며 나라에 불충한 자들 상대할 수 없는 것이니 민주정치를 잘 이해하고 있는 사람들이 한둘이라도 들어서서 이를(정당을 말씀하심) 만들도록 하면 될 것이라고 생각한다.

선거에 들뜬 국민의 마음을 가라앉히려면 무엇인가를 하여 보여줘야 할 것이니 잘 생각하여 보도록 하고 나로서도 글을 하나 써서 내려고 하니 좋은 생각이 있으면 말을 하여 주기 바란다"고 분부.

※ 중앙청회의

1. 민주당 구파의 동향

각부 장관의 보고.

2. 외교 일반

미국 정부의 한일문제, 해양법회의 문제, 선거에 대한 태도에 대한 외무(차)의 설명.

(1) 한일문제 해결촉진 요망.

(2) 해양회의에 있어서의 동조를 요청.

(3) 아이젠하워 대통령, 화이트 씨 담화의 진의는 신문 보도와 상거(相距)가 있다.

---

23) "마산사건"은 '3·15 마산 의거'라고도 칭한다. 3월 15일 부정선거에 대한 항의로 벌어진 시위로 4·19를 촉발하는 계기가 되었다. 1960년 3월 15일 마산시 민주당 간부들이 자유당의 부정선거 현장을 확인하면서, 이에 대한 항의 과정이 민주당 간부와 시민, 학생으로 이루어진 만여 명의 시위로 확산되었다. 경찰의 시위대에 대한 발포로 7명이 사망하고, 870명이 부상 당했다. 이후 이 시위에 참가했던 마산상업고등학교 학생인 김주열의 시신이 4월 11일 마산 앞바다에 떠오르면서 시위는 전국적인 규모로 확산되어, 4·19로 이어지게 된다.

24) '아주 어리석고 무지한 사람은 나아질 수 없다'는 뜻이다.

제28회 국무회의

일시 : 1960년 3월 18일(금)
장소 : 중앙청 회의실

1. 민주당 동향에 관하여

금 3월 18일 국회 본회의에서 정부통령 선거 당선자 공표 시 퇴장 않도록 요청을 받은 민주당 구파 의원의 대부분은 대의 명분상 퇴장을 않을 수 없으니 출석을 않겠다고 한다는 각 장관의 보고.

2. 국무위원 사표 일괄 제출에 관하여

집단행동을 하는 것은 대통령 각하의 금하시는 바이니 우선 구두로 실정을 보고하고 특명(特命)하도록 하기로 함.

3. 임시공휴일 지정에 관하여

이 대통령 각하 탄신일은 전례에 의하여 임시공휴일로 지정하기로 함.

4. 외자도입촉진법 시행령(법제)

차관회의 수정안대로 하기로 함.

5. 세계보건일을 계기로 한 보건주간 설정에 관한 건(보사)

원안대로 하기로 함.

6. 사방의 날 행사 실시에 관한 보고(농림)

농림부의 서면보고를 이의 없이 접수함.

7. 법안폐기에 관하여

다음 법안이 국회에서 폐기되었다는 통지를 받았다는 법제실장의 보고.
(1) 읍 설치에 관한 법률안
(2) 계량(計量)법안 재의(再議) 요청

제29회 국무회의

일시 : 1960년 3월 22일(화)
장소 : 경무대(전반), 중앙청(후반)

1. 사방에 관하여

이승만 대통령 "식목을 하는 것은 국비의 낭비이니 묘목을 기르는 사람들이 곤란하니 그들을
도와주는 것이 아니라면 그것을 하지 말도록 하고 토사의 유실을 방지하는 데 주력하
여 10년이 걸리고 50년이 걸리더라도 좋으니 진실로 하여 가야 할 것이라"고 분부.

이근직 농림 "작일 사방의 날로서 공무원 5,500명과 8군 군인도 참가하여 37정보의 사방을 하
고 남은 것은 지방주민이 하고 있다"고 보고.

2. 대관령목장 건설에 관하여

이근직 농림 "하와이 최씨가 800정보를 대여하여 주면 20만 불을 들여서 500두의 가축을 기
를 수 있는 목장을 만들겠다고 하므로 조사한 결과 적당하다고 인정되어 근일 중에
대부하여 주고자 한다"는 보고.

이승만 대통령 "국재를 대여하는 것이니 조건을 분명히 하여 후일 어려운 일이 없도록 하라"
는 분부.

3. 군원에 관하여

김정렬 국방 "군원에 관하여는 종래 미국이 일방적으로 결정하여 온 것이나 그간 우리 측의 요청과 '드레이퍼' 조사단의 의견에 의하여 상대국이 의견을 듣기로 되어 처음으로 향후 3개년간의 계획안을 제시하고 의견을 물어온바 그 내용은 다음과 같으며 우리 가 희망하던 신무기이니 만치 이 제안을 그대로 받아들인다고 하면 피복 등을 우리가 부담하여야 하며 따라서 국방비 예산이 증가되어야 하는 것이라"고 보고(무기명(武器 名) 생략).

이승만 대통령 "종래 같이 보고만 있으면 공산당이 없어질 줄로만 알고 있던 미국이 이제는 정 신을 차리고 미국만으로 공산당과 싸울 수 없다는 것을 깨닫고 우리를 도우려고 하는 것이니 차제에 우리는 우리 손으로 만들어 가도록(잠수정까지도) 연구하여야 할 것이 라"는 분부.

※ 중앙청회의

1. 마산사건의 조사 진행 상황에 관하여

(조사상황의 중간보고)

2. 해외여론에 관하여

전성천 공보 "27명의 외국 기자가 와 있으니 잘 하여 주어야 하겠으며 한국의 언론자유가 있 다는 것만은 충분히 선전되었다"고 보고.

홍진기 법무 "한국일보 같은 신문이 있고 민주당이 정부를 공격한다는 것은 민주주의가 건재 하고 있다는 외인의 평도 있다"고 보고.

이상 논의 후

외국 기자의 접대안을 공보가 수립 제의하기로 하고 관계 각부에서는 UNCURK에서 물어왔 을 때 대답할 것을 미리 준비하여 놓기로 합의함.

3. 마산사건

손창환 보사 "적십자사 경남지부로 하여금 시료차(施療車)를 보내어 부상자 치료에 당하게 하고 사망자에게는 금 10만 환과 광목 1족씩, 부상자에게는 금 5,000환과 모포 2매씩을 주기로 하고 세궁민(細窮民)을 포함한 구호양곡도 방출하기로 계획을 하고 있다"는 보고.

4. 학생문제에 관하여

최재유 문교 "학생의 동태는 민주당만의 조작이라고 보기에는 너무나 조직적이고 광범위하니 각별한 주의가 필요하다고 본다"는 보고.

제31회 국무회의

일시 : 1960년 3월 29일(화)
장소 : 경무대(전반), 중앙청(후반)

1. 사방공사에 관하여

이근직 농림 "미 토양협회 한국지부가 주최하여 USOM 직원과 그 가족이 사방공사를 하여 주었으며 일반 사방에 있어서는 현재 38,625정(町)(계획면적의 52%)까지 진척(進陟)되고 내 4월 15일경에 금년도 계획을 완성할 것이라"는 보고.

송인상 재무 "국유임야를 은행, 대학 등에 대여 또는 불하하여 조림하도록 하는 것이 좋겠다"는 의견.

이승만 대통령 "필요한 일이라고 생각하며 임야를 분할하여 책임자를 정하여 조직적으로 관리하여야 할 것이라"고 분부.

2. 체신청사 준공에 관하여

곽의영 체신 "우체국과 전화국 계 5개소를 3월 중에 완성하였으며 지방주민이 정부의 후의에 감사하고 있다"고 보고.

3. 미가에 관하여

이근직 농림 "세궁민에 대한 배급의 영향도 있어서 작금 수삼일 미가가 하락하고 있다"는 보고.

4. 관광에 관하여

김일환 교통 "하와이 교포관광단이 4월 29일에 와서 5월 12일에 간다는 연락을 받고 관계부와 의논하여 준비를 진행 중에 있으며 작년에 우연히 부산에 기항(寄港)하였던 호수의 화객(貨客)선이 앞으로는 정기로 매월 1회씩 방한하기로 되었으며 반도호텔 실료(室料) 인하를 고려 중(윤허하시면 실시)이며 오스트리아에 가서 훈련을 받은 직원을 온양에도 배치할 예정이며 김포공항에 관하여는 계속하여 미 공군 측과 절충 중이라"는 보고.

이승만 대통령 "잘들 하고 있으며 마음이 맞으면 무슨 일이든 성공할 수 있는 것이라고 생각한다"는 말씀(반도 실료 인하 윤허 여부는 불분명).

5. 화력발전소 설치에 관하여

구용서 상공 "금년 동기전력을 위하여 긴급대책을 요하는 외에 우선 10만 kw의 화력발전소 설치가 필요한 바 소요경비 약 2천만 불 중 5백만 불은 우선 정부불 중에서 사용하고 여타는 외화를 차입하여서 하도록 하면 좋겠다"는 의견에

송인상 재무 "우선 정부불 5백만 불 사용을 윤허하시면 여러 외국상사와 교섭하여 가장 유리한 회사와 계약을 체결하도록 하려고 한다"는 보충설명하고 금년 내에 외화 2천1백만 불 이상을 벌 자신이 있다고 보고.

이승만 대통령 "좋은 기회를 포착하여 착수하면 반값으로 할 수도 있는 것이니 실기하지 말도록 하여야 할 것이며 내가 항상 돈을 쓰지 말라고 하였으나 이런 일에는 좀 써서라도 하여야 할 것이라"고 정부불 사용을 구두로 윤허하심.

6. 관기숙정(官紀肅正)에 관하여

이승만 대통령 "부패의 제거에 특히 주력하여야 할 것인바 국무원 내에도 그런 일(부패)이 있다고 하니 심상히 생각지 말고 항상 반성자계하여야 할 것이며 옛날 성현도 「오일삼성오신(吾日三省吾身)」[25]이라 하였으니 명심하기 바란다"고 분부.

---

25) 『論語』 「學而」 편에 나오는 증자(曾子)의 말로, "나는 날마다 나 자신에 대해 세 가지를 반성한다."는 뜻이다.

7. 건축에 관하여

이승만 대통령 "건축의 진행 상황 여하" 하시는 하문에

손창환 보사 "배정받은 8억 환 중 5억을 지방에 배정하고 3억을 서울시에 배정하였으며 지방에서는 철도변과 주요지구에 모범주택을 건설케 하고 서울은 한강─여의도 간의 주택개량에 충용(充用)하고자 한다"는 보고.

8. 국방비 예산특별조치에 관하여

김정렬 국방 "미국에서 신무기를 주는 대신 식료품과 피복을 우리가 자급할 것을 요망하고 있는바 그에 소요되는 경비를 지변(支辨)함에는 약 300억의 예산이 더 필요하게 되나 재무부로서는 곤란하다고 하여 합의를 못 보고 있으니 각하의 결정이 요청된다"는 보고.

송인상 재무 "세율 인상 없는 증수는 불가능하며 타 계획예산의 삭감으로 3백억을 염출한다는 것도 거의 불가능한 실정이므로 양부 의견이 대립 중인 바 재무부로서는 100억까지는 가능하다고 생각하고 있다"고 보고.

이승만 대통령 "다같이 나라를 위하는 생각이라고 보아 고맙게 생각하나 하여야 할 일은 공채를 발행하여서라도 기회를 잃지 말도록 하여야 할 것인즉 잘 의논을 하여 보도록 하라"는 분부하시고 첨가하여 "빚을 지지 말라는 것이 나의 주장하는 바이나 빚을 얻어서라도 몇 배의 이익이 있겠으면 빚을 내서 하도록 하여야 할 것이라"는 유시(諭示)를 하심.

※ 중앙청회의

1. 정계동향에 관하여

홍진기 법무[26] "의장이 되면 현 이(李) 의장이 가진 권한이 그대로 자기에게 올 것이라는 것으

---

26) 시대공론사본 『제1공화국 국무회의록』에는 "홍진기 법무"로 적혀 있으나, 이때 홍진기는 내무부 장관으로 임명된 후였고, 당시 법무부 장관 대행은 신언한(申彦瀚, 1910~1998)이었다.

로 착각하고 있다는 것을 각자가 각성하기 전에는 문제가 지식(止息)되지 않을 것이라"는 견해를 보고.

이근직 농림 "고위층의 엄명 없이 이대로 가면 혼란이 일어날 것이니 대책이 필요하다"고 의견.

곽의영 체신 "당이 정신을 못 차리고 있으니 정부에서 의장님께 말씀드려서 조속한 시일 내에 완결 지우도록 하여야 할 것이라"는 의견.

2. IPI 입국에 관하여

전성천 공보 "신문관계자의 초청으로 오겠다고 하는 IPI 관계자의 입국에 대한 외무부 의견조회(意見照會)에 대하여 공보행정에는 지장이 없다는 취지로 회답하였다"는 보고.

최규하 외무(차) "visa 발급문제가 아니고 지금 그들이 입국하여 좋은 시기인가가 문제라고 본다"는 외무의 설명.

3. 안건심의

(1) 양곡거래소 설립에 관한 건(농림)
   수정통과함.

(2) 정부와의 개발 계약에 삽입되는 조세감면조항 사전합의에 관한 건(재무)
   수정통과함.

(3) 대한민국 정부와 국제연합교육과학문화기구[27] 사이의 한국농림지도자훈련원 운영권 이양에 관한 협정체결에 관한 건(외무)
   원안대로 통과함.

(4) 행정실무수습을 위한 행정대학생의 행정 각 부처 및 중요기업체 배치에 대한 일(문교)
   원안대로 통과함.

(5) 공무원연금 기금운용에 관한 건(재무)
   원안대로 통과함.

---

27) UNESCO를 가리킨다.

제32회 국무회의

일시 : 1960년 4월 1일(금)

장소 : 중앙청 회의실

1. 정계동향에 관하여

이근직 농림 "민주당 구파는 신파와 완전히 갈라섰으며 기(旣)히 결정된 것이니 시비할 필요
　　　　가 없을 뿐만 아니라 이 의장이 부통령이 되어도 잘하여 갈 것이라는 생각으로 자유
　　　　당에 협조적으로 나가려고 하고 있으나 당에서 하등 말이 없으니 대표를 불러서 상의
　　　　(商議)를 하도록 조절을 하여달라는 구파 의원의 요청이 있었다"고 보고.

홍진기 내무 "12명의 의장님께 오해가 없도록 하기 위하여 보고도 하고 해명도 하기로 하며 2,
　　　　3일간은 관망하기로 하지만 당초의 원칙은 변경하지 않고 있는바 의장님으로서는 강
　　　　경한 태도를 견지하고 있으며 대통령 각하께서도 3부 의장(三副議長)을 불러서 유시
　　　　(諭示)하신 바 있어서[28] 앞으로 잘 나갈 것으로 생각한다"고 보고.

2. 참의원 선거에 관하여

홍진기 내무 "금반 대통령 각하께서 3부 의장과 내무장관을 불러서 당내 수습에 관한 유시(諭

---

28) 3·15 부정선거 문제, 그리고 이어진 마산사건에 대해서는 자유당 내부에서도 비판이 일었다. 자유당 중
　견 의원들 주도로 행정부가 정부통령 선거에 무리한 방법을 사용했다는 비판과 함께 그에 대한 '인책·숙
　정운동'이 시작되면서, 자유당은 내홍에 휩싸였다. 이에 자유당 총재 자격으로 이승만 대통령은 4월 1일
　상오(上午) 이재학·임철호·한희석 등 자유당 3부 의장(三副議長)을 경무대로 초청해 "당내가 대단히 소
　란한 것 같으니 조속히 수습하라"는 지시를 내리는 동시에 "감투싸움이라는 인상을 주는 당내 소란은 국
　내외를 막론하고 부끄러운 일이라"는 언명과 함께 "참의원을 조속히 구성할 것"을 강조한 바 있었다.

示)를 하시고 이어 참의원 선거를 조속한 시일에 완료할 것을 지시하셨다"고 보고.

3. 물가동향에 관하여

신현확 부흥 "철기와 화공약품 일부가 다소 앙등하였으나 이것은 대일통상 재개로 해결될 문제이고 국내에서 형성되는 곡가와 우육 등의 가격이 문제라"고 보고.

구용서[29] 상공 "철기에 대하여는 대한중공의 관수를 민수로 돌리고 톤당 17만 환 이내로 실수요자에 주도록 조치하였다"고 보고.

이근직 농림 "곡가가 다소 상승한 일이 있었으나 최근 물가의 앙등이 미가의 소치만이 아니라"고 설명.

송인상 재무 "1일에 곡가가 88.4%(작년 7월~12월 평균을 100%로 하여)이던 것이 3월 25일에는 118%가 되었으며 곡가 이외의 물가가 1월에 108.9%이던 것이 3월 25일에는 107%로 하락하였음에 불구하고 총지수가 1월 105.7%에서 3월 25일 110.6%로 된 것은 곡가 앙등이 관계된 것이라고 보며 통화증가를 방지하기 위하여 140억을 무르는 조치를 함과 동시에 시급한 것 이외의 예산집행의 보류, 융자의 제한 엄수, 매각 귀재(歸財)와 국유재산대금수납촉진, 체납세금 강력징수 등 대책을 강구 중이므로 관계 외부(外部)의 협력을 요망한다"고 설명 겸 요청.

4. 안건심의

(1) 재정법 제55조 단서 시행에 관한 건 중 개정의 건(법제)
  원안대로 통과함.
(2) 국회에서 폐기 통고된 법률안 49건 처리에 관한 건(법제)
  원안대로 통과함.
(3) 일광절약시간 실시에 관한 공고의 건(국사)
  원안대로 통과함.

---

29) 시대공론사본 『제1공화국 국무회의록』에는 "김영찬"으로 되어 있으나, 당시 상공부 장관은 구용서이므로 바로잡는다.

(4) 통일 제정한 표준지명 사용을 위한 조치의 건(국방)

　　다음과 같이 수정통과.

　　「'국방부고시'를 '국무원고시'로 한다」

제33회 국무회의

일시 : 1960년 4월 4일(월)
장소 : 경무대(전반), 중앙청(후반)

1. 자유당 내정(內情)에 관하여

홍진기 내무 "각하의 3부 의장(三副議長)에 대한 분부로 일단 가라앉았으며 당분간은 별말이 없을 것으로 생각한다"는 보고.

이승만 대통령 "정부가 마치 잘못이 있는데 대통령이 이를 무마하여 말없이만 한 것으로 외부에서 오해하여서는 안 될 것이므로 무엇이 좀 있어야 하지 않을까 생각한다"고 분부.

2. 민정(民情)에 관하여

이승만 대통령 "국민이 지내는 형편 여하?" 하시는 하문에

손창환 보사 "응급구호양곡의 방출과 대여양곡으로 굶는 사람은 없다"고 보고.

3. 세제 정책에 관하여

송인상 재무 "외국 전문가의 협력을 얻어서 종합적인 조사를 진행 중이며 금년 내로는 검토를 완료할 예정이라"고 보고.

4. 육군의 조직개편에 관하여

김정렬 국방 "교육총감부의 업무를 제2군에 통합(統合)하는 안을 세우고 있으며 5월 중순경에는 실시에 옮기게 될 것이라"고 보고.

5. 조선공사 운영에 관하여

이승만 대통령 "실정이 말이 못 된다고 하니 개선책을 연구하도록 하라"는 분부.

김영찬 상공 "우리 감시선을 많이 만들었으며 앞으로 미국 선박의 수리도 할 수 있게 할 것을 USOM에서 고려 중이나 부채(50억)가 있어서 걱정이라"고 보고.

김일환 교통 "우리 선박을 타국에 갖다가 고치는 것을 금하고 기계시설을 활용하여 무엇을 제조하도록 정부 각 기관에서 협력하여 가야 할 것"이라는 의견.

홍진기 내무 "외국자본을 도입하고 외국인과 같이 경영을 하여 나가는 등 근본문제를 연구하여야 하는바 기위 외국인에게 대여한 대만의 조선공장에서는 우리만 못한 시설로 40,000톤짜리 oil tanker를 조립하였다"고 보고.

송인상 재무 "50억을 자본금에 주입(注入)케 하여 금리의 손해를 없게 하고 외국자본을 도입하는 일방, 국내 선박 수리 건조를 이에 맡겨 주어야 할 것으로 생각한다"고 의견.

이승만 대통령 "재무가 맡아서 하여 보도록 하라. 다만 외국인과 같이 하는데도 채무(債務)는 정리되어야 할 것이 아닌가 하며 앞으로는 산일을 하여 보도록 노력하도록 하라"고 분부. (부채를 진 것이 누구인가? 하시는 하문에 이철원 씨라고 보고한 재무는 낭비하여 버린 것이 아니라 투자한 것이므로 시설로서 남아 있다고 설명함.)

6. 물가대책

이승만 대통령 "물가가 올라가지 않도록 대책을 강구하라"는 분부.

7. 5개 항목에 관하여

이승만 대통령 "여하히 조치 중인가?" 하시는 하문에

홍진기 내무 "당과도 의논하여 성안(成案)이 되었으므로 명일부터라도 실시하여 갈 것이며 수시보고하도록 하겠다"고 보고.

8. 사방공사에 관하여

이승만 대통령 "여하히 진행되고 있는가?" 하시는 하문에

이근직 농림 "약 70% 진행되고 있으며 근일 중 목표면적을 완료하겠다"는 보고.

※ 중앙청회의

1. 법령부서(法令副署)에 관하여

민사소송법 공포의 부서(副署)는 법무부 장관이 할 것이나 목하 결원 중이므로 수석국무위원이 하도록 조치하려고 하니 양해하여 주기 바란다는 법제실장 제의에 전원 이의 없이 양해하기로 합의함.

2. 물가동향에 관하여

별도 서면보고에 대한 부흥부 장관의 설명이 있었음.

3. 공무원 신규채용에 관하여

(1) 대학생들의 안정과 정실인사의 폐(弊)를 시정하기 위하여 공무원의 신규채용은 필히 공개경쟁시험을 실시하자(자유당 측과도 합의)는 재무장관의 제안을 심(審)하여 다음과 같은 원칙을 의결하였음.

「공무원의 질적 향상을 기하기 위하여 정부나 지방자치단체의 공무원의 신규채용은 일절 공개경쟁시험에 의하여 선발한다.

전기(前記)의 시험은 대학졸업자와 고등학교 졸업자로 구별 실시하되 금년도 제1차 시험은 5월 20일 이내에 국무원 사무국 주관으로 시행하기로 한다.

정부와 지방자치단체의 신규채용은 전기(前記) 합격자가 나올 때까지 일절 이를 중지한다.」

제34회 국무회의(임시)

일시 : 1960년 4월 5일(화)
장소 : 중앙청 회의실

1. 미가 동향에 관하여

이근직 농림 "미가가 작일 다시 120환 하락하여 13,790환이 되었다"는 보고.

2. IPI 관계자 경무대 예방에 관하여

전성천 공보 "경무대와 시간약속 없이 일정에 올려놓은 관계로 전원이 준비하였다가 못 들어
가고 말았다"고 보고.

3. 통상재개에 관하여

김영찬 상공 "대일통상 재개에 관하여 각하께서 힐책을 받은바 너무 대대적으로 통상재개가
보도된 것과 일부 신문에 외교와 관련이 있는 것 같이 보도된 것 등으로 정신을 못 차
린다고 꾸중을 하신 것으로 보며 재가 없이 전행(專行)하였다는 점에 또 주의를 받았
다"고 보고.30)

---

30) 대일통상은 1959년 6월 15일 이후 중단되었다. 일본의 재일교포 북송 등에 대한 보복 조치로 단행되었던
것이다. 이후, 유태하 주일대표부 공사가 1960년 3월 23일 귀국하여 정부 당국자와의 물밑 협의를 거치면
서 통상재개를 위한 움직임이 본격화되었고, 대일통상 재개는 4월 3일에 언론 등을 통해 공포되었다.

홍진기 내무 "당시 신문에 대대적으로 나지 않게 하기 위하여 사무적으로 조치하는 것으로 표시되도록 하고 주무장관이 이 점을 적절히 하기로 한 것인데 신문에 그 같이 대대적으로 보도되었다는 것은 신문의 책임이 아니라 관계 당국자의 책임이라고 보아야 할 것이며 각하께서 말씀하시는 것은 재가 없이 하였다는 말씀은 아니었으리라고 생각된다"고 의견.

4. 외원(外援)의 효율적인 운용 요강

부흥부 장관의 제안설명에 이어 계획사업의 조속한 완성을 기하도록 하자는 농림, 보사의 의견이 있은 후 차관회의에 회부하여 내용을 정리케 한 후 재의(再議)하자는 홍진기 내무장관의 제의를 전원 이의 없이 가결함.

5. 국민소비절약 대책수립에 관하여

국민소비를 그대로 두고 우리 경제를 유지 성장시켜 간다는 것은 불가능한 현실이니 민심계발과 동시에 과세 등의 방법으로 국민소비를 절제할 필요가 있는바 그 방법에 관한 구체안을 작성키 위하여 보건사회부 차관을 소집 책임자로 하고 경제4부 차관과 문교부 차관을 위원으로 하는 소위원회를 조직하기로 하고 동(同) 위원회로 하여금 3주일 이내에 구체안을 성안(成案) 제출케 하자는 재무부 장관의 제의를 이의 없이 가결함.

6. 경제실태에 관한 참고자료 제출에 관하여

부흥부가 경제 각부와 연락하여 매월 제2회 국무회의 시에 전월의 경제실태와 당월의 경제전망을 서면으로 보고하기로 하자는 내무장관의 제의에 전원이 찬동 가결함.

7. 안건심의

(1) 비위공무원 신분 취급에 관한 건(국사)

다음과 같이 수정통과함.

「제1항 중『그 직을 자진사퇴케 할 것이나 본인이 불응시에는 면직의 징계처분 절차를』
을『정상에 따라 그 직을 자진사퇴케 하거나 징계절차를』로 하고 제5항 중『손상함이
심히 클 것이므로』를『심히 손상케 하였을 때에는』으로 각각 고친다.」

(2) 조세사범의 방지와 그 단속방안에 관한 건(재무)

제출처의 요청에 의하여 환송하기로 함.

(3) 밀수방지의 근본대책(재무)

제출처의 요청에 의하여 환송하기로 함.

(4) 관기숙정(官紀肅正) 탈세 및 밀수방지와 그 단속방안에 관한 건(법무 · 재무)

다음과 같이 수정통과함.

「1의 (1) 4로 다음 각항을 첨가함.

① 징계 면직(免職)처분을 당한 자는 2년이 경과한 경우에도 원칙적으로 채용하지 아니
한다.

② 무능한 공무원의 제거책을 강구한다.

③ 엽관(獵官)운동을 하고 직무에 위배한 사실의 적발(摘發)을 강화한다.」

제35회 국무회의

일시 : 1960년 4월 8일(금)
장소 : 중앙청 회의실

1. 우편법 시행기일에 관한 건(법제)

원안대로 통과함.

2. 우편물운송법 시행기일에 관한 건(법제)

원안대로 통과함.

3. 우편물운송규칙(법제)

원안대로 통과함.

4. 예산편성기준에 관하여

송인상 재무 "소비적 경비 절약, 경제개발계획 등의 첨작(添酌)을 내용으로 하는 예산편성 기준을 각부에 통지할 것이니 그 선에 따라 예산을 요구하여 주기 바란다"는 보고 겸 요청.

5. 환율 변경에 따르는 예산문제에 관하여

송인상 재무 "세입 결함은 약 13억 정도로 추산하므로 그 때문에 예산변경이 필요하다고 생각지 않으나 지출에 있어서는 부족이 생하는 곳이 있을 것이므로 세게(歲計)잉여금 56억 환을 한은 차입금(28억) 상환과 국고채무부담행위에 의한 채무정리에 충당하는 것과 아울러 9월에 추경예산을 통과시킬 것인즉 650 대 1로 계산되는 대로 집행을 하여도 무방하다"는 약속.

6. 폐기된 법안 재제출 절차에 관하여

강명옥 법제 "재제출에 있어서는 대통령 각하 재가를 다시 얻지 아니하기로 한나"는 제의에 전원 찬동으로 가결함.

7. 국민소비절약대책위원회 위원 추가에 관하여

보사부 장관의 제의대로 내무부 차관을 위원에 추가하기로 함.

8. 지방선거 일자에 관하여

홍진기 내무 "서울은 7월 24일부터 8월 12일까지 사이, 기타 지방은 7월 15일부터 8월 7일까지 사이에 하면 된다"는 보고.

9. 귀속재산 국유화에 관한 특별분부 사항에 관하여

송인상 재무 "국유화한 귀속재산을 목적 외에 사용하거나 또는 처분하여서는 안 된다는 분부가 있었으므로 그 뜻을 통지하겠으니 준수하여 주기를 바란다"는 요청.

10. 경비절약에 관한 특별분부사항에 관하여

송인상 재무 "심계원 직제를 부결하시면서 전시에 있는 우리 재정은 가일층 출비를 절약하라는 분부가 있으셨으므로 이를 전달한다"는 보고.

제36회 국무회의

일시 : 1960년 4월 12일(화)
장소 : 경무대(전반), 중앙청(후반)

1. 세계보건일 행사에 관하여

손창환 보사 "파리, 모기의 구제(驅除)를 위시한 국민방역 계발에 주력하겠다"는 보고.

2. 사방공사 진행 상황

이근직 농림 "사방이 92%까지 진척되고 있다"는 보고.

3. 해외교포관광단 내도(來到)에 관하여

김일환 교통 "하와이 교포 55명이 4월 29일 오 총영사에게 인솔되어 내도할 예정이라고 듣고
있으므로 관계처에서는 그에 필요한 준비를 하고 있다"는 보고.

4. 투우에 관하여

김일환 교통 "외국인 관광단이 진주에 가서 투우 구경을 하였다"는 보고에
이승만 대통령 "야만적이라고 외국인들의 오해가 있기 쉬우니 앞으로는 중지하는 것이 좋을

것"이라는 분부.

5. 체신행정의 성장에 관하여

곽의영 체신 "체신업무는 10년 전의 85%가 확대되었는데 직원보충을 못 하고 임시직원으로 하여 가게 하고 있어서 지장이 불소(不少)하여 근일 중으로 직제를 개정하려고 계획 중이라"고 보고.

6. 시국안정에 관하여

이승만 대통령 "정부가 잘못하는 것인지 민간에서 잘못하는 것인지 몰라도 아직도 그대로 싸우고 있으니 본래 선거가 잘못된 것인가" 하시는 하문.

홍진기 내무 (마산사건의 진상과 경찰의 대비조치를 보고하고) "사건의 배후는 다음과 같이 추측하고 있다"고 보고.

(1) 민주당이 타지방의 데모는 선동하고 있으나 금반 마산사건의 직접 배후라는 확증을 잡지 못하고 있으며

(2) 6·25사변 당시 좌익분자가 노출 소탕되지 않은 지역이니만큼 공산계열의 책동 가능성이 많다고 보며 따라서 군경검의 합동수사반을 파견하여 두려고 한다.

이승만 대통령 "학생들을 동원하였다고 하는데 사실 여하?" 하시는 하문.

김정렬 국방 "학생들이 주동하고 있는 것은 아니라"고 보고.

최재유 문교 "배후에 공산당이 있어서 조종하고 있는 것이 아닌가 하며 학교에서 이 같은 일을 단속하는 조례를 만들도록 추진 중"이라는 보고.

이승만 대통령 "그것은 누가 하는 운동인가?" 하시는 하문에

홍진기 내무 "민주당 신파가 극한투쟁이니 하며 하고 있는 일이라"는 보고.

이승만 대통령 "그것이 정당 싸움이라고 할 수 있는가?" 하시는 하문에

홍진기 내무 "소요가 거기에 있다고 본다"는 견해.

이승만 대통령 "이번 선거 때문에 그런 일이 생겼다, 즉 선거가 없었으면 일이 잘 되어 갔으리라고 생각할 수가 있을 것인가?" 하시는 하문에

김정렬 국방 "민주당의 격렬분자의 작란(作亂)이지만 민주주의 발전 과정에 있는 우리나라 실

정으로는 완전한 fair play를 기대하기 어렵다"는 의견.

이승만 대통령 "나로서 말하기 부끄러운 말이지만 우리 국민은 아직 민주주의를 하여 나가기까지 한참 더 있어야 할 것이며 정당을 하여 갈 자격이 없다고 보며 정당을 내버리고 새로 □□□□ 본다는 것도 생각을 할 수 있는 일이지만 무슨 생명이 좀 보여야지 그렇지 않으면 그리하여 보아도 마찬가지가 될 것이며 어린아이들을 죽여서 물에 던져 놓고 정당을 말하고 있을 수 없는 것이니 만큼 무슨 방법이 있어야 할 것인바 이승만이 대통령을 내놓고 다시 자리를 마련하는 이외는 도리가 없다고 보는데 혹시 선거가 잘못되었다고 들은 일이 없는가?" 하시는 하문.

김정렬 국방 "우리 형편은 안정 요소가 불안정 요소보다 많은 만치 과히 염려하실 것은 없다고 보며 정부가 너무 유화책을 써온 것이 이같이 된 이유의 하나이기도 하나 이제는 홍·내무가 지혜롭게 처리하여 가고 있으니 잘될 것"이라는 의견.

곽의영 체신 "국회를 열어놓고 자유당이 손들어서 하나씩 처리하여 가면 되고 민주당의 데모도 이젠 문제가 안 되며 다만 공산당의 책동을 막는 방책이 필요하다"는 의견.

송인상 재무 "정부로서도 이 이상 더 후퇴할 수 없으니 대책을 강구하여 가야 할 것"이라는 의견.

이승만 대통령 "가기이방(可欺以方)[31]한 일이 있어야 하지, 지금 말들 하는 것을 들어서는 안정책이 못 된다고 보며 이 대통령을 싫다고 한다면 여하히 할 것인가를 생각할 필요가 있는데 나로서는 지금 긴급히 또 좋다고 생각하는 것은 내가 사면(辭免)하는 것이라고 생각한다"고 말씀하시고 "잘 연구하여 보라"고 분부.

※ 중앙청회의

1. 5급 국가공무원 및 4급 지방공무원과 이에 준하는 직무를 담당할 임시적 공무원의 임용요령 (국사 안건 제73호)

제출처의 요청에 의하여 환송하기로 함.

---

31) 『孟子』「萬章上」의 "군자에 대해 이치에 맞는 방법으로 속일 수는 있지만, 도리에 맞지 않는 것으로 속일 수는 없다(君子可欺以其方, 難罔以非其道)"는 말에서 유래한 말이다. 즉, '이치에는 맞는 그럴듯한 방법으로 속인다'는 뜻이다. 이승만 대통령은 지금 내각 각료들이 내놓은 대책이 자신이 속아 넘어갈 정도의 그럴듯함도 없다는 맥락에서 이런 말을 던진 듯하다.

2. 5급 국가공무원 및 4급 지방공무원과 이에 준하는 직무를 담당할 임시적 공무원의 임용요령
   (국사 안건 제118호)

수정통과함.

제37회 국무회의

일시 : 1960년 4월 15일(금)
장소 : 중앙청 회의실

1. 치안 상황

홍진기 내무 "마산은 아직 잠잠하고 전국적으로도 별일은 없으나 금일과 내 17일에 또 데모를
할 기세가 있다는 정보를 받고 경계 중이라"는 보고.

2. 민주당의 동향에 관하여

이근직 농림 "중앙위원회에 구파가 승리하도록 협력하여 줄 것을 구파 대표들이 말하여 오고
있다"는 보고.

3. 아이젠하워 대통령 내한에 관하여

현재까지 상호연락 중에 있는 사항에 관한 외무(차)의 보고.

4. 문교부 장관 담화발표에 관하여

학도들에 대한 훈시 담화를 발표하겠다는 문교의 보고.

5. 해양회의에 관하여

그간의 경위와 전망에 관한 외무(차)의 보고.

6. 경제 동향에 관하여

그간 3개월간의 경제 동향에 대한 조사 결과에 관한 부흥의 보고.

7. 안건심의

(1) 경제개발 3개년 계획안 심의에 관한 건(부흥)

　　수정통과함(수정내용은 별책과 같음).

(2) 우편규칙(법제)

　　수정통과함(수정내용은 별지와 같음).

(3) 외국우편규칙(법제)

　　원안대로 통과함.

(4) 외원의 효율적인 운용 요강(부흥)

　　수정통과함(수정내용은 별지 수정 개소(個所) 참조).

(5) 공약실천방안(부흥)

　　제출처의 요청에 의하여 환송하기로 함.

찾아보기

(ㄹ)

(ㅇ)

(ㅊ)

(I)

ICA Regulation No. 1   305, 307

ICA 계획   69, 143, 168, 441

ICA 규정   90, 95, 206, 236, 262, 315, 324

ICA 물자   251, 373

ICA 원조규정   491

ICA 원조물자   248

ICA 원조사업   158

ICA 원조자금   491

ICA 자금   46, 48, 67, 86, 229, 315

ICA(International Cooperation Administration)   31, 86, 111, 112, 137, 185, 207, 217, 233, 234, 236, 240, 251, 270, 276, 282, 305, 373, 393, 467

ICA/W   90, 95, 300, 369, 420

ICAO(International Civil Aviation Organization)   221, 253

ICA불(弗)   58, 66, 338, 477

ICRC(International Committee of the Red Cross)   241, 262, 296, 333, 390

IMF(International Monetary Fund)   330, 405, 406, 494, 496

IPI(International Press Institute)   430, 522, 529

(K)

KFX(정부보유불)   436

KNA(Korean National Airlines)   277, 293, 350

Korean Republic   45, 112, 123, 125, 131, 351

KOSCO(Korean Oil Storage Company)   492

(L)

L/C(Letter of Credit)   86, 99, 105

(M)

market rate   205

MPC(Military Payment Certificate)   425

MSA(Mutual Security Act)계획   155

(N)

NEATO(Northeast Asia Treaty Organization)   331

(O)

OEC(Office of Economic Coordinator)   68, 77, 143, 164, 217, 260, 284, 300, 488

oil tanker   527

(P)

PL480   26, 182, 393, 404, 477

(S)

sales man   212, 435

SEATO(Southeast Asia Treaty Organization)
    330, 331

(T)

T/C(Technical Cooperation)   300, 357, 374

tourist rate   494

(U)

UN 한국통일재건위원단   479

UN(United Nations)   20, 85, 96, 122, 255,
    258, 397, 405, 414, 479

UN(기념)묘지   125, 424

UNC(United Nations Command)   90, 95,
    163, 217, 252, 392

UNCURK(United Nations Commission for
    the Unification and Rehabilitation of
    Korea)   219, 220, 479, 504, 517

UNESCO(United Nations Educational, Scientific
    and Cultural Organization)   335,
    522

UNICEF(United Nations Children's Fund)
    369, 379, 396, 411, 424

UNKRA(United Nations Korean Reconstruction
    Agency)   22, 64, 164, 468

UNTAB(United Nations Technical Assistance
    Board)   164

UN군   45, 105, 124, 139, 141, 158, 183,
    221, 359, 376, 395, 459, 462, 472

UN군용 불(弗)   472

UN군인 수렵 면장(免狀)   459

urea   423

USIS(United States Information Service)
    20

USOM(United States Operations Mission to
    Korea)   300, 350, 356, 357, 371,
    375, 390, 391, 395, 396, 408, 416,
    419, 420, 440, 519, 527

(V)

VHF(Very High Frequency)   153

(W)

WHO(World Health Organization)   121

(Y)

YMCA(Young Men's Christian Association)
    34, 96, 323, 354

YWCA(Young Women's Christian Association)
    323

편주자

| 최연식

연세대학교 정치외교학과 교수

연세대학교 이승만연구원장

주요 저서 : 『창업과 수성의 정치사상』, 『조선의 지식계보학』, 『조선 지식인의 국가경영법』,
『우남 이승만 전집 6: 역주 옥중잡기』(공역), 『우남 이승만 전집 7: 교감영인 옥
중잡기』(공편)

| 이희영

서울대학교 문리대 학사

국회법사위 입법조사관, 내무부 감사관, 총무처 총무과장, 대통령사정비서실 행정실장, 감
사원장 비서실장, 국무총리 민정비서관, 충남 천안시장 역임

주요 저서 : 『대한민국 국무회의록 1958』(공편)

| 김호직

연세대학교 정치학 박사

연세대학교 국가관리연구원 전문연구원

주요 논문 : "자산 안확(自山 安廓)의 조선 민족사에 대한 이원적 접근"(공저)

ㅣ 김정민

연세대학교 정치학 박사
연세대학교 이승만연구원 전문연구원
주요 논문 : “워싱턴회의 시기 이승만의 외교활동과 신문 스크랩, 1921－1922”(공저), “만주
　　　　　사변 발발 이후 대한민국 임시정부의 국제연맹외교”(공저), “이승만의 신문 스
　　　　　크랩을 통해 본 *Japan Inside Out*의 국제정치사”

ㅣ 이형준

태동고전연구소(지곡서당) 수학
연세대학교 정치학과 박사과정 수료
주요 역서 : 『대의각미록』(공역), 『선(善)의 역정』(공역)
주요 논문 : “유길준의 자연과 국가”(공저)

대한민국 국무회의록 1959~60

초판 1쇄 인쇄일	2023년 1월 10일
초판 1쇄 발행일	2023년 1월 20일

편 주	최연식, 이희영, 김호직, 김정민, 이형준
펴낸이	한선희
편집/디자인	우정민 김보선
마케팅	정찬용 정구형
영업관리	한선희 정구형
책임편집	우정민
인쇄처	국학인쇄사
펴낸곳	국학자료원 새미(주)
	등록일 2005 03 15 제25100-2005-000008호
	경기도 고양시 일산동구 중앙로 1261번길 79 하이베라스 405호
	Tel 442-4623 Fax 6499-3082
	www.kookhak.co.kr
	kookhak2001@hanmail.net

ISBN	979-11-6797-100-5 *93910
가격	70,000원